国家社科基金
后期资助项目

审视、批判与重构

《四库全书总目》文人观研究

Examination, Critique, and Reconstruction:
A Study of the Views on the Literati in the
General Catalog of the Complete Library of the Four Treasuries

蔡智力 著

中国社会科学出版社

图书在版编目（CIP）数据

审视、批判与重构：《四库全书总目》文人观研究 / 蔡智力著. -- 北京：中国社会科学出版社，2025.3.
ISBN 978-7-5227-4848-1

Ⅰ.Z833

中国国家版本馆 CIP 数据核字第 2025JM9260 号

出 版 人	赵剑英
责任编辑	张　林
责任校对	冯英爽
责任印制	李寡寡

出　　版	中国社会科学出版社
社　　址	北京鼓楼西大街甲 158 号
邮　　编	100720
网　　址	http://www.csspw.cn
发 行 部	010-84083685
门 市 部	010-84029450
经　　销	新华书店及其他书店

印　　刷	北京君升印刷有限公司
装　　订	廊坊市广阳区广增装订厂
版　　次	2025 年 3 月第 1 版
印　　次	2025 年 3 月第 1 次印刷

开　　本	710×1000　1/16
印　　张	24.5
插　　页	2
字　　数	440 千字
定　　价	136.00 元

凡购买中国社会科学出版社图书，如有质量问题请与本社营销中心联系调换
电话：010-84083683
版权所有　侵权必究

国家社科基金后期资助项目
出 版 说 明

　　后期资助项目是国家社科基金设立的一类重要项目，旨在鼓励广大社科研究者潜心治学，支持基础研究多出优秀成果。它是经过严格评审，从接近完成的科研成果中遴选立项的。为扩大后期资助项目的影响，更好地推动学术发展，促进成果转化，全国哲学社会科学工作办公室按照"统一设计、统一标识、统一版式、形成系列"的总体要求，组织出版国家社科基金后期资助项目成果。

全国哲学社会科学工作办公室

仙佛茫茫两未成，只知独夜不平鸣；
风蓬飘尽悲歌气，泥絮沾来薄幸名。
十有九人堪白眼，百无一用是书生；
莫因诗卷愁成谶，春鸟秋虫自作声。

——黄景仁《杂感》

序之一

吴哲夫

1960年，有香港访日学者为文报导，在日本京都大学人文科学研究所内，尚藏有清末民初日人利用庚子赔款为经费，在华所进行《续修四库全书总目提要》的原始油印本残稿。1966年，台北近郊政治大学从日本京大引进这批残稿的显微胶片。当时，个人正在中研所里苦寻硕论题目，得知消息后，抱着这批新学术资料或许能提供新研究方向的心态，前往借览。约经半年时光，完成残稿一万余篇《提要》的整理编目，另又撰写了一篇《整理后记》在刊物发表，同时也觅得了硕士学位论文题目。不意，却从此与《四库全书》结下了不解的深缘。

1968年，个人通过硕士学位论文口考顺利毕业，在未受告知的情况下，蒙口考委员屈翼鹏院士的推荐，进入台北故宫博物院任职，职司善本书库行走，只要是上班日，必定会接触到《四库全书》暨其所有的配件。此一时期，台北社会正热衷于民族文化复兴运动，古籍出版蓬勃，台北商务印书馆因重印民国初年出版的《四库全书珍本初集》，销售极佳，而引发续编珍本的念头，从此年年向故宫申请借印，前后十二年间，共计辑印珍本十二集，以册数而论，几乎已到《全书》的三分之一，而各集的选目工作，均由个人承担。长年索寻罕传书目，既对历代簿录书非常熟稔，更引发对《全书》相关议题研发的浓厚兴趣。80年代，由于社会经济环境日渐富裕，大套丛书不断被书商推出，流风的影响，故宫所藏《文渊阁四库全书》暨《摛藻堂四库全书荟要》，相继被台北商务及世界书局影印问世。这两套宫廷大书的化身千百，走入学林后，由于方便取参，相关《全书》的研究，不断推陈出新，许多卓越精彩的著作纷纷呈现。"四库学"逐渐形成一门新的知识体系，受到学界重视。母校政大中研所率先邀我开设这门课程，为了充实教材，乃广蒐博取中外各种相关著作。在所有资料中，特钟于周积明教授《文化视野下的〈四库全书总目〉》一书。周教授用深厚的文化史学背景，寻绎《总目》中蕴含的思想文化内涵，令人耳目为之一新。1998年台北故宫与淡江大学合作，召开首届"两岸四库学"学术研讨会，周教授应邀与会，发表《〈四库全书总目〉与十八世纪中国文化的流向》，更展露其宽广的文化视野，个人也非常的荣幸，借参加会议的机会与周教授成了知音。

2001年因政党的轮替，由于理念的不同，从故宫退休，重新规划生涯。应聘到淡江大学开创文献研究所，直至七十岁届龄，以为从此可以放浪形骸，游山玩水，却又因旧日畏友时任辅仁大学中研所主任的恳请，前往该所担任讲座，讲授"四库学专题""古代文物专题研究""古籍调查、整理与版本鉴定研究"等课程。2014年岁末，在审阅学生期末报告时，发现蔡君智力文笔畅顺，理论思维极富条理，内涵之丰厚，表现了扎实的研究根基，而留下深刻印象。次年开春不久，蔡君携其博士学位论文写作计划前来，请求担任其博士学位论文指导教授，余因已深知其学识根底，乃欣然接受。个人自忖蔡君来自祖国大陆，如能求得周积明教授共同指导，他日对蔡君必有大助益，乃致电周教授，也获得俯允。

三年后，蔡君完成论文撰写，并以极优异分数通过口考，荣获博士学位。不久又蒙周教授提掖，受聘至湖北大学任教。回想当年私下微薄的心意，终于实现，何其快哉！个人课堂上一向勉励同学，写作论文以创新、创意为最重要原则，如果能达到孙逸仙博士"适乎世界之潮流，合乎人群之需要"言训的境界，必然能建立不朽典范。验诸蔡君论文，已多次达成前述符节，实令人快慰！蔡君研究《总目》的文人观，常能导正四库馆臣官方的意识形态，又能不落入前人陈腐窠臼，所据有物，言之成理，精彩毕现，值得一览。蔡君秉性谦挹谨慎，多年来重复检视，修订论文，务求其完美，始肯交付梓行。出版问世之先，来电索序。因喜见一部优良著作问世有日，欣然为之运笔。又由于情缘系自《四库全书》，乃将往事简略回顾，权代为之序。

2023年8月1日于台北外双溪
时年八十又三

序 之 二

周积明

蔡智力君大著《审视、批判与重构——〈四库全书总目〉文人观研究》即将出版，索序于余。余蒙吴公哲夫教授厚爱，受邀忝为蔡智力君博士论文之指导教授，更因余治清代思想史乃从《四库全书总目》研究入手，与智力君同气相求，故欣然从命。

《四库全书总目》一书，乃清乾隆年间为指导《四库全书》阅读所编纂之目录著作。其卓越价值与意义被时人与后来者一再认定。但是，以往之研究多究心于对《四库全书总目》的勘误、补正以及考核、纠谬，其经典著作如余嘉锡之《四库总目辨证》。余初奉先师张舜徽、吴量恺先生之命，通读《四库全书总目》，以求稍窥学术门径。但借助于此前研习文化史所获得的理论眼光，蓦然发现，《四库全书总目》虽然在形式上是一部目录著作，但其根柢是一部文化史著作、思想史著作。科林伍德说："一切历史都是思想史，是历史学家心灵中重演过去的思想。"文化是自然的人化，文化创造的主体是人，因此，人类在自己的文化实践活动中必然地也是不可避免地在文化实践中灌注他的思想观念、历史意识。以往的"四库学"仅仅把《四库全书总目》看作一部目录学著作是远远不够的。如果不是从修纂主体的角度去理解它，发掘它的思想世界，"只是从客体的或直观的形式去理解"，那么，必然无法取得对《四库全书总目》的真正认识。基于这样的一种文化理解，余之硕士学位论文拟题为《〈四库全书总目〉之史学思想研究》。毕业后，在此基础上撰成《文化视野下的〈四库全书总目〉》一书，把《四库全书总目》的研究从文本的考订、补谬转移到编纂者的主观世界与文化关怀。

30年后回看，拙著《文化视野下的〈四库全书总目〉》实在颇为粗疏，资料考证未精，论证未及详密周到，论述简单化平面化，未能深入揭示其中复杂的权力关系。但因研究思想另辟蹊径，故蒙其时海内外学界奖掖，予以积极肯定与评价。

农历丁丑年（1997），台湾淡江大学中文系筹备召开以"两岸四库学"为主题的"第一届中国文献学学术研讨会"。其时两岸学术初通，彼此并不熟稔，故余收到邀请大为意外。赴台后方知，余之被邀入会，乃因台北故宫博物院文献处处长，台湾著名四库学大家吴哲夫先生之提名。盖余之《文化视野下的〈四库全书总目〉》出版未久，哲夫先生便已惠予注意。农历丙子年（1996）台湾"汉学研究中心国家图书馆"与全国高校古籍整理研究工作委员会联合举办"两岸古籍整理学术研讨会"，哲夫先生在会上发表《四库全书补正工作之回顾与前瞻》演讲，其间指出："四库学的研究，纠谬补阙，仅是其中一环，如何从文化角度，深入了解《全书》及《总目》，亦甚重要。近人周积明先生《文化视野下的〈四库全书总目〉》、杨晋龙先生《四库学研究的省思》等著作所提出的问题，值得参考。"故淡江大学中文系筹备"第一届中国文献学学术研讨会"时，哲夫先生专门嘱咐淡江大学中文系主任周彦文教授，务必找到周先生，邀他来淡江参加会议。余深为哲夫先生之厚爱而感动。会议期间，终获机会，拜谒吴公哲夫教授，向哲夫先生请益。

吴公哲夫先生，政治大学中文所第一届研究生，师从著名学者王梦鸥先生。硕士一年级时，政大收藏了一批台湾学者何朋从日本京都大学人文研究所拍摄回来的《续修四库全书目录》胶卷，哲夫先生奉师命参与对该批资料的整理与编目，历三旬时间，过目一遍，拟出十三个硕士论文题目，呈请王梦鸥先生审阅。王先生从中勾选出其中之一，即哲夫先生后来的成名之作《清代禁毁书目研究》。论文答辩时，答辩委员给予高度评价。论文的高品质也给参加答辩的校外委员屈万里先生留下了深刻印象。故哲夫先生毕业后，蒙屈万里先生推荐，进入新成立的台北故宫博物院图书文献处，是年为农历戊申年，1968年，哲夫先生时年二十七岁。

哲夫先生进入博物馆后，历任图书文献处编辑、股长、科长、研究员、处长，日与故宫善本古籍相处，目熏耳染，酝酿自深，学养益厚，于古典文献学、版本目录学、四库学诸领域，尤为专精，著有《清代禁毁书目研究》（1969）、《四库全书荟要纂修考》（1972）、《图书与图书馆利用法》（1984）、《书的历史》（1984）、《版画的历史》（1986）、《四库全书纂修之研究》（1990）等专书十余种行世，主编《中华五千年文物集刊》、《四库全书传记资料索引》、《四库全书补正》等，其负责整理出版的《文渊阁四库全书》与《摛藻堂四库全书荟要》更是嘉惠学林，有功于斯文。农历己未年，哲夫先生应美国普林斯顿大学葛思德东方图书馆的邀请，赴美协助整理该馆的汉籍典藏，并予以编目，更走访了位于华盛顿的国会图书馆、哈佛燕京社等重要汉籍收藏单位,对美国的汉学资源有较多了解。其后,哲夫教授又先后到日本访书三十多次。癸亥年,他向刚就任的院长秦孝仪先生呈请两项大型计划。其一是《中华五千年文物集刊》,向社会各界介绍故宫收藏的书画器物,以及大陆新出土的文物资料;其二是海外汉籍文献的调查。秦先生听取了哲夫先生的汇报后,翌晨即到素书楼拜访钱穆先生,返来后便令哲夫先生将两项建议写成计划案。由故宫博物院编纂出版的《四库提要补正》,其实施之第一阶段即参考了哲夫先生建议:"完成中外传存汉籍之调查,并按四部分类法编成目录";"向中央图书馆及日本汉籍收藏单位,购买故宫所未收藏之相关资料微片"。[①]《四库提要补正》之最后完成,哲夫先生卓有贡献。

哲夫先生致力于文化典籍的整理、研究与大众传播,但从不把学术视为冷冰冰之事业。他热爱生活、享受生活,主张学术须与人生同频,顺应潮流,与时俱进,合乎人性的要求。在台湾访学期间,哲夫先生多次携余看电影,喝咖啡,周游台岛,品尝美食,并惠邀余居其宅,作长夜谈。余与哲夫先生每一次相聚,都是请益学问并领悟其乐观、通达人生哲学的极佳机会。时下,因疫情与国际形势之变化,两岸交通不畅,忆及此前在台岛向吴哲夫、昌彼得、林庆彰、胡楚生等先生请益以及与张寿安、张丽珠、杨晋龙、郑吉雄、周彦文、陈仕华、陈佩琪、刘又铭、罗凤珠等友朋切磋学术、结伴相游之情景,恍如隔世,内心惆怅。

农历甲午年(2014)冬,余接哲夫先生电话,邀余参与辅仁大学中文研究所蔡智力君的博士论文指导,其论文题目是《四库全书总目的文人观研究》。蒙哲夫先生厚爱,兼及早年研究《四库全书总目》略有心得,故欣然同意。未久,得智力君自传如下:

> 蔡智力,广东阳江人也。曾祖以下皆隶于耕,曾祖以上不知所终。其父尝谓:"余祖上世代以'劳力'为生,望此子不复如是。"故名之"智力"。
>
> 智力年方舞象而孤。慈母居穷自力以济三餐,二兄辍学作工以供学业。自此始一改少时顽劣,夙夜勤勉于诗书,终考取暨南大学中文系。智力虽少不好学而未能博览淹贯,拙于强记而未能一览成诵,不可谓悟性高也,然用心于生活,勤勉于思考,每读一书必悉

[①] 吴哲夫:《四库全书补正工作之回顾与前瞻》,台北《"故宫"学术季刊》第16卷第1期(1998年秋),第12页。

力穷究其义理。义理既得，必反躬自省，必致于德行。故于学术屡有独见，而见称于诸师。

毕业之际，成绩居班级之首，本具免试保送研究生之资格，然智力随意挥霍之。众皆惑然。曰："二兄为供吾学业，年过而立而皆未成家。慈母每每独对空壁，饮泣长叹，谓愧对先父。余见及此，莫不怅然。'不孝有三，无后为大。'虽吾辈受新思想之膏泽而不拘于此，然吾母不然。倘吾决意读书而致二兄家室萧条，致吾母终日愁苦，可乎？不可也。若然，纵吾学业有成，亦于心何安哉？得鱼而忘乎其筌，未知其可也。"又曰："为学者先为人。于是，不啻须智及，更须仁守。吾智固有所不及，然吾仁必守吾智之既及。"子曰："知及之，仁不能守之，虽得之，必失之。"智力常诵之以自省。

顷之，谋得记者之职于报馆。朝听黎元之疾苦，悲而怜之；夕闻朱门之酒肉，痛而恨之。浅阅人间之百态，稍践择业之初志。然智力于新闻之事业，向无抱负，于商宦之酬酢，则素有疾恶。工作之激情每况愈下，而往昔于学术之敏思亦不复焉。

居三岁，二兄相继而婚，而所攒之资亦丰矣，故辞职而负笈于香江，问道于理工大学翟师志成。志成师师从新儒家大师徐复观。感于新儒家薪火相传之刚毅，于是始悟传统文化守旧开新之使命。而经恩师悉心点拨，智力昔日之慧灯，亦复旦于须臾。志成师多嘉赏，策勉赓续深造。智力自谓曰："以吾之钝根，恐难当此也。然翟师之鼓舞，苟不奋进，岂非有负所望耶？"故发奋而申请博士之学位。

是以跨越海峡，求学于辅仁，幸而得及吴师哲夫之门，习四库之学。哲夫师以为资质尚佳，欲与周师积明共诲之。智力未赴台时，即久慕积明师之名，于是大喜过望。哲夫师尝任台北故宫博物院文献处处长，长年管领故宫石渠宝藏。智力终日追随左右，耳濡目染，于文献版本之学，亦略窥门径。积明师虽远隔海峡，智力亦每以疑惑叩询于网络，而于其《文化视野下的〈四库全书总目〉》诸著，更拜读再四。仰承积明师之启发，智力萌生创建"文化文献学"理论之念，然云雷草创，尚须上下求索之功。

台湾中文教育，于专门之学，重于原典涵泳；于学生培养，则又不欲以专门之学拘限之。是以辅仁中文系故主任王金凌教授有所谓"野狗理论"，盖欲学子各自发挥秉赋，如野狗之自寻生路。职是之故，智力得于四库学之外，又稍窥经学之门户，尝修习《易》《诗》《礼》《春秋》之学，故自嘲为"四经博士"。而《春秋》乃智力用功最多之一经,其所师事者,王师初庆也。庆公尝从前清皇族毓鋆学《春秋》。至其教学也,则以课业繁重闻名遐迩。然开课之初,远近慕名而来之学子,亦不下十人。未期月,只剩智力一人而已。如此难得之"私塾式"教育,亦成师友间传颂之美谈。庆公耳提面命,智力由是亦得稍悟春秋学之当代价值,并暗以此为职志。适逢颜师崑阳受聘为辅仁讲座教授,智力又随之修习文化理论、文学理论等学问。颜师力主中文学门理论之"内造建构",智力于"文化文献学"之系统性思考,亦借助于此。而于春秋学,智力亦期冀未来能施之以理论反思,以激发其现代价值云。

书生磨剑十寒冬,霜刃空怀未试锋。

向月姑赊一瓮酒,明朝吐气化飞龙。

读智力君之自传,余大为赞赏,有得人之感,遂与智力君相约于鹏城。智力君文雅谦让,彬彬有礼,谈吐不俗。两人相谈甚欢。此后,余与智力君围绕论文相关问题在网络上多有讨论。戊戌年(2018),智力君的博士论文终于完成。辅仁大学特邀余赴校担任学位考试委员,但因办理赴台手续未臻,无法成行,遂以六千字之书面发言呈辅仁大学中文所学位考试委员会。现摘录发言中关于智力论文部分评价如下:

> 智力君的博士论文,是一篇优秀的论文。智力君综合运用哲学、文化学、诠释学、文学、文艺美学、文献学等领域的理论,提出"文化文献学"概念,并在本篇论文中加以实践;他打破人们习以为常的"文人"概念,对"文人"加以定义,为本文的构架奠定基点;他运用文化学的理论,发现《四库全书总目》对书籍的批评、评论,实际上关怀的是书写书籍的文人和文人品性,对《四库全书总目》进行了别开生面的解读;他运用语脉分析、多重语境分析等多种研究方法,较为丰满地呈现了《四库全书总目》的文人观念,在"四库学"的研究中开出新的议题;他对《四库全书总目》文本进行"深描性"阅读,发现了《四库全书总目》文本的复杂性和多样性,这个复杂性和多样性既包括四库馆臣关于同一问题的不同见解,也包括四库馆臣和乾隆帝的不同见解,打破了《四库全书总目》"成于一人之手"的成说,这也是对《四库全书总目》研究的一大贡献。论文自创诸多概念,大体都能自成其说。整篇论文理论深厚,逻辑严密,布局得当,层层推进,首尾呼应,新见迭出,文献资料运用娴熟,涉

猎知识领域广泛，显示了较强的宏观把握能力、厚实的典籍基础、宽泛开阔的学术视野、活跃的思辨能力以及不囿于成说的创新意识，如果把这篇论文放在我评阅过的大陆博士论文中，应该是上乘之作。

是年六月十八日（7月30日），余接辅仁大学中国文学系报告，智力君顺利通过答辩，甚为欣喜，并力邀智力君获取博士学位后来敝所任教。智力君系广东阳江人氏，原拟在南方就职，以就近奉亲，因余再三之请，遂予惠允。然南方高校之薪金远逾敝校之薪资，每念及此，深感愧对智力君。好在失之东隅收之桑榆，智力君与湖北大学优秀青年教师朱丽师博士相识相恋，结为伉俪，两人相濡以沫，相携前行，皆已晋升副教授，并有了可爱的小宝宝山竹，令人为之衷心欣喜。

包括"四库学"在内的清代学术史研究是敝所重要学术传统。今智力君之大著付梓出版，与敝所姚彬彬教授新近出版的《〈周易〉诠释与清代新义理学的思想源流》恰成双璧，敝所学术传统之赓续发扬可期，清代思想史、学术史研究又获新鲜血液与动力亦可期。借为智力大著作序之际，余谨寄以衷心祝愿。

是为序。

壬寅年正月十七日
于武汉滨江苑

目　　录

绪　论 ··· 1
　一　研究动机与研究对象 ··· 1
　二　研究方法的设定 ··· 4
　三　研究综述 ··· 15
　四　版本选定：依据于殿本的研究 ····································· 24

**第一章　《总目》"文人"概念分析：基于总体历史
　　　　　情境的探讨** ··· 29
　第一节　一份调查彰显的歧异："文人"，一个实在而抽象的
　　　　　群体 ··· 29
　第二节　"文化人"抑或"文学人"："文人"概念的语言
　　　　　结构分析 ··· 34
　第三节　历史影像：传统中国与《总目》"文人"概念的语境
　　　　　指涉逻辑分析 ·· 37
　　一　前汉魏时期："文人"概念的历时性变迁 ····················· 39
　　二　后汉魏时期"文人"概念的认定方式与"人/文"关系 ····· 47
　　三　后汉魏时期与《总目》中的"狭义文人"概念 ··············· 57
　　四　后汉魏时期与《总目》中的"广义文人"概念 ··············· 75
　小　结 ·· 82

第二章　陨落与颓靡：文人社群的历史症结 ···························· 84
　第一节　被论述的理想文人品格 ·· 84
　第二节　整体语境：文人社群的历史性痼习 ························· 88
　　一　文人无用："一号为文人，无足观矣" ························ 88
　　二　文人无行："不护细行，鲜能以名节自立" ·················· 92
　　三　文人相轻："自吟自赏，不觉有傍人" ························ 96

第三节　当世语境："明文人"的时代性症结 ·········· 97
　　一　气质之弱："今女子之阴，结于士志" ·········· 99
　　二　狂诞不经：儒家权威的信任危机 ·········· 100
　　三　"虚伪"之风：空谈心性、伪道学与伪体 ·········· 104
　　四　交互相连的习气链条：好奇喜新、争强好胜与趋名逐利 ·········· 109
　　五　门户纷争：讲学者聚徒，吟诗者结社 ·········· 111
　　六　被讨论的忠节："从道不从君"意识的复苏 ·········· 113
　小　结 ·········· 118

第三章　直笔书写：《总目》对文人行为典范的重构 ·········· 120
第一节　虚实论：崇实斥虚的行为规诫 ·········· 121
　　一　人道与天道：文人治学内容的虚实论 ·········· 122
　　二　严谨与臆断：文人治学方法的虚实论 ·········· 127
　　三　实学致实用：实用主义的现世关怀 ·········· 136
第二节　门户论：文人互动中的行为规诫 ·········· 146
　　一　《总目》门户批评的主调与异响 ·········· 146
　　二　公私之辨：门户批评的合理性论述与门户行为的定性 ·········· 152
　　三　为己之学：强调学术独立性以对治门户行为 ·········· 157
　　四　斥党同，责伐异：门户行为类型及其批判 ·········· 162
　　五　始末之辨：门户的流品及其歧异性批判 ·········· 167
第三节　品行论：文人道德行为的规诫 ·········· 176
　　一　刚直耿介：文人应世与论事中的品行 ·········· 177
　　二　顺从尊卑：尊父，尊圣贤，尊君 ·········· 181
　　三　行忠尽节：奖誉死节，贬抑贰臣 ·········· 193
第四节　统绪论：文人在文化脉络中的定位 ·········· 210
　　一　立典型：尊经据典，抑己斥异 ·········· 211
　　二　辨古今：守大纲以存古，通小节以随时 ·········· 225
　　三　阐圣学：文人当以阐圣学明王道为职志 ·········· 234
　小　结 ·········· 243

第四章　曲笔书写：《总目》对文人精神典范的重构 ·········· 246
第一节　文如其人：文学批评与文人批评的镜像关系 ·········· 246
　　一　以人论文的传统：由人物品藻到古典文论 ·········· 246
　　二　《总目》"文如其人"观念的四重维度 ·········· 250

三　文人精神典范的探求：由文学批评到文人批评 …………… 277
第二节　文质之辨：文质彬彬中的"主质"精神 ………………… 279
　　一　《总目》中的"文质"体貌群落 ………………………… 280
　　二　文质彬彬："文质"关系的终极范式 …………………… 286
　　三　主质：由布帛菽粟之辨看《总目》的文质论 ………… 291
　　四　《总目》文人精神风貌论述中的"主质"倾向 ………… 301
第三节　刚柔之辨：刚柔相济中的"尚刚"气质 ………………… 305
　　一　被褒扬的"刚性"体貌群落 …………………………… 306
　　二　被贬抑的"柔性"体貌群落 …………………………… 315
　　三　雄浑与风骨：刚柔相济的复合性体式 ………………… 319
　　四　由刚性体貌到刚劲气质的直接论述 …………………… 328
第四节　雅俗之辨：文人精神气质的"崇雅斥俗" ……………… 334
　　一　传统观念中的"雅俗"问题 …………………………… 334
　　二　《总目》推重的"雅体"体貌群落 ……………………… 341
　　三　"骇俗批评"与自然主义的雅体观 …………………… 352
　小　结 ……………………………………………………………… 354

结　论 …………………………………………………………………… 357
　　一　总结：主旨回顾 ………………………………………… 357
　　二　后设批判："士志于道"的有限重申 …………………… 360
　　三　余论：起来，挺起文人的脊梁！ ……………………… 362

参考文献 ………………………………………………………………… 365

后　记 …………………………………………………………………… 370

绪　　论

一　研究动机与研究对象

关于《四库全书》（以下简称《全书》）的编纂动机，历来已有诸多探讨。但将"寓禁于征"等客观行为效果，径直推说为主观行为动机，难免有逻辑欠严谨或文献不足征之憾。① 《全书》的编纂动机，清高宗的说辞是"用昭石渠美备，并以嘉惠艺林"，他说："方今文治光昭，典籍大备，恐名山石室，储蓄尚多，用是广为搜罗，俾无遗佚，冀以阐微补阙。……择其中罕见之书，有益于世道人心者，寿之梨枣，以广流传，余则选派誊录，汇缮成编，陈之册府。其中有俚浅讹谬者，止存书名，汇为总目，以彰右文之盛。"② 此即清高宗标榜的"右文"之说。意即通过"四库系列文献"之编纂，③ 汇集天下"有益于世道人心"之典籍，以嘉惠"艺林"。

如此一来，作为《全书》目录的《四库全书总目》（以下简称《总目》），自然便兼具"阐明学术，各撷所长，品骘文章，不名一格"的功能（凡例/A/卷首3，p11b）④。因此，后世学者往往更多关注《总目》的学

---

① 关于《四库全书》编纂动机的说法，杨晋龙曾作梳理，参见杨晋龙：《"四库学"研究的反思》，台北《中国文哲研究集刊》第4期（1994年3月），第375—376页。杨家骆更罗列清高宗编书"私意"十三条，其中有诸如"借采集遗书之机会"湮没"乾隆为海宁陈氏子非世宗子"之记载等说。杨家骆：《四库全书概述·编纂》，"中国"辞典馆复馆筹备处1967年版，第11—15页。
② 乾隆三十八年五月十七日上谕，中国第一历史档案馆编：《纂修四库全书档案》上册，上海古籍出版社1997年版，第116—117页。
③ 为使表述严谨，笔者倾向于以"四库系列文献"指涉"四库全书馆"所编纂的系列文献典籍，除七阁《四库全书》外，还包括两部《四库全书荟要》与《四库全书总目》《四库全书简明目录》等配套文献。为使行文简便，亦将其简写作"四库"。
④ 如无特别说明，本书所引《总目》原文均用台湾商务印书馆2001年影印武英殿本。为使行文简便，将采取符号化的夹注方式，分别以大写字母A、B、C、D指代经、史、子、集，以小写字母"c"表示"存目"（catalogue），"v"表示卷次，"p"表示页次，类名仍书中文。

术观点,如余嘉锡即曰:"今《四库提要》叙作者之爵里,详典籍之源流,别白是非,旁通曲证,使瑕瑜不掩,淄渑以别,持比向、歆,殆无多让;至于剖析条流,斟酌古今,辨章学术,高挹群言,尤非王尧臣、晁公武等所能望其项背。"① 堪称经典之论。

然而,回顾清高宗圣谕"有益于世道人心"诸语,则《总目》品骘的对象,亦应非止于学术与文章,而更是直抵创写文章与研究学术的个人。这层含义,《铁庐集提要》已明白提出。潘天成此集诗文"不甚入格",但提要却曰:"行谊者,文章之本;纲常者,风教之源。天成出自寒门,终身贫贱,而天性真挚,人品高洁,类古所谓独行者。其精神坚苦,足以自传其文。故身没嗣绝,而人至今重之。特录其集,俾天下晓然知圣朝立教,在于敦伦纪、砺名节、正人心、厚风俗,固不与操觚之士论文采之优劣,亦不与讲学之儒争议论之醇疵也。"(D/别集26/v173,p38a)便确切道明,文章品骘的对象非止于"文采之优劣"与"议论之醇疵",而落实于"敦伦纪、砺名节、正人心、厚风俗"——这些都是与个人行为直接相关的范畴。易言之,既是品骘文章,更是品骘文人。

事实上,不同于自然而然的"天文"与"地文",人文世界的"文章"必定要依赖人类行为始能"人文化成"。因此,从逻辑上讲,一切文章品骘之生效,也必然直抵文人品骘。然而,笔者并非要将编纂动机推论至"品骘文人"之上。甚至可以明确地说,编纂动机并非本研究的靶标。本研究的问题意识是:《总目》怎样品骘文人?这里包含品骘方法的问题:《总目》通过怎样的方法进行文人品骘?此外,更包含品骘结果的问题:在《总目》的品骘系统中,其文人范式是怎样的?换言之,对《总目》而言,"理想文人"应当具备哪些要素?这不是批判性问题,而毋宁首先是诠释性问题——如果有批判,也必须是充分诠释之后的后设性批判。本书所谓"文人观"即指《总目》对"理想文人"或"文人范式"的论述,它属于批评者思想观念中的应然问题,区别于文人日常生活中表现出来的实然的精神面貌。

当品骘的视野穿透文字,直抵隐藏于文字背后的文人时,文人便成为被审视、被论述的对象。在此,审视呈现双重结构。第一重是《总目》对于"古代文人"的审视,这是第一序的直接审视。第二重则是《总目》对于"普遍文人"的审视——所谓"普遍文人",既包括"古代文人",也包括《总目》的作者们,毕竟他们本身也都是文人。这便使审视具有

---

① 余嘉锡:《四库提要辨证》,中华书局1980年版,序录,第48页。

"自我审视"的意味——"古代文人"是一面观察"普遍文人"或"自我"的镜子。因此,品骘便有通过批判,对文人典范品格予以重构的意味。批判指向"过去",重构则指向"现在"与"未来"。因此,本书的诠释目的,便在于通过分析《总目》对"古代文人"的批判,寻绎其所意欲重构的文人品格范式之内涵。

本书可能存在的后设性批判空间在于:同样作为文人的馆臣,当他们在自我审视与自我批判的时候,其与政治权力的关系是怎样的?他们的实际行为,与他们所重构的文人范式是否符应?再进一步省思,如果笔者与拙著的读者也属于《总目》论述的"文人"范畴,则审视仍有一重"指向当下"的意义:《总目》重构的文人范式,对于当代文人而言是否仍有启示?易言之,对本书而言,批判与反思更应具有当代意识,而非止于对"四库"馆臣作毫无意义的指责。

对古人而言,"文人"的概念尽管模糊恍惚,却确实存在于他们的观念之中。这是一种自然的存在状态,古人通常只是自然而然地使用着"文人"或"文士"一类的词语,而对于"理想文人"的问题,却极少予以专门讨论。尽管《总目》也并非着意于"理想文人"的专门讨论,但它却包含了许多关于"理想文人"或直接或间接的观点。它针对文人行为的直接批评,便将文人典范问题推至批评话语的前端,使文人社群接受直接的审视与批评,从而产生一种理想性论述效果。而在它的文学批评中,经由"文如其人"的逻辑,也隐含着对于理想文人精神气质的论述。这是以《总目》为文本探讨"文人观"的可行性。

此外,《总目》作为当时的官方书目,在其"斟酌古今,辨章学术"之际,便对此前历代学术作了高屋建瓴式的、全面的总结性批评。因此,周积明将其称为"文化穴结时代的产品"。[①] 而在文人批评视野下,此中同样也隐含着对于"理想文人"的总结性观点。这种全面性与总结性姿态,对于"文人观"探讨而言,是其他文本无法比拟的。兼之,《总目》是在清高宗指导性授意与有限性监督下,由众多馆臣协同完成的"集体之作"。因此,其中的"文人观",理论上说是"集体协商"的结果,从而相对地更能代表以官方意志为主导的主流观念。这也是其他文本无法比拟的。总而言之,这便是在"文人观"研究中,选取《总目》作为研究对象的必要性,同时也是它区别于其他文本的独特意义。

当然,从可然性角度讲,"《总目》文人观"是一个延伸性相当广泛

---

① 周积明:《文化视野下的〈四库全书总目〉》,中国青年出版社2001年版,第254页。

的论题。正如前述,《总目》的编纂如果不是完全执行清高宗的意旨,那么至少也接受了清高宗相当程度的授意与监督。从而,"《总目》文人观"的论题,从思想渊源上讲,便可以追溯至"清高宗文人观"的问题。类似地,以殿本《总目》的评论方式推断,"四库"提要的其他版本、稿本,理应亦存在某种相关的文人观念。从思想关联性角度讲,"《总目》文人观"与这些版本、稿本之间的观念同异,及此中可能涉及的观念变化与调整问题,也是可以被关涉的。但为了追求研究对象的专一性,以使研究更为深入,本书便不得不暂且舍弃这些相关联的问题,而将讨论焦点集中到作为定本的殿本《总目》上。

二 研究方法的设定

（一）理论基础："文化文献学"的文化史研究

文献目录并非只有文献学、目录学价值。这个观点,前贤多有申述。早在民国初年,杨家骆论《四库全书》即说:"《四库全书》之所以能将三千四百七十种独立的原著构成一个整体,其成因之一,是它曾将这些原著铨配于一表示当时知识世界之分类法中,使有秩序。易言之,上文所谓当时知识世界之分类法,就是《四库全书》的知识体系。"① 吴哲夫对《四库全书》的文化价值也有深刻体认,认为"前贤为文讨论《四库全书》,多偏重于文献史料方面",并指出:"《四库全书》是一部以丛书体裁表示出修纂当时,中国知识界所认知的文化整体,具有高度的文化价值。"② 周积明对此亦曾作深刻揭示:"书目本质的另一方面是揭示图书、评价图书。评价虽然本质上是一种认识,是精神对物质、意识对存在的一种反映。但是,在评价活动中,总是存在着价值主体,总是包含着价值主体对价值客体的态度,因此,评价实质上是一种以价值取向为内核的、整体的价值意识活动。而《四库全书总目》对乾隆以前万余种典籍的大规模评判,自然蕴藏着鲜明的价值取向与系统的学术文化观念。"因此,他指出:"《四库全书总目》研究方法的新思路,应是将《四库全书总目》置于一个生动的文化整体中加以还原和分析,捕获渗透其间的民族文化心理、民族思维方式、民族价值取向以及独特的时代个性。"③ 其《文化视

---

① 杨家骆:《四库全书通论》,《四库全书学典》,世界书局1946年版,第13页。
② 吴哲夫:《四库全书所表现的传统文化特色考探》,台北《"故宫"学术季刊》第12卷第2期（1994年冬）,第1页。
③ 周积明:《〈四库全书总目〉研究方法论》,《史学理论研究》1993年第3期,第74—75页。

野下的〈四库全书总目〉》,可视为他上述方法观念的具体实践。

得益于前贤的启迪与导引,笔者曾提出"文献文化学"的概念,并尝试对其进行初步系统性论述。① 这即是本书的理论基础。为使本书论述更加紧凑,仍有必要对其大旨略作陈述。

"文献文化学"有一个基本假定,即认为文化场域(cultural field)对文献文本存在制约性或决定性作用,文献隐含的"文本意义"(textual meaning)以及文献学家作出的编纂行为,都是文化场域中各种制约因素交互作用的投射与反映。因此,当将文献文本归置于其原本所处的文化场域进行观察时,便会产生双向诠释进路:A. 透过对文献文本的分析,是否可以逆推其所处场域的文化样态?B. 在文化场域中,各种制约因素如何作用于文献的编纂行为?(见图1)A 进路透过文献的编纂方法及其中隐含的编纂行为,观察产生文本的文化场域,其实即将文献文本当作文化史研究的史料,这是文化史研究的进路;B 进路将文献文本置于文化场域中,透过场域中组织结构与制约因素等关系,观察文献编纂行为的成因及其运作规律等问题,将文献编纂视作社会文化行为,从而应属文化学研究的进路。②

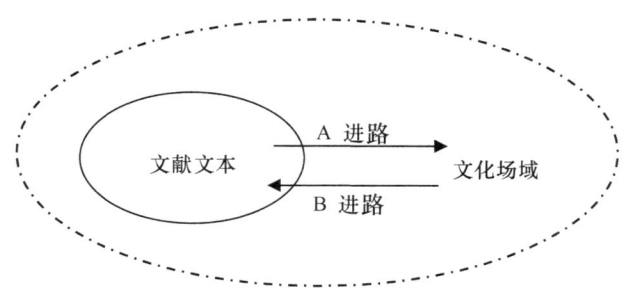

图1 "文化文献学"的双向诠释进路

文献文本与文化场域之间,就双向诠释进路而言,它们是相互平等的关系,没有此重彼轻的问题。但就整个理论系统而言,文献文本又是它的核心材料与关注焦点。析言之,在文化史研究进路中,对文化史现象的观察,是以文献文本作为核心材料来分析;而在文化学研究进路中,文化行

---

① 蔡智力:《文献文化学及其方法学省思——以四库文化学为例》,新竹《"清华"中文学报》第 19 期(2018 年 6 月)。
② 蔡智力:《文献文化学及其方法学省思》,第 187—188 页。

为研究特别关注的焦点，亦具体落实在文献编纂行为上。因此，"文献"似是整个理论系统的枢纽与关键。基于如此考虑，将"文献文化学"更名为"文化文献学"，将"四库文化学"更名为"文化四库学"，似乎更为恰当。

根据问题意识的设定，本研究属于"文化文献学"中文化史研究的进路，即透过对《总目》的文本分析，寻绎其中隐含的文人观念，甚至进而观察清代中前期中国社会整体的文人观念。

（二）研究进路与章节设置

本书既欲探讨《总目》的文人观，那么，相对明确的"文人"概念当是获致有效论述的必要前提。否则，研究对象不明确，必然会使所有讨论分析犹如空中楼阁，难以捉摸，甚或相互矛盾。然而，历来作文人史研究的学者，对"文人"这个关键概念，多采取不证自明的印象式概念，从而言人人殊，甚至自相矛盾。明确的"文人"概念既是《总目》文人观的重要组成部分，也是正式讨论《总目》对文人范式的重构之前，必须予以解决的，否则研究对象将无法有效定位。这将在第一章进行讨论。对此，本书的论述策略是，先对"文人"一词作语言结构分析，探讨其可能存在的几种含义。再以此为基础，进入传统文化的历史语境与《总目》的文本语境，考察它们使用"文人"一词时所指涉的是语言结构中的哪一种含义。这一层分析，姑且称为"语境指涉逻辑分析"。

如果以"重构"来解释《总目》对文人范式的论述，则必须解答一个问题：文人怎么了？重构一方面可能意味着重构对象已事先被人为地"解构"，另一方面也可能意味着重构对象被动地、非人为地"坍塌"。《总目》所面对的文人问题，是后一种情况。然则，文人品格在"坍塌"之前，理应已有某种曾被建构的理想范式事先存在。这种理想范式可能是历史上实然的存在，也可能是思想观念中应然的论述。无论如何，从程序上讲，都须先对此理想范式作必要探讨。然后，再探讨在古代的普遍语境中，传统文人长期存在的痼习为何；进而，分析在《总目》所面对的特定语境中，文人又存在哪些具体的症结。这将是第二章集中处理的问题。

以此为基础，进而探讨《总目》对文人范式予以重构的问题，这将分作两大部分来讨论。第三章主要讨论《总目》对文人行为典范的重构，涉及虚实论、门户论、品行论、统绪论等方面内容。行为典范的论述，是《总目》对理想文人所作的直接品鹭。因此，本书借用传统史学概念，姑且将其称为"直笔书写"。

第四章主要讨论《总目》对文人精神气质典范的重构。《总目》对文人精神气质的论述，多隐藏于文学批评中。因此，这部分的基本方法，是以《总目》"文如其人"评论逻辑为基础，透过它的文学评论寻绎其中隐含的文人评论内容。"文如其人"是《总目》乃至传统文论的重要内容，也是《总目》品骘文人的重要方法。因此，本书将沿袭此逻辑，将它借用为文人批评的分析方法。至于此方法的可行性及相关方法细则，将在这一章再作充分讨论。这一章涉及的精神气质问题，将从文质之辨、刚柔之辨、雅俗之辨等几个方面展开。这种透过文学批评文人的间接品骘，异于行为典范论述中的直接品骘，因此相应地借用传统史学中的"曲笔书写"术语，以概括其书写特征。此中无论"直笔"还是"曲笔"，均已非其原义，而是为概括方便借用而来。

（三）几个方法原则

"文化文献学"与"文化四库学"不是独立的学科——如果可以，它甚至应当破除学科的畛域。相对而言，它是作为四库学的方法论被设计的。"四库学"一名被提出，至今已四十余年。① 然而，四库学研究的理论自觉与理论规范，一直以来都处于缺席状态，不少学者都曾发出相关呼吁。② 因此，对于四库学而言，"文化四库学"的使命即在于为四库学建构系统性的方法论，从而为具体的案例研究提供理论支持，以使其更加符合现代学术的严谨性与系统性要求。

然而，一个系统的方法学理论涉及非常复杂的构成要素，从对研究对象的知识本质的假定，到理论基础的基本假定，再到问题的生成与解答之进路原则的设定，以及对史料的处理运用等，都是其需要解决的问题。这并非笔者目前学力所能胜任，且也恐非个人力量可以胜任。在《文献文化学及其方法学省思》中，笔者初步提出了"文献符码"诠释理论与借用文化学理论的思路，其中前者又有"部次诠释"与"题名诠释"两种独特的方法。③ 但这些都只是理论雏形，更深入的建构仍须不断推进。在此，将根据本研究的实际需要，再对"文化文献学"的方法原则作若干

---

① 20世纪80年代，台湾商务印书馆计划影印文渊阁《四库全书》时，昌彼得即指出："因为《四库全书》收录的繁富，修纂的过程又极复杂，故近代颇有专门研究其书的。或研究《四库》纂修的经过，或辑录有关《四库全书》的档案，或研究《四库》禁毁的情形，或研究《四库》著录图书的版本，或考证《四库》提要的谬误，故有'四库学'之名。"参见昌彼得：《影印四库全书的意义》，台北《"故宫"季刊》第17卷第2期（1982年冬），第37页。

② 何宗美：《四库学建构的思考》，《苏州大学学报》2017年第1期，第175—179页。

③ 所谓"部次诠释"涉及传统书目部次编排中的文化品性与文化意图问题，相关讨论亦可参考周积明：《文化视野下的〈四库全书总目〉》，第7—13页。

补充。

1. 文化诠释的层次性

《庄子·秋水》记载庄子与惠施著名的辩难：

> 庄子与惠子游于濠梁之上。庄子曰："儵鱼出游从容，是鱼之乐也。"惠子曰："子非鱼，安知鱼之乐？"庄子曰："子非我，安知我不知鱼之乐？"惠子曰："我非子，固不知子矣；子固非鱼也，子之不知鱼之乐，全矣。"庄子曰："请循其本。子曰'汝安知鱼乐'云者，既已知吾知之而问我，我知之濠上也。"

这则辩难本身蕴含的哲学与美学问题，不是"文化文献学"的兴趣所在。"文化文献学"关注的是其中隐含的诠释层次问题。

当庄子说："儵鱼出游从容，是鱼之乐也。"从诠释学的角度看，这里至少有两重存在状态。其一，即是鱼的实际存在状态；其二，即作为诠释者的庄子所知的鱼之"乐"。"诠释之乐"不必然等同于鱼的"实存状态"。

类似地，当《总目》在品骘历代学术、文人、史事时，学术、文人、史事都有它们相应的"实存状态"，《总目》的品评话语中可能会透露另外一种不全然等同于"实存状态"的"诠释观念"。当我们以"文化文献学"方法解读《总目》时，便需要厘清二者之间的差别。在研究取向上，至少有两种不同的方向。其一，即针对特定文化观念，比较"实存状态"与"诠释观念"之间的差异。这是相对微观的观察视域。其二，即是暂时搁置"实存状态"，只就"诠释观念"自身的逻辑进行分析研究。这是相对宏观的观察视域。①

所谓"诠释观念"其实是一个泛称，它实际包含了"概念"与"观念"两个层次。因为任何"观念"都以"概念"为其重要的构成要素，因此，为行文之便，姑且以"观念"统贯"概念"。但在实际的分析中，这两层区别亦当明晰。尤其在进行自身观念系统分析时——如本书以《总目》自身的文人观念系统作为研究对象，则需要分析清楚"概念"与

---

① 这种观念层次的区分，周积明早已说明，他在讨论《总目》崇实观念时说："我们不必去理会这些著作与这些著作家是否正如《总目》所评价，或者说《总目》的评价是否正确真切。对于我们来说，蕴藏其间的价值意向才是最为紧要的思想踪迹，循此而求索，我们触及到的是活生生的跳动着的心房。"参见周积明：《文化视野下的〈四库全书总目〉》，第35页。

"观念"之间的结构关系。其次，因为《总目》"成于众手"的属性，使得不同提要之间，"概念"与"观念"可能产生不同层次的内在矛盾。

就"概念"层次而言，同样是"文人"这个概念，《总目》便可能会以"文人""文士""操觚之士"等不同词语来指称；而同样是"文人"这个词语，在不同的语境中，却可能有不同的内涵与外延。从理论上讲，如无明显的否定证据，《总目》使用同一词语均应被理解为相同概念范畴。因为即使不同提要由不同馆臣参与——起草或修改，甚至是无证据可循的口头意见，其概念可能会有所偏差，但在同一个编纂组织中，①编纂成员之间相互辩论学问（以提要之起草、修改或口头交换意见为形式），就建立在概念系统基本一致的前提上，否则，学术讨论便无法进行。一旦概念确实产生歧异，编纂组织便会采取协调措施——通过修改或口头意见实现。经过修改协调之后，在定稿上仍有歧异存在，这便是寻绎编纂组织中学术权力竞争的重要线索与证据。在"观念"层次也同样存在类似的内在矛盾，且学术权力竞争可能更集中地体现在这一层次上。②

因此，在研究方法上，对于非歧异性概念，"文化文献学"一般采取外延最广的一般性定义，以使它们可以更好地关联"实存状态"。对于歧异性概念与观念，如其足以影响论题的开展，则须对其歧异予以专门讨论；否则，便采取搁置歧异的策略，以主流概念与观念为主，以免蔓生枝节。

2. 评论话语的双重逻辑结构

《总目》评清世宗《世宗宪皇帝御制文集》曰："仰计十三年中，固无日不亲御丹毫，畴咨庶政。而寄情翰墨，遂炳然与《典》《诰》《雅》《颂》辉映后先。盖体协健行，心怀《无逸》，精明强固之气，举措万化

---

① 在理论上，清高宗与所有馆臣——包括总裁、总纂、分纂，甚至访书督抚、誊录监生，每一个个体对《总目》乃至"四库"之形成都产生影响；而且，他们的影响，实际上也不同程度地呈现于《总目》与"四库"中。因此，他们事实上已形成一个具有多向互动性的"四库编纂组织"——这里至少存在馆臣之间的多向互动，以及馆臣与清高宗之间的双向互动。这个概念，笔者在讨论"文化文献学"时曾涉及过，参见蔡智力：《文献文化学及其方法学省思》，第191页。

② 吴哲夫分析《四库全书》小说家类与春秋类著录标准时，即指出存在符合著录标准却遭存目，或同是清室忌讳文字却删存不一等情况。参见吴哲夫：《四库全书子部小说家类图书著录之评议》，台北《"故宫"学术季刊》第13卷第1期（1995年秋），第19页；吴哲夫：《四库全书经部春秋类图书著录之评议》，台北《"故宫"学术季刊》第9卷第3期（1992年春），第14—15页。除编者疏忽等解释外，这些都可能与编纂组织中学术权力竞争有关。

而有余。故旁涉词章，尤足以陶铸百氏，如元化运转，时行物生，而二曜、五纬、三垣、列宿，自然成在天之文也。岂非摄提、合雒以来，超轶三五之至圣哉。"（D/别集26/v173，p4a-b）如此将清世宗文章比附于经典，其评议之公允性显然要遭到极大质疑。然而，不妨再推进一步问：《总目》为何要将之比附于经典？这显然说明经典在《总目》价值体系中的重要地位。这实际上预示了《总目》评论话语的双重逻辑结构：第一重可称为"学术评价逻辑"，是对学术的直接评价，其评价之当否，可以通过与被评价对象的"实存状态"相互对照予以检验；第二重可称为"文化价值逻辑"，这是《总目》持以评价历代学术的价值尺度，是建立于历史传统与时代语境的价值逻辑。

"学术评价逻辑"与"文化价值逻辑"的双重结构，在《总目》中有相当普遍的体现，进行文化诠释时不能不予以区别。如《总目》评何梦桂《潜斋文集》："王士祯（禛）①《池北偶谈》以酸腐庸下诋之，则似乎已甚。文则颇援引证佐，有博辨自喜之意。"（D/别集18/v165，p21a）一方面，《总目》不赞同王士禛以"酸腐庸下"评议何集，这是学术评价层面的观点。但以"酸腐庸下"为否定性评价标准，《总目》却又在"文化价值逻辑"上予以认同。类似地，其论柴奇《黼庵遗稿》亦曰："邹守益《序》称其诗文典雅雄健，不落臼窠，不矜刻峭。友朋推挹之词耳。"（D/别集c3/v176，p37a-b）提要认为"典雅雄健，不落臼窠，不矜刻峭"这样的评语，与柴氏诗文呈现的体貌并不相符，是过度推扬之词，即从"学术评价逻辑"上予以否定。但在"文化价值逻辑"上，提要显然肯定了"典雅雄健"等体貌的典范性意义。

"文化四库学"文化史研究可细分为学术史与思想史两个层面。② 学术史研究应当更加关注上述"学术评价逻辑"，思想史研究则要侧重"文化价值逻辑"。本研究属于其中思想史研究层面，因而在对《总目》评论话语进行分析时，有必要排除"学术评价逻辑"的干扰，而探析其中的"文化价值逻辑"。

3. 语脉逻辑分析

欲把握《总目》对典范文人的论述，必须对其评论系统予以深入分析。评论涉及褒贬。唯有通过评论话语褒贬取向的分析，才有可能对

---

① 凡引文力求忠于原文。原文误字，以圆括号（ ）改正；脱字，以六角括号〔 〕补字；衍字，以方框▢删字。另以方括号［ ］添小字作注，以方便阅读。

② 蔡智力：《文献文化学及其方法学省思》，第202—208页。

《总目》的价值系统予以建构。然而，评论话语的褒贬取向如何获致？纯粹依赖语感，似乎欠缺说服力，也有失学术的严谨性。对此，"文化四库学"尝试通过语脉逻辑的分析方法，以求尽量取得较有说服力的分析效果。

在分析的过程中，笔者发现《总目》往往借助某些具有价值指向性的词语来表达褒贬意向。如其评唐文凤《梧冈集》："其诗文亦丰缛深厚，刊落浮华，能不失其家法。"（D/别集 23/v170，p28a）此中用作评论唐氏诗文体貌的术语"丰缛深厚"，是褒是贬，似不易确定。相较之下，另外两个术语，"浮华"为贬，"家法"为褒，则相对较易判断。彼此之间的差异在于，后者分别有"刊落"与"不失"两个词语的限定作用，前者则是凭空而来，缺乏可作价值判断的参照依据。像"刊落""不失"之类可以帮助价值判断的词语，姑且称为"价值指向性词语"。"刊落"有去除、摒弃之意，在价值取向上示意宜应摒弃某物，因而常指向"消极性价值"——在此即指向"浮华"。相对地，"不失"有保存、拥有之意，在价值取向上示意宜应获得某物，因此往往指向"积极性价值"——在此即指向"家法"。

除了借助"价值指向性词语"予以分析外，有时也不得不依靠一些在传统价值中已经成为普遍共识的词语或观念。如《总目》评龚璛《存悔斋稿》曰："父潗，宋末官司农卿。国亡，不食卒。"（D/别集 19/v166，p51b）这里，《总目》便没有使用价值指向性词语，只是直陈龚氏"不食"殉国之事。但因为在传统文化语境中，殉国的忠义气节为普遍共识，因此尽管《总目》不着评议，其褒贬亦已显见。

4. 多重文本语境分析

"成于众手"与"钦定"等属性，决定了"四库系列文献"的文本语境具有异常复杂的多重结构。对《总目》而言，尤为如此。

最底层的语境为"句语境"，指同一语义段落所构成的相对封闭的语境。在同一"句语境"中，不同概念之间具有相对紧密的逻辑关系——其紧密程度胜过它与另一"句语境"中类似概念的关系。前述所谓"语脉逻辑分析"，即主要是"句语境"中的语脉分析。如果通过"句语境"进一步分析，其实也可以发现，前文说不易确定褒贬的"丰缛深厚"，其价值取向也有一定的脉络可以把握。譬如"丰缛"与"刊落浮华"，"深厚"与"不失家法"，便存在一定的逻辑关系。

"句语境"之上是"篇语境"，指同一篇提要所构成的相对封闭的语境。"句语境"与"篇语境"的区分，对分析研究的严谨性而言十分必要。《总目》"成于众手",每篇提要通常由一位或几位分纂官起草,此后仍有总纂官可能性的修订,总纂官之上又有总裁官与清高宗可能性的参与。如此一来,同一篇提要的内在语境便存在"语脉断裂"的可能性。这样的断裂痕迹,确实普遍存在于《总目》。如其评敖继公《仪礼集说》曰:

> 前有《自序》,称"郑康成《注》疵多而醇少,删其不合于经者,意义有未足,则取疏记或先儒之说以补之,又未足,则附以一得之见",又疑《丧服传》违悖经义,非子夏作,皆未免南宋末年务诋汉儒之余习。然于郑《注》之中录其所取,而不攻驳所不取,无吹毛索垢、百计求胜之心。盖继公于《礼》所得颇深,其不合于旧说者,不过所见不同,各自抒其心得,初非矫激以争名。故与目未睹注疏之面而随声佐斗者,有不同也。(A/礼2/v20,p13b – 14a)

"然"字之前,力斥敖氏为"南宋末年务诋汉儒之余习"。此中之"务"字,其实已表达对其"诋汉儒"之习的最高指斥。"然"字之后,峰回路转,其中"无吹毛索垢、百计求胜之心""非矫激以争名"诸说,均与"务诋"的指斥相互抵牾,难以和谐地共存于同一语脉逻辑中。"然字句"的转折效果虽一定程度缓解前后两个"句语境"的张力,但彼此之间所形成的对话关系却相当明显。除"然"字外,表示转折的"特""惟"等字也常充当此功能。存在这种断裂现象的"篇语境",其实即是编纂组织中不同学术权力相互竞争的场域。

"篇语境"之上是"部类语境",不同部类因其知识类型不同,同样会形成相对封闭的语境。在学术史研究中,这一层语境的诠释作用应当更为突出。

"部类语境"之上则是"总目语境",即指《总目》全部提要以及《凡例》《进表》等形成的相对封闭的语境。思想史研究如以"总目语境"为范畴,应可对相关思想观念获致更全面的了解。因为同一思想观念往往会贯穿多个部类,它们在不同部类中的具体表现,又可能不尽相同。过往研究,常常将思想史议题限定于某一部类。如此虽可省却许多功夫,但却难以窥见相关思想观念之全象。

"总目语境"之上还有"四库语境",指"四库系列文献"共同形成的相对封闭的语境。此中,不同类型的文本具有不同编纂形态,如《总目》与《全书》在编纂属性上便有明显差异,从而其文化观念的存在形式亦各不相同。但它们毕竟都由同一编纂组织编纂而成,彼此之间的互文性也不可忽视,故必要时亦宜当作相对封闭的语境来观察。

"四库语境"之上还存在"编纂组织语境",因为我们无法忽视清高宗对"四库"可能性的干预作用。在此语境中,除"四库语境"外,还应包括清高宗诗文集、圣谕甚至实录。《总目》中常可见馆臣"伏读"高宗诗文集中某些内容,并予以引述与吹嘘;或者也会看到《总目》对某些文人(如沈德潜)作出背离"总目语境"的评价,而在清高宗诗文集或圣谕中,这些文人可能早已被"定性"。如此一来,彼此之间其实已经形成深入的对话关系。当然,"对话"不意味着绝对的俯首帖耳,此中亦可能存在隐晦的辩驳或阳奉阴违。

在"编纂组织语境"之上,亦仍有"总体存在情境"须予以考虑。① 只有将《总目》置于总体存在情境,才能对其获致更真切而全面的认知。譬如本书对于《总目》"文人"概念的分析,即须回归总体存在情境,通过对比其他历史文献取得有效的参照与佐证。

上述各语境的封闭性都是相对的。语境内与语境间各自的文本关联程度显然不同。因此在进行具体的文本分析时,应对语境的层级关系有相当清楚的意识,避免混为一谈。

5. 矛盾分析法

"多重文本语境分析"的方法原则有一个逻辑前提,即正视《总目》或"四库编纂组织"的内在矛盾。我们宜因应这种不可忽视的内在矛盾,确立相应的方法原则。

本书以《总目》的"文人观"为对象,在方法上可能会遭到这样的质疑:对于"成于众手"的《总目》而言,协同一致的文人观如何获致?这也是"文化四库学"研究在方法上常会遭遇的质疑。以往"文化四库学"研究应对这个方法学质疑时,似乎更多从"如出一手"的逻辑出发,预设《总目》中有某些整齐划一的思想观念,从而在方法上搁置或弱化文本的内在矛盾。

笔者尝试采取正视甚至凸显矛盾的研究策略,应对此一方法学质疑。

---

① "总体存在情境"概念出自颜崑阳。他认为:"诸多'文化世界'的构成要素,包括过去的精神传统,以及当代之伦理、政治、宗教、经济、文学、艺术等各种社会流业活动,虽然可以在抽象概念的认知中,做出切分的界说;但是,在生活的实践中,却是各要素彼此渗透、各部件交互作用而'混融'为动态历程性结构的'总体存在情境'。"参见颜崑阳:《"文学自觉说"与"文学独立说"之批判刍论》,《庆祝黄锦鋐教授九秩嵩寿论文集》,台北洪叶文化公司2011年版,第931页。

这是本研究乃至文化四库学至关重要的方法原则。此一方法原则的假定前提是：任何文本都可能存在内在矛盾，协同一致的观念只存在于理想世界。微观地说，根据现代精神分析理论的观点，任何个体自身都存在理性与非理性、意识与潜意识的内在矛盾。因此，即使单一作者的作品，也不可能提供绝对协一的观念。宏观地说，"成于众手"的"四库"尽管有总纂官"一手删定"，但要完全消除各种矛盾几乎不可能。因为删定者本人在理论上即存在微观的内在矛盾。更重要的是，《总目》本身的内在矛盾确实呈现于文本中。矛盾既然无法回避，莫若正视矛盾。

在"文化四库学"文化史研究与文化学研究两个进路的整体观照下，文本的内在矛盾本身毋宁说更具研究意义。从文化史研究进路说，《总目》本身的内在矛盾，正可视为乾嘉时期总体文化社群的思想矛盾之投影或缩影；从文化学研究进路说，由《总目》的内在矛盾更可见编纂组织内部，不同知识集团之间相互竞争的过程与结果。

基于这样的方法原则，本书在进行具体问题的讨论时，如遇到各提要观念相互矛盾时，仍尽量对矛盾本身进行分析。一来以期观察《总目》相关观念的多元性与复杂性，二来以观察矛盾观念产生的原因。

6. 审视即批判

清廷纂修"四库"，效仿刘向校理汉秘府典籍时，于每书皆"撮其指意"之例，"于所列诸书，各撰为提要，分之则散弁诸编，合之则共为总目"（凡例/A/卷首3，p6b）。至其提要基本内容，《凡例》自述："每书先列作者之爵里，以论世知人；次考本书之得失，权众说之异同，以及文字增删，篇帙分合，皆详为订辨，巨细不遗。而人品学术之醇疵，国纪朝章之法戒，亦未尝不各昭彰瘅，用著劝惩。"（A/卷首3，p6b-7a）《总目》对其为各书所撰提要的基本内容概括为几点：叙述作者生平，考究本书得失、版本异同，点评作者人品学术之醇疵，揭示国纪朝章之法戒。

概述之言，固然不必面面俱到。《总目》各提要的具体内容，往往超出上述概述的范围。从提要成品归纳其内容应该是徒劳的，其内容之丛杂让人望而生畏。从生成过程看，提要内容没有固定的写作模板。各篇提要都是提要作者因应各书及其作者的独特问题而进行的独特书写。在此过程中，历代典籍及其作者都成为客体对象，接受提要作者的审视与检查。

《总目》自称"品骘文章"（凡例/卷首3/p11b），实质上便是学术检查。这种检查固然涉及以明目张胆的政治指令查禁"违碍书写"，也涉及以文化标准辨别学术是非、真伪、得失。这种检查，既涉及学术检查，更涉及文人检查；甚至可以说，文人检查才是其根本的着力点，因为只有人才是能动的。在此检查中，历代文人的行迹都暴露在提要作者的凝视目光下。提要作者抱持严格的价值尺度，通过学术检查的窗口，仔细检查历代文人诸种行迹。

米歇尔·福柯（Michel Foucault）认为："检查把可见状态转换为权力的行使。"个体的可见性使其成为受检阅者，作为"客体对象"供检查者凝视。这种观看与被观看的关系，使受检阅者成为一个"完整的认知领域"。在此，观看（或者说凝视、审视）本身便意味着权力。福柯认为这是一种"完整的权力类型"，它不假借任何物质手段却能对个人发生实际作用，因此是"精神对精神的权力"，他将之称为"规训权力"。①

当然，"四库编纂组织"对文人的检查与审视有所不同。历代文人并非以实际活动呈现于编纂组织的审视下，而是以书写文献的形式间接呈现。更进一步说，审视的终极对象并非历代文人，而毋宁是无时间性的整个文人群体——既涉及过去，更指向现在与未来。换言之，编纂组织通过对历代文人行迹的审视，折射到当代与后代文人身上。这种审视对当代与后代文人而言，同样具有规训的权力。通过检查的机制，文人同样被客体化，变成一个完整的认知领域。因为书写文献的可见性，文人行为成为检查机制中的被观看者。编纂组织赋予馆臣观看的权力。他们因应文人独特的行迹，对它们进行定性与分类：哪些文人行为是卑劣的，哪些是平庸的，哪些是高尚的。这样的审视，显然具有批判与规训的效力。

换言之，提要对历代文人一些特殊行迹的书写，并非毫无意义的模板式书写，而往往具有特殊的批判意味。审视实即意味着批判与规训。审视的聚焦点并非无意识的，它预示了观看者的兴趣点，甚至价值观。因此，当我们对《总目》文人观作文本分析时，便只需分析它将哪些文人行迹纳入审视范围。据此，即可分析并归纳出其对理想文人的观点。

三 研究综述

（一）四库学相关研究

早期四库学多沿袭勘误、补正、考核、纠谬的朴学路数，② 至吴哲

---

① 米歇尔·福柯：《规训与惩罚：监狱的诞生》，刘北成、杨远婴译，生活·读书·新知三联书店2012年版，第208—218、231页。
② 周积明：《"四库学"：历史与思考》，《清史研究》2000年第3期，第58页。

夫、周积明与杨晋龙等学者，始另辟四库学文化研究之蹊径。吴哲夫撰《四库全书纂修之研究》时，即颇关注"四库"对传统文化之传承与扩充问题。① 后又撰《四库全书所表现的传统文化特色考探》《四库全书经部春秋类图书著录之评议》诸文，对《全书》所具文化特征多有揭示。周积明《文化视野下的〈四库全书总目〉》，呼吁关注"四库"的文化品性与文化价值，并从经世价值观念、理学批评、学术论诸方面进行深入分析，创获甚多，基本奠定"文化四库学"的研究范式。② 杨晋龙《"四库学"研究的反思》《"四库学"研究方法刍议》③ 诸文，亦对传统四库学多有反思，并呼吁改变研究方式，直接从文本着手以凸显"四库"的意义与价值。此后，"文化四库学"研究蔚然成风，与其他研究路数形成鼎立之势。④ 以下分两方面概述其现状与趋势。

1. 文化史研究的广度累积

"文化四库学"文化史研究，即指透过"四库"的文本考察其文化内涵或价值意义，甚或借此进一步探讨其背后的时代文化特征。文化史研究是"文化四库学"目前成果最丰硕的一路。根据研究对象的层次，可分为学术史与思想史两个范畴。⑤ 此中，学术史研究又占其绝

---

① 吴哲夫：《四库全书纂修之研究》，台北"故宫博物院"1990年版，第255—275页。
② 周氏大著1991年广西人民出版社初版，2001年中国青年出版社再版。
③ 杨晋龙：《"四库学"研究方法刍议——研究时的几个问题》，蒋秋华主编：《乾嘉学者的治经方法》，台北"中研院"中国文哲研究所筹备处2000年版，第17—70页。
④ 程惠新、陈东辉：《2000—2014年〈四库全书总目〉研究综述》，《图书馆工作与研究》2016年第3期，第70页。
⑤ 严格地说，学术史与思想史是两个不同范畴，不少学者对此多有讨论。张立文认为，思想史指人对宇宙（可能世界）、社会（生存世界）、人生（意义世界）的事件、生活、行为的所思所想，以描述和解释的形式历史地呈现出来的历程；学术史则直面已有的哲学家、思想家、学问家、科学家、宗教家、文学家、史学家、经学家等的学说和方法系统，并借其文本和成果，通过考镜源流、分源别派，历史地呈现其学术延续的血脉和趋势。参见张立文：《中国学术的界说、演替和创新——兼论中国学术史与思想史、哲学史的分殊》，《中国人民大学学报》2004年第1期，第2—3页。思想史直面对宇宙、世界、人生，是第一序之研究；学术史乃针对既有之学说、方法的历史，是第二序之研究。（思想史与学术史体现的第一序与第二序区别，乃颜崑阳先生私下赐教，谨此致谢。）学术史与思想史之界限有时又并非理论上那么清晰，甚至有重叠的部分，但也应予以分别。然而实际研究中，不少学者却似有混淆之嫌，往往"学术思想"连言而实指其一偏，甚至睿智如梁任公、钱宾四二先生之《中国近三百年学术史》，亦被指冠以"学术史"之名而"更多地还是要归于思想史一类"。参见刘曙光：《学术史与思想史关系的讨论及其反思》，《云梦学刊》2006年第4期，第9页。

大多数，① 而明代学术研究、词曲观念、小说观念、诸经观念、王士禛研究、汉宋争议等，又是最受关注的几个主题。

在笔者搜集的论著中，有40多篇（部）明确以明代学术为研究对象，居历代之首。② 明代学术研究之所以集中，与"四库编纂组织"对待明代历史之公正性受到质疑有关。一者，明清鼎革，清廷以异族入主中原，通过"四库"之纂修重塑历史，并借以展开政权正当性论述；二者，知识分子反思明代灭亡，亦难免要以明代学术作为亡国的"代罪羔羊"。③ 政治权力与学术权力合谋，从而造就了异于现代观念的可疑的"明代书写"，其之吸引当代学者亦不足为奇。

以词曲和小说作为研究对象者，在笔者所搜集的"文化四库学"论著中，亦均超过20篇（部）。总体而言，同题之作并不少见，而小说类亦不乏佳构。词曲方面，直接以词学观为题者即有孙纪文、刘贵华、孟舒婷、冯淑然、王腾飞；④ 直接以词曲观为题者，亦有卢盈君、柳燕等。⑤ 大多题名稍异，论见亦多有因循。当然，其中亦不乏别具创见者。如李剑亮在词曲学史的坐标系中，检讨《总目》在词学史中之地位；⑥ 徐燕琳从归类、界义的角度，析论《总目》之戏曲本体论、特征论等问题，均颇

---

① 笔者根据所掌握之论著资料予以力求严谨的分类，其中有247篇（部）可归为文化史研究范畴，当中属于学术史范畴的有196篇（部）之多，占总数的79.3%。此统计虽有搜罗不周、归类不清之虞，然似亦无碍于见其大凡。

② 其中值得注意者，有如何宗美、刘敬的《明代文学还原研究》，对明代重要作家与流派在《总目》中的论述，作了深入而翔实的考辨与批评。参见何宗美、刘敬：《明代文学还原研究——以〈四库总目〉明人别集提要为中心》，人民出版社2014年版。另外杨晋龙：《从〈四库全书总目〉对明代经学的评价析论其评价内涵的意义》，台北《中国文哲研究集刊》第16期（2000年3月）；曾令愉：《〈四库全书总目〉"公论"视野下的明代诗文》，硕士学位论文，台湾政治大学，2015年；邵毅平：《评〈四库全书总目〉的晚明文风观》，《复旦学报》1990年第3期；亦笃实而有创见。

③ 杨晋龙：《从〈四库全书总目〉对明代经学的评价析论其评价内涵的意义》，第526页。

④ 分见孙纪文：《〈四库全书总目〉中的词籍批评》，《内蒙古社会科学》第27卷第6期（2006年11月）；刘贵华：《论〈四库全书总目〉中的词学思想》，《洛阳师范学院学报》2005年第3期；孟舒婷：《〈四库全书总目〉的词学观》，硕士学位论文，海南师范大学，2015年；冯淑然、艾洪涛：《论〈四库全书总目〉的词体美学观》，《河北大学学报》第31卷第3期（2006年6月）；王腾飞、邓乔彬：《四库馆臣之词学观》，《词学》2010年第2期。

⑤ 分见卢盈君：《〈四库全书总目〉词曲观研究》，硕士学位论文，台湾政治大学，2008年；柳燕、彭芸芸：《〈四库全书总目〉词曲观念探析》，《历史文献研究》第33辑（2014年6月）。

⑥ 李剑亮：《试论〈四库全书总目〉词籍提要的词学批评成就》，《文学遗产》2001年第5期。

有独见。① 小说方面，虽同题之作亦为数不少，② 其中也有不少研究能独辟蹊径。如吴哲夫对小说家类著录之评议，③ 赵振祥从乾嘉史学考据风气观察《总目》小说"脱史入子"的本质，④ 宋世瑞、刘远鑫从《总目》"说部"与"小说"并存之状态析论多种小说观念之矛盾冲突，⑤ 袁文春论证《总目》如何巧妙地使小说之虚构合法化，⑥ 以及钟志伟对《总目》"假传体"小说之研究，⑦ 等等，均是颇有意义之探讨。词曲与小说作为两种文类而聚集相当数量的研究关注，其主要原因当缘于古今文学观念之差异。词曲"体卑而艺贱"（别集类按语/D/别集 26/v173, p54b - 55a），小说"出于稗官"，皆非《总目》所重。而"五四"以降，随着新"知识型"形成，学术界标榜别异于传统的、以纯粹审美为基准的"纯文学"。⑧ 词曲、小说便成为"纯文学"之典范，它们在《总目》中的卑贱地位，便尤显别扭。这大概是学者不约而同欲一探究竟的原因所在。

此外，经学观念亦为学者探求之重点，其中又相对集中于《诗》类

---

① 徐燕琳：《论〈四库全书总目〉的戏曲文体批评》，《中山大学学报》第51卷第1期（2011年1月）。
② 如韩春平：《〈四库全书总目〉的小说观及其原因探析》，《贵州文史丛刊》2007年第1期；张泓：《实学思潮与〈四库全书总目〉的小说观》，《南昌航空大学学报》第18卷第2期（2016年6月）；翁筱曼：《"小说"的目录学定位——以〈四库全书总目〉的小说观为视点》，《华南师范大学学报》2005年第3期；凌硕为：《论〈四库全书总目提要〉的小说观》，《江淮论坛》2004年第4期；温庆新：《试论政教视域下的〈四库全书总目提要〉小说观念》，《图书馆工作与研究》2015年第10期；季野：《开明的迂腐与困惑的固执——〈四库全书总目提要〉小说观的现代观照》，《小说评论》1997年第4期。
③ 吴哲夫：《四库全书子部小说家类图书著录之评议》，第1—26页。
④ 赵振祥：《从〈四库全书〉小说著录情况看乾嘉史学对清代小说目录学的影响》，《明清小说研究》1999年第1期。
⑤ 宋世瑞、刘远鑫：《"说部"与"小说"：〈四库全书总目〉之小说异名状态辨》，《文艺评论》2016年第10期。
⑥ 袁文春：《小说价值标准的调整与虚构的合法化——以〈四库全书总目〉为例》，《山西师大学报》第38卷第3期（2011年5月）。
⑦ 钟志伟：《平议〈四库全书总目〉"假传体"文类的编目与批评》，台北《汉学研究》第32卷第4期（2014年12月）。
⑧ 相关讨论可参见颜崑阳：《"文学自觉说"与"文学独立说"之批判刍论》，第917—930页。

与《春秋》类。① 王士禛以一人的影响力，亦聚集十数篇文章对他作专门研究。② 从错位研究的角度考虑，上述主题多已经相对饱和。学者有志其间，宜采取新视角、新方法，始能避免重复研究或同题共作。汉宋之争虽亦为前贤多所关注的论题，③ 但由于问题本身的复杂性及其对理解乾嘉的时代情境和"四库"的文本情境之重要性，故应尚有一定的讨论空间。

根据张立文对思想史的界义，学者从思想史角度研究"四库"的，似相对较少，且其中多糅合于学术史一同讨论。如许嘉玮在"崇实"思想下讨论"楚辞类"，④ 刘德明从"根柢"思想的角度讨论经学对文学的

---

① 前者如杨晋龙：《论〈四库全书总目〉对明代诗经学的评价》，《第四届诗经国际学术研讨会论文集》，学苑出版社 2000 年版，第 441—477 页；林怡芬：《〈四库全书〉的〈诗经〉学观点研究》，硕士学位论文，台湾云林科技大学，2008 年；邹然：《〈四库全书总目〉〈诗经〉学著作评论述要》，《诗经研究丛刊》第 5 辑，学苑出版社 2003 年版，第 111—131 页；何海燕：《从〈四库全书总目〉看清初〈诗经〉研究之状况——兼谈〈总目〉治〈诗〉思想对清中后期〈诗经〉研究的影响》，《湖北大学学报》第 32 卷第 3 期（2005 年 5 月）；等等。后者除吴哲夫《四库全书经部春秋类图书著录之评议》外，还有江毓奇：《〈四库全书总目〉之"〈春秋〉学谱系"蕴涵的思维方式》，新北《淡江中文学报》第 26 期（2012 年 6 月）；林颖政：《论〈四库全书总目〉对明代春秋学的评价标准》，高雄《经学研究集刊》第 10 期（2011 年 4 月）；汪惠敏：《〈四库全书提要〉对宋儒春秋学评骘之态度》，台北《书目季刊》第 22 卷第 3 期（1988 年 12 月）；等等。

② 如杨晋龙：《王士禛在〈四库全书总目〉中的地位初探》，台北《中国文学研究》第 7 期（1993 年 5 月）；曾守正：《所见与不见——〈四库全书总目〉视野下的〈渔洋诗话〉》，赖贵三主编：《中孚大有集——黄庆萱教授八秩嵩寿论文集》，台北里仁书局 2011 年版，第 515—536 页；陈美朱：《析论纪昀对王士禛之诗学与结纳标榜的批评》，花莲《东华人文学报》第 8 期（2006 年 1 月）；张传峰：《〈四库全书总目〉诗学批评与王渔洋诗学》，《苏州大学学报》2007 年第 2 期；何宗美：《〈四库全书总目〉王士禛批评舛误辨证——兼析馆臣提要撰写体例及主观缺失》，《文学遗产》2015 年第 6 期；门庭：《〈四库全书总目〉与王渔洋诗学——兼论四库馆臣诗学观》，《图书馆学刊》2009 年第 4 期。

③ 钱穆即已关注此论题，参见钱穆：《四库提要与汉宋门户》，《中国学术思想史论丛》（八），《钱宾四先生全集》第 22 册，台北联经出版公司 1995 年版，第 581—588 页；亦可参见周积明：《乾嘉时期的汉宋之"不争"与"相争"——以〈四库全书总目〉为观察中心》，《清史研究》2004 年第 4 期；夏长朴：《〈四库全书总目〉与汉宋之学的关系》，台北《"故宫"学术季刊》第 23 卷第 2 期（2005 年冬）；陈逢源：《乾嘉汉宋学之分与经学史观关系试析——以〈四库全书总目·经部总序〉为中心》，蒋秋华主编：《乾嘉学者的治经方法》，第 141—170 页。

④ 许嘉玮：《"崇实"作为一种批评方法——论〈四库全书总目〉"楚辞类"提要呈现之文学思想》，新北《淡江中文学报》第 27 期（2012 年 12 月）。

影响，① 曾守正、龚诗尧、曾令愉在"公论"视野下讨论文学批评，② 它们的共同特征是，认为《总目》在梳理学术源流的同时，似乎还有另外一个虽是相辅相成，却又相对独立而可抽象讨论的观念，与其并行。

"崇实"是"文化四库学"中被讨论得最充分的思想观念。单以《总目》为例，"崇实"思想即牵涉极广。学术上，经史子集四部均在其笼罩下论述，重考据，求征实；在为人上，亦讲求经世实用。早在周积明《文化视野下的〈四库全书总目〉》第一章即以"以实心励实行，以实行励实用"为题，深入讨论《总目》的经世价值观。③ 曾纪刚亦以经史二部为限，讨论《总目》及清初的崇实思潮。④ 前述刘德明、许嘉玮的研究，均可纳入此范畴。

另一个相对突出的主题是"西学观"，周积明、吴哲夫曾分别从思想观念和收录原则的角度，进行深入讨论。⑤ 庞乃明将论域置换为"欧洲观"，亦作出相关讨论。⑥ 此外，计文德更有专书予以研究。⑦ 可见此论题亦已有相当充分的讨论。

但总体而言，就"文化四库学"研究对象之层次而言，思想史的研究远不及学术史之充分且深入。这一定程度上与研究方法过于依赖传统的文本分析法有关。一方面，《总目》作为"文化四库学"研究的重点，同时亦作为文本分析法施用的对象，其提要直接指涉的对象多是所著录的图书，及与图书直接相关的学术或流派问题。另一方面，过往研究者对《总目》价值意义之认识，亦更多止于余嘉锡所谓的"辨章学术"。⑧ 然而，在《总目》"辨章学术"的表层论述之下，是否仍隐含着一些不直接论述却又着实存在的思想？这种思想可能有某些线索（如关键词），显露

---

① 刘德明：《〈四库全书总目〉的"根柢"观探究——经学视野下的文学观》，《第六届通俗文学与雅正文学研讨会论文集》，台北新文丰2006年版，第543—567页。
② 分见曾守正：《〈四库全书总目〉"诗文评类"的文学思想——考察"公论"下的宋前、宋代文学批评史图像，新北《辅仁国文学报》第23期（2007年2月）；龚诗尧：《〈四库全书总目〉之文学批评研究》，台北花木兰文化工作坊2005年版，第65—90页；曾令愉：《〈四库全书总目〉"公论"视野下的明代诗文》，第70—107页。
③ 周积明：《文化视野下的〈四库全书总目〉》，第21—49页。
④ 曾纪刚：《四库全书之纂修与清初崇实思潮之关系研究：以经史二部为主的观察》，硕士学位论文，辅仁大学，2002年。
⑤ 分见周积明：《析〈四库全书总目〉的西学观》，《中州学刊》1992年第3期；吴哲夫：《四库全书的欧西文明曙光》，新北《中文学报》第11期（2004年12月）。
⑥ 庞乃明：《从四库提要看清人欧洲观》，《明清论丛》第13辑（2014年4月）。
⑦ 计文德：《从四库全书探究明清间输入之西学》，台北汉美图书1991年版。
⑧ 余嘉锡：《四库提要辨证》，序言，第48页。

于语言表层,可供寻绎,如"征实""公论"即往往作为《总目》"辨章学术"之关键词或先验理据;亦可能是隐没于语言表层之下的深层论述,鲜有踪迹可循——这或许即是阿兰·梅吉尔(Allan Megill)所谓的"无关联性观念"或"未思之物"。① 或即因此,"文化四库学"在学术史研究上,已经取得丰硕成果,而隐藏于文本深层论述中的思想史内容,却较少被触及。如此一来,距离周积明多年前所呼吁的,捕获渗透于《总目》的"民族文化心理、民族思维方式、民族价值取向以及独特的时代个性",② 似乎仍有相当路程。

要在思想史研究上取得突破,一方面需要更深入而细致的文本分析,使分析的触角抵达语言表层之下的深层论述;另一方面,"文献符码"的诠释功能,是一个重要的突破口。因为无论部次抑或题名,多是"无关联性观念"的直接表述,但其体例之拟定则往往是文献学家深思熟虑之后的行为结果。③ 因此,文献符码中实有丰富的"无关联性观念"可资发掘。与文献符码法相应,"文化四库学"至少在概念史的研究上,应当尚有发挥空间。

2. B 进路的悄然转向

新世纪以前,"文化四库学"基本上依循文化史进路开展,透过"四库"观察时代文化。进入新世纪后,研究进路出现转向迹象,部分学者尝试透过时代文化反向观察"四库"的编纂。

周积明 2000 年发表《〈四库全书总目〉与十八世纪中国文化的流向》,一定程度上预示着进路之转向;论文从文化整体之成熟,以及时代的实证风气、理学霸权之消解和西学之有限吸纳诸方面,试图重建当时总体文化情境,并借以合理解释"四库"之诞生。④ 与周积明相似,姜海军则在南北学术分立的历史情境中观察"四库"之编纂,认为乾隆朝代表官方意

---

① 阿兰·梅吉尔(Allan Megill)在分辨观念史与思想史之区别时,用"有关联性观念"(articulate ideas)指称观念史,而以"无关联性观念"(inarticulate ideas)或"未思之物"(the unthought)指称思想史。在他看来,所谓思想史(未思之物)即"包括人们头脑中模糊的想法和人们可能从未实际思考过的想法,但这些想法却对人们如何看待这个世界和如何在这个世界中行动产生了巨大影响"。参见阿兰·梅吉尔(Allan Megill)、张旭鹏:《什么是观念史?——对话弗吉尼亚大学历史系阿兰·梅吉尔教授》,《史学理论研究》2012 年第 2 期,第 108—110 页。
② 周积明:《〈四库全书总目〉文化价值重估》,台北《书目季刊》第 31 卷第 1 期(1997 年 6 月),第 16 页。
③ 相关讨论见蔡智力:《文献文化学及其方法学省思》,第 190—196 页。
④ 周积明:《〈四库全书总目〉与十八世纪中国文化的流向》,《社会科学战线》2000 年第 3 期。

识形态的理学固化，与江南考据之学日益分立，清高宗在此情境下敕命编纂"四库"，便有整合朝/野、南/北差异，重新树立中央学术权威的意味。① 刘美玲以"知识权力"的理论视角，在还原清代妇女社会地位的基础上，通过对比历代书目中女性著作之著录，审视《总目》对女性知识典籍之著录情况，揭示《总目》通过对女性著作的归类，对女性施以某种程度的知识权威，亦是颇有意义的探讨。② 许崇德从政治与学术互动的角度，析论清高宗出于政治需要，借汉学家攻击宋学家门户结党之习，而汉学家则出于学术需要，欲借攻击宋学以还原经典，政治与学术汇流而形成超然汉宋之上的"新门户"，并借此以解释《总目》在重汉轻宋之中又有调和汉宋之倾向等问题，亦极有创获。③ 此外，曾守正《权力、知识与批评史图像》一书虽以诗文评类之文学思想为讨论重点，但亦往往从"权力论述"或新历史主义诸角度，对《总目》思想作出深刻解释。④

　　以上论著都不同程度转向"文化文献学"所谓的"B 进路"，即透过文化场域观察文献编纂行为。此一转向并非只是研究进路之转向，我们对四库学研究成果的分类结构也可能需要做出相应的调整。按周积明的四分法或三分法，上述研究就性质而言，至少已经融合了"四库历史学"和"四库文化学"两个方面。⑤ 当文献文本被复置于历史文化情境时，文本意义与历史之界线其实已模糊化。曾守正对四库学研究的分类，采取文献考据取向和文献诠释取向的二分法，他也指出两种取向的研究在近年有"合流"的趋势。⑥ 陈晓华《〈四库全书〉与十八世纪的中国知识分子》自称"打破了《四库全书》、乾嘉学术与政治各自为政的

---

① 姜海军：《清中期南北学术的分立、一统与〈四库全书〉的编纂》，《史学史研究》2016 年第 2 期。
② 刘美玲：《〈四库全书总目〉著录有关女性著作的探讨》，台北《书目季刊》第 37 卷第 2 期（2003 年 9 月）。
③ 许崇德：《论政治与经学流向对〈四库全书总目〉评骘标准的影响》，台北《"故宫"学术季刊》第 24 卷第 3 期（2007 年春季）。
④ 曾守正：《权力、知识与批评史图像：〈四库全书总目〉"诗文评类"的文学思想》，台湾学生书局 2008 年版，第 32—42 页。
⑤ 其四分法据研究结构分为：四库文本学、四库结构学、四库历史学、四库文化学；三分法据研究类型分为：文献研究、史学研究与文化研究。分见周积明：《四库学新理解》，"四库全书研究——中国首届《四库全书》学术研讨会论文集"，海南大学中国四库全书研究中心，1994 年，第 103—104 页；周积明：《"四库学"：历史与思考》，第 61 页。
⑥ 曾守正：《涓滴成河：〈四库全书总目〉与〈四库全书初次进呈存目〉的集部国朝〈提要〉》，新北《淡江中文学报》第 31 期（2014 年 12 月），第 174—175 页。

研究局面",① 也正显示此研究趋势之所向。

本节标题只称"B进路",不直称"文化学研究进路",乃出于对文化学理论与研究方法的期许。较之四库学其他研究路数,"B进路"研究的理论自觉已相当突出,如刘美玲、曾守正等人都不同程度引入权力论述理论。但欲使"文化四库学"成其为"文化学",其文化学理论的运用似仍有待进一步推进。杨晋龙十多年前即呼吁,将现代学术理论应用于《总目》研究,借以重新阐释其现代学术意义下的价值,并亲自以经济学"长尾理论"对《总目》施以新解释,亦属有意义的方法学试验。② 文化学理论的深入运用,正是"文化四库学"沿着"B进路"的转向,在未来仍可有大突破的可能性发展空间。

正如曾守正指出的,随着近年分纂稿、各种稿本以及各阁书前提要的整理出版,"使得官方意见的凝结过程与特色更为明晰"。③ 从文化学的角度来看,"官方意见的凝结"便是编纂行为的"凝结",这对编纂行为的显题化无疑有巨大助益,从而扩大文化学的诠释空间。此亦"B进路"推进至"文化学进路"的有利因素。

《总目》的文人观问题,属于"文化四库学"中思想史领域的研究。经过上面的系统梳理可见,此议题未见学者涉足,因此尚有研究的意义与价值。

(二) 文人史相关研究

在文人史研究领域,《总目》文人观亦未引起学者注意。

余英时对中国传统"士"阶层有深入研究,且产生深远影响。其于《中国知识阶层史论》中,将传统的"士"置于世界性学术话语下观照,揭示"士"的理想典型及其在中国历史上的具体表现,从而探索中国文化的独特形态。④ 诸多创见,被广泛援引于文人史研究。其中部分篇章也收录于大陆出版的《士与中国文化》。⑤ 龚鹏程《中国文人阶层史论》则沿着"才""情"的主线,讨论才性论与文人阶层的关系,揭示在传统中

---

① 陈晓华:《〈四库全书〉与十八世纪的中国知识分子》,社会科学文献出版社2009年版,第30页。
② 杨晋龙:《从"现代经济理论"论〈四库全书总目〉——经济学及其相关概念与传统中华文化研究》,台北《"故宫"学术季刊》第26卷第1期(2008年秋),第149—150页。
③ 曾守正:《涓滴成河:〈四库全书总目〉与〈四库全书初次进呈存目〉的集部国朝〈提要〉》,第175页。
④ 余英时:《中国知识阶层史论》,台北联经出版公司1980年版。
⑤ 余英时:《士与中国文化》,上海人民出版社2003年版。

国"文学化的社会"中文人阶层的形象、审美与思维状态。①

李春青《乌托邦与诗：中国古代士人文化与文学价值观》以文人救世与自救的"二重人格"冲突为主线，探讨古代文学价值观的发展，揭示文人在二重人格主导下，个体意识（审美价值）与社会意识（伦理价值）的内在矛盾与交替呈现。②范子烨《中古文人生活研究》从人物品藻、文人清谈等方面讨论魏晋南北朝时期的文人生活和主体意识形态，并由此展示其群体的文化走向。③刘洁《中国古代文人与传统文化》从儒释道的思想传统、科举与文字狱的政治环境，以及文人日常生活等方面，讨论传统文化对古代文人与文学的影响。④郭英德《中国古代文人集团与文学风貌》从广义的层面，讨论包括先秦诸子与宋明理学家在内的文人集团的文化功能，以及其与文学风貌的关系。⑤

此外，于迎春《汉代文人与文学观念的演进》，对传统"文学"概念的形成、人伦品鉴对文学批评的影响等研究，都有助于本研究相关议题的思考。⑥刘月《魏晋士人人格美学研究》对涉及传统美学的"缘情""神韵""文气"等问题的讨论，对本研究关于文人群体发展以及文人概念的厘清，有相当的助益。⑦赵园《明清之际士大夫研究》，以王夫之、顾炎武、黄宗羲等明遗民为中心，研究明清之际士大夫的思想与行为，以及易代之际文人的心理状态，对审视《总目》文人批评的语境，有极大的帮助。⑧

综上所述，历来文人史研究似乎更多地关注文人行为或文人自身的观念问题，对于"关于文人的观念"的"文人观"问题，似乎较少关注，涉及《总目》的"文人观"研究更未尝得见。这应当是本书对文人史研究所可能具有的一点意义。

四 版本选定：依据于殿本的研究

《四库全书总目》的版本非常复杂。据崔富章所见，乾隆朝的传本就

---

① 龚鹏程：《中国文人阶层史论》，兰州大学出版社2003年版。
② 李春青：《乌托邦与诗：中国古代士人文化与文学价值观》，北京师范大学出版社1996年版。
③ 范子烨：《中古文人生活研究》，山东教育出版社2001年版。
④ 刘洁：《中国古代文人与传统文化》，甘肃人民出版社2011年版。
⑤ 郭英德：《中国古代文人集团与文学风貌》，北京师范大学出版社1998年版。
⑥ 于迎春：《汉代文人与文学观念的演进》，东方出版社1996年版。
⑦ 刘月：《魏晋士人人格美学研究》，复旦大学出版社2013年版。
⑧ 赵园：《明清之际士大夫研究》，北京大学出版社1999年版。

有 7 种，19 世纪的刊印本有 7 种，20 世纪的印本亦有 10 种。① 近年来，天津图书馆藏纪晓岚删定稿本，以及中国台北"国家"图书馆藏《四库全书初次进呈存目》等版本，亦引起学者广泛关注。② 尽管版本繁多，但学者一般认为《总目》版本主要有两个系统："浙本系统"与"殿本系统"。③ 它们分别是以浙江刻本和武英殿刻本为底本的两个版本系统。

四库学研究史一直流传着"浙本出于殿本"之说，认为浙本乃翻刻自殿本。换言之，殿本成书在前，浙本成书在后。④ 据此时间次序，便可推衍出"浙本订正殿本"的观点。如浙本仍征引编书过程中曾遭抽禁的周亮工等人著作，昌彼得便认为，《总目》既是敕撰之书，当非个人所敢妄行删改，从而推测："是否殿本刻成后，乾隆或嘉庆帝有所不满，或因其他缘故，而令阮元重行修订，重刻于浙江，虽目前尚乏资料以证成之，

---

① 崔氏述列乾隆朝传本包括：1. 北京图书馆藏文津阁写本，2. 天津图书馆藏文溯阁写本，3. 浙江图书馆藏文澜阁写本，4. 上海图书馆藏乾隆四十七年至五十三年修订稿本，5. 北京图书馆藏乾隆五十七年后修订稿本，6. 浙江刻本，7. 武英殿刻本；19 世纪刊印本有：1. 日本文化二年（1805）刊本，2. 文化十一年（1814）刊本，3. 同治七年（1868）广东书局刊本，4. 光绪十四年（1888）上海漱六山庄石印本，5. 光绪二十年（1894）上海点石斋石印本，6. 光绪二十年（1894）福建刊本，7. 光绪二十五年（1899）广雅书局刊本；20 世纪印本有：1. 宣统二年（1910）存古斋石印本，2. 民国十五年（1926）上海东方图书馆重印存古斋本，3. 民国十五年（1926）上海大东书局石印本，4. 民国二十年（1931）上海商务印书馆排印本，5. 1971 年台湾商务印书馆重印本，6. 1965 年中华书局缩小影印浙本，7. 1983 年台湾商务印书馆缩小影印殿本，8. 1989 年上海古籍出版社缩小影印殿本，9. 1997 年中华书局排印殿本（整理本），10. 1999 年海南出版社排印浙本（整理本）。参见崔富章：《二十世纪四库学研究之误区——以〈四库全书总目〉为例》，台北《书目季刊》第 36 卷第 1 期（2002 年 6 月），第 2—3 页。
② 关于"津图"纪昀删定稿本，参见夏长朴：《〈天津图书馆藏纪晓岚删定《四库全书总目》稿本〉的编纂时间与文献价值》，台北《台大中文学报》第 44 期（2014 年 3 月）。关于《初次进呈存目》，参见夏长朴：《〈四库全书初次进呈存目〉初探——编纂时间与文献价值》，台北《汉学研究》第 30 卷第 2 期（2012 年 6 月）；刘浦江：《〈四库全书初次进呈存目〉再探——兼谈〈四库全书总目〉的早期编纂史》，《中华文史论丛》第 115 期（2014 年 3 月）。
③ 这是崔富章据其所见版本做出的归纳。当然，前述部分稿本也很难纳入这两个系统。参见崔富章：《二十世纪四库学研究之误区》，第 16 页。夏长朴基本上认同崔氏的划分，见夏长朴：《〈四库全书总目〉"浙本出于殿本"说的再检讨》，台北《台大中文学报》第 40 期（2013 年 3 月），第 253 页。
④ 据崔富章、夏长朴梳理，此说肇始于光绪二十五年主持校刻广雅书局《武英殿聚珍版书》的傅以礼，其后王重民、昌彼得等学者均持此说，从而几乎成为学界共识。参见崔富章：《二十世纪四库学研究之误区》，第 13—15 页；夏长朴：《〈四库全书总目〉"浙本出于殿本"说的再检讨》，第 254—258 页。

宜大有可能也。"① 即认定两本的内容差异，是奉旨"重行修订"的结果。

此说经崔富章、夏长朴等人批驳，基本上难以成立。他们认为，浙本刊竣于乾隆六十年（1795）十月，殿本刊竣刷印装潢并"恭呈御览"于乾隆六十年十一月，较浙本晚一个月。② 除避讳字、文字异同、后继禁毁书籍提要存否等论据外，此说最得力的证据当是以下两则材料。其一即阮元《浙江刻四库书提要恭跋》：

> 四库卷帙繁多，嗜古者未及遍览，而《提要》一书，实备载时地姓名及作书大旨，承学之士，钞录尤勤，毫楮丛集，求者不给。乾隆五十九年，浙江署布政使司臣谢启昆……请于巡抚兼署盐政臣吉庆，恭发文澜阁藏本校刊，以惠士人。……六十年，工竣，学政臣阮元，本奉命直文渊阁事，又籍隶扬州。……兹复奉命视学两浙，得仰瞻文澜阁于杭州之西湖，而是书适刊成。③

阮元于此明白指出，浙本《总目》乃于"[乾隆]六十年工竣"。更精确的时间，是在他"兹复奉命视学两浙"时，"而是书适刊成"。换言之，浙本乃于阮元就任浙江学政前刊竣。崔富章根据《雷塘主弟子记》的记述指出，阮元是在乾隆六十年"十一月初一，至杭州。初六日，接印"。④ 因此他推断，浙本乃于此年十月刊竣。这样的时间脉络应足够清晰。但昌彼得等人似事先假定了"浙本出于殿本"的前提，因而未能重视阮元此跋。然而阮跋显然与此假定抵牾，昌彼得为此特意解释说："因此本需取代武英殿本而通行，阮元跋文将年代提前以为掩盖耳。"⑤ 若无更多证据，这种解释似难自圆其说。

---

① 昌彼得：《跋武英殿本〈四库全书总目提要〉》，《增订蟫庵群书题识》，台湾商务印书馆1997年版，第115页。
② 崔富章：《二十世纪四库学研究之误区》，第7—13页；崔富章：《文澜阁〈四库全书总目〉残卷之文献价值》，《文献季刊》2005年第1期，第152—155页；崔富章：《〈四库全书总目〉武英殿本刊竣年月考实——"浙本翻刻殿本"论批判》，《浙江大学学报》第36卷第1期（2006年1月），第104—108页；夏长朴：《〈四库全书总目〉"浙本出于殿本"说的再检讨》，第270—272页。
③ 阮元：《揅经室集·二集》卷8，邓经元点校，中华书局1993年版，第565页。
④ 崔富章：《二十世纪四库学研究之误区》，第8页。这两个具体时间出自《雷塘主弟子记》的直接记载，黄爱平整理点校此书时将它易名为"阮元年谱"。所载见张鉴：《阮元年谱》卷1，黄爱平点校，中华书局2002年版，第14—15页。
⑤ 昌彼得：《跋武英殿本〈四库全书总目提要〉》，第115—116页。

另一则材料,即"四库全书馆"副总裁曹文埴于乾隆六十年十一月十六日的奏折:

> 窃臣于乾隆五十一年奏请刊刻《四库全书总目》,仰蒙俞允,并缮写式样,呈览在案。续因纪昀等奉旨查办四阁之书,其中提要有须更改之处,是以停工未刻。今经纪昀将底本校勘完竣,随加紧刊刻毕工。谨刷印装潢陈设书二十部、备赏书八十部,每部计十六函,共一千六百函,恭呈御览。①

曹氏详述殿本"恭呈御览"时分部分函情况,说明其时已有实物在案。因此,崔富章将殿本刊竣时间确定为乾隆六十年十一月。②

一个月的差距,几乎可以忽略不计。但这至少可以否定"浙本出于殿本"的猜想。这不只是版本考证问题,更涉及编纂者思想观念的调整痕迹。因为提要的修订,可能涉及思想的演变。如果"浙本出于殿本"成立,我们便有理由承认昌彼得"清廷不满殿本从而重刻浙本"的猜测。反过来,如果"殿本出于浙本",类似的猜测也存在可能性。

但据目前的研究成果,两个版本的直接承继关系不易成立。崔富章根据比勘分析,认为浙本的底本是文澜阁藏写本,即阮跋所谓"恭发文澜阁藏本校刊"。③夏长朴虽然认为崔氏"浙本出于文澜阁抄本"之说有待商榷,但也认为文澜阁写本较浙本、殿本都要早。从较远的渊源看,浙本与殿本实来自区别于阁写本的同一"祖本"。但在刊刻的时候,它们各自的直接底本又均已经过修订。其中浙本的底本时间较早,除崔富章所认为的文澜阁写本外,还有可能参考其他资料,如"津图"纪昀删定稿本的原底本,甚至"四库馆"中流传出来的较新的校订稿本;而殿本的底本完成较晚,它虽与浙本同出一源,但在此"源"分流为浙本底本后,馆臣仍对它进行持续修订,因而与浙本有较大差异。④就目前的材料看,这样的推断相对合理。

如果浙本不存在昌彼得所谓"奉旨重刻"的问题,那么殿本就应当

---

① 《纂修四库全书档案》册下,第2374页。
② 崔富章:《〈四库全书总目〉武英殿本刊竣年月考实》,第105页。
③ 崔富章:《二十世纪四库学研究之误区》,第8—9页;崔富章:《〈四库全书总目〉武英殿本刊竣年月考实》,第106—107页;崔富章:《文澜阁〈四库全书总目〉残卷之文献价值》,第152—153页。
④ 夏长朴:《〈四库全书总目〉"浙本出于殿本"说的再检讨》,第17—21、27—37页。

如其刊刻地所象征的皇家权威那样,被视为最终的官方定本。这也符合惯常的思维。本书的靶标既已设定为《总目》的文人观,而且我们已接受其中必然掺杂的官方意志,那么便应以此官方定本为研究分析的依据。否则,如果选定来自民间的浙本为研究对象,在理论上便不得不面对官方观念与民间观念的关系问题,而且还可能被质疑:哪些是官方观念?哪些是民间观念?虽然这未必会影响到本书要讨论的文人观问题,但这样的方法论风险却无法忽略。而且,这也并非通过比较浙本与殿本差异可以解决的问题。因为浙本的直接底本无法确证,其中可能掺杂坊间流传的校订稿本,也无法排除。

因此,本研究所选定的版本,是一直处于宫中,且由"四库"馆臣在清高宗指导性授意与有限性监督下,持续修订而成的官方定本——武英殿本。但在具体问题的讨论中,作为佐证,本研究也会适当地援引其他版本。因为身边资源有限,被当作佐证援引的也更多是浙刻本。

第一章 《总目》"文人"概念分析：
基于总体历史情境的探讨

第一节 一份调查彰显的歧异：
"文人"，一个实在而抽象的群体

为了有效的论述定位，在正式讨论《总目》重构文人典范之前，有必要先厘清《总目》的"文人"概念。意即：《总目》使用"文人"或类似词语时，其所指涉的是怎样的群体？或者说：对《总目》而言，什么是"文人"？事实上，这也是《总目》文人观的重要组成部分。因为观念以概念为基础，它是对概念所作的实然描述或应然论述。

"什么是'文人'？"这不是一个容易回答的问题。在阅读下面的讨论前，读者不妨先尝试认真地（而不是含糊或大概地）回答这个问题。对此，笔者当然可以动用研究者的诠释权力，对"文人"概念予以自定义，然后再讨论《总目》对我所界定的"文人"的典范建构问题。若然，这便是笔者所定义的"文人"，而非《总目》所谓的"文人"，因而其诠释有效性也将大打折扣。

思考这个问题时，笔者做了一个简单的调查。调查设计了两个大项。在第一个大项中，笔者请受访者写出他们心目中的"历代十大典范文人"。这个大项下附带两个提示性问题，帮助受访者思考：一是"文人"应该怎样定义？二是理想"文人"应具备哪些条件？第二个大项列出 36 位古今人物，请受访者选出他们认为属于文人者。这 36 位人物分别是：伏羲、仓颉、子产、孔子、颜渊、子贡、子路、子夏、惠施、商鞅、伏胜、郑玄、许慎、魏伯阳、陈寿、孔颖达、狄仁杰、慧能、陆羽、吴道子、毕昇、包拯、张君宝、张择端、李纲、王阳明、李时珍、

仇英、张居正、史可法、祖冲之、段玉裁、马英九、王家卫、郭德纲、周杰伦。

共有 105 位学历在大学本科以上的受访者参与调查，其中 72 位来自大陆，33 位来自港台。就学科背景而言，其中 86 位为中文相关学科，16 位非中文类学科，3 位学科背景未知。就学历背景而言，8 位为本科毕业，71 位为研究生毕业或在读——其中 11 位为大学专任教师，另外 26 位学历未详，但也必定是本科以上学历。从受访者教育背景来看，他们有能力对上述问题作出具有某种代表性的回答。

大项一是开放性题目，它设计的目的主要在于观察受访者"文人"概念的内涵性质。此一大项共收回 68 份有效问卷。历代文人被选中的次数，可以看出他们在当代人观念中的典范性地位。此中，苏轼被选中次数最多，共有 50 位受访者将他列为"十大典范文人"。紧随其后的是杜甫（40 次）与李白（36 次），第四至十名分别是屈原（28 次）、司马迁（26 次）、陶渊明（20 次）、孔子（19 次）、欧阳修（18 次）、曹雪芹（18 次）、韩愈（17 次）。借助"文字云"，我们可以对这个结果有一个总体而形象的观感。（见图 2）

图 2　"历代十大典范文人"调查结果文字云图①

---

① 在文字云图中，相关词条的文字大小与出现频率成正比。

从这个结果可以看出当代人总体的"文人"概念。被选中次数最多的前十人，基本上可以代表当代人对"文人"概念内涵的总体意见。换言之，以此十人（除孔子外）为"文人"，在当代中国社会应当可以获得多数人认同。

大项一的答案中所出现的一些名字，也颇令人意外，譬如：老子6次、朱熹4次、王阳明4次、荀子3次，此外姬昌、周公、张载、邵雍、马英九、陆象山、慧能、蔡康永亦均被选中1次。对照《总目》的"文人"概念，或对照调查中排名前十的文人的性质特征，这些"典范文人"的合法性便颇有疑问：他们是文人吗？老子、朱熹、王阳明、荀子、张载、邵雍、陆象山不是思想家吗？姬昌、周公不是政治家吗？传说著作权属于他们的著作（《易》《礼》等），不是被《总目》著录于经部吗？马英九不也是法学毕业的政治家吗？蔡康永虽然出版过一些书，但他不是更多以演艺人员身份被认识的吗？至于慧能，虽然有著名的《菩提偈》传世，但他不是不认识字吗？

每位受访者的选择，都与他们对"文人"概念的理解及他们的知识背景有关。知识背景的差异，也必然影响他们对概念的理解。概念由内涵与外延组成。内涵代表概念的性质，外延表示概念的边界。对于一个群体而言，概念的性质有典型与非典型的差别。当多数人认为苏轼等人属于典范文人，那么他们所具备的性质便属于文人的典型性质。而慧能、马英九、蔡康永这些偶然被提及的人物，可以是个别受访者心目中的典范文人，但对于整个文化群体而言，他们作为"文人"的合法性甚至会遭到质疑。他们所具备的性质是非典型性质。这种非典型性预示着"文人"概念的边界——当然，此边界表现为模棱两可的"模糊地带"。但只要把这条模糊的边界分析清楚，便可以获致"文人"概念的内涵。所以，这个问卷调查的启示是：当我们讨论"什么是文人"时，最重要的工作是试探"文人"的概念边界，而非归纳它的典型性质。

第二个大项就是基于这样的思考补充提出。其中所设计的36位人物，对于"文人"概念而言基本上都模棱两可。如据"四部"分类标准，他们的代表著作（如果有的话），基本上均非集部著作；他们赖以传世的亦非"文学"，而是其他技能。此一大项共收回56份有效问卷，其中37位受访者认为王阳明属于文人，在所列36人中得票最高。入选"十大典范文人"的孔子，却以35票屈居其后，随后依次是孔颖达（30票）、郑玄（28票）、段玉裁（26票）、许慎（26票）、颜渊（26票）、陈寿（25票）、魏伯阳（23票）、子贡（23票）、子夏（23票）。（见图3）这意味着更多人认为他们属于文人。他们的共同特征，或与文字相关（段玉裁、许慎），或与儒家相关（王阳明、孔子、孔颖达、郑玄、颜渊、子贡、子夏），或有著作传世（陈寿、魏伯阳）。排名最后十位的，如李纲（11票）、李时珍（11票）、慧能（10票）、包拯（9票）、毕昇（9票）、张君宝（8票）、伏羲（6票）、马英九（6票）、郭德纲（5票）、周杰伦（4票），则意味着少数人认为他们属于文人，他们尽管可能有著作传世，但却以"文学"以外的其他技能见称。

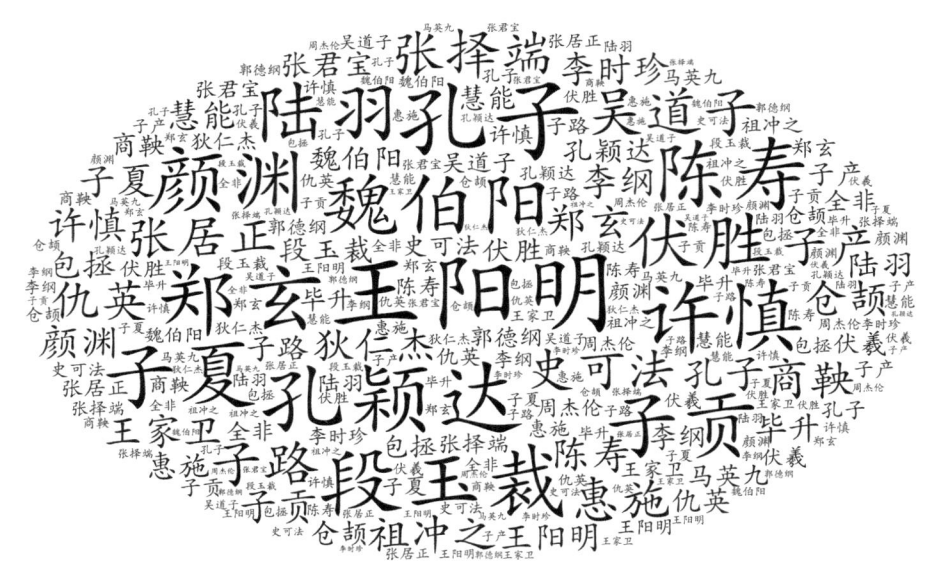

图3 "文人概念边界"调查结果文字云图

尽管经过上述分析，我们对"文人"的概念边界仍印象模糊。但这为思考"文人"的概念边界，提示了若干思考模式："文人"概念是否与某些特定知识领域相关？"文人"是专职还是兼职？或者说，如某人被普遍认为是思想家、政治家或科学家时，他可否同时是文人？

事实上，大项二的调查有一个突出的现象值得注意："文人"的概念边界在不同受访者那里存在极大差异。最明显的差异在于，56位受访者中，有2位认为所列36人"全都属于文人"，同时也有6位受访者认为他们"全都不属于文人"。这里有一个重要提示："文人"概念可能存在广、狭义之分。然而，广义、狭义的边界在哪里？这便需要进入历史语境作深入探讨。

第一章 《总目》"文人"概念分析：基于总体历史情境的探讨

被问及"十大典范文人"时，受访者几乎都可以轻易地写下 10 个名字——尽管他们大多经过反复斟酌——其困难不在于写出典范文人，而在于为"十大"作取舍。这说明"文人"作为一个群体是切实地存在着，且如实地被感知。但当被问及某些人是否属于文人时，受访者的答案便参差不齐，甚至互相抵牾。如此看来，"文人"作为一个群体却又抽象而不易把握。

事实上，这种参差与抵牾并非受访者的"业余"造成的。当我们阅读文人史论著时便会发现，专业学术研究者也存在同样的矛盾。如董乃斌判定："文士，即中国传统意义上的文化人。"所以他将文士分为文章之士、策论之士、游说之士与谋略之士，从而与武士、方士相区别。[①] 于迎春虽也意识到传统中国"文人"概念的不确定性，认为其宽泛的含义几乎可指一切读书人、文化人，但她还是对"文人"概念作出规约："我力图将'文人'的意义尽可能集中在文学的范畴里，从中国文学观念的立场出发来使用这一概念，也就是视'文人'为善于艺术性地使用文辞的人。"[②] 如此看来，于迎春所谓"文人"，其范畴甚至较董乃斌所谓"文士"中的"文章之士"的范畴更小——因为"文章"未必皆为艺术性的"文学"。郭英德研究文人集团时，既将"文人集团"分为"侍从文人集团""学术派别""政治朋党""文人结社""文学流派"几种类型，则作为共类（genus）的"文人集团"之"文人"便当具有"文化人"的意义；但他继而又将"文人社团"与"文学流派"称为"比较纯粹的文学性的文人集团"，[③] 则此"文人"又与于迎春所谓"文人"同义。几位学者对于"文人"的定义实为"规创性定义"，[④] 渗透了研究者的主观观念。由此亦可见，专业学者对"文人"概念的使用亦彼此参差互异，甚至同一学者于同一研究系统内，对它的使用亦并无定准。如此一来，对于"文人"概念而言，也似乎没有一个权威的答案可以横贯一切。

当然，笔者设置这样一个别异于传统学术研究方法的调查问卷，其目的也不在于获得一个权威或明确的答案——如果以此为目的，便需要更大的抽样数量与更严谨的问题设计。笔者只希望通过这样的调查，观

---

① 董乃斌：《文化紊流中的文学与文士》，河南人民出版社 1995 年版，第 1、48 页。
② 于迎春：《汉代文人与文学观念的演进》，第 283 页。
③ 郭英德：《中国古代文人集团与文学风貌》，第 4—5、147 页。
④ "规创性定义"与"描述性定义"相区别，它并非只在描述一般人使用某词语时既定的意义，而是通过规约和限定，赋予这个词新的意义。杨士毅：《语言·演绎逻辑·哲学——兼论在宗教与社会的应用》，台北书林出版有限公司 1991 年版，第 74—78 页。

察当代人对于这个概念的思考方式。这种思考方式虽然不能作为分析《总目》"文人"概念的支撑性论据,但可以作为观察分析的参照系。这个参照系之所以能够成立,乃在于古人与今人在思维方式上的共通性。当代与清代之间虽然有不同的历史情境,但我们却共享着相同的文化传统。这是本书在讨论"文人"概念时,可以参照观察的基础。此外,这个调查的另一重要考虑,亦在于增进本书的读者意识。因为当笔者为探讨《总目》的"文人"概念,不断深入《总目》及其所处总体存在情境时,便觉他们的"文人"概念逐渐远离笔者对"文人"概念的习惯认识。所以,我们需要相对普遍地了解潜在读者对这个问题的认识,以形成有效的"古今沟通",以免一头扎进古代而自说自话。

第二节 "文化人"抑或"文学人": "文人"概念的语言结构分析

前述调查与董乃斌、于迎春几位学者对"文人"一词的定义,提示了一个重要的信息:当我们在使用"文人"这个词语的时候,我们可能会有不同指涉对象。

从语言结构角度讲,这种差异缘于"文"字的多义性。在前述调查的大项二中,有 2 位受访者认为所列 36 人全都属于文人,他们显然将"文"理解为"文化"。董乃斌也明显如此理解。然而,"文化"的概念极为复杂,到目前为止至少有两三百个关于"文化"的定义。[①] 当以"文化人"解释"文人"时,我们所谓"文化"又是什么概念?如根据美国社会学家福尔森的定义:"文化是一切人工产物的总和,包括一切由人类发明并由人类传递后代的器物的全部,及生活的习惯。"[②] 则所选 36 人,在人类不同的"人工产物"领域——精神的或物质的,确实都取得或大或小的成就。然而,福尔森既以"文化"指涉"一切人工产物",则几乎一切人类活动都可以归结为"文化"。然则,"文化人"的表述,严格地说便无异于"人类"的概念。这显然与《总目》的"文人"概念不符。以其他"文化"定义代入,均难免于类似困难。

除"文化人"外,"文人"一词也可以解释为"文学人"。于迎春即

[①] 相关讨论参见李荣善:《文化学引论》,西北大学出版社 1996 年版,第 8—26 页;闵家胤:《西方文化概念面面观》,《国外社会科学》1995 年第 2 期,第 64—69 页。

[②] 引见陈华文:《文化学概论》,上海文艺出版社 2001 年版,第 7 页。

循此为"文人"作规创性定义。龚鹏程研究文人史，亦对"文人"作出"文学人"与"文化人"的区别。① 然而，何谓"文学"？经受西方文化霸权干扰后，近代中国"文学"概念的复杂性恐怕不亚于"文化"概念。

在汉语中，"文学"一词可能存在两种语言结构模式。它首先可能是并列结构，可理解为"文章与学术"。《群书考索续集》："当时之膺是选者，非文行兼著之赵安仁，则文学兼有之司马光。"② 即显然用此义。这种用法在汉代以前相对普遍，但并未在某个历史时期——譬如汉魏，出现断裂。《总目》中仍大量存在此用法。

此外，"文学"也可能是偏正结构，大概可以解析为"文字之学""文章之学"或"文艺之学"。但根据古人用例推断，此时的"文"当指"文章"。它固然与文字和文艺相关，但彼此间内涵与外延有明显差异。余来明认为，隋唐以降"文学"的用例淡化"学术"内涵，而侧重于"文章"与"文辞"之义。③ 这相当程度揭示了"文学"概念的内涵。但"文学"中之"学"是否必然指涉"学术"，且此中是否有"学术"之淡化，则有待深入讨论。至少，余氏以"今世文学史论述"为尺度，分析隋唐的"文学"用例，在方法上便难免有以今例古的危险。因为，今世文学史论述是在"五四"新文化运动思潮下兴起的，他们的"文学"概念与传统中国大相径庭。④

"学"除可理解为"学术"，也可理解为"学问"。当以偏正结构理解"文学"时，"学"即当是"学问"之义，"文学"便是"文章之学"，即"文章的学问"。所谓"文章之学"，即讨论文章写作法式的学问，近似于现代所谓"文学理论"。⑤ 当然，实际语用指涉某人以"文学"见长时，并非必然指称他善于文学理论，也可宽泛地意指他深谙文章写作的

---

① 如笔者理解无误，龚氏似从文人阶层发展史的角度，描述文人阶层不断类化伎艺人和学者，从而使文人阶层由"文学人"扩大为"文化人"的过程。参见龚鹏程：《中国文人阶层史论》，第27—28、187页；龚鹏程：《中国文学史》下册，东方出版社2014年版，第61页。本书的旨趣略有差异，它不在于对文人的群体发展历程作出描述，而是试图对"文人之所以为文人"作概念上的剖析。即是说，一个兼通文学与伎艺或思想的人，他之所以被认为是"文人"，是在于他的"文学能力"，还是在于他的"伎艺/思想能力"？换言之，一个只有"伎艺/思想能力"而无"文学能力"的人，如仇英与慧能，就"文学人"范畴而言是否仍被认为是"文人"？
② 章如愚编：《群书考索·续集》卷34，书目文献出版社1992年版，第1116页。
③ 余来明：《"文学"概念史》，人民文学出版社2016年版，第52—54页。
④ 对此一历史事实的检讨是余氏《"文学"概念史》的主要研究对象，也是其重要创获。
⑤ 王梦鸥：《中国文学理论与实践》，台北里仁书局2009年版，第4—5页。

章法。

但是，受日本与西方近代浪漫主义思潮影响，中国近代学者往往直接以"文学"一词指涉古代中国的"文章"或"文"，甚至认为这些书写品在古代某个时期始（如汉魏），逐渐独立于经学（学术），而具有去功用化的纯粹审美特征，从而有所谓"文学独立"或"文学自觉"的观点。事实上，在传统中国，"文章"（文学）与学术在概念上是形式与内容的二元对待关系，在实存书写品中则是一体两面关系。"文章"（文学）是"去内容化"的概念，所谓"去内容化"即不对内容性质作任何预设性限定，换言之，任何内容都可以用"文章"的形式来表达。这是古代中国"文章"（文学）区别于西方近代文学（literature）概念的基本特质。①

如果"文章"是去内容化的概念，那么在"文学"的两种语言结构中，"文章与学术"的概念外延比"文章的学问"要宽泛。学术不必然依托于"文章"形式，因此"文学人"之"文学"当以"文章之学"来理解，否则，它的宽泛程度便与"文化人"无异。而所谓"文学人"，便是与这种去内容化的"文章之学"相关的人；或者说，某人被认定为"文学人"，我们也是从这种"文章之学"的性质去认识他。

然而，语言结构的分析，还不足以让我们确切地认识"文人"的概念内容。因为"文人"与"文章之学"具体来说是什么关系，并不能单纯通过语言结构分析获致。譬如：一个人之所以被认定为文人，是因为他以写作文章知名？还是因为他擅长写作？还是专长写作？还是能够写作？爱好写作？刻意写作？或者只是因为他认识文字？这里之所以在"擅长"之外又提出"专长"，是因为我们还面临这样的问题：同时兼备多种技能——譬如事功与文章的人，是否仍可以被认为是文人？而且，同一个人，为什么在某些场合被认为是文人，但在另外一些场合却被否认（或自我否认）是文人？凡此种种，都只能回到历史语境，通过当时人的具体指涉，去分析"文人"与"文章之学"的关系程度。当然，历史语境的指涉逻辑分析，同时也可以验证语言结构分析的有效性，或与之相互印证。

---

① 详见蔡智力：《传统中国的"文/学"之辨——以〈四库全书总目〉"书籍辨体"论述为基础》，"清代历史文化认同与中华民族共同体发展学术研讨会论文集"，中国社会科学院历史研究所，2018 年，第 6—28 页。

第三节　历史影像：传统中国与《总目》"文人"概念的语境指涉逻辑分析

这一节要处理的问题是：在具体历史语境中，当人们使用"文人"一词（或具有类似概念的词）时，他们所指涉的到底是哪些人物？针对这个问题，我们先从《总目》入手，通过细读提要，梳理它对于"文人"概念的语境指涉问题。然后，再用"文人"与它的主要替代词"文士"，在古籍数据库中进行检索分析，以观察《总目》以外，其他典籍怎样使用这些词，希望借此以佐证对于《总目》"文人"概念的某些推断。①

既往研究习惯通过史书"文苑传"来考察"文人"的概念。这种方法的逻辑合理性值得怀疑。虽然《元史·儒学列传序》声称："前代史传，皆以儒学之士，分而为二，以经艺颛门者为儒林，以文章名家者为文苑。"然而，此中"名家"应如何理解？

如果前述"十大典范文人"调查可以在一定程度上显示当代"文人"概念的典型性质，那么以他们（苏轼、杜甫、李白、屈原、司马迁、陶渊明、孔子、欧阳修、曹雪芹、韩愈）为文人，便应当可以得到当代多数人的认同。但是，这十位典范文人中，只有杜甫、李白列于"文苑传"，其他如苏轼、屈原、司马迁、孔子、欧阳修、韩愈都独立列传；至于陶渊明，《宋书》列于《隐逸传》，即使已设置《文苑传》的《晋书》也仍列《隐逸传》；而曹雪芹，《清史稿》根本无传。王梦鸥早已指出此法之不当，他说，历史家的文学定义，是"依据历史的资料，把一些于

---

① 在《总目》中，指涉"文人"概念的词语，除"文人"与"文士"外，还包括操觚之士、操觚家、执笔者、缀文之士、作者、作手、文章家、文章之士、能文之士、工文之士、诗家、诗赋家、词人、谈艺者、谈艺家、谈艺之家等。但由于数据过于庞大，难以作全部检索，因此只以"文人""文士"为主。"文人"与"文士"在构词上似有不同的内涵与外延——因为"士"在概念上不能等同于"人"，但由于秦汉以后士庶界限之消弭，且能文者基本上都可以被视为"士"，因此"文人""文士"两词所指涉的概念内容仍基本相当。它们很多时候都可以互相替换。如南宋吕祖谦云："国初文人尚少，故所取稍宽。仁宗以后，文士辈出，故所取稍严。"王应麟：《玉海》卷54，江苏古籍出版社、上海书店1987年版，第1023页。则"文人"与"文士"互文同义。《旧唐书·刘子玄传》载郑惟忠问刘氏："自古以来，文士多而史少，何也？"《群书考索》引《老泉史论序》作"唐文人多而史才少"（《群书考索·续集》卷15，第1009页），则"文士"与"文人"通用。

文治武功无甚表现的人们,但因其独有笔札传世,便列之于'文苑传'或'文学传'内"。① 苏轼等六人有"文治武功",虽不入"文苑传",但显然不能否认他们是"文人"。

当然,前述调查还预示着其他问题。如陶渊明入《隐逸传》不入《文苑传》,这便涉及修史者对人物特征的偏向性认定问题,即将兼具隐逸与文章两方面特征的陶渊明,偏向性地归类到隐逸一类。又如曹雪芹不见于《清史稿》,这或许便因为他的"文章"无法进入修史者的法眼。因此,明代王祎说:"夫史者,一代之书无所不载者也,于文人之文,有难于具载。"② 但即使是微不足道而名不见史传,难道他就不是"文人"吗?即使身兼数长(如隐逸、文章)而只见载于《隐逸传》,难道他就只是隐士而不是"文人"吗?显然,"文苑传"的观察视域只能看到"文人"的某些内涵性质,而不能看到全部,也无从试探其概念外延。

毫无疑问,传统中国的"文人"概念极难把握。它不像现代文人,已成为一个专职行业。在古代固然有不少人以文为生,但更多人却以文为"余事",且这些人在文苑中的地位往往更高。它与阶级身份,也没有必然的关联性。我们或者可以认为考取进士的是文人,但也不能否认未及第者甚至根本隐居者为文人。如此一来,文人与非文人之间的界线也模糊不清。③ 这大概是历来研究极少愿意深入探讨其概念内容的原因所在。这个概念尽管抽象而模糊,但却实在地存在于我们的文化意识中。

概念的复杂性主要由诸多差异性参差重叠而造成。总体而言,概念差异有历时性差异与共时性差异两种,前者表现为不同历史时间点上的差异,后者表现为同一历史时间不同观念主体的差异。"文人"概念兼具这两种差异性。但总体来说,汉魏以前主要表现为历时性差异,汉魏以后则主要表现为共时性差异。当然,汉魏并非一条明显的界线,且也并非基于"文学独立"观点下的分段。因此,对于汉魏以前,本书将主要按历时的方式论列不同"文人"概念;汉魏以后,则主要探讨此概念的共时性差异,而对其于时间纵向上的表现则暂且搁置。

---

① 参见王梦鸥:《中国文学理论与实践》,第XIII页。
② 王祎:《王忠文集》卷5《浦阳文艺录叙》,上海古籍出版社1991年版,第93页。
③ 关于传统文人概念模糊性的讨论,参见龚鹏程:《中国文人阶层史论》,第6—9页。

一 前汉魏时期:"文人"概念的历时性变迁

（一）殷周"文人"：由"文祖文考"到"文德之人"

关于"文人"在殷周甲、金文与先秦典籍中的含义，王金凌、季镇淮、于迎春等前贤的研究都已涉及。① 为使本书论述完整，仍有必要掇述其大概。

《说文》："文，错画也，象交文。"② 其甲、金文字形也显示了类似含义。③ 卜辞中有"文丁""文武丁"，季镇淮推测"文"可能是商代君主的美号。④ 王金凌对类似的推测表示怀疑，他对比我国台湾原住民排湾族的图腾，将"文"字的古义确定为围绕祭祀、祖先、图腾等范畴的意义群。⑤

就目前掌握的资料看，"文人"一词最早见于金文。如《兮仲钟》"用侃喜前文人"，《善鼎》"隹用锡福于前文人"，郭沫若将其训释为"统祖妣考母之通称"，与彝铭中"文祖""文考""文母""文姑"之类用法相同。⑥ 这个含义在《六经》中仍有保存。如《尚书》即仍见"前文人"的用法，《文侯之命》曰："汝克绍乃显祖，汝肇刑文武，用会绍乃辟，追孝于前文人。"又如《诗·江汉》："告于文人，锡山土田。"对这两则经文，《尚书传》与《毛诗传》都以"文德之人"作解。前者说："使追孝于前文德之人。"后者说："文人，文德之人。"郭沫若对这种解释表示怀疑。

郭氏认为，《尚书·大诰》"予曷其不于前宁人图功攸终"与"予曷敢不于前宁人攸受休毕"中"前宁人"之"宁"（寧），为"文"字异文"玄"字之误。对此两句，《大诰传》释曰："我何其不于前文王安人之

---

① 分见王金凌：《中国文学理论史：上古篇》，台北华正书局1987年版，第48—58页；季镇淮：《"文"义探原》，《来之文录》，北京大学出版社1992年版，第19—28页；于迎春：《汉代文人与文学观念的演进》，第16—17页。
② 段玉裁：《说文解字注》篇9上，上海古籍出版社1981年版，第425页。
③ 陈梦家根据金文对"文"字含义作了三种推测："一、古代有断发文身的习俗，文即文身。二、古金文'文'字常于胸中画一'心'字形，疑象佩饰形，文即文饰。三、'文'字象人温雅而立的姿态，文即文雅。"这种解释与《说文》并无实质的差异。因此，高鸿缙说："以错画表纹。纹不拘何物也。兹以错画表其通象而已。……后世引申以为文字文章文彩等意。"均见李圃主编：《古文字诂林》第8册，上海教育出版社2004年版，第69—70页。
④ 季镇淮：《"文"义探原》，第19—21页。
⑤ 王金凌：《中国文学理论史：上古篇》，第39—53页。
⑥ 郭沫若：《周彝中之传统思想考》，《金文丛考》，人民出版社1954年版，第18b页。

道，谋立其功所终乎"，"天欲安民，我何敢不于前文王所受美命终毕之"。郭氏认为："以安训宁，复揭文王字，盖《尚书》古本必一本作'前文人'，一本误作'前宁人'，故伪孔者兼用之，而说'文人'为'文王'。大谬！"从而认为《文侯之命传》只是"顺文为解而已"。①

季镇淮虽然接受了郭氏的说法，认为《周书》的"宁"字多应作"文"字。但他同时接受了《毛诗传》"文德之人"的解释。② 王金凌更从"文"字的祖先含义，推衍出"文德"含义："它〔文〕曾是部族领袖的象征，因此习惯的把它放在安邦定国的人物或条件上，而称为'文王''文明'。既然文王、文明都有德的内涵，自然就称为'文德'。换句话说，'文'的意义从祭祀、祖先、图腾转移到领袖，又因领袖有德而转移到德业。于是'文'有领袖、德业二义。"③

或许因为在此后的春秋文献中，"文"与"德"有着十分密切的关系，④ 学者更愿意相信"文德之人"这种过度诠释，否则，历史诠释的延续性便无所依托。

（二）春秋战国"文士"：区别于"武士"的士阶层

《战国策·秦策》引苏秦曰：

> 古者使车毂击驰，言语相结，天下为一；约从连横，兵革不藏；文士并饰，诸侯乱惑；万端俱起，不可胜理；科条既备，民多伪态；书策稠浊，百姓不足；上下相愁，民无所聊；明言章理，兵甲愈起；辩言伟服，战攻不息；繁称文辞，天下不治；舌弊耳聋，不见成功；行义约信，天下不亲。于是，乃废文任武，厚养死士，缀甲厉兵，效胜于战场。

苏秦于此虽然是并列的铺陈，但也可以看出，其所谓"文士"与"言语相结""约从连横""万端俱起""科条既备""书策稠浊""上下

---

① 郭沫若：《周彝中之传统思想考》，第18b—19a页。郭氏之说，宋代学者已发其轫。《周师艅尊》"用作乃文考宝彝"，《宣和博古图》释曰："其资文考，与《诗》言文人同字。"王黼：《宣和博古图》卷6，诸莉君校点，上海书店出版社2017年版，第113页。林之奇《尚书全解》曰："'追孝于前文人'，'前文人'者，前世守文之主，盖自成康而下皆是也。"林之奇：《尚书全解》卷40，山东友谊书社1992年版，第2316页。虽不若郭氏通称"祖妣考母"，但也大致同指祖先。
② 季镇淮：《"文"义探原》，第22、25页。
③ 王金凌：《中国文学理论史：上古篇》，第54页。
④ 春秋时期"文"与"德"的关系，参见季镇淮：《"文"义探原》，第24—27页。

相愁""明言章理""辩言伟服""繁称文辞""舌弊耳聋""行义约信"等内容相关。所有这些，都统一联结到"废文任武"之"文"上。如此一来，这些内容事实上也可以理解为"文士"的职务，或其职务成效。所谓"明言章理"，即指明著彰显的教令法理。这是由文士负责制定的，其成效便是"科条既备"。所谓"辩言伟服"，即指文士以雄辩的言辞游说诸侯，其成效便是"言语相结"，即通过游说约纵连横。所谓"繁称文辞"，即文士以繁缛文饰的辞藻撰写文书，而至"书策稠浊"的结果。可见，春秋战国时"文士"的职务涉及法令制定、游说诸侯与文书撰写等工作。这个概念基本上是在与"武士"对立的情况下成立的。

"文士"虽然是"武士"的对立面，但他们都共同属于士阶层。在严密的等级制度被破坏以前，"士"是"有职之人"，是政府各部门掌事的中下层官吏。[①] 因此，"士"一开始是以庶民作为对立面而存在的。但在春秋时期，"士"总体而言是介乎贵族与庶民之间的阶层，到春秋末期，士、庶之间甚至已难以分辨。[②] 与士庶消融不同的另一进程，是士阶层自身的转化或分化。所谓转化，指"士"由"武士"转变为"文士"，顾颉刚与唐兰持这种观点。[③] 余英时则认为，周代贵族子弟教育文武兼备，因此，"文士"严格地说是由总体的"士"阶层分化而来，而非从武士蜕化而来。[④] 但无论如何，那时的"文士"是与"武士"相对而言的。

"文士"的这种生存形态，一直延续至战国。《史记·孟子荀卿列传》曰："自驺衍与齐之稷下先生，如淳于髡、慎到、环渊、接子、田骈、驺奭之徒，各著书言治乱之事，以干世主，岂可胜道哉！"又《田敬仲完世家》曰："宣王喜文学游说之士，自如驺衍、淳于髡、田骈、接予、慎到、环渊之徒七十六人，皆赐列第，为上大夫，不治而议论。是以齐稷下学士复盛，且数百千人。"这大概是战国末期的"文士"形态。此中几个关键表述值得注意："著书言治乱""文学游说之士""不治而议论"。总体来说，这群"文士"不直接参与国家政治。他们可能也有游说诸侯、发表政见的政治初衷，但诸侯将他们安置在学宫之中，隔绝政治实务。所

[①] 关于"士"阶层之兴起与发展，参见余英时：《中国知识阶层史论》，第1—108页。
[②] 关于士庶关系，参见唐兰：《春秋战国是封建割据时代》，《中华文史论丛》第3辑，中华书局1963年版，第28—29页。
[③] 按顾颉刚的说法，由武转文的过程应当发生于春秋末至战国初期。参见顾颉刚：《武士与文士之蜕化》，《史林杂识初编》，中华书局1963年版，第85—91页。唐说见唐兰：《春秋战国是封建割据时代》，第29页。
[④] 余英时：《中国知识阶层史论》，第24—29页。

以，他们对政治的主张便止于"言"。"言"是表达行为的泛称，其形式实未被限定。文士可以"著书"以"言"，这切合"文学之士"这个称谓；也可以通过口头"议论"以"言"，这则切合"游说之士"的称谓。当然，司马迁并未作明确区判。但这个群体是在与"武士"相区别的情况下被认识的，这一点应该比较明确。

（三）汉代"文士"的分流

至汉代，春秋战国的"文士"形态逐渐呈现分流态势。《汉书·东方朔传赞》曰："朔口谐倡辩，不能持论，喜为庸人诵说，故令后世多传闻者。"《严助传》又曰："上令助等与大臣辩论，中外相应以义理之文，大臣数诎。其尤亲幸者，东方朔、枚皋、严助、吾丘寿王、司马相如。相如常称疾避事。朔、皋不根持论，上颇俳优畜之。唯助与寿王见任用，而助最先进。"《枚皋传》亦曰："皋不通经术，诙笑类俳倡，为赋颂，好嫚戏，以故得媟黩贵幸，比东方朔、郭舍人等，而不得比严助等得尊官。"

《东方朔传赞》所谓"持论"相当于《严助传》所谓"义理之文"，或《枚皋传》之"经术"，或稷下文士中的"著书"或"议论"，是某种内容性的政见表达。在西汉，部分"文士"的这种能力已经退化，甚至消失，只保留"口谐倡辩""诙笑类俳倡"之类的表达技能。当然，这种技能应当不止于口头的，更应有书面的。《汉书·邹阳传》即曰："吴王濞招致四方游士，阳与吴严忌、枚乘等俱仕吴，皆以文辩著名。""文辩"是对其技能较全面的描述，也就是说，此类"文士"仍兼备战国"文士"口头与书写两方面表达技能。另外一部分"文士"如严助之伦，则仍保留春秋战国时的形态，除善于口头与书写的形式表达外，亦能"持论"，言之有物，以论时政。汉代"文士"的分流，实即开启了后来"文人"的两种典型模式：偏重形式的"有意为文"者，与注重内容而兼顾形式的"文以载道"者。

（四）"文人"与"鸿儒"：王充"文人"概念的双重范畴

在"文人"概念史中，王充是极为重要的人物。他在《论衡》中直接提出了"文人"的概念，并将它置于与儒生、通人、鸿儒相比较的参照系中讨论。他说："能说一经者为儒生，博览古今者为通人，采掇传书以上书奏记者为文人，能精思著文连结篇章者为鸿儒。故儒生过俗人，通人胜儒生，文人逾通人，鸿儒超文人。故夫鸿儒，所谓超而又超者也。"（《论衡·超奇》）王金凌认为王充对人物的四等分判，乃根据创造力强弱为

第一章 《总目》"文人"概念分析：基于总体历史情境的探讨

标准。① 这种创造力的差异，参照传统中国"学术"与"文学"之间存在的"内容/形式"文质二元对待关系，② 便可以看出：由"儒生"到"通人"，是内容层面的增长；由"通人"到"文人"，是内容的形式化转变，即基于内容的形式创造力；由"文人"到"鸿儒"，则是内容与形式两方面创造力的协同增长。

析言之，"通人"与"儒生"的差异只在于诵读经书之多寡。王充说："通书千篇以上，万卷以下，弘畅雅闲，审定文读，而以教授为人师者，通人也。"（《论衡·超奇》）但无论是儒生还是通人，他们既对经书内容无所发挥，在形式上也无所创造。因此王充说："孔子得'史记'以作《春秋》，及其立义创意，褒贬赏诛，不复因'史记'者，眇思自出于胸中也。凡贵通者，贵其能用之也。即徒诵读，读诗讽术，虽千篇以上，鹦鹉能言之类也。衍传书之意，出膏腴之辞，非偶倪之才，不能任也。"（《论衡·超奇》）孔子作《春秋》虽以鲁史为依据，但孔子却在此基础上"立义创意"，即在内容（义理）上有所创造。"通人"虽能多"通"传书，却不能"用"——就内容言不能"衍意"，就形式言不能"出辞"，因此便只是"鹦鹉能言"的复述，只是内容的堆积与形式的重复。

在实存书写品层面，内容与形式一体两面，没有无内容的形式。因此，"形式创造"不能脱离内容而独自创造。所以，王充说文人能"采掇传书以上书奏记"，"上书奏记"的形式创造是以"传书"为内容基础。所谓"形式创造"，事实上即是文字驾驭能力。

"文人"与"鸿儒"的差距，同时体现在"形式创造"与"内容创造"两方面。在形式上，"文人"的"上书奏记"与"鸿儒"的"连结篇章"，不可同日而语。王充说："或能陈得失，奏便宜，言应经传，文如星月。其高第若谷子云、唐子高者，说书于腴奏之上，不能连结篇章。或抽列古今，纪著行事，若司马子长、刘子政之徒，累积篇第，文以万数，其过子云、子高远矣，然而因成纪前，无胸中之造。"（《论衡·超奇》）谷子云与唐子高即王氏所谓"文人"，"说书于腴奏之上"即"采掇传书以上书奏记"。"文人"的形式创造力止于奏记，还未能"连结篇章"。在形式创造力的比较上，司马迁与刘向超过普通"文人"，因为他们具备"累积篇第"的更高的形式创造能力。但在王充的观念体系中，二氏似乎仍称不上是"鸿儒"，因为他们只能"因成纪前，无胸中之造"，即内容

---

① 王金凌：《中国文学理论史：上古篇》，第 216 页。
② 相关讨论参见蔡智力：《传统中国的"文/学"之辨》，第 6—28 页。

创造能力不足。

王充接着说:"若夫陆贾、董仲舒,论说世事,由意而出,不假取于外,然而浅露易见,观读之者,犹曰传记。阳成子长作《乐经》,杨子云作《太玄经》,造于助(眇)思,极窅冥之深,非庶几之才,不能成也。孔子作《春秋》,二子作两经,所谓卓尔蹈孔子之迹,鸿茂参贰圣之才者也。"(《论衡·超奇》)虽然他认为陆贾、董仲舒与阳成子长、扬雄之间仍有差等,但无论是前者"论说世事,由意而出",还是后者"造于眇思"而能蹈孔子之迹,都已经在形式创造的基础上,更进一步实现了内容创造。因此,"鸿儒"可以说是更高层次的"文人"。

事实上,对于"文人"止于形式创造,王充确实每每表现出尚不满足之意。在以"文人"与"通人"比较时,王充固然说:"夫通览者,世间比有;著文者,历世希然。"(《论衡·超奇》)但同样的逻辑,也被移植到"文人"与"鸿儒"的比较中:"夫鸿儒希有,而文人比然,将相长吏,安可不贵?岂徒用其才力,游文于牒牍哉?"(《论衡·超奇》)这是显然的重质轻文观点,"文人"只有将其创造力由形式推向内容,进至于"鸿儒",创造才有意义,否则便是"徒用其才力,游文于牒牍"。类似的逻辑,于《佚文篇》也可看到:"夫文人文章,岂徒调墨弄笔,为美丽之观哉?载人之行,传人之名也。善人愿载,思勉为善;邪人恶载,力自禁裁。然则文人之笔,劝善惩恶也。"则对文人在形式意义的"调墨弄笔"之上,更加以"劝善惩恶"的内容意义期许,这便有向鸿儒趋近的意味。

然而,"鸿儒"虽高于"文人",但仍属"文人"。王充曰:"长生之才,非徒锐于牒牍也,作《洞历》十篇,上自黄帝,下至汉朝,锋芒毛发之事,莫不纪载,与太史公《表》《纪》相似类也。上通下达,故曰《洞历》。然则长生非徒文人,所谓鸿儒者也。"(《论衡·超奇》)于此,王充虽意在以鸿儒推许周长生,但他所谓"非徒文人",以逻辑反向逆推,则鸿儒之所以为鸿儒,他必须先是"文人",而后才有资格成为鸿儒。

在王充的理论体系中,文人有所谓"五文",而"鸿儒"之文最多,这也说明"文人"与"鸿儒"的内在关联。他说:"文人宜遵五经六艺为文,诸子传书为文,造论著说为文,上书奏记为文,文德之操为文。立五文在世,皆当贤也。造论著说之文,尤宜劳焉。何则?发胸中之思,论世俗之事,非徒讽古经、续故文也。论发胸臆,文成手中,非说经艺之人所能为也。周、秦之际,诸子并作,皆论他事,不颂主上,无益于国,无补于化。造论之人,颂上恢国,国业传在千载,主德参贰日月,非适诸子书传所能并也。上书陈便宜,奏记荐吏士,一则为身,二则为人,繁文丽辞，无上书文德之操，治身完行，徇利为私，无为主者。夫如是，五文之中，论者之文多矣，则可尊明矣。"(《论衡·佚文》)五经六艺之文与诸子传书，亦是儒生与通人诵读之文，可以说是既定之文，是文人作上书奏记之文的内容基础。"造论著说"实即前文讨论严助、吾丘寿王所谓的"持论"，也是王充所谓"鸿儒"的专属才能。"造论著说之文"仍然是"文"，所谓"论发胸臆，文成手中"，但它跟诸子传书与"专才文人"之上书奏记相比，便更显"有益于国"，因而被认为"论者之文多矣"。

因此，王充的"文人"概念存在双重范畴，姑且分别将它们称为"专才文人"与"鸿儒文人"：前者专注于形式创造本身，即王充所谓"游文于牒牍"；后者在具有出众的形式创造力之外，亦具备卓越的内容创造力。这样的双重范畴虽然可以在理论上刻意作出分辨，但它有时又无法分辨。因为在实存世界中，内容与形式本来无法分割。因此，王充又另造一个"文儒"概念，事实上即是"文人/鸿儒"的结合体。他说："能上书白记者，文儒者。"(《论衡·效力》)则以"文儒"偏指"专才文人"。又说："著作者为文儒，说经者为世儒。"(《论衡·书解》)则又偏指"鸿儒文人"。[①]

(五)"文笔之辨"下"文人"概念的双重结构

在萧绎(508—555)的论述中，"文笔之辨"在"儒/学/文/笔"的体系下开展。萧氏《金楼子》曰：

> 古人之学者有二，今人之学者有四。夫子门徒，转相师受，通圣人之经者，谓之儒，屈原、宋玉、枚乘、长卿之徒，止于辞赋，则谓之文。今之儒，博穷子史，但能识其事，不能通其理者，谓之学。至如不便为诗如阎纂，善为章奏如柏松，若此之流，泛谓之笔。吟咏风谣，流连哀思者，谓之文。而学者率多不便属辞，守其章句，迟于通变，质于心用。学者不能定礼乐之是非，辩经教之宗旨，徒能扬榷前言，抵掌多识。然而挹源知流，亦足可贵。笔退则非谓成篇，进则不云取义，神其巧惠笔端而已。至如文者，维须绮縠纷披，宫徵靡曼，

---

① 事实上，王充"专才文人"与"鸿儒文人"的分辨，跟汉代将"口谐倡辩"的东方朔之徒与"兼能持论"的严助之徒相区别的做法，有很大的关联。但由于对东方朔等人而言，形式表达技能兼含口头与书写两种，而王充已经比较明显地将口头技能与书写技能分开。如《论衡·自纪篇》曰："文贵约而指通，言尚省而趋明。辩士之言要而达，文人之辞寡而章。"因而，不宜将它们放在一起讨论。

唇吻适会，情灵摇荡。①

　　萧绎在此所使用的概念略有丛杂。"古人之学"与"今人之学"中的"学"是共类（genus）。其中"古人之学"分为"儒"与"文"两个殊种（species），"今人之学"则分为"儒""学""笔""文"四个殊种——"学"作为殊种或共类，其概念范畴有别，但萧绎用同一个字来表述。若暂且搁置古今差异，作为殊种的"学"与"儒"总体上是就内容技能而言："儒"能"博穷子史""通圣人之经"，关键在于一个"通"字；"学"则只能记住事实，不能通晓其义理，从而也不能"定礼乐之是非，辩经教之宗旨"。"不便属辞，守其章句"虽然直接针对"学者"而言，但从其整体逻辑看，"儒者"理应具有同样特征，因为此一特征是相对于形式创造的"文"与"笔"而彰显的——至少从这段论述看来，"儒者"的形式创造力没有被强调。相对地，"笔"与"文"总体上是就形式技能而言："笔"如章奏之类；"文"当如诗，强调韵律辞采，故须"绮縠纷披，宫徵靡曼，唇吻适会"，从而可"吟咏风谣，流连哀思"——当然，此间差异也一定程度上缘于题材。如此一来，萧绎之"文人"概念，便几乎等同于"诗人"。

　　对萧绎而言，内容技能与形式技能之间没有必然联系。所以，他说"学者率多不便属辞"，而笔者亦"不云取义"。他的理论对那些内容与形式兼擅的群体，并没有给予特定的理论概念，如王充的"鸿儒"或"文儒"。但他并非没有注意到这种兼擅群体，如说："曹子建、陆士衡皆文士也，观其辞致侧密，事语坚明，意匠有序，遣言无失，虽不以儒者命家，此亦悉通其义也。"② 以形式技能见称的文士，可以同时兼具内容技能。

　　总体而言，萧绎的论述并无严谨而完整的理论系统。他既举文类论"文""笔"之别，却仅以诗为"文"，以章奏为"笔"，便将当时已经纳入文章之学来讨论的众多文类都排除在外。事实上，在萧绎之前，颜延之（384—456）与刘勰（c.464—c.522）都已有相关论述。《文心雕龙·总术篇》即曰："今之常言，有文有笔，以为无韵者笔也，有韵者文也。夫文以足言，理兼诗书，别目两名，自近代耳。颜延年以为笔之为体，言之文也；经典则言而非笔，传记则笔而非言。"刘勰虽不赞同颜延之"经典为言"

---

① 萧绎：《金楼子校笺》卷4《立言篇下》，许逸民校笺，中华书局2011年版，第966页。
② 《金楼子校笺》卷4《立言篇下》，第966页。

"传记为笔"的判断,而认为"经传之体,出言入笔,笔为言使",不应以言笔区分经传。但他们对于"文""笔"的文体特征应该有共识,即所谓:无韵者为"笔",有韵者为"文"。

刘师培通过对南朝史传的考证,证实了这种说法:"笔之为体,统该符、檄、笺、奏、表、启、书、札诸作言,其弹事议对之属,亦属于史笔,册亦然。凡文之偶而弗韵者,皆晋、宋以来所谓笔类也。故当时人士于尺牍、书记之属,词有专工;而刀笔、笔札、笔记、笔奏之名,或详于史册,或杂见群书;又王僧孺、徐勉、孔奂诸人,其弹事之文,各与集别:均足为文、笔区分之证。更即《雕龙》篇次言之,由第六迄于第十五,以《明诗》《乐府》《诠赋》《颂赞》《祝盟》《铭箴》《诔碑》《哀吊》《杂文》《谐隐》诸篇相次,是均有韵之文也;由第十六迄于第二十五,以《史传》《诸子》《论说》《诏策》《檄移》《封禅》《章表》《奏启》《议对》《书记》诸篇相次,是均无韵之笔也:此非《雕龙》隐区文笔二体之验乎?"① 有韵、无韵之别,是从形式特征对书写品作总体区分。按刘师培之说,刘勰的观念即有"文笔"之别,故《文心雕龙》隐据"文笔"二体部次全书。然而,全书既以"文心"题名,则"文笔"二体却又毫无疑问地同时统摄于"文心"之"文"的范畴下。同时期萧统(501—531)的《文选》,同样涵盖"文笔"二体,亦统以"文"字题书名。从而,在"文笔之辨"的观照下,"文"呈现出双重结构:第一重即区别于无韵之"笔"的"有韵之文",第二重即作为共类之"文",涵盖无韵之"笔"与有韵之"文"(殊种)。

在这种文章概念结构下,"文人"概念也呈现双重结构:(1)区别于撰写"无韵之笔"的"笔者",则有撰写"有韵之文"的狭义文人;(2)区别于侧重文章内容的"儒者"与"学者",则有撰写"共类之文"的广义文人。这固然涉及概念范畴之广狭,更涉及概念结构的层次。赵宋以后"诗文辨体"观念下争议的诗人与文人之别,在概念上也呈现类似的结构。当然,其时狭义之文却是"无韵之文"。

二 后汉魏时期"文人"概念的认定方式与"人/文"关系

(一)"文人"概念的认定方式

古人著书立说,非如现代学者一般以撰写学术论文为目的,从而讲究术语系统的严谨性。因此,在古人的著作中,同一个概念往往会用不同术

---

① 刘师培:《中国中古文学史》,舒芜校点,人民大学出版社1984年版,第101—102页。

语来表述，而同一术语却常指涉不同概念。这种差异，可能会出现在不同时代不同作者的不同著作中，也可能出现在同一作者的同一著作中。

尽管后汉魏时期"文人"概念在时间纵向上的变化远不及此前的时期，以及后来的"五四"时期，但在进行概念分析时，仍须注意概念差异的复杂性，以及造成概念差异的各种因素。唯有如此，才能更准确地接近"文人"概念的实际边界。在此，须先对造成概念差异的可能性稍作分析。

1. 认定者立场的差异

通过语境指涉的方法去把握概念时，只有明确地把握到它的指涉对象，才可以掌握其概念范畴。但是，这种概念范畴，却往往因为认定者立场的不同而有差异。对于"文人"概念来说更为如此。因为经过历史的层累，这个概念已经积累了诸多或正或负的色彩，身处其中的古人对它的态度难免复杂起来。他们往往会面临这样的问题：我是否是文人？他是否是文人？如果从认定者立场去分析时，便会看到"自我判定"与"他者判定"的差异：前者指人们对于自己是否为"文人"的判定，后者指人们对于他人是否为"文人"的判定。宋代舒岳祥《俞宜民诗序》曰："近时诸君，喜以文人自任，而辄以诗家予人。"① 即同时兼备了自我判定与他者判定两面。

判定有肯定与否定的区别。舒岳祥所述诸君肯定自我"文人"身份的同时，又肯定他人的诗人身份；肯定他人诗人身份，事实上即否定其"文人"身份。问题在于：当我们要判断某人的"文人"身份时，应当以自我判定为准，还是以他者判定——即某种程度的"公众判定"为准？这是显然存在的问题，因为自我判定与他者判定往往存在矛盾。

清施闰章《陈征君士业文集序》曰："天下以文人目士业，而士业之志若不肯仅以文人名。"② 同为"陈士业是否为文人"的问题，在他本人与他者看来，便有相反的答案。这种人我之间的身份认定矛盾，在古代极为常见。明代宋濂自传式的《白牛生传》说："生好著文，或以文人称之，则又艴然怒曰：'吾文人乎哉？天地之理欲穷之而未尽也，圣贤之道欲凝之而未成也。吾文人乎哉？'"③ 宋濂文章在明代被推为

---

① 舒岳祥：《阆风集》卷10，《景印文渊阁四库全书》第1187册，台湾商务印书馆1982—1986年版，第425页。
② 施闰章：《施愚山集》第1册，何庆善、杨应芹点校，黄山书社1992年版，第70页。
③ 宋濂：《潜溪前集》卷7，《宋濂全集》第1册，浙江古籍出版社2012年版，第201页。

"开国文臣之首",① 刘基曾对朱元璋说:"今天下文章,宋濂第一,其次即臣基。"(《明史·文苑列传》) 如此说来,若宋濂非文人,则明代无文人矣。然而他却否认自己为文人。姚镆文章虽不及宋濂,但他身上亦存在同样的矛盾,"文章为一时所推,而不以文士自命"。② 黄宗羲也曾记载某氏因其父祖被修志者载入"文苑"而"勃然不悦",认为非入"儒林"不可。③

有人"喜以文人自任",也有人文章为世所推,却不愿以文人自居。这种自我判定与他者判定的差异,固然涉及认定者对"文人"群体的评价问题,更涉及认定者对"文人"概念的认识,评价往往以概念认知为基础。如宋濂被推为文人,乃因为他"善属文"。但对宋濂而言,"文人"的称谓有复杂的意味。若只就"善属文"来说,他不屑一顾,因此他怒于他者视己为文人。但"文人"在他而言又有另一层含义,即"穷天地之理,凝圣贤之道"。他自问在这两方面仍不够格。这便涉及了两个"文人"概念。

2. 认定方式的差异

清毛奇龄《苍源文集序》云:"吾越自陆佃[字农师]、陆游[字务观]而后,无文人焉。……夫操斤满前,不可谓工倕也。把笔者满家,不可谓屈宋与贾晁也。艺事易习而难精,文易为而难以名。然则,其所谓无文人者,非无文人也,谓无文人而如农师、如务观者也。"④ 何谓"所谓无文人者,非无文人也"?这显然不是逻辑学上 A 与"非 A"的问题。但为方便讨论,不妨将"所谓无文人"之"文人"以"文人 A"来指代,"非无文人"之"文人"以"文人 B"来指代。二者虽均被称为"文人",实则有不同的概念外延。根据其语脉分析,"文人 A"是指如陆佃、陆游、屈、宋、贾、晁那样"以文名"者,"文人 B"则指实际上有写作行为(把笔),或作文尚属工整(文易为)而未至名家者。就概念外延而言,B

---

① 《明史·宋濂传》载:"在朝,郊社宗庙山川百神之典,朝会宴享律历衣冠之制,四裔贡赋赏劳之仪,旁及元勋巨卿碑记刻石之辞,咸以濂属,屡推为开国文臣之首。士大夫造门乞文者,后先相踵。外国贡使亦知其名,数问宋先生起居无恙否。高丽、安南、日本至出兼金购文集。四方学者悉称为'太史公',不以姓氏。"
② 张岳:《小山类稿》卷11《东泉文集叙》,林海权、徐启庭点校,福建人民出版社2000年版,第209页。
③ 黄宗羲:《南雷诗文集》卷上《论文管见》,沈善洪主编:《黄宗羲全集》第10册,浙江古籍出版社1985—1994年版,第651页。
④ 毛奇龄:《西河合集·序》卷20,庞晓敏主编:《毛奇龄全集》第23册,学苑出版社2015年版,第375—376页。

的外延明显大于 A。

然而，A 或 B 中并非有哪个是"伪文人"，或不具"文人"的合法性。它们作为"文人"，都无可否认地获得毛奇龄的承认，只是这个承认是在不同层面进行的。这里其实便涉及"描述性概念"与"规创性概念"的分别。"文人 B"是描述地指涉一般人所认定的"文人"，"文人 A"则是毛奇龄根据特定的理论标准所限定的"文人"。对于"文人"认定方式的描述性或规创性区别，时常并存于古人的论述中。王世贞即曰："元文人自数子外，则有姚承旨枢、许祭酒衡、吴学士澄、黄侍讲溍、柳国史贯、吴山长莱、危学士素。然要而言之，曰无文可也。"① "数子"指元好问、赵孟頫等人。循其文意，姚枢等七人虽不受王氏青睐，但仍属其所述"文人"范畴——这是他不得不承认的描述性范畴。但王氏最后又下判语"曰无文可也"，则在另一个角度又否认七人为"文人"。此即规创性范畴，以认定者特定理念为依托，赋予概念某种规约和限定。又王志坚《四六法海》："或云文人相轻。余谓但恐未是文人耳，若是文人，见得古人真处，方将低回玩味之不暇，况敢相轻乎。"② 以相轻与否作为判定"文人"之标准，此"文人"也是规创性概念。

由上述几个例子也可看到规创性定义的复杂性：毛奇龄的规创标准为知名程度，王世贞的规创标准应是与理学对立，王志坚的规创标准却又着眼于气度。规创者几乎可以从任何角度对概念进行规创，因而在理论上可以使概念言人人殊。规创的差异性不仅体现在不同观念主体之间，即使是同一观念主体，在不同语境中也可能会作出不同的规创。如顾炎武《日知录》"志状不可妄作"条曰："夫大臣家可有不识字之子孙，而文章家不可有不通今之宗匠，乃欲使籍谈、伯鲁之流，为文人任其过。嗟乎！若是则尽天下而文人矣。"③ 则以"通今"标准规创"文人"。而在"天文"条中，他的规创标准又转移到天文知识："三代以上，人人皆知天文。……后世文人学士，有问之而茫然不知者矣。"④

本研究要探讨古代"文人"概念，不可能涉及五花八门的规创性定义，而应从描述性定义的角度去探讨——除非某种规创已成为普遍的文化现象。因此，当我们分析历史语境中的文本时，便要分辨古人论述的规创

---

① 王世贞：《艺苑卮言校注》卷4，罗仲鼎校注，齐鲁书社1992年版，第229页。
② 王志坚编：《四六法海·凡例》，《景印文渊阁四库全书》第1394册，第298页。
③ 顾炎武：《日知录校注》卷19，陈垣校注，安徽大学出版社2007年版，第1072页。
④ 《日知录校注》卷30，第1695页。

性与描述性之区别。

（二）个体与文章的关系程度

上一节简单讨论了传统中国的"文章"与"文章之学"，将"文章"界定为"去内容化"的概念，即不对内容性质作任何预设性限定的形式范畴，"文章之学"则是关于此一范畴的学问。沿着语言结构分析，如以"文学人"界定"文人"，则"文人"便与这种"文章之学"相关。然而，纯粹的语言结构分析，依然未能把握"文人"的具体概念，因为还有一个关键问题未处理：个体与文章如何相关才堪称"文人"？

在前述毛奇龄的例子中，毛氏便依据个体与文章的关系程度——"以文名"或仅能"把笔"，在描述性概念之外，对"文人"概念再作规创定义。那么，个体与文章有哪些关系？就描述性概念而言，"文人"的外延应被界定在哪一层关系上？为使"文人"概念的分析有具体的坐标尺度可以遵循，以便更严谨地试探"文人"概念的边界，我们有必要对个体与文章的关系程度作系统分析。以下将按程度递减的原则进行论列，这是概念外延逐渐放宽的过程。各种关系程度在历史中的复杂性，致使下面的分类无法遵循统一的分类标准，这也是无可奈何的。

1. 专职写作

职业分工是社群划分的重要标志。近代"文人"概念之所以清晰，关键就在于部分人将写作当成专职工作。同样以职业分工去划分古代"文人"，是否可行呢？历史上，专职文人确实出现过，班固《两都赋序》的论述堪称经典："言语侍从之臣，若司马相如、虞丘寿王、东方朔、枚皋、王褒、刘向之属，朝夕论思，日月献纳；而公卿大臣，御史大夫倪宽、太常孔臧、太中大夫董仲舒、宗正刘德、太子太傅萧望之等，时时间作。"①

所谓"言语侍从之臣"，"朝夕论思，日月献纳"，便常常被理解为"专职文人"。有学者将"文学自觉"上推至汉，班氏之说也成为重要论据。② 从前述文章之学的概念来看，以司马相如等六人为文人，毋庸置疑。问题却在于：是否只有专职作者才是"文人"？恐怕非然。若以专职写作为"文人"标准，那么古代"文人"几乎屈指可数，至少文学史书

---

① 萧统编：《昭明文选》卷1，李善注，上海古籍出版社1986年版，第2—3页。
② 分见龚克昌：《汉赋——文学自觉时代的起点》，《文史哲》1988年第5期，第74页；张少康：《论文学的独立和自觉非自魏晋始》，《北京大学学报》1996年第2期，第78页。

写须将半数以上作者予以清除。

在前述"十大典范文人"调查中，排名前十位的，除李白"待诏翰林"，类似"言语侍从"（《旧唐书·文苑列传》），而曹雪芹无职外，其余八人都是"有职之人"。苏轼一生官宦沉浮，自不必说；而屈原为三闾大夫，司马迁为太史令，陶渊明虽天性闲适也曾任彭泽县令等职，孔子更曾任鲁司寇，欧阳修、韩愈官职也堪称显赫。即使是杜甫，也曾任右拾遗、检校尚书工部员外郎等职，故又称杜拾遗、杜工部（《旧唐书·文苑列传》）。

事实上，即使是班固所谓"时时间作"的"公卿大臣"，他们的写作能力也绝不在"言语侍从"之下。汉武帝即曾质东方朔曰："方今公孙丞相、儿（倪）大夫、董仲舒、夏侯始昌、司马相如、吾丘寿王、主父偃、朱买臣、严助、汲黯、胶仓、终军、严安、徐乐、司马迁之伦，皆辩知闳达，溢于文辞，先生自视，何与比哉？"（《汉书·东方朔传》）于此，公孙弘、倪宽、董仲舒、夏侯始昌、司马迁等都是"公卿大臣"之属，而武帝以其"溢于文辞"质难"言语侍从"东方朔。而倪宽、董仲舒，史传均以"善属文"称之。① 当然，这便涉及"文人身份的判定是否关乎写作能力"的问题，这将在后面讨论。但这也说明，由专职与兼职之别，无法获致文人与非文人的边界。学而优则仕，以出仕为理想职业的传统中国，注定专职文人之凤毛麟角。写作是出仕的敲门砖，专职写作往往是文人出仕无门的谋生之计而已。

区别于写作与出仕的"专/兼"关系，还有一种"专/兼"形态不能忽视，此即涉及书写品内容与形式两个方面的"专/兼"问题，即学术与文章之间的专职与兼职关系。明代曹端曾说："古人文人自是文人，诗人自是诗人，儒者自是儒者。今人欲兼之，是以不能工也。"② 其后钱谦益也说："古之人穷经者未必治史，读史者未必解经，留心于经史者，又未必攻于诗文。而今何兼工并诣者之多也？"③

从兼通经学与文章的董仲舒、公孙弘等人的例子看，曹、钱二氏所论"古人"情况未必属实，倒是他们所说的"今人"，则确实呈现学术与文章兼擅的趋势。如有清一代，朱彝尊、翁方纲、钱大昕、惠栋、张惠言等

---

① 《汉书·倪宽传》曰："宽为人温良，有廉知自将，善属文，然懦于武，口弗能发明也。"《儒林传》又曰："仲舒通《五经》，能持论，善属文。"
② 参见张信民：《曹月川先生年谱》，曹端：《曹月川先生遗书》卷9，沈乃文主编：《明别集丛刊》第1辑第31册，黄山书社2013—2015年版，第500页。
③ 钱谦益：《牧斋初学集》卷29《于氏日钞序》，钱曾笺注，上海古籍出版社1985年版，第884页。

人,均文章与学术兼而通之,实难于给他们贴上互不干涉的"文人"或"学者"标签——当时被认为不娴于诗文的"专业经学家"只有戴震一人。① 如此一来,文章与学术这种技能类型的"专/兼"分辨,也难以获致一个切实而明确的"文人"概念。

2. 以文章名

专职与兼职之别乃就实际行为而言,"以文章名"则就行为结果而言。这种"人/文"② 关系也比较明显,易于体会,在以"辨章学术"为职志的《总目》中便有很多相关论述。

《浦阳人物记提要》谓宋濂曰:"盖濂本以文章名世,故所作皆具有史法。"(B/传记2/v58,p5a)《清江三孔集提要》也说:"文仲兄弟与苏轼、苏辙同时,并以文章名一世,故黄庭坚有'二苏联璧,三孔鼎分'之语。"(D/总集1/v186,p42b-43a)《夹漈遗稿提要》亦谓郑樵曰:"当时颇以博洽著,而未尝以文章名。"(D/别集12/v159,p1a)《兼济堂文集提要》亦谓魏裔介曰:"诗文醇雅,亦不失为儒者之言。虽不以词章名一世,而以介于国初作者之间,固无忝焉。"(D/别集26/v173,p13a-b)

然而,"是否以文章名"的"人/文"关系,也面临着类似"专/兼"关系的问题:以文章名的宋濂、三孔与二苏之为文人,毋庸置疑,但不以文章名的郑樵与魏裔介呢?前述毛奇龄规创"文人"概念时,就以"以文章名"为标准。但他也并未否认"不以文章名者"作为描述性"文人"的合法性。而且,"以文章名"是他者判定的立场,往往与自我判定相矛盾——宋濂即是显例。因此,是否"以文章名"也并非"文人"概念的边界。

当然,《兼济堂文集提要》"以词章名"乃以"儒者"作为对立面,说明"文人"与儒者存在某种对立关系。这种逻辑在历史语境中,具有相当的普遍性。如宋代叶适即有言:"[刘]琎与兄瓛皆儒者,不以文名也。"③ 这里便隐含着一个问题:作为"文人"对立面的儒者,他们与文章是什么关系?这是需要深入分析的问题,将在后文专门讨论。

3. 专长于文

专长于文是对个体技能的描述,与"专职"作为实际行为的描述不同。专长于文与"以文章名"通常被认为存在着因果关系,但在理论上

---

① 相关讨论参见龚鹏程:《中国文学史》下册,第419页。
② 为便于表述,下文以"人/文"表示个体与文章的关系。
③ 叶适:《习学记言》卷31《南史》,上海古籍出版社1992年版,第283页。

它们并无必然的逻辑关系："以文章名"不必"长于文"，因为难免有徒有虚名者；"以文章名"也不一定"专"长于文，也可同时兼具他长，如二苏长于文的同时，于学术也颇有建树。从另一面看，专长于文也未必意味着"以文章名"，这涉及"长"的程度与"名"的范围问题。

这种"人/文"关系在古人的意识中也相当突出。如《总目》论尤侗《宫闺小名录》及余怀《后录》即曰："其搜采颇勤，然侗本摘华扱藻，以词赋为工，怀亦选伎徵歌，以风流自命，考证之学，皆非所长。"（C/类书 c3/v139，p8b）"摘华扱藻，以词赋为工"即文章写作技能，提要通过与考证之学对举，而突出尤氏专长于此的状态。

这种专长于文的状态，就是"文人"概念认定的重要方式。《总目》评陈仁锡《易经颂》："盖仁锡文士，于经学本非专门也。"（A/易类 c2/v8，p29a）"于经学非专门"暗含着一个隐而未发的评价，即专长于文，这与"仁锡文士"的判定在语脉逻辑中形成对应关系。类似的逻辑，也见于方孝孺《祭郭士渊》："胡不子留，俾文邦家。况子之才，可以用世。非若文人，仅名一艺。"① "文人"便与"仅名一艺"形成逻辑关系，方氏于此乃对比郭氏"用世之才"而言，而所谓"仅名一艺"实即专长于文。因此，"专长于文"确为古人认定"文人"概念的方式之一。

4. 专意于文

"专意"与"专长"有所不同，与后者对客观技能的描述不同，"专意"乃就主观行为目的而言。专意于文者未必能专长，专长者也未必专意。但它也是古人认定"文人"概念的重要依据。唐顺之《答蔡可泉》曰："自古文人，虽其立脚浅浅，然各自有一段精光不可磨灭，开口道得几句千古说不出的说话，是以能与世长久。惟其精神，亦尽于言语文字之间，而不暇乎其他，是以谓之文人。"② 所谓"精神"云云，即就行为目的而言。唐顺之把这种将"精神"专注于"言语文字"的人称为"文人"。这在古代是比较常见的观念。真德秀论徐凤即曰："及是对出，娓娓万言，其论山东事尤中的，然后知其有识治材，非专雕镂组织为文人而已。"③ 即以"专雕镂组织"者为"文人"，指行为目的上专意于文字雕镂组织之人。

---

① 方孝孺：《逊志斋集》卷20，徐光大校点，宁波出版社2000年版，第662页。
② 黄宗羲编：《明文海》卷153，中华书局1987年版，第1532页。
③ 真德秀：《西山文集》卷46《秘书少监直学士院徐公墓志铭》，《景印文渊阁四库全书》第1174册，第736页。

比专意于文程度稍弱，还有"有意于文"的"人/文"关系。这也是古代"文人"概念认定的重要依据，也是概念歧异的要点，将在后文专门讨论。

5. 善于属文

"善于属文"与专长于文有程度强弱的区别。这可能是古人对"人/文"关系最直观的体认，因此史传常以此论人，如前引《汉书》之论倪宽与董仲舒。当然，《汉书》虽称倪、董"善属文"，却未明确以"文人"许之，且因二氏兼职作文的事实，也使得他们的"文人"身份相当暧昧。

事实上，"善属文"往往是古人认定"文人"身份的重要方式，这在《总目》便有不少体现。如其论《神异经》："观其词华缛丽，格近齐、梁，当由六朝文士影撰而成。"（C/小说家3/v142, p7a）提要判断此书作者为"文士"，其重要依据即在于"词华缛丽"——这是"善属文"的体现。当然，"文士"之"善属文"还有其他体现，如《总目》论俞琰《阴符经注》："琰本文士，故是编所注较他家具有条理。"（C/道家 c/v147, p2a）则"善属文"体现在注释"具有条理"上。又如以谢肇淛《滇略》"叙述有法"（B/地理1/v68, p39b），以吴绮《岭南风物纪》叙述"简雅不支"（B/地理3/v70, p49b），均是"善属文"的表现，这些与《总目》对它们作者的"文人"身份之认定形成逻辑关联。

但是，"善于"是一个尺度模糊的表述，因此在"人/文"关系的表述上，其表达效果往往与"能"相当。因此，《总目》又往往以"能文之士"指称"善属文"之士。如谓《宋文选》："用意严慎，当为能文之士所编。"（D/总集1/v186, p46b-47a）在此，"能文之士"便相当于"文士"。从而"善文"与"能文"，在"文人"认定上并无太大区别。

相应地，"不善/能属文"即非"文士"，这个逻辑也是清晰的。如《总目》论《庙学典礼》曰："其书杂钞案牍，排缀成编，未经文士之修饰，故词多椎朴。"（B/政书2/v82, p10a）"排缀成编""词多椎朴"是"不善/能属文"的表现，提要即认为其"未经文士修饰"。易言之，即以"不善/能属文"者非"文人"。而评《元内府宫殿制作》亦曰："其辞鄙俚冗赘，不类文士之所为，疑当时营缮曹司私相传授之本也。"（B/政书c2/v84, p30a）"鄙俚冗赘"便作为"不类文士所为"的判断依据。但"文人"概念无疑极为复杂，"善/能属文"也不是文人与非文人最后的边界。

6. 操觚之士

"操觚"是对实际行为的客观描述，其行为的结果便是产生"文章"——这是它与文章唯一明确的关系，至于操觚者是专职还是兼职，以及他的意愿程度如何，技术水平如何，行为效果如何（知名与否），均非此概念所能涉及。

作为客观描述的"操觚"，在在可见于《总目》。如《续说郛提要》："著书既易，人竞操觚，小品日增，卮言叠煽。"（C/杂家 c9/v132，p11a）《昌谷集提要》："古人操觚，亦时有利钝。"（D/别集 3/v150，p35b）都只是纯粹描述"写作"此一行为而已。它也可以与负面性修饰词配合使用，如论同恕《矩庵集》："惟祈禳青词，本非文章正体。恕素以明道兴教自任，更不宜稍涉异端。乃率尔操觚，殊为失检。"（D/别集 20/v167，p23a）又论《西山集》："其诗文多率尔操觚，体裁未尽合于古。"（D/别集 c8/v181，p47b-48a）"率尔"即轻率、随意之意。

然而，即使是这种随意写作的"操觚之士"，却时常被当作"文士"的代称来使用。如《类书类叙》："此体一兴，而操觚者易于检寻，注书者利于剽窃。"（C/类书 1/v135，p1a-b）《作义要诀提要》："我皇上圣训谆谆，厘正文体，操觚之士皆知以先正为步趋。"（D/诗文评 2/v196，p5a）以"操觚之士"指代"文士"的效果，几乎与"能文之士"相当。如此一来，文人与非文人除了写作能力的区判外，仍有一个更宽泛的、以实际行为为区判的边界。

7. "进士为文人"之误传

《唐摭言》有这样的记载："元和中，中书舍人李肇撰《国史补》，其略曰：进士为时所尚久矣，是故俊乂实在其中。由此而出者，终身为文人，故争名常为时所弊。"[①] 以是否进士出身为界定"文人"身份的依据，这是对"文人"身份非常明确的认定。唐代进士试诗赋，进士所具有的"人/文"关系也是明确的。因此，这种说法流传相当广泛。递相转引者，所见有《太平广记》《文献通考》《事物纪原》《说郛》《天中记》《五礼通考》。[②] "五四"新文学运动以后，以"文学"为去功用化的纯粹审美的作品，诗赋被认为是最能体现这种性质的文体。因此，此说在当代学者界定"文人"概念时，亦相当受重视。

[①] 王定保：《唐摭言》卷1，中华书局1960年版，第3页。

[②] 分见李昉编：《太平广记》卷178《贡举类》，《丛书集成三编》第69册，台北新文丰出版公司1997年版，第570页；马端临：《文献通考》卷29《选举考》，中华书局1986年版，第275页；高承编：《事物纪原》卷3《秀才》，《丛书集成新编》第39册，台北新文丰出版公司1985年版，第236页；陶宗仪编：《说郛》卷35上，《景印文渊阁四库全书》第877册，第811页；陈耀文：《天中记》卷38，广陵书社2007年版，第1252页；秦蕙田：《五礼通考》卷173，《景印文渊阁四库全书》第139册，第188页。

如果此说确实始见李肇《唐国史补》，则恐是王定保原钞偶尔失检，或后来版本传钞讹误所致。核检李氏《唐国史补》，"终身为文人"一句实作"终身为闻人"。① 何为"闻人"？杨倞注《荀子》："闻人，谓有名，为人所闻知者也。"② 韩愈《赠张童子序》："自朝之闻人以及五都之伯长群吏，皆厚其饩廪，或作歌诗以嘉童子，童子亦荣矣！"③ 即用此义，大意指有名望的人，而非文人。但《唐国史补》原义之流传，似不及《唐摭言》之广。所见引述原义者，仅《太平御览》及《类说》而已。④ 因此，"文人"也无法由是否登第来认定。

三 后汉魏时期与《总目》中的"狭义文人"概念

（一）韩、范、欧、苏"文人"身份争议及其对"文人"概念分析的启示

在"十大典范文人"调查中，不少受访者不约而同地选了苏轼、欧阳修、韩愈等人，其中苏轼被选中次数最多，欧阳修、韩愈也分居第八位与第十位。但让人意外的是，这些人物的"文人"身份尽管对现代人而言确信无疑，然而在历史上却备受争议。

苏轼《潮州韩文公庙碑》对韩愈文章成就的肯定，间接地肯定了他的"文人"身份。其文曰："自东汉以来，道丧文弊，异端并起，历唐贞观、开元之盛，辅以房、杜、姚、宋而不能救。独韩文公起布衣，谈笑而麾之，天下靡然从公，复归于正，盖三百年于此矣。文起八代之衰，而道济天下之溺，忠犯人主之怒，而勇夺三军之帅。岂非参天地，关盛衰，浩然而独存者乎！"⑤ 但这段经典论述，在后人的文章中却受到广泛质疑。黄榦《袁州重建韩文公庙记》曰："世之称公者，既不足以知公之深，甚者则指公为文人，而又以文为道，使圣贤之道不明，而公之旁搜远绍、辛苦而仅有之者，生不得究其施，殁无以白于后。非先儒发其蕴，公之志何自而伸耶？"⑥ 其后黄震更赞黄榦此记曰："知公之深，论公之的，至此记

---

① 李肇：《唐国史补》卷下，上海古籍出版社1979年版，第55页。
② 王先谦：《荀子集解》卷20，沈啸寰、王星贤点校，中华书局1988年版，第521页。
③ 韩愈：《韩昌黎文集校注》卷4，马其昶校注，上海古籍出版社1986年版，第250页。
④ 李昉等编：《太平御览》卷629《贡举下》，中华书局1995年版，第2819页；曾慥编：《类说》卷34，上海古籍出版社1993年版，第575页。
⑤ 苏轼：《苏轼文集》卷17，孔凡礼点校，中华书局1986年版，第509页。
⑥ 黄榦：《勉斋先生黄文肃公文集》（清钞本）卷18，《宋集珍本丛刊》第68册，线装书局2004年版，第513页。

无以复加矣。东坡所作《潮州庙碑》，其文人之文哉！"① 明显批评东坡，并认为不应将韩愈视为"文人"。

黄榦、黄震与苏轼对韩愈均抱持推崇态度，这毋庸置疑。但他们推崇的方式并不相同。苏轼的论述虽或可推导出以韩愈为"文人"的观点，但并没有因此否认他"济道"的功绩。黄榦虽明确批评将韩愈视为"文人"的做法，同时认为应注重他"明道"的功绩，但他所论似乎并不专就苏文而发。黄震赞同黄榦的观点，却进一步将矛头指向苏轼。

事实上，早在黄榦之前，苏门弟子张耒便表达过与黄氏相似的观点："韩退之以为文人则有余，以为知道则不足，何则？文章自东汉以来，气象则已卑矣。……至于唐而大坏矣，虽人才众多如贞观，风俗平治如开元，而惟文章之荒，未有能振其弊者。愈当贞元中，独却而挥之，上窥《典》《坟》，中包迁、固，下逮《骚》《雅》，沛然有余，浩乎无穷，是愈之才有见于圣贤之文，而后如此。其在夫子之门，将追游、夏而及之，而比之于汉以来龌龊之文人则不可。然则愈知道欤？曰：愈未知也。"② 就韩愈文章成就而论，张耒基本延续了苏轼的观点；就"知道"而论，其观点则异于乃师，也异于二黄。但就"文人"身份的认定而言，张氏否定以"文人"看待韩愈——当然他所谓"文人"乃特指汉以后的龌龊文人——这又有似于二黄。张氏说韩愈"以为文人则有余"，预示着在"文人"之上另有一个更为尊贵的身份，更适用于韩愈。

有趣的是，方孝孺同样沿着"韩愈未知道"的逻辑，却推衍出"韩愈为文人"的观点："仆少读韩氏文，而高其辞，然颇恨其未纯于圣人之道。虽排斥佛老过于时人，而措心立行，或多戾乎矩度，不能造颜孟氏之域，为贤者指笑，目为文人，心窃少之。"③ 苏轼承认韩愈的"文人"身份，其承认是褒扬式的；方孝孺同样是承认，却变成贬抑式的承认。

同样是韩愈，其"文人"身份为什么会如此错综复杂？韩愈只是特例吗？并非特例。如苏轼，他生前评骘韩愈的生平成就，并引发关于韩愈身份的论争，而在他身后，类似的身份认定争议也发生在他身上。当然，在东坡之前，有过类似遭遇的还有两个人：范仲淹与欧阳修。他们被后人当作一种共同现象来讨论。

---

① 黄震：《黄氏日抄》卷40，《全宋笔记》第10编第9册，大象出版社2003—2018年版，第244页。
② 张耒：《张耒集》卷41《韩愈论》，中华书局1998年版，第677页。
③ 方孝孺：《逊志斋集》卷10《与郑叔度八首》之二，第314页。

第一章 《总目》"文人"概念分析：基于总体历史情境的探讨

清蔡世远《古文雅正》论范氏《岳阳楼记》："前半设局造句，犹是文人手笔。末段直达胸臆，非文正公不足以当之。"① 以范仲淹与"文人"对举，以该文"设局造句"之前半出于范氏的"文人"身份，以"直达胸臆"之末段出于他另外一个身份。在此，范氏的身份认定已呈现矛盾。在此前明代王祎的《孔子庙庭从祀议》中，范氏的"文人"身份也遭到否定。在此文中，同样被否定"文人"身份的还有欧阳修。王氏曰："欧阳修与仲淹同时，实倡明圣贤之学，而著之文章。……而世之浅者，每目之为文人。夫文以载道，道因文而乃著。虽经天纬地者，亦谓之文，而顾可少之哉。然则如范仲淹之立功，欧阳修之立名，皆可谓有功于圣人之道者。韩愈、司马光既列从祀，则此二人固决在所当取者也。"② 事实上即从"载道"的角度，否定将范、欧二人"目之为文人"。

作为王氏所谓的"世之浅者"，黄震与陆深即视欧阳修为文人。黄氏曰："欧阳公读《繁露》，不言其非真，而讥其不能高其论，以明圣人之道，且有惜哉惜哉之叹。夫仲舒纯儒，欧公文人。此又学者所宜审也。"③ 陆氏亦曰："世恒言韩［琦］、范［仲淹］、富［弼］、欧［阳修］，固自有次第哉。欧不脱文人，宜列诸公之下。"④ 则范、欧之间亦有次第，较之范仲淹，欧阳修为"文人"，等而下之。

至于苏轼，其"文人"身份应当为多数人所认同。苏辙撰其墓志铭，即提及苏轼任凤翔府判官时，"长吏意公文人，不以吏事责之"。⑤ 然而，杨慎却以黄榦、王祎等人论韩、范、欧的逻辑，施诸东坡："欧阳公之文，粹如金玉；苏公之文，浩如江河。欧之模写事情，使人宛然如见。苏之开陈治道，使人恻然动心：皆前无古人矣。……若求其侣，在孟荀之间，《史》《汉》之上，不可以文人论也。"⑥ 又认为不可以"文人"看待苏轼。

---

① 蔡世远编：《古文雅正》卷10，《景印文渊阁四库全书》第1476册，第180页。
② 王祎：《王忠文集》卷15，第307—308页。
③ 黄震：《黄氏日抄》卷56，《全宋笔记》第10编第10册，第181页。
④ 陆深：《俨山外集》卷4《河汾燕闲录下》，上海古籍出版社1993年版，第29页。
⑤ 苏辙：《栾城集·后集》卷22《亡兄子瞻端明墓志铭》，曾枣庄、马德富校点，上海古籍出版社1987年版，第1411页。
⑥ 杨慎：《升庵集》卷65，上海古籍出版社1993年版，第630页。杨氏所谓"苏公"当指苏轼。这段文字前部分当引自《黄氏日抄》，黄氏曰："苏文忠公继生是时，［欧阳］公实奖披而与之俱。欧阳公之摸写事情，使人宛然如见。苏公之开陈治道，使人恻然动心，皆前无古人矣。"黄震：《黄氏日抄》卷61，《全宋笔记》第10编第10册，第304页。

韩、范、欧、苏的历史行迹是既定的——假设所有论者都看到同样的史料,但他们被诠释的方式却是多样的。论者或以他们为文人,或以为非文人。这种差异中,隐含复杂的文化意识与内涵。

当论者在论述韩、范、欧、苏时,他们事实上也同时论述着自己——作为一个"文人"或一个区别于文人的身份。他们对同样的历史人物作出不同的身份判定,这很大程度上缘于他们对"文人"以及那个"区别于文人的身份"有不同的评价。当论者肯定韩、范、欧、苏的"文人"身份时,他们的语气往往带有贬抑之意,如陆深以"欧公不脱文人",蔡世远以范仲淹的"文人手笔"无法作"直达胸臆"之文;而当论者否定他们的"文人"身份时,却普遍表现出褒扬之意,如张耒评韩愈"以为文人则有余"。(见表1)

表1　　　　　　　　韩、范、欧、苏"文人"身份认定对照

	韩愈		范仲淹		欧阳修		苏轼	
	非文人	文人	非文人	文人	非文人	文人	非文人	文人
苏轼		✓褒						
黄榦	×褒							
黄震	×褒					✓贬		
张耒	×褒							
方孝孺		✓贬						
蔡世远			×褒	✓贬				
王祎			×褒		×褒			
陆深						✓贬		
长吏								✓中性
杨慎							×褒	

当然,我们更关心的是这种差异背后隐含的"文人"概念。无论以他们为文人,抑或不以他们为文人,均已不是一家之言,而具有相当广泛的文化普遍性,代表了关于"文人"概念的某种普遍认识。当韩、范、欧、苏的"文人"身份被质疑时,他们事实上被置于一个与"文人"相对的身份。在质疑者看来,这个身份具有与"文人"相区别的概念内容——这是他们刻意区判韩、范等人身份的原因所在。这对试探这种观念下的"文人"概念边界,具有重要启示。

(二)"文人"的对立面:圣贤,学者,讲学家,诗人与词人,艺人与武士

某一概念的成立,是在与其他概念对立区别的过程中被认识的。"文人"概念,也是在与其他身份概念对立区别中被认识的。刘劭《人物志》举十二人流即曰:"盖人流之业,十有二焉。有清节家,有法家,有术家,有国体,有器能,有臧否,有伎俩,有智意,有文章,有儒学,有口辨,有雄杰。"① 所谓"文章"一流,实即指"文人"。

可见,"写文章的"这个群体已为古人所意识。在这个意识中,"文章家"是在与其他十一人流对立中被认识的。但随着历史语境的变迁,身处三国的刘劭所分辨的十二人流,无法有效概括传统中国的整体观念,对于《总目》所处的乾嘉时期,也缺乏有效的涵盖力。而且,当我们以"文人"此一流业作为关注焦点时,它的对立面又有其特殊性。因此,在考察"文人"的对立面时,本书将以《总目》为中心,而以与它更为接近的宋元明清语境为辅助。分析发现,以下几种身份常常被当作"文人"的对立面来指涉。

1. 作为终极理想的圣贤名臣

黄榦、王祎、杨慎等人否定韩、范、欧、苏的"文人"身份,主要因为注意到他们对于"道"的功绩。"道"意味着什么?经过历代转相论述,儒者多相信圣人寓"道"于经典。班固曰:"圣人作经,贤者纬之。"② 在黄榦、王祎、杨慎看来,韩、范、欧、苏"区别于文人的身份"便有圣贤的成分。圣贤抽象地说是"行道",具体地说则是立功立名——王祎即如此论范仲淹与欧阳修,落到现实政治,便是有益于政教的名臣。因此,我们将圣贤与名臣放在一起讨论。

对于圣贤名臣"不能仅以文人目之",这样的逻辑在很多史料中都可以看到。如宋代李壁论祢衡:"惟其忠于王室,而力不逮,宁婴凶怒以泄其愤懑之所激,虽死不顾,风烈峣然,实党锢人物之余也。第以文人目之,岂知衡者哉。"③ 认为以祢氏之忠贞,不当只以文人目之。实际上即将忠贞的贤臣身份,在概念上置于与"文人"相对的位置,从而形成相区别的概念范畴。

---

① 李崇智:《人物志校笺》卷上《流业》,巴蜀书社2001年版,第63页。
② 转引自朱彝尊:《经义考》卷298,《四部备要》第12册,中华书局1989年版,第1533页。
③ 李壁:《王荆文公诗李壁注》卷21,上海古籍出版社1993年版,第998—999页。

圣贤名臣作为文人的对立面，在《总目》亦在在可见。其论于谦曰："谦遭逢厄运，独抱孤忠，忧国忘家，计安宗社。其大节炳垂竹帛，本不借文字以传。……至其诗风格遒上，兴象深远，虽志存开济，未尝于吟咏求工，而品格乃转出文士上。"（于忠肃集/D/别集23/v170，p33a）从"孤忠""大节"等表述看，提要基本上将于谦视为贤臣。且据提要的逻辑，其贤臣身份是与"文士"相对的——至少二者不在同一范畴。提要认为于氏诗作"风格遒上，兴象深远"，"品格转出文士之上"，完全符合前述"善于属文"的"文人"认定标准。但在提要贤臣与文士相对的语言逻辑中，却又如前述黄榦诸人之视韩愈，"不以文人目之"，而以贤臣目之。

类似逻辑，在《总目》对王结与龚诩的评论中也可看到。对于作为"元代名臣"的王结，提要曰："统观所作，所谓词必轨于正理，学必切于实用者也，固不与文章之士争词采之工拙矣。"（王文忠集/D/别集20/v167，p17b）对于朱棣篡位后遁迹不仕的龚诩则曰："律以选声配色，雕章琢句，诚不能与文士争工；律以纲常名教之旨，则不合于风人者鲜矣。"（野古集/D/别集23/v170，p10b–11a）二人均被置于区别于"文人"的贤臣身份上。然而，贤臣与"文人"的身份认定——无论在概念上还是实际上，必然是清晰可辨的吗？黄榦等人刻意作如此区判，其目的何在？

如果剔除历代层累、建构的经义，《六经》实然地与普通文章没有本质区别。但古人多数不会这样看待经典与文章的关系，他们常用的论述策略是否定或淡化经典的"文学性"。如吴伟业论唐宋古文运动即曰："自魏、晋、六朝工于四六骈偶，唐、宋巨儒始为黜浮崇雅之学，将力挽斯世之颓靡而轨之于正，古文之名乃大行，盖以自名其文之学于古耳，其于古人之曰经曰史者，未敢遽以文名之。"① 古文家所学实即经史，只是为了表示尊崇，而"未敢遽以文名之"。圣俗之别，有如云泥，古人身处其间，便不得不严于区判。

经典因为儒者尊经，而被淡化"文学性"。经典的作者圣人，同样因为儒者"尊圣"，而被否认"文人"身份。明人席书《夹谷后》曰："其在圣人，武固一艺，文亦一艺。孔子圣人也，非文人也。誉孔氏以文武，将以孔子为文人乎？……今必以文武而赞孔子，欲尊之反卑之，欲大之反小之也。尊孔子者以道，孔子之道，尧舜禹汤文武周公之道也。"② 这也

---

① 吴伟业：《吴梅村全集》卷32《古文汇钞序》，李学颖集评，上海古籍出版社1990年版，第716页。
② 黄宗羲编：《明文海》卷87，第843页。

明显是因为尊孔，而欲维护其圣人地位，不能将他等同于俗世文人。但席氏及所有人都知道，孔子确实具备文武之艺，且他们也绝对承认孔子之艺与俗世文人武人之艺，有若云泥之别。然而，席氏却否定"以文尊孔"的途径，而指出另外一条途径：尊孔子以道。

在文质二元对待的文化思维下，人物的分类及其著作的分类，遵循着类似的逻辑。从抽象概念角度看，"文"相对地凸显形式意义，而"道"则凸显内容意义。对书籍而言，作者进行写作时，在形式意义与内容意义之间，会或显或隐地有所偏向，这可称为"创作目的性偏向"。作品生成，经读者阅读，在读者那里会产生"阅读认识性偏向"，或欣赏其形式意义，或体味其内容意义。① 创作与阅读的偏向性认定，存在着互动关联。这种作者与读者之间的关联，事实上便与"文人"身份认定中的自我判定与他者判定相应。从"圣贤/文人"相对待的角度看，圣贤就是在创作目的上（或被读者认定为）偏向"道"之践行（内容意义）的群体，而文人则是偏向"文"之创造（形式意义）的群体。

所谓"偏向性认定"，在明代胡直那里得到印证。胡氏曾对"道/文"关系与作者的身份认定，作出近乎量化的分判："夫道法备于身，不得已而文之，不以一体局，此上也，孟氏以上是也，是谓圣贤。依仿道法而笼挫于百家、囊括于群体者，中也，庄、荀、屈子、子长、扬雄、韩、苏以下诸子是也，是谓文人。赘视道法，唯摹画于步骤，雕刻于体句，组缀于藻艳者，下也，相如、邹、枚、曹、刘、潘、陆、颜、谢以下及近世词家是也，是谓词人。"② 胡氏通过"道"与"文"的配比来分判作者的身份。圣贤"道法备于身"，即以"道"为根本、主体，"文"是不得已而借以明道的形式辅助。"文人"虽"依仿道法"，却把"道法"囊括于文体之中，即以文章的形式创造为依归。易言之，"道"与"文"的主从关系已变易为"文"主"道"从。如果"文人"在胡氏看来尚属褒贬参半，那么"词人"便是纯粹被贬抑的身份。因为"词人"视道法为累赘，将文章的形式创造推向极致。这便是有意或刻意为文的创作目的性偏向，是狭义文人概念认定的重要依据，将在下文详述。

但是，胡氏看似量化可行的认定准则，只在概念认识上具备指示意义。事实上，落实到具体实在的个体时，其身份认定问题会异常复杂。比

---

① 参见蔡智力：《传统中国的"文/学"之辨》，第 22 页。
② 胡直：《衡庐精舍藏稿》卷 14《论文二篇答瞿睿夫》，《胡直集》，张昭炜编校，上海古籍出版社 2015 年版，第 282 页。

如在他者判定中,对象是"道法备于身"抑或"依仿道法",便无法如胡氏所愿地、真实地作量化分辨,从而难免见仁见智。其次,我们也无法排除,在他者判定中,个人门户成见与学术观念对判定中肯性造成的影响。这些都是造成韩、范、欧、苏"文人"身份摇摆不定的重要原因。

无论对韩、范、欧、苏"文人"身份予以肯定还是否定,批评者在人物品评上都存在这样的逻辑:圣贤高于文人。唐代柳冕即曰:"当时君子,耻为文人,语曰:德成而上,艺成而下。文章,技艺之流也。"① 这几乎可以说是古人的共识。但这个问题中不可忽略的,是其中隐含的"圣贤/文人"一体性的实然面向。在很多情况下,圣贤在实然层面首先就是文人,他们只是在文人身份基础上,进一步发挥了"道"的功能——这可以说是文人的"道化提升"。明代吴宽即说:"夫世之仕者,孰不急于政事?有政事矣,然无文学以资其识,则所行者不免为俗吏之事。又孰不重乎文学?有文学矣,然无气节以立其德,则所能者不免有文人之讥。"② 所谓气节、立德,即圣贤的德目。吴氏在此规创了士人修养的抽象路径,即由俗吏进至于文人,再由文人进至于圣贤。此路径的合理性不是本章要讨论的问题,本章关注的是其观念中"文人"与圣贤的关系。在此,"文人"相对而言是一个受贬抑的身份,如以"文人"自居而不以圣贤为终极进修目标,恐将遭到讥讽。这是古代士人相当普遍的观念,方孝孺即曰:"夫人不生则止,生而不能使君如唐虞,致身如伊周,宣天地之精,正生民之纪;次之不能淑一世之风俗,揭斯道于无极,而窃取于文字间,受訾被垢,加以文士之号,不亦羞圣贤,负七尺之躯哉!"③"窃取于文字间"即要受吴宽所谓的"文人之讥",从而也"羞圣贤"。

由吴、方二氏的论述可见,圣贤与文人之间的差异是被论述、被规创的结果,这种差异的应然性大于实然性。从实然的角度讲,圣贤是在文人"形式创造"基础上,更进一步加以"道"的践行(内容意义)。因此,圣贤首先就是文人,或者说同时也是文人——二者并非截然互异的关系。从应然的角度看,文人需要以圣贤为终极理想,即在"形式创造"的基础上,上推进至于对道的践行。因此,圣贤与文人不是互异性关系。只有二者的异质性被夸大后,文人"道化提升"的意义才能彰显。这里隐含

---

① 柳冕:《谢杜相公论房杜二相书》,姚铉编:《唐文粹》卷79,浙江人民出版社1986年版,第3a—b页。
② 吴宽:《家藏集》卷36《叶文庄公祠记》,上海古籍出版社1991年版,第300页。
③ 方孝孺:《逊志斋集》卷10《与郑叔度八首》之二,第314页。

了广义文人概念的逻辑,将在下文详述。

2. 作为积极对立面的学者

文人的另一个对立面是学者。但学者这个身份,在古代也处于非常丛杂的关系网中。从概念上说,他们以知识的获取与传播为己任。其传播形式,可以是书面的,也可以是口头的。当"口头的"此一特征被强调时,他们又常被特称为"讲学者"。由于特殊的学术语境,讲学者成为《总目》的重要批判对象,因此这部分学者有必要另行讨论。

从知识的内容类别而言,学者亦有多种类型。在以儒学为重的传统中国,儒者是其中重要一支。而儒者这一身份,又与前述圣贤有若干重叠之处。从概念上说,圣贤重在道德行为表现,是"行道";儒者则重在道德知识授受,是"传道"。但在"传道"上,儒者与经师又存在重叠之处。总体来说,儒者概念范畴较经师为广,后者主要涉及经典的授受,儒者所援受者不限于经典,而牵涉由经典延伸出去的更广泛的义理范畴。儒者以外,亦有史家与诸子百家。在传统语境中,他们都时常成为"文人"的对立面。

如《宋景濂未刻集提要》论此集佛道二氏之文曰:"古来操觚之士,如韩愈之于高闲、文畅,持论终始谨严,固其正也。其余若苏、黄诸集,不入学派者勿论。至于胡寅、真德秀,皆讲学家所谓大儒,《致堂》《西山》二集,此类正复不少。"(D/别集 22/v169,p4a)即以胡、真等"大儒"与韩、苏、黄等"文人"对立。《山堂考索前集提要》:"宋自南渡以后,通儒尊性命而薄事功,文士尚议论而鲜考证。"(C/类书 1/v135,p43b)亦以"通儒"与"文士"对举。《皇清文颖提要》:"我皇上御极之初,肇举词科,人文蔚起:治经者多以考证之功,研求古义;摛文者亦多以根柢之学,抒发鸿裁。"(D/总集 5/v190,p18a-b)"治经者"与"摛文者"对举,即经师与文人对举。这并非互文式对举,而是对立式对举,说明对举双方分属两个不同范畴。

"文人"作为一流业被人们意识到时,它的对立面即有学者。刘劭列十二人流即举及"有文章,有儒学",刘氏曰:"能属文著述,是谓文章,司马迁、班固是也。能传圣人之业,而不能干事施政,是谓儒学,毛公、贯公是也。"① "能属文著述"者与"能传圣人之业"者,便被认为有区别意义。陆游《南唐书》亦载:"升元中,议者以文人浮薄,多用经义、

---

① 李崇智:《人物志校笺》卷上《流业》,第63—65页。当然,刘劭所述十二人流中法家、术家也可纳入"学者"范畴。

法律取士。"① 在现实政治生活中，文人与学者也被区别对待，俨然泾渭分明的两个群体。

宋代以后，这种区别性论述更为显著，甚至牵涉门户纷争的因素。文徵明《晦庵诗话序》曰："夫自朱氏之学行世，学者动以根本之论，劫持士习。谓六经之外，非复有益，一涉词章，便为道病。"② 朱熹曾将解经者分为三类：儒者之经，文人之经（如苏轼、陈鹏飞），与禅者之经（如张九成）。③ 即于经学正统与诠释权威的宣示中，区判儒者与文人的畛域。

剔除门户纷争的因素，文人与学者的对立，乃基于文章与学术的对立。在抽象概念中，文章与学术分别以形式意义和内容意义被认识或意识。④ 在书写品的生产过程中，这两种在概念层面被意识到的区别性意义，在文人或学者的创作目的中便各有偏向。明邹观光《答顾叔时》曰："今夫文章之为文也，其油然而意，森然而法，斐然而藻，铿然而声，苍然而色，此必不可易者也。若乃翼经垂教，征事取材，谈苦空慧定，世不曰文人而释子矣。谈参同悟真，世不曰文人而道民矣。方且侈奇而竞博以相高也。若谈六经语孟道德仁义之语，独避其涉道学先生，而虞不得为文人哉。"⑤ "苦空慧定""参同悟真""六经语孟"之属，均就内容意义而言。当文章生产者偏重内容意义时，便被认定为学者，而非文人。文人的着眼点偏重于形式创造，如文章表达技法、辞藻、音韵等。

如果不考虑后述讲学者的负面影响，学者——尤其是其中因传道而接近圣贤的儒者，是以文人的积极对立面而存在的。换言之，在传统价值体系中，学者往往处于比文人更高的位置。或者说，文人往往被期许成为学者，并如学者一样传道。这即是唐宋以后兴起的"文以载道"话题。《总目》曰："如贝琼等本明初文士，于六经无所发明，未足当儒林之目。"（明儒讲学考/C/儒家 c4/v98，p22a）从理论上讲，文人只有形式创造能力。但如果文人在形式创造的基础上彰显以《六经》为基础的内容意义，他们便会被纳入学者的行列。贝琼被认定为文士而非儒者，即在于其技能只停留在形式创造上。

---

① 陆游：《南唐书》卷5，《陆放翁全集》，中国书店1995年版，第18页。
② 文徵明：《甫田集》卷17，陆晓冬点校，西泠印社出版社2012年版，第233页。
③ 朱熹：《朱子语类》卷11，朱杰人等编：《朱子全书》第14册，上海古籍出版社、安徽教育出版社2002年版，第351—352页。
④ 蔡智力：《传统中国的"文/学"之辨》，第21—23页。
⑤ 黄宗羲编：《明文海》卷167，第1691页。

第一章 《总目》"文人"概念分析：基于总体历史情境的探讨　67

　　郑樵《上宰相书》曰："修书自是一家，作文自是一家。修书之人必能文，能文之人，未必能修书。若之何后世皆以文人修书。"① 郑氏所谓"修书"主要指史书，是偏显内容意义的书写品，修书之人即是学者。郑樵认为，学者必定先是文人，而文人未必能成为学者。这与"圣贤/文人"关系类似。所以，在儒者与文人的对比讨论中，也出现类似"圣贤/文人"的对比论述。

　　蔡世远《刘先庚传》即曰："江右风俗淳朴，有明一代尤多真儒。先生醇行隐德，著作如林，岂得仅以文人目之哉。"② 对于有著作（内容产品）传世的儒者，不能仅以文人看待，否则有损儒者之尊贵。因此，明代谢铎也说："故自文与道离，而后世之所谓文人者，始为大贤君子之所鄙。"③ 此中隐含广义文人的内涵。"为大贤君子所鄙"之后世文人，是"文与道离"的狭义文人；换言之，此外仍有"文与道俱"的广义文人，其概念范畴相当于儒者。

3. 作为消极对立面的讲学家

　　在《总目》中，讲学家与文人对立的论述，在在可见。④《集部总叙》即曰："大抵门户构争之见，莫甚于讲学，而论文次之。讲学者聚党分朋，往往祸延宗社。操觚之士笔舌相攻，则未有乱及国事者。盖讲学者必辨是非，辨是非必及时政，其事与权势相连，故其患大。文人词翰，所争者名誉而已，与朝廷无预，故其患小也。"（D/v148，p2a‑b）即从门户构争的角度分辨讲学者与文人（操觚之士）。《毛诗本义提要》也说："盖文士之说《诗》，多求其意。讲学者之说《诗》，则务绳以理。"（A/诗1/v15，p12b）则从《诗经》诠释方法的角度来分辨。其论谢复曰："其诗文则不出讲学之门径，与谈艺家又别论云。"（西山类稿/D/别集c3/v175，p52a）则从诗文风格上予以分辨。

　　文人与讲学家的差异，更甚于它与学者的差异。文人与非讲学型学者的差异只在于：前者偏重形式意义，后者偏重内容意义，但他们均以文字

---

① 郑樵：《夹漈遗稿》卷3，《丛书集成新编》第63册，第587页。
② 蔡世远：《二希堂文集》卷6，《清代诗文集汇编》第250册，上海古籍出版社2010年版，第117页。
③ 谢铎：《张东海墓铭》，《明文海》卷430，第4512页。
④ "讲学家"的概念在学术史与《总目》中，近似于"理学家"或"道学家"。但它们在概念范畴与抑扬褒贬上，并非完全一致。据台湾大学故教授夏长朴先生惠赐卓见，他在研究提要稿本时发现，馆臣对这些术语确有刻意改易的情况。但本书目前仍无法处理其中的微妙差异，为避免烦琐且力求切合《总目》的术语系统，仍尽量将这部分人物集中到"讲学家"这样的表述上。

为表达媒介。文人与讲学家之间，不仅有形式与内容的偏向性差异，更有表达媒介的差异：文人必以文字为表达媒介，讲学家则主要以口语为媒介。这是文人与讲学家的本质区别。

尽管讲学家为学者之殊种，但在《总目》中，与学者的积极对立面不同，同样作为"文人"对立面的讲学家，却更多地作为消极对立面存在。《总目》对讲学家多持贬斥态度。如《龟记提要》称"讲学者好为异说有以召其侮"（C/儒家 c2/v96，p32b），《明辨类函提要》称詹景凤"附讲学以自重，议论高而无所归宿，终不免于游谈无根"（C/杂类 c5/v128，p27a），诸如此类，不遑枚举。

《总目》对讲学家的贬斥，在文人观探讨的视域下，也可以看作是宋明以来"文道"之争的延续。文人与道学家的论争，应始于程颐与苏轼之争，以及由此而展开的门户纷争。① 在回答弟子问"作文害道否"时，程颐曰："害也。凡为文，不专意则不工，若专意则志局于此，又安能与天地同其大也？《书》曰'玩物丧志'，为文亦玩物也。……古之学者，惟务养情性，其他则不学。今为文者，专务章句，悦人耳目。既务悦人，非俳优而何？"② 认为文人作文是玩物丧志。

苏轼的观点，与此针锋相对："夫人各有才，才各有小大。大者安其大，而无忽于小。小者乐其小，而无慕于大。是以各适其用，而不丧其所长。及至后世，上失其道，而天下之士，皆有侈心，耻以一艺自名，而欲尽天下之能事。是故丧其所长，而至于无用。今之士大夫，其实病此也。仕者莫不谈王道，述礼乐，皆欲复三代，追尧舜，终于不可行，而世务因以不举。学者莫不论天人，推性命，终于不可究，而世教因以不明。自许太高，而措意太广。太高则无用，太广则无功。是故贤人君子布于天下，而事不立。听其言，则侈大而可乐。责其效，则汗漫而无当。此皆好名之过。"③"论天人，推性命"，明显针对道学家而言。此语与"无用无功""汗漫无当"诸语，都是《总目》常用以批判道学家与讲学者的措辞。

当然，在程苏之争中，文人的对立面是整体的儒者。但在《总目》崇实斥虚的观念下，儒者被从概念上予以离析：研实学、行实事者被称为

---

① 参见黄明理：《"晚明文人"型态之研究》，台北花木兰文化出版社 2011 年版，第 37—71 页。
② 程颢、程颐：《二程集·河南程氏遗书》卷 18《伊川先生语四》，王孝鱼点校，中华书局 1981 年版，第 239 页。
③ 苏轼：《苏轼文集》卷 48《应制举上两制书》，第 1392 页。

真儒、醇儒——这即前述之儒者；虚谈性理天道、聚徒讲学者，则被专称为道学家或讲学者。从而，《总目》中的"文道"之争，便集中体现在对讲学者与道学家的批判上。

4. 亦同亦异的诗人与词人

"文人"也常与"诗人"对立而言。这里存在复杂的对立关系，近似于六朝"文笔之辨"下的文人与笔者。诗涵盖于广义之文，如《昭明文选》《文心雕龙》都以"文"名，却均将诗纳入其中。《总目》集部不另分文集、诗集二门，也显示诗文一体的观念。其《凡例》即曰："别集之有诗无文者，《文献通考》别立'诗集'一门。然则有文无诗者，何不别立'文集'一门？多事区分，徒滋繁碎。今仍从诸史之例，并为'别集'一门。"（卷首3，p3a－b）

然则，诗人与文人是在什么意义上被对立的？从描述性角度看，这可能与个人专长相关。《总目》论《抗言在昔集》，谓其："国朝诗人，自王士禛（禛）、朱彝尊、田雯、梁佩兰、宋琬诸人，无一不肆诋排；国朝文人，自黄宗羲、毛奇龄、汪琬、姜宸英、王源、方苞诸人，无一不遭指摘。"（D/别集 c12/v185，p21a）便将诗人与文人对立。唐司空图说："作者为文为诗，格亦可见，岂当善于彼而不善于此耶。思观文人之为诗，诗人之为文，始皆系其所尚，既专，则搜研愈至，故能炫其工于不朽。"① 则由尚习专长来分辨文人与诗人，尽管这种技能可以改变。

但据专长分辨的逻辑，也隐含另一个问题，即宋代以后的诗文辨体争议。② 这涉及文体本质论问题，具体而言即诗体本色的问题——诗与文的本质区别是什么？在这样的观点下，合乎本色者被认定为诗人之诗，否则被讥为文人之诗。刘克庄即曰："唐文人皆能诗，柳尤高，韩尚非本色。迨本朝，则文人多诗人少。三百年间，虽人各有集，集各有诗，诗各自为体，或尚理致，或负材力，或逞辨博。少者千篇，多者万首，要皆经义策论之有韵者尔，非诗也。"③

这明显具有规创性意味，认为诗应当遵从某种预设的本色，否则便"非诗"。这里所谓"非诗"，严格地说应该是"不符合理想范式的诗"，

---

① 司空图：《司空表圣文集》卷2《题柳柳州集后》，上海古籍出版社2013年版，第27页。
② 关于诗文辨体参见龚鹏程：《中国文学史》上册，第448—451页。
③ 刘克庄：《刘克庄集笺校》卷94《竹溪诗序》，辛更儒笺校，中华书局2011年版，第3996页。

其衡量标准是文体论中的体要问题。① 但是，不符合范式，充其量只能说"不是好诗"，只要它们符合诗的体制，② 便无法从描述性角度否定其诗体合法性。易言之，刘克庄所谓"韩尚非本色"云云，只是就诗体范式而言，而在描述义上无法否认韩诗之为诗。因为规创只代表知识社群中部分人的意见，不能代表整体社群的共识，且规创往往因反对者之存在而存在。处于刘氏对立面，如其师真德秀，即明显主张"文以载道"，从而也不能认同刘氏的本色论。③ 对反对者而言，他们甚至会认为，像韩诗那样的"经义策论之有韵者"才是真正的好诗。

事实上，刘克庄所使用的"诗"字，便分别指涉两个不尽相同的概念："唐文人皆能诗""集各有诗""诗各自为体"，这些都在描述义上指所有符合体制的诗；"文人多诗人少""要皆经义策论之有韵者尔，非诗也"，则在规创义上指符合某种体要准则的诗。因此，在这种语境下，诗人与文人的对立，是在辨体论、本色论下成立，此时诗人不可谓为文人。但在描述义上，诗人与文人之间并无非此即彼的明显对立，诗可以被理解为广义之文，诗人也可以被认为是文人。

词人与文人的关系，亦如诗人与文人关系一样。《梅村集提要》曰："词人之作散文，犹道学之作韵语。"（D/别集 26/v173，p11b）认为词人作散文（文人专长），如道学家作诗词一样不合本色，从而使词人与文人对立。这种规创性对立，在辨体论、本色论观点下非常普遍。《北宫词纪·凡例》："北曲音节要矣，遣词命意，贵在雅俗并陈。……近代文士，务为雕琢，殊失本色。"④《南宫词纪·凡例》亦言："凡曲忌陈腐，尤忌深晦，……文士争奇炫博，益非当行。"⑤ 都将文人区别于词人、曲人，便是在本色论视野下对文人与词人、曲人所作的规创性区判。

但在描述义上，词人与文人同样有兼容性。复杂之处在于，词曲本质上是"声音艺术"——因此古人往往以"倚声填词"指称词曲创作，

---

① 根据颜崑阳对传统文论概念的厘析，"体要"指文章立体的正当准则，具有规范效用。颜崑阳：《论"文体"与"文类"的涵义及其关系》，新竹《清华中文学报》第 1 期（2007 年 9 月），第 37—39 页。
② "体制"指文章可分析的"形构性之体"，如四言体、五言体、分字句等，是先于个别作品而既定的"基模性形构"。颜崑阳：《论"文体"与"文类"的涵义及其关系》，第 22—26 页。
③ 真德秀与刘克庄文论观点之争议，见《文章正宗提要》（D/总集 2/v187，p17b—19b）。
④ 陈所闻：《新镌古今大雅北宫词纪》，《续修四库全书》第 1741 册，上海古籍出版社 2002 年版，第 460 页。
⑤ 陈所闻：《新镌古今大雅南宫词纪》，《续修四库全书》第 1741 册，第 649 页。

从而异于作为"文字艺术"的文章。文人之词之所以非本色，其根本即在于误把声音艺术，当作文字艺术。因为词曲的文章属性成疑，使得词人的文人身份异常暧昧。在这个意义上，词人的性质恐怕更近于艺人。

但在笔者掌握的资料中，却未见从"声音／文字"对立的角度，区别地指涉词人与文人。这或许是因为，包括《总目》在内的批评者，他们所见之词曲作品均已文字化——这里便已然涉及"缀文成章"的文字驾驭能力。且在客观上，无此文字驾驭能力的词曲作者，几乎并不存在。因此，基于"声音／文字"对立的词人与文人区判，只存在于理论层面。而实际上，《总目》仍往往将词人纳入文人的范畴来讨论。

5. 艺人与武士

文章虽也是一艺，但文人却往往被认为区别于艺人。《西湖游览志余》曰："古称文人相倾，虽艺家亦尔也。"① 即在概念上区分艺人与文人。《羯鼓录提要》："盖乐工专门授受，犹得其传，文士不谙歌法，循文生解，转至于穿凿而不可通也。"（C／艺术2／v113，p39b）亦以乐工与文士相对。

在西方文学观念下，文学是"广义的艺术"，② 或最高的艺术。然则，文学是艺术的下属学科，与绘画、雕塑并列，从而文学家与艺术家处于同等地位。因此，近代学者往往以"艺术性"谈论传统文章之学，或将传统文人视为艺术家。在中国古代，"属文"固然也被鄙视为"艺"。但"文""艺"之间，却有异常复杂的观念关系。"艺"概念的复杂性，便不亚于"文"。且唐宋以后，文人与艺人的分科，其差异性也不亚于文人与学者。

文人与学者尚且可以被认为同属士阶层，文人与艺人之间却已存在阶层差异。艺人自觉意识到文人非己之同类，文人更耻于被视为艺人。因为从社会体制看，文人是社会统治阶层的储备力量，只要他们进入科场，便有机会登第为官，高者可至一国之相。除非他们不思进取，自甘堕落，与艺人为伍，才会被鄙夷——但这也是因为他们没有坚守文人的本分。相反，艺人则基本断绝此制度上的正当路径。从这个角度看，秦汉以后士庶混同，"文士"虽往往与"文人"混称，但社会体制始终为他们保留

---

① 田汝成：《西湖游览志余》卷17，刘雄、尹晓宁点校，上海古籍出版社2018年版，第223页。

② 本间久雄：《文学概论》，台湾开明书店1971年版，第135页。

"士"的权益，因此他们同时具备"士"的概念内涵——这当然也是一种身份期待与责任制约，所谓"士志于道""士不可以不弘毅"。

汉魏以后，文武对立的情形也时有存在。如《梁书·刘坦传》述刘坦言："若专用武士，则百姓畏侵渔；若遣文人，则威略不振。"宋代王禹偁亦曰："内则省官以宽经费，抑文士以激武夫。"① 都以武士与文人相对，沿用春秋战国时的含义。明代杨慎《丹铅总录》本有"盖汉唐皆文人相聚，元则羯胡相参"之语，②"四库本"亦基于文人武人相对的文化观念，将"羯胡"篡改为"武人"。③

武人与文人的差异，是行为与技能性质的差异，前者任力，后者任智。艺人与文人的差异，既是技能性质差异——如词曲本质上是声音艺术，文章则为文字艺术，更是社会阶层的差异。隋唐以后，诗歌与普通文章基本上都是文字艺术，因此诗人与文人的差异，更多是由本色论规创而来。讲学家与文人的差异，除了门户纷争的因素，本质上仍存在基于表达媒介的技能差异。这些差异都相对容易区分，他们之异于文人也较易理解。至于圣贤与学者，因为他们往往具有出色的写作能力，因此探讨他们与文人的关系，便要从前述"人/文"关系程度入手。

（三）"文以载道"论域下"有意于文"的"狭义文人"

从"人/文"关系角度看，圣贤与学者通常都善于属文或能于属文。《孝宗实录》称吕祖谦《宋文鉴》"有通经而不能文词者，亦表奏厕其间"云云，《总目》却认为："所谓通经而不能文章者，盖指伊川。然伊川亦非全不能文。"（D/总集2/v187，p11b－12a）则作为道学家宗师的程颐，也被认为能属文。至于介乎文人与圣贤名臣之间的韩、范、欧、苏，其之善于属文，更为世所公认。因此，圣贤/文人与学者/文人，并非就写作能力区判，而是另有区判标准：此即前述之"专意/有意于文"，这是行为目的方面的问题。

圣贤与学者的行为目的均"志于道"，前者"行道"，后者"传道"，如胡直所言"不得已而文之"。尤其对学者而言，文章是"传道"的重要形式，即所谓"文以载道"。卢象升抗清战死，《总目》即称其《忠肃集》为"载道之文"，以其"无意为文"，"未暇专力文艺，故诗古文多

---

① 王称：《东都事略》卷39《王禹偁传》，孙言诚、崔国光点校：《二十五别史》，齐鲁书社2000年版，第311页。
② 杨慎：《丹铅总录笺证》卷27，王大淳笺证，浙江古籍出版社2013年版，第1215页。
③ 杨慎：《丹铅总录》卷27，《景印文渊阁四库全书》第855册，第665页。

不入格"（D/别集 25/v172，p67a-b）。以文载道，行为目的在于道，文只是传达道的载体，因此所作文章只求达意（内容），不求工整（形式）。《总目》对这种"人/文"关系，常称为"苟作者"。在这样的逻辑下，文人之所以为文人，而区别于圣贤和学者，便是"非苟作者"，即着意于文辞工整。《总目》引王士禛论石存礼等八人"各体皆入格，非苟作者"（海岱会集 D/总集 4/v189，p16a），《梅岩文集提要》称胡次焱"研心诗学，非苟作者"（D/别集 18/v165，p22b），都是这种逻辑下的措辞。

所谓"非苟作"即是"有意于文"。有意与无意，是古人在狭义层面认定"文人"身份的重要依据。所谓"有意于文"，便意味着刻意追求文章的修辞、章法、结构。这些即所谓的文法，是文章之学的独立价值空间。① 宋儒陈傅良曾有论断："三代无文人，《六经》无文法。"他的逻辑基本上就目的而论，认为三代古人并非"有意"于作文，因而不刻意讲求"文法"，从而"不以文论人"，因此也便无"文人"可言。②

这种逻辑，在宋明间很常见，明人薛应旂也说："古昔先王，未尝有意于为文。六经之作，所以阐天地之藏，发心性之蕴，纪纲人事，维持世道，真如生人之饮食裘葛，不可一日阙焉者。皆不得已而有言，非无用之空言也。孔孟继作，亦若是焉而已。战国秦汉之文人，始各逞其辞说，以驰骛于天下。……盖皆无得于心，而有意于为文，徒以华世鼓誉，而无益于民生日用。是岂先圣贤之所谓文哉。唐宋数家，虽其风容色泽，略贬于秦汉，而意义所存，则或有庶几于道者。奈何今之为文者，动称秦汉，而修词造语，依傍影响，如小儿之学舌，优孟之作叔敖，……孔子曰，辞达而已，此千古为文之准则也。"③ 这当然是复古争议下的论述。其语言逻辑显示，在孔孟以前，圣贤均"未尝有意于为文"。圣贤的职志在于阐发天道与心性，"纪纲人事，维持世道"；《六经》之文，乃不得已而为之的形式寄托。这是以内容意义为导向的写作目的。在薛氏看来，此目的导向的转变，始于战国秦汉——此乃针对其论敌"文必秦汉"的主张而发，此时的写作才"逞其辞说"，是"有意于为文"，即刻意讲求形式与章法。

《总目》在区判"文人"与贤臣、学者时，亦常以"有意于文"为标准。如《薛文清集提要》："考自北宋以来，儒者率不留意于文章。"

---

① 在传统中国，"学术"的独立价值空间在于"内容之真"，"文学"则在于文法，即文字的组织章法。蔡智力：《传统中国的"文/学"之辨》，第 22—23 页。
② 陈傅良：《陈傅良先生文集》附录 1《文章策》，周梦江点校，浙江大学出版社 1999 年版，第 656 页。
③ 薛应旂：《答熊元直检讨》，《明文海》卷 152，第 1526 页。

(D/别集 23/v170，p30b）儒者虽也作文，但因其"不留意于文章"，才被视为儒者，而非文人。又如《湛然居士集提要》论耶律楚材："或经国之暇，惟以吟咏寄意，未尝留意于文笔也。"（D/别集 19/v166，p8b）亦以其未尝留意于文笔而视作贤臣，而非文人。

文人"有意于文"，是全面性形式偏向态度。这不仅体现于他们作为作者时呈现的创作目的偏向，也体现于他们作为读者时的阅读目的偏向。对于内容与形式浑然一体的书写品，"文人读者"往往更关注其中的形式意义，尽管这些书写品此前被强调的是内容意义。如经典与史书，它们最初被强调的是内容意义（义、事）。但两宋以后，它们都经历了"文学化"进程。从文章技法的角度审视、讨论经传的做法，逐渐普遍起来。一系列文章选本，如真德秀《文章正宗》之类，都将经传收入其中；又或如钟惺、谭元春之伦，以点评时文之法品评经传。① 此一进程，实即在文人"有意于文"行为目的下展开。在"有意于文"的心理机制下，文人不再像经师或史家那样，关注经典中的义理或史著中的史事制度，而措意于其中的章法结构与辞藻音韵。

但所谓有意、无意，都只是主观认定，而无客观的量化分判标准。任何表达，无论口头还是书面，都无法脱离"法"的形式组织规约，这是文化社群得以相互沟通的基本成规。任何脱离成规的形式，都会使表达失效，遑论沟通。因此，对基本成规的遵循，是否也属于有意？如果不是，那么有意与无意的界线何在？这是理论上无法解答的问题。尽管有意与无意是古人认定"文人"身份的重要依据，但由于其无法客观界定的主观属性，古人对某些书写行为是否有意的判定，也产生极大歧异。因此之故，个体"文人"身份在自我判定与他者判定之间，便往往存在差异，前述宋濂即是显例；甚至他者判定相互之间的差异，也有这方面因素，如关于韩、范、欧、苏"文人"身份的争议。

明人蔡清论宋濂曰："尝观宋太史文，则觉其枝叶太盛，面势太张，波流太靡。虽屡屡自辨其非文人，静而味之，则其骨气及步骤，终似未脱文人之习者。况其学亦杂，遇老谈老，遇佛谈佛，胸中本无主张，忒把文词及博洽当事了。"② 宋濂也常有"三代无文人，《六经》

---

① 蔡智力：《传统中国的"文/学"之辨》，第 28 页。
② 蔡清：《蔡文庄公集》卷 2《复林居鲁书》，《四库全书存目丛书》集部第 42 册，齐鲁书社 1994—1997 年版，第 639 页。

无文法"之论。① 可见宋濂自以为无意于文,而欲以载道自许。然而,他却被推为"开国文臣之首"。在此,蔡清揭示他"枝叶""面势""波流""骨气""步骤"诸端,均是文章章法之事。在蔡清看来,这就是有意于文的表征。至于文章的内容意义,蔡清认为宋濂"胸中本无主张",说明儒、道、佛等内容都只是宋氏文章的装点。因而,最终否定宋濂"自辨其非文人",而以文人许之。

如此一来,以"有/无意于文"为标准的"文人"认定,事实上无法为"文人"此一流业划定明确的界线。这条界线虽在概念上可以说明,但针对实存个体,其界限存在极大模糊性与不确定性。且如前论,"文道"之争自宋代始由程颐、苏轼及他们的后学逐渐推向高峰,在历时久远的争论中,儒者以"传道"自许,或至少强调"文以载道",从而以"玩物丧志"批判其他人有意于文而不"志于道"。② 被批判"有意于文"者如苏轼,则认为儒者"耻以一艺自名"而不论文,是"好名之过"。两相争辩,使文人与学者的异质性被人为突显乃至夸大。模糊的边界被突显、被强调,从而使"文人"概念产生狭义与广义的区别。狭义文人概念在"文道"之争的语境中,被推至语言前端,成为关注焦点;但广义文人概念在人们的观念中并未完全消失,只是它更多地隐藏在语言逻辑的背后。

四 后汉魏时期与《总目》中的"广义文人"概念

在《总目》及其历史语境中,还存在很多不一样的表述:当他们指称某人为"文人"时,那些人却并非有意于文者,相反毋宁是有意于"文"的对立面——内容。在"人/文"关系的坐标尺度上看,他们与"文"的关系,相应地落在"善/能于属文",甚至纯粹只是"操觚之士"

---

① 如《銮坡后集》卷6《王君子与文集序》,《宋濂全集》第3册,第837—838页;《芝园前集》卷2《曾助教文集序》,《宋濂全集》第4册,第1340—1342页。

② 这种批判在宋儒之间也时有发生。朱熹论胡宏(号五峰)即曰:"五峰《有本亭记》甚好。理固是好,其文章排布之类,是文人之文。"(《朱子语类》卷101,《朱子全书》第17册,第3403页)如此评论看似轻描淡写,但结合胡宏以儒者自期的身份与"文道"之争的语境,兼之虑及朱熹为胡宏晚辈——胡宏为程颐为再传,朱熹为三传,则此评论便没有那么轻松。相较之下,同辈之间的批评便更直接。张栻即曾批吕祖谦:"渠爱弊精神于闲文字中,徒自损,何益!如编《文海》,何补于治道?何补于后学?徒使精力困于翻阅,亦可怜耳。承当此文字,亦非所以承君德。"张栻:《南轩先生文集》卷24《答朱元晦书》之十七,《张栻集》,邓洪波校点,岳麓书社2017年版,第717页。

而已。

因为这些被指称的"文人"毋宁说有意于内容,因此下文大体以内容为分类标准,列举典型例子予以说明。

(一) 以"文人"指称儒者

黄宗羲、毛奇龄、顾炎武等人,历来都更多以儒者或思想家的身份被认识——近代西方新文学观念入侵以后尤为如此,其中黄宗羲、顾炎武更与王夫之一起,常被合称为"清初三大儒"。在《清史稿》中,他们也均被列入《儒林传》,这更是他们被贴上儒者标签的重要依据。然而,《总目》在某些场合中却往往以"文人"指称他们。

如《抗言在昔集提要》论是书云:"国朝文人,自黄宗羲、毛奇龄、汪琬、姜宸英、王源、方苞诸人,无一不遭指摘。"(D/别集 c12/v185,p21a)便将黄宗羲、毛奇龄指称为"国朝文人"。至于毛奇龄诘难顾炎武《诗本音》,"逞博争胜",提要也以为是"文人相轻之习,益不为定论"(A/小学 3/v42,p43b)。顾、毛所争,与音韵训诂相关。至少在此争辩行为中,他们的身份应当被认定为儒者,这似乎更符合当代人的认识。然而,提要却将他们相互诘难定性为"文人相轻之习",实即以"文人"指称毛、顾二氏。

行如儒者而被《总目》称为"文人"的,还有宋儒黄士毅。《壶山四六提要》曰:"考南宋文士,号壶山者有四。……其一为黄士毅,字子洪。自莆徙吴,不忘故乡,因号壶山。从学朱子,尝编类其语录以行世者。"(D/别集 16/v163,p7a-b)《姑苏志》亦载黄士毅曾师事朱熹,并撰次朱子《书说》《文集》《语类》诸书,且曾自注《仪礼》。① 《宋元学案》亦以其于《大学章句》"终其身从事于斯",且"尝言孔孟之道,至周程而复明,至朱子而大明"云云。② 均足见黄氏为以传道自居的儒者,《总目》却以"文士"称之。

事实上,将儒者指称为"文人",在传统中国是极为普遍的现象。先秦儒家代表之一荀子,即常被指称为"文士"。陈师道《后山诗话》云:"庄、荀皆文士而有学者,其《说剑》《成相》《赋篇》,与屈《骚》何异。"③ 则甚至把"文士"看作荀子多重身份中的首要身份,所谓"而有学者",语气中反而似是指涉某种附带的身份。明代顾璘列举其所折服的

---

① 王鏊:《姑苏志》卷57,台湾学生书局1986年版,第834页。
② 黄宗羲:《宋元学案》卷69,《黄宗羲全集》第5册,第770—771页。
③ 何文焕辑:《历代诗话》,中华书局2009年版,第309页。

"历代文人",除屈原、庄子、贾谊、司马迁外,亦涉及荀子。① 归有光论述"荆楚自昔多文人",所举除屈原、庄周外,亦涉及"左氏之传"与"荀卿之论"。②

也有被指称为"文人"而史传却载于"儒林传"者。石介《上王沂公书》曰:"东州文人如田诏君谅、贾殿丞同、高端公弁、刘节推颜,皆连蹇当时,至老不达。"③ 其《贤李》又曰:"山东文人之杰贾公疏、高公仪、刘子望、孙明复。……四人可谓魁贤大儒,相国俱收之。"④ 贾同,初字公疏,著有《山东野录》;高弁,字公仪,史称其"所为文章多祖《六经》及《孟子》,喜言仁义";刘颜,字子望,著有《儒术通要》《经济枢言》;孙复,字明复,治《春秋》,著《尊王发微》。凡此诸人,均载于《宋史·儒林传》,而与他们约莫同时的石介,却以"文人"指称他们。且有趣的是,石介既称贾、高、刘、孙为"文人之杰",又称他们为"魁贤大儒",俨然"文人"与儒者身份可以兼具,甚或一体两面。

"文人"与儒者经过宋明以降的"文道"之争后,似乎变得水火难融;再经"五四"新文学运动"去功用化""去道德化"的论述以后,更是势不两立。然而,在古人的观念底层,"文人"与儒者却是一体两面,如文章与学术那般。金履祥注《论语》"文胜质则史"之"史"曰:"犹今言'文人',张文潜谓今之所谓儒者,务博记,尚文辞,乃古之所谓史也。"⑤ 则儒者与"文人"有共同特征:务博记,尚文辞。在此,金氏并未突出是否有意于文以区别儒者与文人,反而将他们视为一体。

此外,还有一个有趣的例子。《艺文类聚》载南朝吴筠《行路难》"争贵儒者席上珍",⑥《乐府诗集》《石仓历代诗选》所引皆同,⑦《文苑英华》却作"争贵文士席上珍",且自注:"一作儒者。"⑧ 这固然可以理

---

① 顾璘:《顾华玉集》卷15《寄后渠》,《丛书集成续编》第141册,台北新文丰出版公司1989年版,第385页。
② 归有光:《震川先生集》卷2《五岳山人前集序》,周本淳校点,上海古籍出版社1981年版,第27页。
③ 石介:《徂徕石先生文集》卷14,陈植锷点校,中华书局1984年版,第168页。
④ 《徂徕石先生文集》卷9,第97页。
⑤ 金履祥:《论语集注考证》卷3,《丛书集成初编》第489册,商务印书馆1935—1937年版,第37页。
⑥ 欧阳询:《艺文类聚》卷30,汪绍楹校,上海古籍出版社2010年版,第539页。
⑦ 郭茂倩:《乐府诗集》卷70,《四部备要》第94册,第434页;曹学佺编:《石仓历代诗选》卷8,《景印文渊阁四库全书》第1387册,第135页。
⑧ 李昉等编:《文苑英华》卷200,中华书局1982年版,第987页。

解为"文道"之争的结果，但也正因为"文人"与儒者概念的兼容性，使得编选者或传抄者的刻意篡改成为可能。事实上，早在南朝的蔡景历即曾说："文人则通儒博识，英才伟器。"（《陈书·蔡景历传》）则已将儒者收摄于"文人"概念之下。这些"文人"概念，都已经超出前述"有意于文"的范畴，而同时指涉儒者的范畴。

（二）以"文人"指称经师

经师的范畴窄于儒者。这个群体也往往为"文人"概念所指涉。明末清初张次仲曰："今儒士好辨，文人尚辞。传注简而寡义，笺疏详而远性。考证但支离而莫断，质疑愈纷杂而莫信。则欲穷经，而经愈亡矣。"① 据学术史背景，其所谓"儒士"当指注重义理的理学家，"文人"当指经师中注重文字训诂的考据学家。且其所谓"文人尚辞"，与金履祥说文人、儒者皆"尚文辞"，实是同义。类似用法也见于明代樊良枢《四书辨证跋》："迨书法屡变而点画失真，遂至文义乖而训解谬，句读差而注释舛。学士口受于蒙师，文人牵滞于文义，茫茫白首，漫漫长夜，良可叹也。"② 此"文人"亦指考据学家，而"学士"则指理学家。

相似例子也见于宋代王楙《野客丛书》："祭遵死，范升上疏曰：'斯大汉厚下安人之德，所以累世十余，历载数百。'杜笃《论都赋》曰：'创业于高祖，嗣传于孝惠，祚缺于孝平，传世十一，历岁三百。'然汉家至此，才二百余年耳。或谓数百，或谓三百，无乃过乎。大抵文人纪年，多不甚契勘。"③ 范升是东汉经今古文之争的重要人物，因而被现代学术贴上"今文经学家"的标签。《后汉书·范升传》载范升"九岁通《论语》《孝经》，及长，习《梁丘易》《老子》，教授后生"，亦显然经师素养，而王楙却以"文人"指称他。

类似的观念也出现在《四库全书》的幕后操纵者清高宗那里，他论"晋假道伐虢"事时，即指斥《三传》："异哉文人之纪事，艳者务其富，清者欲其婉，辨者图其裁，而不论理之从违，迹之真伪，以致失之诬，失之短，失之俗。"④ 尽管《三传》各有异同，但它们的作者基本上均自诩

---

① 张次仲：《待轩诗记》卷首《学诗小笺总论》，《景印文渊阁四库全书》第 82 册，第 44 页。
② 转引自朱彝尊：《经义考》卷 258，《四部备要》第 12 册，第 1298 页。
③ 王楙：《野客丛书》卷 2，《丛书集成初编》第 304 册，第 17 页。
④ 《清高宗御制文集·二集》卷 24，《景印文渊阁四库全书》第 1301 册，第 430 页。清高宗于此引用范宁《春秋穀梁传集解序》对《三传》的述评："《左氏》艳而富，其失也巫；《穀梁》清而婉，其失也短；《公羊》辩而裁，其失也俗。"

第一章 《总目》"文人"概念分析：基于总体历史情境的探讨

意在诠释经义（内容），而非刻意于文辞；然而，清高宗却以"文人"指称之。

（三）以"文人"指称讲学家

较之儒者既重义理亦尚文辞，道学家或理学家则更偏向义理一边，其有甚者以文辞为玩物丧志，从而常被《总目》指斥为讲学家。讲学意味着可以脱离文字而讲论学术，因此，讲学家似乎与"文人"概念渺不相涉。但在更广泛的"文人"概念中，讲学家与道学家、理学家群体也往往被隐约地指涉到。

明人王兆云编《皇明词林人物考》，载有明一代"词林人物"，也即所谓文人。另外，黄宗羲撰《明儒学案》，其宗旨在于表彰"前代之所不及"的讲学，① 故所载均为有明一代讲学家。然而，这两本看似宗旨各异的著作，彼此互载的人物竟有 34 人：被黄宗羲视为讲学家的王守仁、陈献章、王廷相、湛若水、罗伦、罗洪先等人，同时被王兆云视为"词林人物"。② 这至少说明，讲学家与文人这两种身份可兼于一身。

王兆云所载王守仁、程敏政、罗洪先等"词林人物"，《总目》也常常直接指称为讲学者。《雒闽源流录提要》批评"自明以来，讲学者酿为朋党，百计相倾"，即举"王守仁作《朱子晚年定论》，程敏政作《道一编》，欲援朱子以附陆氏"为例（B/传记 c5/v63，p14a）。《念庵集提要》论罗洪先亦曰："后作守仁《年谱》，乃自称曰门人，不免讲学家门户之习。"（D/别集 25/v172，p15b）然而，对于这部收录范围明显已涉及自己所谓"讲学家"的《明词林人物考》，《总目》于其提要却仍说："是编录明一代文士。"（B/传记 c4/v62，p25b）这便等于承认以"文士"看待王守仁、程敏政、罗洪先诸人。

我们不能指斥《总目》自相矛盾，这只是传统中国"文人"观念的一种表现。尽管讲学家鄙弃文辞，而偏向于以口头讲学传授学术。但口授讲学的学术传播，只限于入门弟子，其传播效率可以想见。要使个人所体悟的真理敷施天下，在当时的技术下，唯一的方法便是将"口头的"转

---

① 其宗旨见《明儒学案序》《明儒学案发凡》，黄宗羲：《明儒学案》，沈芝盈点校，中华书局 2008 年版，第 7、14 页。
② 同载于二书者还有：方孝孺、章懋、庄昶、王鸿儒、崔铣、张邦奇、魏校、顾应祥、黄省曾、穆孔晖、吕柟、邹守益、王道、霍韬、薛蕙、舒芬、黄佐、薛甲、徐阶、欧阳德、唐枢、唐顺之、蔡汝楠、赵贞吉、薛应旂、胡直、杨起元、何瑭。可对照二书目录，分见《明儒学案》目录，第 1—12 页；王兆云辑：《皇明词林人物考》卷 1，《四库全书存目丛书》史部第 111 册，第 636—641 页。

化为"文字的"。语录应之而生。入门弟子以外更广泛的受众，包括《总目》的作者们，基本上依靠这种文字化的语录，接触讲学家的思想内容。原本口头表述的学术思想要变成语录体文章，便须"操觚"，以作文字化处理。一旦操觚，便难免与"文人"相关。语录的文字化，是讲学家与文人在词义上得以相互指涉的关键。

当然，无可否认的是：在传统中国的文化语境中，讲学家与"文人"的相互指涉，并不如儒者和经师那样普遍。"文人"与讲学家的关系，疏于他们与儒者和经师的关系。究其原因，仍须归因于表达形式的差异：讲学家注重口头传述，与"文人"所依赖的文字表述有本质区别，因而直接的相互指涉不易发生。

（四）以"文人"指称史家

传统"文学"当正其名为"文章之学"，易言之即是一种关于写作的学问。如此看来，史学无疑是与"文学"关系最密切的。

历来被推为史学渊源的《春秋》，即有"属辞比事"的传统。《礼记·经解》引孔子云："属辞比事，《春秋》教也。""属辞"实然地就是文章之学的分内事；古人常将写作称为"属文"，"文"与"辞"同义，"属辞"实即"属文"。史学基本上难以像儒学那样，可以通过讲学口传。因此刘知幾即曰："昔夫子有云：'文胜质则史。'故知史之为务，必藉于文。"① 正缘于文史之间的密切关联，"文史辨体"的论述才时有发生。刘知幾即批评史家："其有本无疑事，辄设论以裁之，此皆私徇笔端，苟炫文采，嘉辞美句，寄诸简册，岂知史书之大体，载削之指归者哉?"② 则指斥史家恣纵文采，而忽略史著自当有的史体。

基于这样的辨体观念，清人齐召南将史书分辨为史官之史、文人之史与小人之史。在他看来，只有《史记》《汉书》，以及《晋书》《隋书》之志才堪称史官之史，《三国志》亦"独为近之"而已；此外《后汉书》《北齐书》《周书》《梁书》《陈书》《新唐书》等，均被指为文人之史，其余《晋书》以迄《宋史》《元史》，亦"杂出于文人"；《宋书》《魏书》更被斥为小人之史。③ 齐氏所论是否得实，不是重点。但他的辨体论述预示着：与"文道"之争相似，文史之辨中关于"文""史"差异性

---

① 刘知幾：《史通通释》卷6，浦起龙释，上海古籍出版社1978年版，第180页。
② 《史通通释》卷4，第81—82页。
③ 齐召南：《宝纶堂文钞》卷1《史论》，沈云龙主编：《近代中国史料丛刊》第40辑，台北文海出版社1973年版，第59—60页。

的刻意强调，根本原因即在于它们本身固有的关联性；正因为它们一体两面的紧密关系，使人们不经刻意分判便难以辨别。

正基于文史之间的紧密关联，古人也常不经意地以"文人"指称各类史著的作者。此于《总目》即在在可见，如《地理类叙》批评《汉中府志》载木牛流马法与《武功县志》载织锦璇玑图为"文士爱博之谈，非古法"（B/地理1/v68，p1b）；《赤雅提要》亦批评此书撦拾古事，以"附会涂饰"，以为"不免文士积习"（B/地理4/v71，p19b）。均将史部地志作者指称为"文士"。《史评类叙》亦曰："文士立言，务求相胜，或至凿空生义，僻谬不情，如胡寅《读史管见》讥晋元帝不复牛姓者，更往往而有。"（B/史评/v88，p1b）则论"文士"务求相胜、凿空生义，而以史评作者为例。评《觉山史说》曰："论管叔、蔡叔合于义而不知天命，诋纪信代死、为吕禄辨冤之类，则不免文士好奇，务为新论。"（B/史评c2/v90，p4a）又反向将史评作者指称为"文士"。

《总目》以外，类似例子亦不少见。宋代祝穆论"文人相推"，即举陈寿、夏侯湛典故："陈寿撰《三国志》，时人称良史。夏侯湛方著《魏书》，见寿所作，便坏已（己）书。"① 则著作《魏书》的夏侯湛，乃至被现代学术贴上"史学家"标签的陈寿，都被指称为"文人"。

《资治通鉴》载韩建杀唐宗室，胡寅《读史管见》云"唐室至此，祖宗诒谋有未孙"，王幼学《通鉴纲目集览》引《诗》"诒厥孙谋，以燕翼子"而释之为"未能远谋及孙"；《左传》引《诗》"叶比其邻，昏姻孔云"，而引申曰："晋不邻矣，其谁云之？"凡此，明杨慎《升庵集》均将它们列举为"文人引经之例"，② 即以胡、王、左等史著作者为"文人"。

诸如此类，均可见着意于记载或评论史事名物制度的"史家"，也时常与"文人"在词义上形成相互指涉的关系。

（五）以"文人"指称诸子

在现代学术视野下，诸子的概念基本上可以归纳于学者。从四部分类角度看，儒家与讲学家都当归入诸子。但因为中国文化有以儒家为核心的思想传统，使得儒者与"文人"在概念上更为贴近，金履祥甚至认为儒者就是文人。讲学家虽然也属儒者，但由于他们常以口授形式传达义理，异于文人的文字形式，因而离"文人"概念又稍远。儒者与讲学家被独

---

① 祝穆：《古今事文类聚别集》卷5，《古今事文类聚》第3册，上海古籍出版社1992年版，第590—591页。
② 杨慎：《升庵集》卷42，第304页。

立讨论，旨在突出其特色。而即使是普遍性的诸子，也常被指称为"文人"。

如《总目》论《七国考》："其所援引如刘向《列仙传》，张华《感应类从志》《子华子》《符子》，王嘉《拾遗记》之类，或文士之寓言，或小说之杂记，皆据为典要。"（B/政书1/v81，p20a）则将传寓言之子家指称为"文士"。而评《岭西杂录》又曰："其欲以《山海经》《老子》《庄子》《楚词》《水经》为十三经羽翼，则文人好异之谈。"（C/杂家c6/v129，p16a）又将杂家学者指称为"文人"。而对《汉武帝内传》之作者，判定为"殆魏晋间文士所为"（C/小说家3/v142，p10b），则又将小说家指称为"文士"。

《总目》之外的其他论著，也常见类似例子。如杨慎论"文人误谬"，即举及"《淮南子》以蚕为蠛蠓""高诱以乾鹊为蟋蟀"之例。① 可见，被现代学术贴上"杂家"标签的刘安、高诱等人，也被指称为"文人"。

清高宗也曾说："宋太宗践位后，恐世人讥其惭德，因集文士修《册府元龟》《太平御览》《文苑英华》三大书，欲以疲其力而钳其口。明永乐亦以得位不正，集文人为《大典》，以弭草野私议。"② 所举除《文苑英华》外，均为类书，按四部分类当收于子部，故为"子书"。虽参与纂修者不泛"有意于文"者，但就整体而言，恐怕亦以博识之学者为主。但清高宗却将他们统称为"文人"或"文士"。究其原因，即在于诸子在概念上属于广义"文人"的范畴。

小 结

在传统中国，"文人"（或与之相近的术语）可以同时指涉儒者、经师、道学家、史家和诸子等学者群体，这说明个体身份的可兼性。换言之，学者的行为目的虽偏向学术（内容），但他们却实然地有操觚属文的行为，因而也往往被纳入更宽泛的"文人"概念中。这是广义范畴的"文人"概念，此时的"人/文"关系偏向于"善/能于属文"或"操觚属文"。学者一旦实然地操觚属文，则他们同时也是文人。

事实上，在写作并未职业化的传统中国，写作活动并未被某些群体据

---

① 《升庵集》卷81，第825页。
② 《清高宗御制诗集·四集》卷87，《景印文渊阁四库全书》第1308册，第697页。

为己有。写作始终是全体知识阶层共同进行的集体活动。没有专职作者，也不会有专职"文人"。也不会有某些人因为是文人，便不可以有其他身份；同样，另一些人虽然通常被认定为其他身份（如学者），但他们也可以同时是文人。换言之，跟学术与文章的一体两面结构相呼应，学者与文人的身份也并无必然的互斥性，二者亦可以兼具一身，一体两面。

狭义的文人概念，很大程度上是在"文道"之争中，经过道学家与狭义文人双方刻意地论述、强化，从而造成有意于文者与无意于文者之间截然对立的鸿沟。这是一个规创的论述过程。虽然它经过宋元明清几代的持续争辩与论述，已经具有一定程度的普遍性。但在广义文人概念的观照下，这毕竟还是有限的普遍性。

下面本书将着重讨论《总目》对典范文人品格的重构，这本身便是对规创行为的研究。重构行为之所以是规创，是因为它往往会将当前文人所不具备、或曾经拥有却又失落的品性，通过论述的策略加诸文人身上，譬如"士"的精神。"士"作为一个实存阶层，虽然春秋战国以后便逐渐消失，但"士"作为一个群体的称谓，却始终没有消失。文人同时也称为"文士"。并且，因为有科举制度的保障，文人只要通过科考便可以入仕，成为古代意义中的"士"——即所谓"有职之人"。由此来看，"文人"——即使不用它的替代词"文士"，其实也兼备双重身份：其一是没有阶层标志的"作文者"，其二是作为有阶层标志的"士"。如此一来，在进一步探讨重构文人品格的问题时，便不适宜将"文人"概念局限在狭义层面。双重规创，会使问题视域失焦。

当然，我们也不能将"文人"的范畴扩展至"文化人"的广度。因为"文化"几乎可以指涉一切人类行为，因此"文化人"的表述无异于"人类"，这与传统中国"文人"概念并不相符。另外，《总目》的直接批评对象往往是书写品，因此它的"文人"概念，是一个从事文字写作活动的群体。没有证据显示《总目》将不著文字的文化人也视为文人。相反，倚重口头传述的讲学家与广义文人概念在词义上的相互指涉，并不如借助文字表达的学者那么频繁，正说明《总目》对讲学家的"文人"属性之迟疑，也说明不著文字的"文化人"已经超出《总目》广义文人概念的范畴。

第二章　陨落与颓靡：
文人社群的历史症结

"典范文人重构"的问题，以文人的陨落或颓靡为预设前提。而陨落与颓靡，又以一个理想的初始状态之存在为预设前提。如果上述问题成立，那么这个初始状态是怎样的？而在此后的历史里，此一理想的初始状态经历了怎样的变迁或堕落？对有志重构者而言，他们所面对的文人品格，是怎样一幅颓败景象？这是本章需要处理的问题以及相关思路。

第一节　被论述的理想文人品格

"文人"应该是此一群体在其"士"的实际权益丧失以后，才逐渐兴起的称谓。但由其替代词"文士"可以看到它与"士"的历史渊源。这种时间上的历史渊源，随着历史的发展，也逐渐积淀成具有文化力量的精神渊源，成为不断规诫文人的箴言。然而，作为文人精神渊源的"士"，具有怎样的精神品格？

对"士"精神品格的论述，始于孔子和孟子。孔子曰："士志于道，而耻恶衣恶食者，未足与议也。"（《论语·里仁》）这显然不是实然性的描述，而是应然性的论述（discourse），意思是说：只有"志于道"者才配称为"士"。类似的说法还有《论语·宪问》引孔子曰："士而怀居，不足以为士矣。"《卫灵公篇》引孔子曰："君子谋道不谋食。耕也，馁在其中矣；学也，禄在其中矣。君子忧道不忧贫。"这些都是应然性论述，都认为"士"应该以内在精神性的"道"为其志向、理想，而非外在物质上的富足。这是一种近乎宗教信仰的精神，使"士"能超越个体的得失，而发展对整个社会的深厚关怀。[1]

---

[1]　参见余英时：《中国知识阶层史论》，第39—40页。

如此一来,"道"便成为"士"之所以为"士"的精神准则。换言之,不以"道"为志向便不会被以"士"看待。因此,孟子也说:"无恒产而有恒心者,惟士为能。若民,则无恒产,因无恒心。"(《孟子·梁惠王上》) 无"恒产"而仍能有"恒心",这是"道"的精神意志发挥的作用。民非"士"不"志于道",故"无恒产"便"无恒心"。荀子思想虽与孟子有若干差异,但对"士"之精神品格,他们有共同的理念,他说:"夫仰禄之士犹可骄也,正身之士不可骄也。彼正身之士,舍贵而为贱,舍富而为贫,舍佚而为劳,颜色黎黑而不失其所,是以天下之纪不息,文章不废也。"(《荀子·尧问》) 当然这已不是应然性论述,而更多是实然性描述。荀子所谓"仰禄之士",以孟子的应然性论述来看,只能算是"无恒产因无恒心"的民;其所谓"正身之士"才称得上"无恒产而有恒心"的"士"。但无论孟之"恒心",抑或荀之"正身",都是"志于道"的结果。

秦汉以后,官员选拔与考课制度对文字能力的强调,① 使书写教育日渐普遍,兼之以书写工具(纸、笔)的改良,使得书写活动日益容易从而变得普遍。于是,"如何写作"便成为"士"阶层经常讨论的话题。"如何写作"既涉及纯粹的技艺问题,如辞藻韵律、谋篇布局、起承转合,更涉及"文/道"关系问题。刘勰便提醒士人:作文须原道、征圣、宗经。刘氏曰:"辞之所以能鼓天下者,乃道之文也。"(《文心雕龙·原道》) 又曰:"是以子政论文,必征于圣;稚圭劝学,必宗于经。"(《文心雕龙·征圣》)

至齐梁之间,绮靡之音不绝。"文以载道"的议题便在如此背景下,在唐宋间被提出,并引起广泛争议。韩愈弟子李汉即提出:"文者贯道之器也。不深于斯道,有至焉者,不也。"② 至宋代周敦颐便直接提出"文以载道"的观点:"文,所以载道也。轮辕饰而人弗庸,徒饰也,况虚车乎!文辞,艺也;道德,实也。笃其实而艺者书之,美则爱,爱则传焉,贤者得以学而至之,是为教。故曰'言之无文,行之不远'。然不贤者,虽父兄临之,师保勉之,不学也,强之,不从也。不知务道德,而第以文

---

① 《汉书·艺文志》:"汉兴,萧何草律,亦著其法,曰:'太史试学童,能讽书九千字以上,乃得为史。又以六体试之,课最者以为尚书御史史书令史。吏民上书,字或不正,辄举劾。'"龚鹏程认为,汉代已是全面确立文字书写系统的时代。龚鹏程:《文化符号学》,台湾学生书局1992年版,第53页。
② 李汉:《昌黎先生集序》,韩愈:《韩昌黎文集校注》,第1页。原标点疑误。

辞为能者，艺焉而已。"① 他们认为文章是承载或贯通"道"的器具，脱离"道"的目的性，文章便只是技艺而已。周敦颐虽然强调作文当以"道"为目的，但仍赞同孔子"言之无文，行之不远"的论断，肯定文辞修饰的必要性。但至程颐，则径以"玩物丧志"的逻辑扬道而抑文。

苏轼虽然是程颐批判的对象，但他并没有放弃对"道"的抱持，只是其态度异于程子。东坡似乎更赞同"文与道俱"的表述，其《颍州祭欧阳文忠公夫人文》曰："契阔艰难，见公汝阴。多士方哗，而我独南。公曰子来，实获我心。我所谓文，必与道俱。见利而迁，则非我徒。又拜稽首，有死无易。公虽云亡，言如皎日。"② 他对欧阳修"文与道俱"的训诫深表认同。虽然"文与道俱"与"文以载道""文以贯道"一样，都是"文道"兼备的关系，但它不如后者那样，在兼备之中以"道"为中心，而相对地表现为一种平行结构，从而消解了"道主文从"的格局。

然而，"文与道俱"的平行结构，在以卫道自居的理学家看来仍然远远不够。朱熹即说："道者文之根本，文者道之枝叶。惟其根本乎道，所以发之于文，皆道也。三代圣贤文章皆从此心写出，文便是道。今东坡之言曰：'吾所谓文，必与道俱。'则是文自文而道自道，待作文时，旋去讨个道来入放里面，此是它大病处。"③ 在朱熹看来，"文与道俱"表面上是"文自文而道自道"的平行结构，但实质上却是"文先道后"，以"文"为中心，"道"只是因应作文的需要而填充进去的素材。因此，他便要端正"文""道"的关系，以"道"为本，"文"为末；"文"必须根本于"道"，由圣贤之道心自然发动而为"文"。"文便是道"的"文道"一体关系，才是他追求的理想境界。

由此可见，到唐宋间，虽然"文士"已经失去贵族阶级特权，但"士志于道"的精神规诫却始终存在。一般观点认为这是理学家对文人的规诫。但如果将视域置于广义文人，则这显然又是文人的自我规诫。而且，即使从狭义文人的视域观察，自我规诫亦同样发生，欧阳修对苏轼的训诫即是显例。这种自我规诫甚至可能发生在单个文人身上，如前述宋濂，即使世人都以文人推许他，他却以"道"自期。这在古代并不罕见。

"士"既"志于道"，则文章是"道之枝叶"，或"贯道"，或"载道"，总而言之便是末技。这种观念在古代非常普遍，不论他是否介入

---

① 周敦颐：《周子通书》，《四部备要》第56册，第3页。
② 苏轼：《苏轼文集》卷63，第1956页。
③ 《朱子语类》卷139，《朱子全书》第18册，第4314页。

"文道"之争。王充早已质问:"夫文人文章,岂徒调墨弄笔,为美丽之观哉?"(《论衡·佚文》)认为文人之笔,应当"劝善惩恶"。类似观点,在唐代便相当流行。如杜甫《赠华阳柳少府》:"文章一小伎,于道未为尊。"① 韩愈《和席八十二韵》:"多情怀酒伴,余事作诗人。"② 柳宗元《与杨京兆凭书》:"今之世言士者,先文章。文章,士之末也。然立言存乎其中,即末而操其本,可十七八,未易忽也。"③

"道"既然是对整体社会的关怀,代表社会公共利益,"士志于道",则文士作文也被赋予"为公"的期待。早在王充即赞誉扬雄、班彪曰:"杨子云作《法言》,蜀富〔贾〕人赍钱千(十)万,愿载于书。子云不听,〔曰〕:'夫富无仁义之行,〔犹〕圈中之鹿,栏中之牛也,安得妄载?'班叔皮续《太史公书》,载乡里人以为恶戒。邪人枉道,绳墨所弹,安得避讳?是故子云不为财劝,叔皮不为恩挠。文人之笔,独已公矣!"(《论衡·佚文》)

文人善于写作,固然是一己之能。但从整体文化社群看,这种技能又不能独善,而被赋予承载公共性之"道"的文化使命。因此,古代中国逐渐形成"文章公器"的观念。唐释皎然即曰:"夫文章,天下之公器,安敢私焉。"④ 明人张宁亦曰:"古之人,其接人也宽以和,而望人也轻以约。独于文章公器,不少假借。苟非其人,虽有十万之赍,不肯书其名;亦有求序逾十年,竟不致一字。"⑤ 唐桂芳也说:"文章公器,不为子孙贤愚而传与否也。"⑥ 这种观念,于《总目》亦在在可见,每谓"文章公器,何限方隅"(西北文集/D/别集 c8/v181,p39a),"文章公器,各自成家,原非为植党报恩之地"(明史杂咏/D/别集 c12/v185,p7a-b)。《总目》对门户之争的批评,其逻辑理据也推原于此。

本章于此只对理想的文人精神作大致描绘。"道"作为理想文人精神的内核,对《总目》"辨章学术"的话语逻辑产生深刻影响。《总目》一方面是此文化传统的历史延续,另一方面也参与了此文化传统的历史建

---

① 郭知达:《九家集注杜诗》卷11,上海古籍出版社1985年版,第154页。
② 韩愈:《韩昌黎诗系年集释》卷9,钱仲联集释,上海古籍出版社1984年版,第962页。
③ 柳宗元:《柳河东集》卷30,上海人民出版社1974年版,第487页。
④ 释皎然:《诗式校注》卷1,李壮鹰校注,人民文学出版社2003年版,第118页。
⑤ 张宁:《方洲先生集》卷21《题周金宪可大都亭送别诗文册》,《明别集丛刊》第1辑第49册,第123页。
⑥ 唐桂芳:《白云文集自序》,唐元、唐桂芳、唐文凤:《唐氏三先生集》卷首,《明别集丛刊》第1辑第5册,第15页。

构。对于历史上的"文道"之争,《总目》基本上沿袭文化传统的发展逻辑,将理想文人品格溯源于"道"。当然,作为一种整体性倾向,这可能是编纂组织经过内部协调后所呈现的代表意见。

总而言之,"道"作为文人的精神内核,是由孔子确立的。后世儒者只是重述孔子之意。然而,在后来的历史中,以"道"为内核的文人精神,发生了怎样的陨落性变迁?

第二节　整体语境:文人社群的历史性痼习

文人在士庶界限消弭以后,成为形象暧昧的"没落贵族"。作为"士"阶层之余绪,文士尽管不再拥有直接进入统治集团的特权,但由于其所承袭的知识传统,兼之以汉代以后选官制度的知识化,他们通往统治阶层的进身之路依然敞开。

作为统治集团储备力量的群体,文士受到社会的普遍尊重,文人趣味成为社会其他群体(如僧侣、妓女)争相模仿的对象——这是毋庸置疑的一面。[①] 但与此同时,文士的一举一动都接受着社会的审视,甚至无可否认地成为被鄙夷的群体。

早在扬雄即有"雕虫篆刻""壮夫不为"之悔(《法言·吾子》)。其后,范晔亦有"常耻作文士"之言。[②] 刘知幾亦曾自比于扬雄曰:"余幼喜诗赋,而壮都不为,耻以文士得名,期以述者自命。"[③] 宋代刘挚亦教诲子孙"先实行后文艺",称:"士当以器识为先,一号为文人,无足观矣。"[④] 前述黄榦等人反对以文人看待韩、范、欧、苏,实亦基于这种文化观念,以及文人这种被鄙夷的身份形象。当然,这些批判多来自文人群体内部,属于文人的自我审视。然则,文人作为一个群体,既然其文化渊源可追溯于"士",却如何由"士志于道"的崇高境界,陨落至如此田地?

一　文人无用:"一号为文人,无足观矣"

扬雄《法言·吾子》曰:"或问'吾子少而好赋'。曰:'然。童子

---

① 古代社会对文人的尊重与推崇,参见龚鹏程:《中国文人阶层史论》,第16—28页。
② 范晔:《狱中与诸甥侄书》,载《后汉书》附录。
③ 刘知幾:《史通通释》卷10《自叙》,第292页。
④ 朱熹:《三朝名臣言行录》卷12《丞相刘忠肃公》,《朱子全书》第12册,第768页。

雕虫篆刻。'俄而，曰：'壮夫不为也。'或曰：'赋可以讽乎？'曰：'讽乎！讽则已，不已，吾恐不免于劝也。'""讽"即讽谏，是古代政治进谏的"五谏"之一；① 能"陈古讽今"的诗赋，② 是讽谏的重要方式。因此，以诗赋讽谏本是"士"干预政治的重要方式，亦即"士志于道"的表现。然而，在扬雄看来，当时之赋非但无法实现这种政治讽喻功能，反而背道而驰地起到劝诱的效果。因此，扬雄有"靡丽之赋，劝百风一"之叹。③ 诗赋一旦失却政治功用，便形同毫无意义的"雕虫篆刻"，是童子之游戏，而有志于"道"的"壮夫"不屑为之。

汉代盛行赋体，许多擅长作赋的文人成为"言语侍从之臣"，供职于朝廷或诸侯之国。所作之赋既然"劝百讽一"，无用于治道，其作者也被以倡优畜之。《汉书·严助传》曰："朔、皋不根持论，上颇俳优畜之。"《东方朔传》亦曰："朔尝至太中大夫，后常为郎，与枚皋、郭舍人俱在左右，诙啁而已。"这种不能见用于世的挫败感，在作为"士"之流裔的文人心中，也不能毫无感触。枚皋即感叹曰："为赋乃俳，见视如倡，自悔类倡也。"（《汉书·枚皋传》）

这种无用与自悔的循环，似乎并未因时兴文体之变迁而有所改变。无用似乎与文体无关，其关键即在于文人"志"中无"道"。唐代牛希济即曰："浇季之下，淫靡之文恣其荒巧之说，失于中正之道。两汉以前，史氏之学犹在；齐梁以降，《国风》《雅》《颂》之道委地。今国朝文士之作，……制作不同，师模各异，然忘于教化之道，以妖艳为胜。夫子之文章，不可得而见矣。古人之道，殆以中绝。"④ 即批评唐代士人作文章而忘乎"教化之道"，以致风雅委地，"古人之道"中绝。元结也说："文章道丧盖久矣。时之作者，烦杂过多，歌儿舞女，且相喜爱，系之风雅，谁道是邪？诸公尝欲变时俗之淫靡，为后生之规范。"⑤ 也指出时文淫靡，

---

① 《白虎通·谏诤》论列"五谏"，其一即讽谏："讽谏者，智也。知祸患之萌，深睹其事，未彰而讽告焉。此智之性也。……事君进思尽忠，退思补过，去而不讪，谏而不露。……纤微未见于外，如《诗》所刺也。若过恶已著，民蒙毒螫，天见灾变，事白异露，作诗以刺之，幸其觉悟也。"
② 申培《诗说》："《静女》，陈古讽今之诗，赋也。"申培：《诗说》，《丛书集成新编》第55册，第367页。
③ 《史记·司马相如传论》："相如虽多虚辞滥说，然其要归引之节俭，此与《诗》之风谏何异。杨雄以为靡丽之赋，劝百风一，犹驰骋郑卫之声，曲终而奏雅，不已亏乎？"但于此，《史记》续修者与扬雄产生歧见。
④ 牛希济：《文章论》，《文苑英华》卷742，第3878页。
⑤ 元结：《元次山集》卷3《刘侍御月夜燕会并序》，孙望校，中华书局1960年版，第37页。

旨于"歌儿舞女",而使"文章道丧"。

这样的文章,在古人看来,不可能有用于政教。唐人尚衡对此有过深入讨论:"君子之作,先乎行,行为之质;后乎言,言为之文。行不出乎言,言不出乎行,此乃质文相半,斯乃化成之道焉。志士之作,介然以立诚,愤然有所述;言必有所讽,志必有所之;词寡而意恳,气高而调苦。斯乃感激之道焉。词士之作,学古以抒情,属词以及物,及物胜则词丽,抒情逸则气高。高者求靖(清),丽者求婉,耻乎质,贵乎清,而忘其志。斯乃颓靡之道焉。……君子也,文成而业著。志士也,文成而德丧。然今人之作,其多词士乎? 代由尚乎文者,以斯文而欲范物范众,轻邦叙正,其难致乎化成。"① 尚衡所谓"词士",大概即牛氏之"国朝文士"与元结之"时之作者",是"有意于文"的狭义文人。"君子"可理解为圣人,他们以行动履行"道",并著之于文字。"志士"可理解为学者,当为"士志于道"之义,因而"愤然有所述",所述即圣人之"道"。至于当时之"词士",则贵乎文(形式)而耻乎质(内容)。在尚衡看来,这种文章无益于"范物范众,轻邦叙正",是"颓靡之道"。由此亦可见,"文人无用"直接原因乃在于"文章无用"。

文人对于现实政治之无用,这既是文人自我审视之见,也是他者审视之见。《宋史·杨霆传》载有一则颇有意义的故事:吕文德统军,好慢侮文士,常以难事刁难他们。唯独杨霆,无论问及派兵遣将,抑或后勤补给,都能从容应对。吕文德大惊曰:"吾生平轻文人,以其不事事也。公材干如此,何官不可为,吾何敢不敬。"

《说文解字》:"士,事也。"段注:"凡能事其事者称'士'。"② 《白虎通·爵》亦曰:"士者,事也。任事之称也。"孔孟以降,儒者对"士志于道"的精神理想,代有论述。"道"是形而上者,"志于道"落实到人伦政治中,即须"能事其事"。然而,文人群体给其他社群留下的印象却是"不事事",即不能任事。因而,社会群体也难免有"轻文人"的态度,这与汉帝"俳优畜之"的心态相通。苏辙撰苏轼墓志铭,称东坡任凤翔判官时,"长吏意公文人,不以吏事责之"。③ 长吏之举有双重含义:既可理解为对文人的尊重,也可理解为"因文人不善吏事,故不以吏事责之",如此便不免有轻蔑之嫌。

---

① 尚衡:《文道元龟》,《文苑英华》卷369,第1891页。
② 段玉裁:《说文解字注》篇1上,第20页。
③ 苏辙:《栾城集·后集》卷22,第1411页。

对于他者的鄙夷性审视,文人自身并非毫无反应。前引刘挚"一号为文人,无足观矣"之叹,即就"文人无用"而发。当然他所谓"文人",似更多就"有意于文"的狭义文人而言。所以他告诫子孙"先实行",要"以器识为先"。"器识"以"实行"为目的,能有"实行"即为"有用"。如此便"足观"。

刘挚此一极具口号性意义的感慨一出,引起历代文人连锁性回响,纷纷引以自省、自悔或自诫。如宋赵善璙《自警编》与张镃《仕学规范》,都分别予以引录,① 这就具有自诫或诫人的意味。元文人胡西洲亦曾引此以明志:"仆嗜吟甚,不可解于心。然谢艮斋有言:'一为文人,无足观矣。'未尝不三复斯言。以诗人名,岂吾志哉?"② 此虽引为谢谔(号艮斋,1121—1194)之说,疑谢说亦以刘挚(1030—1098)为渊源。无论如何,胡氏引此即表明其不甘"以诗人名",不甘成为"无足观"之文人的志气。顾炎武更是说:"《宋史》言刘忠肃每戒子弟曰:'士当以器识为先,一命为文人,无足观矣。'仆自一读此言,便绝应酬文字,所以养其器识而不堕于文人也。"③ 亦受刘挚启发,谢绝作无用之"应酬文字",并信守刘氏训诫,"养其器识",避免堕落为无用之文人。如此诸例,均可见刘氏"一号为文人,无足观矣"一说,对历代文人自我价值体认产生的巨大影响。

此一自我体认的结果,便是对"文人无用"的自省与自诫。这成为古代文人历时持久的集体焦虑。明王世贞即屡曰:"仆生平愧文人无用一言。"④ 其《再祭子与文》又曰:"文人无行,为世所訾,是故表君玉质金徽。文人无用,为世所窥,是故表君南奠东绥。文人无命,为世所悲,是故表君不朽其期。"⑤

"文人无用"是文人社群永永无穷的自省、自悔与自诫,从扬雄到尚衡,从刘挚到王世贞,到顾炎武。这个"无用"与"自省—自悔—自诫"

---

① 赵善璙:《自警编》卷3,《全宋笔记》第7编第6册,第79页;张镃:《皇朝仕学规范》卷8,《北京图书馆古籍珍本丛刊》第68册,书目文献出版社1987年版,第581页。
② 徐明善:《芳谷集》卷2《西洲诗集序》,《豫章丛书》集部第7册,江西教育出版社2006年版,第568页。原文作"一言",疑误倒。
③ 顾炎武:《亭林文集》卷4《与人书十八》,刘永翔校点,《顾炎武全集》第21册,上海古籍出版社2012年版,第145页。
④ 王世贞:《弇州山人续稿》卷200《与屠长卿书》之二,《明别集丛刊》第3辑第39册,第388页。
⑤ 《弇州山人续稿》卷152,《明别集丛刊》第3辑第38册,第508页。

的循环之结，伴随传统文人发展史之始终。《总目》的众多作者无非也是传统文人，他们固然也处于此循环之结中，既审视他者，同时亦自我审视。

乾嘉年间黄景仁《杂感》一诗，即让人慨叹不已：

> 仙佛茫茫两未成，只知独夜不平鸣；
> 风蓬飘尽悲歌气，泥絮沾来薄幸名。
> 十有九人堪白眼，百无一用是书生；
> 莫因诗卷愁成谶，春鸟秋虫自作声。①

身处同样的文化语境，《总目》作者们对"十有九人堪白眼，百无一用是书生"的文人困境，恐怕不能毫无感触。

二 文人无行："不护细行，鲜能以名节自立"

除"文人无用"外，王世贞还提及"文人无行"与"文人无命"。"无命"似非文人之过，乃天之过。至于"无行"，则文人有以自取。王世贞对此之感慨，恐怕更为深切。王氏曾曰："才之为人害也，即尽明州东湖水，何能洗'文人无行'四字，为之怅然。"② 王世贞此说，并非孤鸣；历来对"文人无行"的审视甚至批判，较之"无用"恐怕更甚。

早在曹丕即已发此感慨："观古今文人，类不护细行，鲜能以名节自立。"③ 曹丕并未对"不护细行"作具体描述。倒是后世文人对这方面的自省，表现出浓厚兴趣，纷纷参与到曹丕的批评论述中。刘勰即曰：

> 略观文士之疵：相如窃妻而受金，扬雄嗜酒而少算，敬通之不循廉隅，杜笃之请求无厌，班固谄窦以作威，马融党梁而黩货，文举傲诞以速诛，正平狂憨以致戮，仲宣轻脆以躁竞，孔璋偬恫以粗疏，丁仪贪婪以乞货，路粹哺啜而无耻，潘岳诡诗于愍怀，陆机倾仄于贾郭，傅玄刚隘而詈台，孙楚狠愎而讼府，诸有此类，并文士之瑕累。
>
> （《文心雕龙·程器》）

---

① 黄景仁：《两当轩全集》卷1，《续修四库全书》第1474册，第317页。
② 《弇州山人续稿》卷203《与魏司勋懋权书》之六，《明别集丛刊》第3辑第39册，第415页。
③ 曹丕：《与吴质书》，《昭明文选》卷42，第1897页。

其后颜之推亦有类似批评：

> 然而自古文人，多陷轻薄：屈原露才扬己，显暴君过；宋玉体貌容冶，见遇俳优；东方曼倩，滑稽不雅；司马长卿，窃赀无操；王褒过章《僮约》；扬雄德败《美新》；李陵降辱夷虏；刘歆反复莽世；傅毅党附权门；班固盗窃父史；赵元叔抗竦过度；冯敬通浮华摈压；马季长佞媚获诮；蔡伯喈同恶受诛；吴质诋忤乡里；曹植悖慢犯法；杜笃乞假无厌；路粹隘狭已甚；陈琳实号粗疏；繁钦性无检格；刘桢屈强输作；王粲率躁见嫌；孔融、祢衡，诞傲致殒；杨修、丁廙，扇动取毙；阮籍无礼败俗；嵇康凌物凶终；傅玄忿斗免官；孙楚矜夸凌上；陆机犯顺履险；潘岳干没取危；颜延年负气摧黜；谢灵运空疏乱纪；王元长凶贼自诒；谢玄晖侮慢见及。凡此诸人，皆其翘秀者，不能悉纪，大较如此。至于帝王，亦或未免。自昔天子而有才华者，唯汉武、魏太祖、文帝、明帝、宋孝武帝，皆负世议，非懿德之君也。自子游、子夏、荀况、孟轲、枚乘、贾谊、苏武、张衡、左思之俦，有盛名而免过患者，时复闻之，但其损败居多耳。每尝思之，原其所积，文章之体，标举兴会，发引性灵，使人矜伐，故忽于持操，果于进取。（《颜氏家训·文章》）

明代孙绪也作过类似的论列：

> 孙楚媚王济以驴鸣，魏收悦高洋以狗斗，潘安仁拜贾谧之车尘，宋之问捧昌宗之溺器。文人无行一至此哉。宋刘挚所谓"一落文人，其余不足观"者，正谓此辈。[1]

"四库馆"总阅官窦光鼐曾与作《四库全书荟要联句》，窦氏于其所作诗句下以自注方式点评文人之无行：

> 古来文人不无遗行，如陈子昂之谀颂武氏，李白之从永王璘，王维之屈节安禄山，王安石之偏执误国，郭祥正之阿附安石反遭排挤，陆游之晚从韩侂胄，皆为清议所非。[2]

---

[1] 孙绪：《沙溪集》卷16，《景印文渊阁四库全书》第1264册，第667页。
[2] 《清高宗御制诗集·四集》卷65，《景印文渊阁四库全书》第1308册，第399页。

其对文人品行的批评逻辑，可视作"四库编纂组织"的基本观点。

上述观点当然不是对于文人品行批评的全部，但大约不过此类。如以《总目》的批评作为参照，可以将其观点归纳为以下几点。

1. 阿谀

阿谀是指为一己名利而曲意谄媚权贵。刘勰批判班固"谄窦以作威"、马融之"党梁"、陈琳（字孔璋）之"憪恫"、① 陆机"倾仄于贾郭"，② 颜之推批判傅毅"党附权门"、马融（字季长）"佞媚获消"、潘岳"干没取危"，③ 孙绪批评孙楚"媚王济以驴鸣"、魏收"悦高洋以狗斗"、潘岳"拜贾谧之车尘"、宋之问"捧昌宗之溺器"，以及窦光鼐批评陈子昂谀颂武氏、郭祥正阿附王安石，大抵都属此类。

2. 屈节

屈节与阿谀相近，但与阿谀的主动逢迎不同，屈节侧重于强调在被动处境中丧失气节的表现。颜之推批评扬雄"德败《美新》"、李陵"降辱夷虏"、刘歆"反复莽世"，窦光鼐批评李白屈从永王李璘、王维屈节安禄山、陆游晚年从韩侂胄，均可归纳为屈节行为。

3. 狂傲

狂傲主要表现为不受约束，尤指不受礼法拘束。刘勰批评孔融（字文举）"傲诞以速诛"、祢衡（字正平）"狂憨以致戮"，颜之推批评孔融、祢衡"诞傲致殒"、刘桢"屈强输作"，④ 即为此类。

4. 自负

刘勰批评孙楚"狠愎而讼府"，颜之推批评屈原"露才扬己，显暴君过"，窦光鼐批评王安石"偏执误国"，均可归纳为自负行为。

5. 粗疏

刘勰、颜之推批评陈琳之"粗疏"，颜氏批评谢灵运"空疏乱纪"，均属于对文人粗疏品行的批评。

6. 躁竞

刘勰批评王粲（字仲宣）"轻脆以躁竞"、傅玄"刚隘而詈台"，以及

---

① 憪恫，周振甫释为"奔竞，当指替袁绍效劳"。周振甫：《文心雕龙注释》，人民文学出版社1981年版，第528页。
② 倾仄，周振甫释为："行为不正，指投靠权门。"
③ 干没，顾炎武《日知录》释为"侥幸取利"，又引徐广释为"随势沉浮"。参见《颜氏家训集解》卷4，第248—249页。
④ 刘桢屈强，王利器认为指史载刘氏平视曹丕夫人甄氏。参见《颜氏家训集解》卷4，第246页。

颜之推批评赵壹（字元叔）"抗竦过度"、王粲"率躁见嫌"、颜延年"负气摧黜"，均属于文人躁竞品行。

7. 物欲

刘勰批评杜笃"请求无厌"、丁仪"贪婪以乞货"，都是对文人贪图物欲的批评。

8. 浮华

颜之推批评宋玉"体貌容冶，见遇俳优"、冯衍（字敬通）"浮华摈压"，都是对文人追慕浮华的批评。

"无行"涉及"德"。德也是"道"的现世体现。据孔孟的原始设计，"士志于道"，故能"无恒产而有恒心"。此一论述对文人品格之建构而言非同小可，相当于为文人精神树立了椎骨。文人无行的很多表现，其根本原因都可归咎于"道骨"之颓坏。如阿谀攀附、屈节求全，即因为文人骨体软弱而屈从于权势，从而违背孔孟"道尊于势"的设计。①

这是古代士行的重要问题，颜之推称之为"文人之巨患"："不屈二姓，夷、齐之节也；何事非君，伊、箕之义也。自春秋已来，家有奔亡，国有吞灭，君臣固无常分矣；然而君子之交绝无恶声，一旦屈膝而事人，岂以存亡而改虑？陈孔璋居袁裁书，则呼操为豺狼；在魏制檄，则目绍为蛇虺。在时君所命，不得自专，然亦文人之巨患也，当务从容消息之。"（《颜氏家训·文章》）颜氏强调文人当"不屈二姓"，以忠君的贞操规诫文人。这种忠君思想，对于由专制君主主导编纂的《总目》，具有相当突出的参照意义。

但以"道尊于势"的尺度予以准绳，"不屈二姓"难免仍有所屈——屈于时君（权贵）。因此，对于文人不屈品格，仍有另一种解读。明代林右曰："世之能文章之士，不知天所甚惜之意，一处草莽，则呼号于人；见夫豪官势人，甘于奔走不暇。殊不思彼可尊我可贱也，天何生彼之多，生我之少？则我尊于彼也久矣。虽在饥寒之间，犹为可贵，而乃为彼屈抑，何不自惜之甚哉。余观古今文人，其不屈者鲜矣。虽韩文公之贤，犹不免此。"② 林氏将文人所以尊贵推及天意；"天"实即"道"的另一种表述。文人应当"守道"以"自尊"，尽管饥寒交迫也不屈抑于权贵；此即孔子所谓"造次必于是，颠沛必于是"（《论语·里仁》），孟子所谓"无恒产而有恒心"。文人追慕物欲与浮华的行径，显然与此背道而驰。当

---

① 关于道尊于势，参见余英时：《中国知识阶层史论》，第38—57页。
② 林右：《静学斋文集序》，《明文海》卷234，第2408页。

然，林右所谓"不屈"的对象，仅止于普通权贵。但如果延着"道尊于势"的逻辑推演，此权贵当然可直指最高的权贵——当朝皇帝。当然，碍于专制君主权威，"道尊于势"的论述在古代中国后期，已式微乃至绝迹。

总之，文人在道德方面的"无行"，也是其精神陨落的重要表现，这也是重构文人品格所要面对的主要问题。

三 文人相轻："自吟自赏，不觉有傍人"

"文人相轻"既涉及文人行为，也涉及文人关系。这个问题在曹丕时亦已被提出："文人相轻，自古而然。傅毅之于班固，伯仲之间耳，而固小之，与弟超书曰：'武仲以能属文为兰台令史，下笔不能自休。'夫人善于自见，而文非一体，鲜能备善。是以各以所长，相轻所短。"① 曹丕从文体论角度论文人相轻，认为其之所以相轻，在于文体各异，文人对诸体各有偏擅，故以己长较彼短，便以相轻。

颜之推则仍从文人无行的角度观察文人之相轻，进而从才性论角度予以解释。他说："每尝思之，原其所积，文章之体，标举兴会，发引性灵，使人矜伐，故忽于持操，果于进取。今世文士，此患弥切，一事惬当，一句清巧，神厉九霄，志凌千载，自吟自赏，不觉更有傍人。加以砂砾所伤，惨于矛戟，讽刺之祸，速乎风尘，深宜防虑，以保元吉。"（《颜氏家训·文章》）作文须有才情，而才情又易于使人矜伐。矜伐具有排他性：自我的拔萃不能与他人的拔萃兼容，否则无所谓拔萃。并且，矜伐的排他性是相互的。因此，当每个文人都有如此行为时，欣赏便只剩下"自吟自赏"；甚至为成就自我的拔萃，便必须贬毁他人。这种孤芳自赏的脆弱性，可想而知，因此即便是砂砺般的摩擦，也会惨于矛戟所伤。

无论相轻乃偏擅各异所致，抑或才性使然，文人之相轻都与其之无用、无行一样，历时持久地成为文人自我反思的命题。明人徐应雷即曰："夫一世皆意不可一世，吾不知谁可一世者，一世谁可者哉。盖意不可一世者，一世皆然，文士为甚。颜介曰：'一事惬当，一句清巧，神厉九霄，志凌千载。自吟自赏，不觉更有傍人。'斯小才而气浮者也。"② 徐氏即指出相轻的悖论：一世文人皆相轻，则没有一个文人获得尊重或认可。因此，他认为相轻是"小才而气浮者"所为，换言之即非大才所实为与

---

① 曹丕：《典论论文》，《昭明文选》卷52，第2270页。
② 徐应雷：《文士论》，《明文海》卷94，第923页。

所应为。

　　文人相轻往往还会衍生一些附带的文人关系，如相互炫耀，甚至攻讦——这些都是相轻激化的结果，如前引颜之推所说的"讽刺之祸"。唐代杨绾亦曰："自叔世浇诈，兹道浸微。争尚文词，互相矜炫。马卿浮薄，竟不偶于任用；赵壹虚诞，终取摈于乡闾。……祖习既深，奔竞为务。矜艺者曾无愧色，勇进者但欲凌人。以毁读言为常谈，以向背为己任。投刺干谒，驱驰于要津；露才扬己，喧腾于当代。"① 这便描述了当时文人相争的场景。相争的同时，伴随着攀附，所谓"祖习既深，奔竞为务"，这是相争中的自我保护行为。由此便衍生出门户斗争、相互标榜的问题。朱彝尊即有诗曰："近来文人爱标榜，不虑旁观嘲笑工。但架庐陵屋下屋，瓣香谁解就南丰。"②

　　无论是相轻、相攻还是标榜，都违背"志于道"之"士"的公共性品格，违背"文章公器"的知识传统。这些都是文人精神陨落与颓靡的表征。对这些颓败的文人关系予以反思批判，便是以官方意志为主导的《总目》在进行文人批评时的要务。

第三节　当世语境："明文人"的时代性症结

　　前述文人社群在传统语境中的痼习，乃就整体历史而言。对《总目》而言，当世语境所面对的"明文人"症结更具特殊意义。这固然由明文人的历史独特性决定，但也不能排除《总目》为论述"国朝"政权正当性与合法性而刻意彰显的因素。从重构的逻辑说，如政权鼎革一样，清文人继明文人而来，因而清文人之重构，必须从明文人的"废墟"开始。明文人是清代文人所面对的更直接、更具体的文化生态。

　　当然，所谓"明文人"是一种简化的表述，它搁置了《总目》明代批评中诸多复杂的方面。这需要简要申明。《总目》固然有很多批评直指整个明代，但对于明代不同时期，其具体态度又略有不同。《明诗综提要》论文风、士气与国运关系即曰："明之诗派，始终三变。洪武开国之初，人心浑朴，一洗元季之绮靡，作者各抒所长，无门户异同之见。永乐以迄宏（弘）治，沿三杨台阁之体，务以春容和雅，歌咏太平，其弊也

---

① 杨绾：《条奏贡举疏》，《唐文粹》卷28，第6b—7a页。
② 朱彝尊：《曝书亭集》卷19，《清代诗文集汇编》第116册，第183页。

冗沓肤廓，万喙一音，形模徒具，兴象不存。是以正德、嘉靖、隆庆之间，李梦阳、何景明等崛起于前，李攀龙、王世贞等奋发于后，以复古之说递相唱和，导天下无读唐以后书。天下响应，文体一新。七子之名，遂竟夺长沙之坛坫。渐久而摹拟剽窃，百弊俱生，厌故趋新，别开蹊径。万历以后，公安倡纤诡之音，竟陵标幽冷之趣，么弦侧调，嘈囋争鸣，佻巧荡乎人心，哀思关乎国运，而明社亦于是乎屋矣。"（D/总集5/v190，p27a－28a）即将明代文风分为洪武、永乐—弘治、正德—隆庆、万历以后4个时期，分别论述，各有褒贬，而非一概而论。类似的批评方式于《总目》所见极多，且分期方式也颇多歧异，于此不克详述。①

本书采用具有政治史意味的"明文人"一词，主要出于表述方便考虑。"明"具有政治时间属性。所谓"明文人"尽管与政治密切相关，然而其时间属性并非全然是政治时间，当然亦非自然时间，而毋宁是文化时间。尽管政治对文化的影响毋庸置疑，然而文化史与政治史的时间坐标却相对独立。政治时间有骤变性：山河变色，政权鼎革，随即可改元易号。文化发展则自有逻辑与脉络，相对地具有滞后性、延绵性与潜存性。除这些客观因素外，历史评述者的主观意识，也使他们对文化时间的认知掺杂更多主观色彩。

因此，"明文人"所涉及的文化时间之范畴，极具弹性。这种时间的弹性，既缘于历史客体（如文风、士气）演变的延绵性，也缘于评述者主观意识的差异。所以，所谓"明文人"所指涉的时间，泛指《总目》编写前一段在文化发展上具有相对完整结构的时间，其中涉及的若干问题可上溯至宋，甚至可能逮及清初。客观地说，"明文人"几乎可以置换为"当前文人"——"当前"即是极具弹性的时间概念，只是在《总目》"文化鼎革"的意识下，它的"胜朝"属性才被凸显。事实上，许多至清初仍异常严峻的文人问题，如门户党争等，都被《总目》刻意嫁祸给明人，使之俨然成为明文人独有的标签。② 对于明文人的时代性症结，将从以下几方面予以讨论。

---

① 关于《总目》对明代不同时期的文学批评，可参见曾令愉：《〈四库全书总目〉"公论"视野下的明代诗文》，硕士学位论文，台湾政治大学，2015年，第35—134页。
② 何宗美从经、史、子、集四部的角度分析《总目》"明季批评"，其角度及方法均与本研究不同。何宗美、张晓芝：《〈四库全书总目〉的官学约束与学术缺失》，人民文学出版社2017年版，第383—402页。

第二章　陨落与颓靡：文人社群的历史症结　99

一　气质之弱："今女子之阴，结于士志"

明倪元璐《视学及士习文体策》曰："夫士之相观成习，而相播为文，莫弊今日矣。然皆相于弱，不相于强也。为士习之弊者五，……皆由其宵貌垔质，神不足以定体而为之也。为文体之弊者五，……皆由其弱弓微缴，机不足以要其的而为之也。故是二者之为，其兆则皆足以致衰弱。而使之驾，则必偾辕；使之行师，必弃戈而走。何者？其神索也。李陵曰：'军中有女子乎？'今女子之阴，结于士志。则岂得扬哉？自数十年间官师之条日上，诏令之戒日下，而不能革也。"① 倪氏论士习五弊、文体五弊，广引经典作譬喻，条理颇杂，要其意旨，则在于揭示当时士习与文风之神索与微弱。在古代文如其人的逻辑下，士习与文风一体相连。其所云"今女子之阴，结于士志"，即是对明代柔弱士风的强烈批判。在倪氏看来，这是招致国势衰弱的关键。

倪氏的哀思，至《总目》仍余音未了。《总目》批评明末文体与士风，即常归诸于"纤佻"（或其他类似术语）上。如于《广易筌》即责其："造语遣词，亦多涉明季纤佻之习。"（A/易 c2/v8, p33a）又论《闽书》："其文辞亦好刊削，字句往往不可句读，盖不能出明人纤佻矫饰之习。"（B/地理 c3/v74, p20b）在在可见，不遑枚举。

"纤佻"在《总目》中的含义相当复杂，大抵指形式上刻意雕饰求异、内容上轻薄不羁的文风，从而徒有纤巧之姿，而无气骨作为内在依据。② 这从"文道之辨"的角度讲，即是"文而无道"的文风：一味追求形式奇巧，而无"道"的内容骨架。在《总目》看来，山人小品即以纤佻之气为典型。如其评《岩栖幽事》曰："所载皆山居琐事，如接花艺木以及于焚香点茶之类，词意佻纤，不出明季山人之习。"（C/杂家 c7/v130, p8b）又论《广月令》曰："其标目曰'别有天'，曰'有本如是'，曰'山外山'，曰'众香国逸史'，皆佻纤尖巧，亦不出明季小品习径也。"（B/时令 c/v67, p6b）俨然给明末山人贴上纤佻的标签。

"山人"本具褒义，明徐应雷认为，得称山人者"必有名山不朽之业"。③ 但当时世俗偏向于认为山人是"无位者之通称"，于是便常有

---

① 倪元璐：《倪文贞公文集》卷5，《明别集丛刊》第5辑第65册，第397页。
② 何宗美分析《总目》中与"纤"相关的"纤佻""纤诡""纤仄"三个批评术语，认为它们与轻薄、奇异等含义相关。何宗美、张晓芝：《〈四库全书总目〉的官学约束与学术缺失》，第459—465页。
③ 徐应雷：《读弇州山人集》，《明文海》卷253，第2647页。

"游客""动号山人", "委曲迎合""婉转趋承""假山人以为重", "混衣冠以邀盼睐", 而"有志之士"则"咸耻斯名"。① 或因此故,《总目》对山人一品亦绝无褒辞,非以其"矫言雅尚,反增俗态"(长物志/C/杂家7/v123,p9a),即斥其"刺取清言,以夸高致"(增定玉壶冰/C/杂家c9/v132,p15a)。从《总目》的批评逻辑看,这与他们以文字为游戏,只措意于闲适玩好,而失却内在精神与价值追求的纤佻之气有关。

如果文章确实是一门艺术——传统文章之学确有如此一面,那么它必定是最独特的艺术。文字具有表意功能,这使它除了有修辞的形式美感外,更具有达意的内容意义。因此,传统中国赋予文人的社会功用、价值期待及与之相应的社会地位,便迥异于艺人。文人除须文辞得体外——这是艺人一面的要求,更被要求为文化社群的核心价值"达意"——这对儒家而言便是"道",是整体社会的精神脊梁。《板桥杂记提要》即曰:"明季士气儇薄,以风流相尚,虽兵戈日警,而歌舞弥增。"(C/小说家c2/v144,p41b) 即批评在明末纤佻士气下,文人对世道国事漠不关心、毫无担当的态度。

当文人作文都一味追求形式上的纤佻,而缺乏对社会公共价值的关怀,便预示着文人精神的失落与虚阙。因此,与倪元璐一样,《总目》也将纤佻士气与明之覆亡联系起来。《明诗综提要》曰:"万历以后,公安倡纤诡之音,竟陵标幽冷之趣,么弦侧调,嘈囋争鸣。佻巧荡乎人心,哀思关乎国运,而明社亦于是乎屋矣。"(D/总集5/v190,p27b-28a) 当然,这只是《总目》总结的明亡因由之一。《总目》强调文章风骨,便基于对治纤弱士风的动机。

二 狂诞不经:儒家权威的信任危机

与纤佻气质相应,明文人同时又具有狂诞的品性与作风。《总目》论胡震亨即曰:"惟其生于明末,渐染李贽、屠隆之习,掉弄笔舌,多伤佻薄;愤嫉世俗,每乖忠厚。如谓嫦娥、纤阿两雌,与吴刚共处月中,则调笑及于明神;谓生天,生地,乃生盘古,应称三郎,则嘲弄及于古帝。以至明末时事,动辄狂詈,牵及唐之进士,并诋为贼,其颠亦未免已甚

---

① 明人薛冈曾列数当时山人十大丑态,参见薛冈:《天爵堂文集》卷18《辞友人称山人书》,《四库未收书辑刊》第6辑第25册,北京出版社1998年版,第657—658页。关于明季山人生活,参见陈万益:《晚明小品与明季文人生活》,台北大安出版社1992年版,第37—83页。

第二章　陨落与颓靡：文人社群的历史症结

也。"（读书杂记/C/杂家 c5/v128，p19a）即批评胡氏调笑神明，嘲弄古帝，狂詈前朝进士等行径。这些在《总目》看来，均有乖忠厚。又论焦竑曰："竑师耿定向而友李贽。于贽之习气沾染尤深，二人相率而为狂禅。贽至于诋孔子，而竑亦至尊崇杨、墨，与孟子为难。虽天地之大，无所不有，然不应妄诞至此也。曾纮乃缀拾刻之，以教新郑之士子，可以见明季风气矣。"（焦弱侯问答/C/杂家 c2/v125，p16a）李贽、焦竑的狂诞行径，指向另外两个重要问题：一是诋毁圣贤与圣经，二是流于异教之狂禅。这是触犯儒家权威的两个严重问题。

唐代以前，儒家经典有不容窥视的权威性与神圣性。经师注经，即有"注不驳经，疏不驳注"的原则。① 这种对诠释传统的依赖，意味着对义理传统与知识传统的信仰与尊崇。但宋元以后，经典的神圣性与权威性，随着义理传统的动摇而逐渐松动，于是疑经、改经渐成风潮。用当时人的话来说，这是过于"自信"的表现。明末清初唐甄即曰："末世学者不纯，中无真得，好为大言，自信以为皋夔。"②《总目》亦常以这个现已褒义化的词语来批评疑经者。如批评方苞："苞乃力诋经文，亦为勇于自信。"（周官析疑/A/礼 c1/v23，p23a）批评陆奎勋："然自信太勇，过于疑经疑传，牵合穿凿，亦自不能免也。"（戴记绪言/A/礼 c2/v24，p26b）其所谓"自信"，即相信可以凭借个人体悟，直抵大道，而无须圣经指引。人如"自信"，便可怀疑一切，目空一切；因此，一切典籍记载不合己意者，都是可疑、可改、可删的。

有趣的是，在被《总目》指斥为疑改书籍的诸多例子中，就笔者所见，宋元甚至清初实亦占有相当比例，但《总目》却仍将这种行为论述成明文人的标签。《华阳国志提要》即曰："盖明人刻书，好以意为刊削。"（B/载记/v66，p7a）而赞誉洪兴祖《楚辞补注》编次有序，仍不忘贬损明文人一番："异乎明代诸人妄改古书，恣情损益。"（D/楚辞/v148，p6b）便将明文人论述成疑改书籍的负面典型。又论《左传国语国策评苑》："［对诸书］均略有所删补，非其原文。盖明人凡刻古书，例皆如是。谓必如是，然后见其有所改定，非徒翻刻旧文也。"（C/杂家 c11/v134，p8a）把窜改古书说成是明人刻书的成规，暗有讥讽。

---

① 皮锡瑞曰："议孔《疏》之失者，……曰曲徇注文，……案著书之例，注不驳经，疏不驳注；不取异义，专宗一家；曲徇注文，未足为病。"皮锡瑞：《经学历史》，中华书局1981年版，第 201 页。这是汉唐注疏家共同遵循的通法。

② 唐甄：《潜书》上篇下《得师》，《续修四库全书》第 945 册，第 368 页。

同为狂诞与"自信太过"的表现，较之疑改普通古籍，疑改儒家经典便具有截然不同的意义。它意味着对经典神圣性与权威性的挑战。在《总目》看来，明文人当然也是此中代表。如钟惺《周文归》删节《三礼》《尔雅》《家语》《三传》《国语》《楚词》《逸周书》为一编，并"以时文之法评点之"，提要即斥曰："明末士习轻佻放诞，至敢于刊削圣经，亦可谓悍然不顾矣。"（D/总集 c3/v193，p23b）论《古周礼释评》又曰："当明之季，异学争鸣，能不删削经文，亦不窜乱次序，兢兢守郑、贾之本，犹此胜于彼焉。"（A/礼 c1/v23，p10b）言外之意：明季文人只要不删削经文，便已是难能可贵。

事实上，《总目》也并非太过苛评。到《总目》编修以前，儒家经典的神圣性已面临空前危机。早在王阳明即以经为史，他说："以事言谓之史，以道言谓之经。事即道，道即事。《春秋》亦经，《五经》亦史。《易》是庖牺氏之史，《书》是尧、舜以下史，《礼》《乐》是三代史。"①经实然地来自历史现实。但这些史实经历代儒者前赴后继的论述，已经建构成超越现实的神圣存在。在唐宋以前，经典的神圣性不容置疑，儒者极少深入地检讨它的实然性。史是"现在"的前身，是时间的线性延伸："过去"是"现在"的历史，"现在"也可以延伸成为"未来"的历史。因而，史是现世的，没有超越的神圣性。当王阳明揭示了经典的历史性后，经典所寄寓的超越的神圣性与权威性也便逐渐被解构。

到明末清初陆世仪更批评"世儒尊经之过"，而提出续经之说："其若《书》与《春秋》，即后世之史也：《春秋》专记事实，《书》则兼载文章，亦即后世古文之类。《诗》即后世之诗也，《礼》则纪三代之典礼。后世帝王代起，有一代则有一代之制作，礼未尝无也。故愚以为《五经》之中，惟《易》在所不必续，其余《诗》《书》《礼》《春秋》，皆在所必续。"②扬雄、王充拟经而屡见讥讽，续经对经典神圣性的忤逆，何异于拟经？

与疑经改经相应，是对释道二教的狂热，其中以佛教为尤。在《总目》看来，这更是狂诞不经的表现，故常以"狂禅"斥之。《艺彀提要》即曰："隆庆、万历以后，士大夫惟尚狂禅，不复以稽古为事。"（C/杂家3/v119，p6a）狂禅现象在明季极为普遍，据《总目》判定，士大夫十有八

---

① 王守仁：《王阳明全集》卷1《传习录》，吴光等编校，上海古籍出版社2011年版，第11页。
② 陆世仪：《陆桴亭思辨录辑要》卷4，《丛书集成新编》第23册，第368页。

九均染此习。如其斥王世懋："多浸淫于二氏。盖万历以后，士大夫操此论者十之九也。"（澹思子/C/杂家 c2/v125，p3b）《大云集提要》亦曰："盖明季士大夫流于禅者，十之九也。"（D/别集 c6/v179，p36b）《从先维俗议提要》亦曰："盖心学盛行，而儒墨混而为一，是亦明季之通病矣。"（C/杂家 c2/v125，p11a）

由于当时文人仍多以儒家自立，因而表现出阳儒阴释之状。明代袁袠《世纬》即曾揭示此状："今之伪者，……其所诵读者周孔之诗书也，其所讲习者程朱之传疏也，而其所谈者则佛老之糟粕也，其所行者则桀跖之所弗为也。"①《总目》深以为然，于其提要引之而论曰："盖指姚江末流之弊，有激言之。观于明季，袠可谓见微知著矣。"（C/儒家 3/v93，p24a）《总目》特别强调尊经崇儒，即就当时儒家权威的信任危机而发。

从更宽泛的角度看，在疑改经典之外，明文人的狂诞也有其他表现，如赵园研究明遗民时总结提出的躁竞与戾气。赵氏注意到王夫之等人对士大夫的戾气、躁竞、气激等问题的反复批评，她说："以'戾气'概括明代尤其明末的时代氛围，有它异常的准确性。而'躁竞'等等，则是士处此时代的普遍姿态，又参与构成着'时代氛围'。"② 赵氏所研究的"士"，在概念上不能等同于"文士"，但她具体研究的个案却正是本书所欲探讨的广义文人范畴。因此，她对躁竞与戾气的总结，也适用于明文人。

疑改经典是狂诞风气施诸传统权威的具体表现，躁竞与戾气则是狂诞气质施诸当世文人的普遍表现。在神圣的经典都可质疑、可删改的心态下，当代文人便更不在话下。躁竞与戾气亦并非明文人所特有，但它却是当时文人乃至《总目》对明代士习最深刻的认识之一。钱谦益对此即甚为感慨："兵兴以来，海内之诗弥盛，要皆角声多，宫声寡；阴律多，阳律寡；噍杀恚怒之音多，顺成啴缓之音寡。繁声入破，君子有余忧焉。"③ 角声、阴律与噍杀恚怒之音，即是躁竞、乖戾之象，是钱氏理解的当时诗歌之气象，据文如其人的逻辑，这种气象便由文人气质发出。

《总目》对明文人这种风气也颇为注意，《钦定四书文提要》即曰："隆万以机法为贵，渐趋佻巧，至于启祯，警辟奇杰之气日胜，而驳杂不

---

① 袁袠：《世纬》卷下，《笔记小说大观》第6编第6册，台北新兴书局1978—1987年版，第3545页。
② 参见赵园：《明清之际士大夫研究》，第3—23页。
③ 钱谦益：《牧斋有学集》卷17《施愚山诗集序》，钱曾笺注，上海古籍出版社1996年版，第760页。

醇。狷狂自恣者，亦遂错出于其间。于是启横议之风，长倾波之习，文体庋而士习弥坏，士习坏而国运亦随之矣。"（D/总集 5/v190，p20a）狷狂自恣、横议之风、倾波之习都是躁竞与乖戾的表现。作为后世读者与批评者的《总目》，它对明文人狂诞风气的体会直接来自文风，但在"文体—士习—国运"一体相连的因果逻辑下，这种狂诞文风的危害性便被无限拔显。

在当世文人之间，躁竞乖戾的风气让文人勇于相互攻评。《总目》极力批判的门户相争行为，一定程度上即是在这种风气的鼓动下，席卷宇内。

三 "虚伪"之风：空谈心性、伪道学与伪体

虚与实相对，它的对立面更多地表现为充实、切实；伪与真相对，它的对立面更多地表现为真实、一致。二者在概念上有明显差异，但对文人行为习性而言，又存在一定的关联性。因此，本书统而论之。

1. 空谈心性

在《总目》的批评视野下，文人之虚主要指宋明理学空谈心性的风气——这在文化渊源上显然要追溯至宋代。《总目》对这种风气屡有批评，如《数学九章提要》曰："宋代诸儒，尚虚谈而薄实用。数虽圣门六艺之一，亦鄙之不言，即有谈数学者，亦不过推衍河洛之奇偶，于人事无关。故乐屡争而不决，历亦每变而愈舛，岂非算术不明，惟凭臆断之故欤？"（C/天文算法/v107，p15a）这里指斥的便是宋儒邵雍等人假托《河图》《洛书》推衍出来的"图书"学说，这是宋明心性之学的理论基础。在《总目》看来，这是"于人事无关"的虚谈。

到明代，阳明心学兴起，空谈心性之风更盛。顾炎武即曾批评说："刘石乱华，本于清谈之流祸，人人知之。孰知今日之清谈，有甚于前代者。昔之清谈，谈老庄，今之清谈，谈孔孟。未得其精，而已遗其粗，未究其本，而先辞其末。不习六艺之文，不考百王之典，不综当代之务，举夫子论学论政之大端，一切不问，而曰一贯，曰无言，以明心见性之空言，代修己治人之实学。股肱惰而万事荒，爪牙亡而四国乱，神州荡覆，宗社丘墟。昔王衍妙善玄言，自比子贡。及为石勒所杀，'将死，顾而言曰：呜呼！吾曹虽不如古人，向若不祖尚浮虚，戮力以匡天下，犹可不至今日'。今之君子，得不有愧乎其言。"[1] 顾氏于此即指斥当时学者，既不扎实地钻

---

[1] 顾炎武：《日知录校注》卷7，第384页。

研经典,也不考究历代典章制度,也不关心政治时务——这些在他看来才是"修己治人之实学",而将全副身心倾注于"明心见性之空言"。这是身为明遗民的顾炎武,对明朝之所以倾覆的深刻反思。

虚的涉及面很广,且所牵涉问题复杂。如将虚与实作比较,则它们可以是学术内容的差异,实是"六艺之文""百王之典",虚则是关于天理、心性的讨论;它们也可以是研究方法的差异,实是根柢于经典,征实可据,虚则只凭心悟、心证;它们还可以是实行与虚谈的呈现方式差异,相较于实行,即使是六艺之文、百王之典,若只停留于口头或书面的讨论而不付诸行动,同样只落为虚谈——此时的"实"即是顾炎武所说的"当代之务"。

在学术内容层面,梁启超曾指出:"明朝以八股取士,一般士子,除了永乐皇帝钦定的《性理大全》外,几乎一书不读。"并引明末清初费密之说,指斥明人的固陋"实令人吃惊"。① 费氏于其《弘道书》曰:"宋儒性理学行,汉儒之说尽废,其间有不可得而废者。今犹见之《十三经注疏》,惟闽中有板。闽本亡,汉儒之学或几乎息矣。"② 在费氏看来,明文人之务虚,可谓已达极致。

当然,宋明学术是否如费氏所言,乃"汉儒之说尽废",恐仍有讨论余地——这种印象性的概括,很难对全幅历史作精细描述。宋明学术的实然真相如何,须另题专论,而非本书问题意识所能旁涉。这里需要指出的是,在学术内容之虚实论上,《总目》对明文人的理解,与费密基本一致。如其论胡应麟《少室山房笔丛正集》即云:"明自万历以后,心学横流,儒风大坏,不复以稽古为事。应麟独研索旧文,参校疑义,以成是编。虽利钝互陈,而可资考证者亦不少。朱彝尊称其不失读书种子,诚公论也。"(C/杂家7/v123,p30b-31a)提要所谓"稽古",即涉及顾炎武所谓六艺之文、百王之典,以及费密所指以《十三经注疏》为象征的汉儒之说。在提要看来,这些具有内容之实的"儒风",在明代万历以后已经"大坏",取而代之的是"心学横流",即涉及天理心性等虚无缥缈的内容。这是《总目》在内容虚实方面对明代学术的总体评价。当然,提要对明代学风如此评价,只是作为表彰胡应麟独能"研索旧文"的反衬背景。提要没有掩盖同为明人的胡应麟在"研索旧文""不失读书种子"上的表现,较费氏"汉学之说尽废"的印象性批评,显得更加审慎且克制。

此外,《画史会要提要》亦云:"盖明之末年,士大夫多喜著书,而

---

① 梁启超:《中国近三百年学术史》,中国书店1985年版,第3—9页。
② 费密:《弘道书》卷上《道脉谱论》,《续修四库全书》第946册,第14页。

竞尚狂禅。"(C/艺术2/v113，p10b)狂禅在内容上即无关儒家经典，而更倾向于虚无的心性之学。类似观点在在可见于《总目》，不容赘举。由此足可见出，在《总目》看来，明代学术在内容上存在虚无主义，这便是他们需要整治的文人症结。

在学术方法方面，《总目》评方以智《通雅》曰："明之中叶，以博洽著者称杨慎，而陈耀文起而与争，然慎好伪说以售欺，耀文好蔓引以求胜。次则焦竑，亦喜考证，而习与李贽游，动辄牵缀佛书，伤于芜杂。惟以智崛起崇祯中，考据精核，迥出其上。风气既开，国初顾炎武、阎若璩、朱彝尊等沿波而起，始一扫悬揣之空谈。"(C/杂家3/v119，p12b–13a)"一扫悬揣空谈"乃就明文人治学方法而言。所谓"悬揣"即凭空臆断，无真凭实据。当然，其表述仍有自相矛盾之嫌：明文人除方以智"考据精核"外，尚有博洽之杨慎、陈耀文与焦竑，尽管均显"芜杂"，但也不能断言至"国初""始一扫悬揣之空谈"。不管如何，凭空臆断的治学风气，也成为《总目》对明文人的成见。

对明文人空谈而无实行，清初李塨即曰："所谓部进乡举，累累若若，其素揣摩以应朝廷者，是何物也？承南宋道学后，守章句以时文应比。高者谈性天，纂语录，卑者疲精毙神于八股。不惟圣道之礼、乐、兵、农不务，即当世刑名、钱谷，懵然罔识，而搦管呻吟，遂曰有学。莱阳沈迅上封事云：中国嚼笔吮毫之一日，即外人秣马砺兵之一日。诵其语为之惭且恸也。"①即指斥明文人不务礼、乐、兵、农以及刑名、钱谷等实事，而惟谈性天，作八股，以致国家羸弱。

《总目》对明代这种不事实务的作风也屡有贬斥，如论陈禹谟《左氏兵略》，即引五代敬翔论《春秋》兵法"兵者应变出奇以取胜，春秋古法，不可用于今"之语，进而批评陈氏："《左氏》兵法至五代已不可用，而禹谟进疏，乃请敕下该部，将副本梓行，俾九边将领人手一编。是与北向诵《孝经》何异？明季士大夫之迂谬，至于如是，欲不亡也得乎？"(C/兵家c/v100，p22b)陈禹谟虽着意于经典，但未能着眼于现实，因而也是不切实际的。《总目》倡言实学实行，即针对明文人这些症状。

2. 伪道学与伪体

伪主要体现在伪道学与伪体上。只空谈心性、良知而不事实务是虚。只空谈心性、良知而不践行心性、良知，言行不一，便是伪。在批评者眼中，宋明儒所标榜的心性良知之学，实即伪道学。李贽即曾批评伪道学曰：

---

① 李塨：《恕谷后集》卷9《书明刘户郎墓表后》，《续修四库全书》第1420册，第89页。

"今之所谓圣人者,其与今之所谓山人者一也,特有幸不幸之异耳。幸而能诗,则自称曰山人;不幸而不能诗,则辞却山人而以圣人名。幸而能讲良知,则自称曰圣人;不幸而不能讲良知,则谢却圣人而以山人称。展转反复,以欺世获利,名为山人而心同商贾,口谈道德而志在穿窬。"① 即同时批评道学家与山人的言行不一——这事实上都揭示了当时文人之伪。王世贞也批评了类似现象:"今之谈道者吾惑焉:有鲜于学而逃者,有拙于辞而逃者,有败于政而逃者,有骛于名而趣者,有縻于爵而趣者。欲有所为而趣者,是陋儒之粉饰而贪夫之渊薮也。"② 同样指出某些文人因不善于治学、文辞或政事而以道学家自许,然而他们虽口谈道学,对名利爵位却趋之若鹜。

对于伪体,清初钱谦益与沈德潜颇有歧见,③ 但这并非本书重点。"伪体"盖出自杜甫《戏为六绝》"别裁伪体亲风雅,转益多师是汝师"一联,宋代赵次公注:"公今指言浮华者谓之伪体。"④ 则以浮华释"伪体"。明人唐元竑有不同看法,他说:"伪体者何?为当时学四言诗及楚词者言也。原本风骚,自诡复古,降及汉魏,庶几近之,六朝不足学矣,况王、杨、卢、骆乎?……方且自夸能拨去时调,无所掇拾,不知攀屈宋即屈宋是汝师,亲风雅即风雅是汝师,独非掇拾前人乎?屈宋风雅究自有真,汝直伪耳。未得国能,已失故步,空腹高心,多见其不知量也。"⑤ 盖"诗无达诂",唐氏之说是否为杜诗本义不在我们的讨论范围。在此只须指出:唐氏此说显然针对当时主张"文必秦汉,诗必盛唐"的复古派而发,因此他以真伪来解释"伪体",从而异于赵次公释作"浮华"的思路。

钱谦益基本延续唐氏的思路,他说:"当少陵之时,其所谓伪体者,吾不得而知之矣。宋之学者,祖述少陵,立鲁直为宗子,遂有江西宗派之说,严羽卿辞而辟之,而以盛唐为宗,信羽卿之有功于诗也。自羽卿之说行,本朝奉以为律令,谈诗者必学杜,必汉、魏、盛唐,而诗道之榛芜弥甚。羽卿之言,二百年来,遂若涂鼓之毒药。甚矣!伪体之多,而别裁之不可以易也。"⑥ 钱谦益坦言不知杜甫"伪体"本义,进而心安理得地按

---

① 李贽:《焚书》卷2《又与焦弱侯》,夏剑钦校点,岳麓书社1998年版,第48页。
② 王世贞:《弇州山人四部稿》卷139,台北伟文图书出版社1976年版,第6417—6418页。
③ 关于钱、沈二氏伪体观,参见梁琳:《沈德潜与钱谦益"伪体"观的异同——兼论沈、钱"别裁"编诗的得失》,《西北师大学报》第49卷第1期(2012年1月),第42—47页;陆德海:《钱谦益"别裁伪体亲风雅"文法思想析论》,《江汉论坛》2009年第3期,第107—112页。
④ 郭知达:《九家集注杜诗》卷22,第361页。
⑤ 唐元竑:《杜诗捃》卷2,《景印文渊阁四库全书》第1070册,第28页。
⑥ 钱谦益:《牧斋初学集》卷32《徐元叹诗序》,第924页。

自己的理解，假借来作为批判复古派的说辞。

《总目》亦常以"伪体"批判明代文学，且其对"伪体"的理解亦多沿袭唐元竑、钱谦益的思路。如谓："盖明季伪体横行，士大夫以是相高，而不知故为诘曲，适为后人笑也。"（诗史书后/B/史评c2/v90，p16b）可见对《总目》而言，这种文体在明代何其普遍。其论王慎中《遵岩集》曰："其诗能自成家，而古文则钩章棘句，剽袭秦汉之面貌，遂成伪体。"（D/别集25/v172，p13b）又曰："前后七子遂以仿汉摹唐，转移一代之风气，迨其末流，渐成伪体，涂泽字句，钩棘篇章，万喙一音，陈因生厌。"（袁中郎集/D/别集c6/v179，p45a）又曰："在北地、信阳之前，文格未变，无七子末流模拟诘屈之伪体。"（明文衡/D/总集4/v189，p13b）均以伪体指涉主张复古的七子派，且尤指其末流。① 其中涉及"剽袭""模拟"等术语，说明"伪体"对《总目》而言并非只有文体批评意义，更涉及文人批评，因为剽袭、模拟都是文人行为。

尽管这样的观点不无偏见，但在《总目》看来，复古、模拟便等同于剽窃，相当于伪造。如谓："正德、嘉靖、隆庆之间，李梦阳、何景明等崛起于前，李攀龙、王世贞等奋发于后，以复古之说，递相唱和，导天下无读唐以后书。天下响应，文体一新。七子之名，遂竟夺长沙之坛坫。渐久而模拟剽窃，百弊俱生。"（明诗综/D/总集5/v190，p27b）因复古而授人以模拟剽窃之口实，这种造假行径在《总目》看来，甚至成为明文人的通病。②

---

① 《总目》中的"伪体"概念也有异于上述者，如《甬东山人稿提要》论吕时曰："盖万历以后，公安、竟陵交煽伪体，幺弦侧调，无复正声，时诗在淫哇嘈噆之秋，尚为不坠风格。"（D/别集c7/v180，p10a）则以"伪体"指涉与七子派相对的公安、竟陵。又《钝吟杂录提要》："明季诗文，沿王、李、钟、谭之余波，伪体竞出。"（C/杂家7/v123，p31b）则以"伪体"兼指七子与竟陵。这可能涉及赵次公以"浮华"作解的思路。但只是少数歧见，属于编纂组织内部的学术分歧，且并非本研究重点，故存而不论。
② 模拟或学古作为学习作文的方法，几乎是文人无法绕道的必经之路，它事实上存在复杂的样态。颜崑阳曾将古代文人的模拟归纳为三种范式：一、屈骚对《诗经》的模拟；二、汉代贾谊、东方朔等人之拟骚，以及扬雄、班固等人模拟司马相如的散体大赋；三、唐人"诗格"一类著作所开启的语言形式技法学习。颜崑阳将前两种模拟称为"典范模习"。典范模习对某一典范进行整体性模习，不作局部修辞的仿造，因而其所习之法是原则性的"活法"；同时，模拟者与被模拟者主体俱在，从而进行"互为主体"的会悟。相较而言，第三种模拟范式所模拟的，则只停留在局部修辞或规格式的技法上。参见颜崑阳：《论"典范模习"在文学史建构上的"涟漪效用"与"链接效用"》，《建构与反思——中国文学史的探索学术研讨会论文集》，台湾学生书局2002年版，第796—808页。《总目》对复古派的批判，虽然部分提要立足于先驱与末流的差异，作区别性批评。但作为总体观念，《总目》更多地将复古一概而论为模拟剽窃，并予以贬抑。这值得商榷。

又如评周祈《名义考》曰："援引旧文，往往不著出典，不出明人著书之通病云尔。"（C/杂家3/v119，p9b）著书掠人之美，与作文模拟古人语句，均为剽窃造伪之行，提要以为这是明文人之通病。又凌蒙初《陶韦合集》于陶集有焦竑序，称为萧统旧本。但提要认为陶集自阳休之重定后，昭明本久不传，宋人已不得见，焦竑无由见之，因而判定："万历以后，士大夫务为诞伪，例皆如此，不足深怪。"（D/总集c3/v193，p24b-25a）即指斥凌、焦二氏以伪冒真，并以之为明文人通病，不足为奇。

四　交互相连的习气链条：好奇喜新、争强好胜与趋名逐利

在评论者看来，明代文人有好奇喜新的风气。明人沈鲤述明季文风变化即曰："自臣等初习举业，见有用《六经》语者。其后以《六经》为滥套，而引用《左传》《国语》矣。又数年，以《左》《国》为常谈，而引用《史记》《汉书》矣。《史记》穷而用六子，六子穷而用百家，甚至取佛经、道藏，摘其句法口语而用之，凿朴散纯，离经叛道。文章之流弊，至是极矣。乃文体则耻循矩矱，喜创新格，以清虚不实讲为妙，以艰涩不可读为工；用眼底不常见之字，谓为博闻；道人间不必有之言，谓为玄解。苟奇矣，理不必通；苟新矣，题不必合。"在引据典故上，士子由经典到史传，到诸子百家，再到佛道，这在沈氏看来即是离经叛道。在文体上也如引据典故一样，"喜创新格"。这种喜新好奇的风气在沈鲤看来，虽直接见诸文风，其根源却在于士风。因此他说："如谓人自人，而言自言也。则以文取士者，独以其文而已乎？"① 文风只是观测士风的窗口，根治士风才是终极目的。

同时期的李国祚也说："今天下之文，竞趋于奇矣。……彼为奇者，其立意固薄简易、卑平淡，将跨跃区宇，超轶前人，以文雄于时，而不知其滋为病也。抉隐宗玄，杂取异端奇衺之说，以恣其夸正学之谓何，则理病；务深窅晦暗其辞，令人三四读不能通晓，以是为深长之思，则意病；佶屈聱牙，至不能以句，若击腐木湿鼓然，则声病；决裂锢钉，离而不属，涩而不贯，则气病。习尚颇僻，不轨于正途，今大雅之风澌灭殆尽，则又为世道病也，而皆起于奇之好。"② 亦分别批评当时文章于理、意、声、气、世道诸端弊病，认为它们的根源均在于文人"竞趋于奇"。

---

① 张萱辑：《西园闻见录》卷44，《明代传记丛刊》第120册，台北明文书局1991年版，第310—311页。
② 《西园闻见录》卷44，《明代传记丛刊》第120册，第316页。

《总目》自清观明，也认为喜新好奇是明文人的通病。如论唐顺之《两晋解疑》曰："顺之学问文章，具有根柢，而论史之纰缪如此。盖务欲出奇胜人，而不知适所以自败，前明学者之通病也。"（B/史评 c2/v90, p3a）又曰："盖明人不尚确据，而好出新论，其流弊往往如此也。"（汇雅/A/小学 c1/v43, p3b）

　　好奇与争胜相关，这个逻辑在《两晋解疑提要》"出奇胜人"之语可看出。无论是沈鲤、李国祚所批评的科场文章，还是《总目》所批评的普遍文章，出奇的重要目的便是胜人：或科场致胜，或文坛争胜。因此，好奇喜新行径仍隐藏着明文人另一种习性：争强好胜。出奇是手段，争胜才是目的。《两朝疏抄提要》批评明世宗以后争强好胜的士风即说："当时诸疏，或忿争诟詈，使听者不平；或支蔓冗沓，使读者欲卧。士大夫淳厚忠朴之风，自是渐坏。其间忠义激发，非为名计者，亦参杂其中，然混淆而不能别矣。是则世运为之也。"（B/诏令奏议 c/v56, p43a-b）所谓"忿争诟詈"，即是对当时朝廷争胜之风的描绘。

　　值得注意的是，在这熙熙攘攘的忿争诟詈中，固然有忠义激发之言，但其中也不免掺杂趋名逐利者。所以，对某些文人而言，争胜也并非最终目的，名利才是最终目的。《元儒考略提要》即说："宋儒好附门墙，于渊源最悉。明儒喜争同异，于宗派尤详。语录学案，动辄灾梨，不啻汗牛充栋。惟元儒笃实，不甚近名，故讲学之书，传世者绝少，亦无汇合诸家，勒为一帙，以著相传之系者。"（B/传记 2/v58, p12a-b）"元儒笃实，不甚近名"，实从反面对照出"好附门墙"的宋儒与"喜争同异"的明儒之"近名"。不图名利，徒争胜负何为？争胜以取名，这在逻辑上是顺理成章的。明末清初毛先舒对当时文人风气也作过类似批评："末世风气险薄，笔舌专取刻擿自快，且借之为名高。"① 也指出当时文人借由笔舌之争而取"名高"的风气。

　　如此一来，趋名逐利便成为明文人的另一标签。如《总目》论许相卿《云村文集》："章疏切实，杂文体裁雅洁，亦多有道之言，无明季士大夫求名若渴之习。"（D/别集 25/v172, p6a-b）词意之间，显然已将"求名若渴"视为明文人之通病。这不能说是清人对明文人的偏见，类似观点在《总目》以外亦屡见不鲜。明人侯一元即曰："观今之文士，非特盗名，乃亦盗利。"② 明人周晖记王世贞（号凤洲）与詹景凤（字东图）逸事

---

① 毛先舒：《思古堂集》卷2《与洪昇书》，《四库全书存目丛书》集部第210册，第808页。
② 侯一元：《戒弟书》，《明文海》卷187，第1860页。

亦云："凤洲公同詹东图在瓦官寺中，凤洲公偶云：新安贾人见苏州文人，如蝇聚一膻。东图曰：苏州文人见新安贾人，亦如蝇聚一膻。凤洲公笑而不答。"① 此虽为戏言，但亦极为形象地描绘且深刻地讽刺了当时文人对名利趋之若鹜的情状。批评者之所以着眼于此，乃在于名利显然违背"文章公器"的公共性目的。

由此，可以根据《总目》等批评者的批评逻辑，为明文人描绘另一幅士习图像：明文人为学作文往往并非以公共性之"道"为目的，而以一己之名利为目的；为趋名逐利，往往又有争强好胜的趋向；而为争强好胜，又不得不以好奇喜新为手段，以图脱颖而出。这个拼图环环相扣，每个环节都反映出明代士习的重要侧面。

五　门户纷争：讲学者聚徒，吟诗者结社

门户纷争是牵涉非常广泛的问题，结合《总目》的批评逻辑全面地看，前文讨论的狂诞不经、"虚伪"风气和好奇争胜，都与门户纷争有或多或少的关联。

梁章钜《制义丛话》引明黄洪宪（号葵阳）议事疏曰："葵阳尝主顺天戊子闱，谓正文体必先端士风，疏陈六事：一曰去淫靡，二曰止奔竞，三曰明是非，四曰禁佞谀，五曰禁党锢，六曰禁清议。"② 黄洪宪建议禁止的事项，事实上即是他所观察到的士风结习。六事之中，奔竞、佞谀、党锢、清议等四事，均与门户纷争相关。奔竞、佞谀是门户攀附的手段；明代清议即是讲学，前引顾炎武之说可为证；而文人分门别户的结果便形成党派之争。可见，在黄洪宪看来，门户纷争是明代士风的主要症结。这又从侧面彰显明代门户风气之盛。

传统中国自汉代以降，文士门户党争即屡见不鲜，而以明代为最盛。明代门户纷争之盛，不仅表现于社团类型之完备，③ 更表现于纷争中呈现的关系网络之复杂，如据赵园的研究，除有缘于政见或政治关系之争外，更有基于铨选、地域差异、学术门派，甚至是朝臣语音的党争。④ 明文人门户纷争之盛，理所当然引起《总目》作者们的倾力关注。《西湖八社诗

---

① 周晖：《二续金陵琐事》卷上，《笔记小说大观》第 16 编第 4 册，第 2364—2365 页。
② 梁章钜：《制义丛话》卷 6，《续修四库全书》第 1718 册，第 570—571 页。
③ 郭英德研究文人结社，认为明代社团类型最为完备，如纯粹之诗社、怡老之会社、文社、政治会社等。参见郭英德：《中国古代文人集团与文学风貌》，第 155—166 页。
④ 赵园：《明清之际士大夫研究》，第 88—89 页。赵氏认为，明代党争之激烈与严酷，恐怕只有东汉可与之比拟。

帖提要》即曰："明之季年，讲学者聚徒，朋党分而门户立；吟诗者结社，声气盛而文章衰。"（D/总集 c2/v192，p41b）提要虽然对朋党与结社分别论述，但实际上它们只是门户纷争的不同表现形式。这种概括性表述，其实已指涉了全体文人——包括广义与狭义，甚至包括文人身份尚处疑似之间的讲学者，从而代表《总目》对明文人门户纷争风气的总体印象。

在《总目》看来，门户纷争甚至也成为明文人最为重要的标签，尽管它于历代屡见不鲜。如其论黄宗羲《明儒学案》即曰："宗羲此书，犹胜国门户之余风，非专为讲学设也。"（B/传记 2/v58，p22a）又论毛奇龄《制科杂录》曰："中多露才扬己之词，且有恩怨是非之语。犹是前代门户余习，不尽足据也。"（B/政书 c1/v83，p27b）俨然以门户之习为明代专属，而非"国朝"所有。然而，在《总目》的话语系统中，黄宗羲与毛奇龄等知名明遗民却分明被纳入"国朝"范围，据为己有。

比起气质羸弱与空谈误国，在《总目》等批评者看来，门户纷争是明代士习更为主要的症结。他们认为，门户纷争对明社之倾覆要负更大的责任。《钦定明臣奏议提要》曰："考有明一代，惟太祖以大略雄才，混一海内。一再传后，风气渐移。朝论所趋，大致乃与南宋等。故二百余年之中，士大夫所敷陈者，君子置国政而论君心，一札动至千万言，有如策论之体。小人舍公事而争私党，一事或至数十疏，全为讦讼之词。迨其末流，弥增诡薄，非惟小人牟利，即君子亦不过争名。台谏哄于朝，道学哗于野。人但知兵防吏治之日坏，不知其所以坏者由阁臣阉竖为之奥援。人知阁臣阉竖之日讧，不知其所以讧者由门户朋党为之煽构。盖宋人之弊，犹不过议论多而成功少；明人之弊，则直以议论亡国而已矣。"（B/诏令奏议/v55，p49b-50b）在提要看来，明代政治之兴衰直接与门户党争相关联：明代前期被认为是兴盛时期，此时海内混一而无争；"一再传后"，各种纷争毕现，无论君子、小人，无论朝臣、道学，均各有所争。明代之所以倾覆，表面上似缘于兵防吏治之颓坏，实际上却应归咎于弥漫朝野的门户党争。提要如此逻辑不无理由。晚明社团，如复社、几社等，尽管其盟词都自称"毋巧言""毋干进""毋乱政"，但由于社团成员流品混杂，最终还是难免于巧言、干进与乱政。①

尽管《总目》刻意将门户党争论述成明代的专属产物，但事实上，时至清初，门户党争仍然没有停歇。顺治、康熙朝的南北党争、

---

① 郭英德：《中国古代文人集团与文学风貌》，第164—165页。

索明党争等，① 对清朝主政者与《总目》作者们而言都如在目前，犹有切肤之痛。克罗齐（Benedetto Croce）著名的论断——"一切真历史都是当代史"，在《总目》对门户党争历史的论述中，亦显然成立。"只有现在生活中的兴趣方能使人去研究过去的事实。"② 乾隆朝君臣对清初党争之余悸，以及当朝面对的门户对垒现实，都使得"四库编辑组织"自上而下勠力批判门户党争之习，从而放大甚至夸大明文人的门户习气，以图以史为鉴。

六 被讨论的忠节："从道不从君"意识的复苏

汉代以后，随着专制政治的建立与巩固，忠君逐渐成为不容置疑甚至不容讨论的问题。经过历代知识分子共谋式的论述，大约从宋代起，国亡死节逐渐成为士大夫理所应当之事。但在明清鼎革之际，关于国亡是否应死节的问题，却成为可讨论甚至是热议的话题。这种文人心态，赵园研究明遗民时即多有涉及。③ 但由于赵氏并非以此为问题意识，因此本节仍有必要予以掇要论列。

事实上，在明室倾覆之际，士大夫殉节之风极盛。朱彝尊记述："方贼兵之陷京师也，大学士范公景文以下，死者二十三人。……久而游四方，历战争故垒，访问耆老，则甲申前后，士大夫殉难者不下数百人。"④ 明末，李自成攻陷太原，山西巡抚蔡懋德与属官四十余人殉节，邱维屏（1614—1679）撰《蔡公防河奏疏后序》即感叹："盖国家治安之日久矣，自唐虞以来，未有盛于此者也。"⑤

然而，在感慨死节之盛的同时，文人对死节的动机与意义也展开深刻反思。当时的死节行为，并未受到舆论的一致表扬，死节动机的真伪反而时常成为舆论审视的焦点。李清（1602—1683）曾载，长洲生员许琰闻崇祯皇帝殉国，便"恸哭投水死"，时人于重庆不以为忠，而认为："若非忧贫则忧病，假此为名耳。"⑥ 尽管于氏之论不免过苛，但当时常见的

---

① 谢国桢：《明清之际党社运动考》，中华书局1982年版，第96—118页。
② 奈戴托·克罗齐：《历史学的理论和实际》，傅任敢译，商务印书馆1986年版，第1—2页。
③ 赵园：《明清之际士大夫研究》，第3—72、257—395页。
④ 朱彝尊：《曝书亭集》卷72《文林郎湖广道监察御史王公墓表》，《清代诗文集汇编》第116册，第544页。
⑤ 邱维屏：《邱邦士文集》卷6，《四库禁毁书丛刊》集部第52册，北京出版社1998年版，第327页。
⑥ 李清：《三垣笔记》卷下，《续修四库全书》第440册，第606页。

"不以一节概生平"之说，也确实对死节的真诚性提出质疑。

陈确（1614—1679）即曰："三代以前，何无死节者？非无死节也，无非死节者，故不以死节称也。三代以后，何多死节者？非多死节也，无真死节者，故争以死节市也。……然非义之义，大人勿为。且人之贤不肖，生平俱在。故孔子谓'未知生，焉知死'。今士动称末后一着，遂使奸盗优倡同登节义，浊乱无纪未有若死节一案者，真可痛也。"① 陈氏便批评时人多以死节"市名"，而非"真死节"。他认为，节义当以生平为据，不可以"末后一着"论节义。黄宗羲（1610—1695）亦曰："世人多以一节概人生平，人亦多以一节自恃。夫仁义岂有常所！蹈之则为君子，背之则为小人，故为善者不可自恃，为恶者不可自弃，所争在一念之间耳。"② 一时之善恶不可自恃或自弃，关键在于此后每时每刻的正确抉择，因此仁义并非以死节一刻为评定依据，而在于生平每时每刻的切实履行。

这其实便是在质疑：死节者是否出于真诚？抑或只是借此沽名钓誉？这甚至更进一步对死节的道德意义提出疑问。也就是说：士大夫面对国难时，是否有死节的必要？确实，死节的必要性遭到经历鼎革之变的明遗民质疑，甚至直接否定。明末张煌言（1620—1664）即曰："自古废兴亦屡矣。废兴之际，何代无忠臣义士？何代无逋臣处士？义所当死，死贤于生；义所当生，生贤于死。"③ 即认为易代鼎革，死节并无必然性，而以义为判准。陈确也表达了类似观点："死节岂易言哉？死合于义之为节，不然，则罔死耳，非节也。"④

然而，如何谓之义？于此，便难免见仁见智。唐甄（1630—1704）曰："君子有三死：身死而大乱定，则死之；身死而国存，则死之；身死而君安，则死之。"在唐氏看来，死之义在于定乱、存国与安君，能如此者始可谓死节，否则不可谓死节。因此他又说："大命既倾，人不能支。君死矣，国亡矣，非其股肱之佐，守疆之重臣，而委身徇之，则过矣。当是之时，君子不死也。"⑤ 从这个角度看，长洲生员许琰之死便是陈确所谓的罔死，而非死节。

当死节之"义"被强调，君的价值地位便变得尴尬起来。在惯常的忠君观念看来，死节乃就君而言，如许琰，纯粹因为君死而殉之，全无定

---

① 陈确：《陈确集·文集》卷5《死节论》，中华书局1979年版，第152—154页。
② 黄宗羲：《孟子师说》卷4，《黄宗羲全集》第1册，第116页。
③ 张煌言：《张苍水集》卷7《贻赵廷臣书》，《明别集丛刊》第5辑第91册，第116页。
④ 陈确：《陈确集·文集》卷5《死节论》，第152页。
⑤ 唐甄：《潜书》下篇下《利才》，《续修四库全书》第945册，第450—451页。

乱、存国、安君之考量。一旦死节的价值标准定位于"义",君便落到次要位置,而不再是首要甚至唯一的目的。即使唐甄"君子有三死"中有安君一项,此中之君亦仍在"义"的统摄下。在这样的价值结构中,君须是明君,"死节安君"才有意义。唐甄《潜书》云:"昔者大瓠尝称高景逸之贤,曰是不畏死。唐子曰:'子谓高君之贤,是也。以其不畏死也而贤之,则非也。君子之道,先爱其身,不立乱朝,不事暗君。屈身以从小人,固可丑也;杀身以殉小人,亦自轻也。是故义有所不立,勇有所不为,忠有所不致。'"① 高景逸即高攀龙(1562—1626)。唐氏认为,不能以高氏不畏死而贤之,因为他所事之君为暗君,为其殉死就是"自轻",甚至生平"屈身从之"也是"可丑"。王夫之(1619—1692)也表达了类似意见:"欧阳永叔伤五代无死节之臣,而不念所事之何君也,亦过矣。"② 君德成为臣子死节的前提条件,这便是以"义"为判准的死节。

这事实上便回到先秦儒家"道尊于势""从道不从君"的政治哲学。③ 荀子曰:"入孝出弟,人之小行也;上顺下笃,人之中行也;从道不从君,从义不从父,人之大行也。"(《荀子·子道篇》)此一思想,在明清文人中获得广泛回应。明末吕坤(1536—1618)即曰:"天地间惟理与势为最尊。虽然,理又尊之尊也。庙堂之上言理,则天子不得以势相夺。即相夺焉,而理则常伸于天下万世。故势者,帝王之权也;理者,圣人之权也。帝王无圣人之理,则其权有时而屈。然则,理也者,又势之所恃以为存亡者也。以莫大之权,无僭窃之禁,此儒者之所不辞,而敢于任斯道之南面也。"④ 吕氏所谓"理",与荀子所谓"道"相当。于此,吕氏即认为,帝王之势与圣人之理虽均为最尊,然而理又是"尊之尊"。天子即使有势,也不能夺圣人之理,且其势亦依赖圣人之理而存。

类似观点也见于王夫之:"儒者之统,与帝王之统并行于天下,而互为兴替。其合也,天下以道而治,道以天子而明;及其衰,而帝王之统绝,儒者犹保其道以孤行而无所待,以人存道,而道可不亡。"⑤ 这其实便拉开了道与势的距离,形成"道势并行"的结构,从而解除势对道的凌驾之势。用今天的话来说,即是保持学术的独立性,从而确保学术对政治的批判性。

---

① 《潜书》上篇下《有为》,第355页。
② 王夫之:《读通鉴论》卷10,《船山全书》第10册,岳麓书社1992年版,第409页。
③ 相关讨论参见余英时:《中国知识阶层史论》,第43—46页。
④ 吕坤:《呻吟语》卷1之4,《四库全书存目丛书》子部第13册,第128页。
⑤ 王夫之:《读通鉴论》卷15,第568页。

在"道势并行"的结构下,亡国而不殉便被理解为有存道的意义,此即王船山所谓"以人存道"。顾炎武(1613—1682)"天下兴亡,匹夫有责"事实上也在如此逻辑下提出:"有亡国,有亡天下。亡国与亡天下奚辨?曰:易姓改号,谓之亡国;仁义充塞,而至于率兽食人,人将相食,谓之亡天下。……保国者,其君其臣,肉食者谋之;保天下者,匹夫之贱,与有责焉耳矣。"① 在他看来,亡国与亡天下有别。亡国是有职者之事,与匹夫无关,因此匹夫无须死节。其所谓匹夫当然包括文人,但文人却不必然有职。匹夫须誓死捍卫的是天下,实即仁义之道。因此,国亡而不死节,便有存天下(道)的意义,此即张煌言等人所谓"义所当生"。这在明清鼎革、异族入主中原之际,也许有其实际意义。

明遗民孙奇逢(1584—1675)亦基于如此逻辑,质疑文天祥(号文山)之死节:"忠孝节义,道中之一节一目,文山以箕子自处,便不亟亟求毕旦夕之命。此身一日不死,便是大宋一日不灭,生贵乎顺,不以生自谦,死贵乎安,不以死塞责。"② 此身不死,大宋便不亡。就字面理解,这当然不合逻辑:宋亡与不亡不可能都成立。其或可不亡者,只是大宋之道,而非赵氏之祚。因此,这事实上仍是"以人存道"的逻辑。

值得注意的是,遗民实即国亡未死节者。上述所引反思死节动机与意义的言论,大都出于遗民。因此,这些言论即使义正词严,也难免于自我宽假的嫌疑。金堡(1614—1681)论钱谦益(1582—1664)《列朝诗传》曰:"析青田〔刘基号〕为二人,一以为元之遗民,一以为明之功臣。则凡为功臣者,皆不害为遗民。虞山〔钱谦益号〕其为今之后死者宽假欤?为今之后死者兴起欤?吾不得而知,而特知其意不在诗。"③ 即质疑钱谦益将刘基析为元之遗民与明之功臣两个身份,是在为"后死者宽假"。这不是斥责性语言,而可能隐含着自惭与自解,因为明亡后,金氏也以遁迹空门的方式回避着遗民与死节的问题。

死与不死,这是一个问题。表面上,他们都在讨论着他者的生死;事

---

① 顾炎武:《日知录校注》卷13,第722—723页。亭林此意经梁启超援引,始以"天下兴亡,匹夫有责"句流行于世。梁氏曰:"今欲国耻之一洒,其在我辈之自新。……而不然者,岂必外患,我终亦鱼烂而亡已耳。夫我辈则多矣,欲尽人而自新,云胡可致。我勿问他人,问我而已。斯乃真顾亭林谓'天下兴亡,匹夫有责'也。"梁启超:《饮冰室文集》卷33《痛定罪言》,《饮冰室合集》,中华书局1989年版,第9页。
② 孙奇逢:《夏峰先生集》卷1,《清代诗文集汇编》第4册,第333页。
③ 释澹归(金堡):《遍行堂集》卷8《列朝诗传序》,《四库禁毁书丛刊》集部第127册,第210页。

实上，他们何尝不是在讨论自我的生死？！适此易代鼎革之际，传统价值观念与政治意识形态相互激荡，使生与死的话题形成梦魇，萦绕着文人的思绪。在这些言论中，我们深切体味到当时文人不知何去何从的内心矛盾、挣扎与痛苦。

与死节相关的，还有易代后的出处选择。政治意识形态对死节的论述，似乎仅止于鼓励，而对于易代出仕，则倾向于禁止。换言之，意识形态虽鼓励死节，但不死节也并未全然与之相违背；相较于死节相对宽松的选择空间，出仕作为一种禁忌，便很难获得意识形态的宽容。然而，这种禁忌对明末文人而言，其有效性与约束力似乎也大大减弱。

《明季南略》记载令人扼腕的一幕：张献忠（1606—1647）攻陷成都后，便"悬榜试士，诸生远近争赴，献忠以兵围之，击杀数千人"，以致"蜀中士类俱尽"。① 这种文人心态并非只见于蜀中，而具有普遍性。戴名世（1653—1713）即曰："明之亡也，诸生自引退，誓不出者多矣，久之，变其初志者十七八。"② 褚人获（1635—1682）更记载时人作诗讽刺此状："圣朝特旨试贤良，一队夷齐下首阳。家里安排新雀帽，腹中打点旧文章。当年深自惭周粟，今日幡思吃国粮。非是一朝忽改节，西山薇蕨已精光。"③ 这固然可谓之讽刺，但也未尝不是自嘲。因为出仕意味着对新朝的认同，但认同并非只体现于出仕。作为一种心态，认同的发生对普遍遗民而言，恐怕只有时间与程度差异而已。贤如黄宗羲，虽躬身不仕清，但亦仍支持其子黄百家（1643—1709）、弟子万斯同（1638—1702）入馆修《明史》。这无不体现黄梨洲的内心矛盾。④ 至其晚年所作，每称当世为"兴王之世"，自述与"同学之士""共起讲堂""以赞右文之治"，又屡称"今天子""圣天子""王师"与"岛贼"云云，已全然是清人口吻。⑤

时间固然是冲刷悲痛的关键，但文人对于道势关系的反思，恐怕也是重要原因。黄宗羲《明夷待访录》即曰："缘夫天下之大，非一人之所能治，而分治之以群工。故我之出而仕也，为天下，非为君也；为万民，非

---

① 计六奇：《明季南略》卷10，任道斌、魏得良点校，中华书局1984年版，第360页。
② 戴名世：《戴名世集》卷7，王树民编校，中华书局2000年版，第201页。
③ 褚氏载此诗缘起曰："皇朝初定鼎，诸生有养高行遁者。顺治丙戌再行乡试，其告病观望诸生，悉列名与考。滑稽者作诗刺之。"褚人获：《坚瓠集·戊集》卷3，《续修四库全书》第1261册，第58页。黄宗羲对明亡后士人出仕亦多所记载，参见赵园：《明清之际士大夫研究》，第286页。
④ 陈维昭：《带血的挽歌——清代文人心态史》，河北教育出版社2001年版，第22—24页。
⑤ 赵园：《明清之际士大夫研究》，第391页。

为一姓也。吾以天下万民起见，非其道，即君以形声强我，未之敢从也，况于无形无声乎！非其道，即立身于其朝，未之敢许也，况于杀其身乎！不然，而以君之一身一姓起见，君有无形无声之嗜欲，吾从而视之听之，此宦官宫妾之心也；君为己死而为己亡，吾从而死之亡之，此其私昵者之事也。是乃臣不臣之辨也。世之为臣者昧于此义，以谓臣为君而设者也。"① 即指明：文人出仕与否之目的在于为天下万民，而非"为君""为一姓"，因此，君而无道则不从。至于那些以"君之一身一姓"为目的而出仕的文人，在黄宗羲看来不过是宦官宫妾或私昵者而已。

陈确也认为不能以出处的表象论人："出处不同，同乎道。故虽今之出者，未可遽谓之俗也。而士恒佻然自以处为道而出为俗，乌知处之未离乎俗也！若出而以嘱进，以贿升，斯俗而已矣。背故而即新，诞上而虐下者，斯俗而已矣。处士之未离乎俗，奈何？曰：道岂能择处士，处士自择道耳。非择道而言，择道而行耳。"② 即并不以表面上的出处行径来评价士人，而以道作为最终的评价标准。只有以升迁为目的，或背旧即新、媚上欺下的出仕，才是不可取之俗行，在易代之时即是不贞。出仕而能行其道，亦可谓合道。

上述观念，都说明在明清易代之际，文人群体重新兴起对于君臣关系的反思。在这些观念中，国君已不再是无条件绝对顺从的对象，先秦时代"道尊于势""从道不从君"的观念被重申，并被用来讨论知识分子普遍关心的忠节、出处问题。如果顺着此一方向发展下去，其逻辑结果恐怕将是君臣关系的进一步松动——即由观念中的质疑演变为行动上的挑战。这对当权者而言，无疑是巨大的威胁。以现代思想史或政治史的研究视野来看，这固然具有重要意义。但对于以官方意志为主导的《总目》而言，这无疑是更具危险性的病态。但《总目》对此思潮的正面描述似不多见，但针对这种思想观念的整治对策，则在在可见。《总目》中大量关于贞节观念的论述，便以对治这种"病态"思想为目的。

小 结

本章讨论文人社群的历史症结。首先，文人作为"士"，"士"从先

---

① 黄宗羲：《明夷待访录》，《黄宗羲全集》第 1 册，第 4 页。
② 陈确：《陈确集·文集》卷 5《道俗论上》，第 169 页。

秦时代起，其本质便被论述为"志于道"：无"道"则不成其为"士"。当"士"演变为文士后，这种"道"的理想目的，仍常被视为他们与生俱来的使命，从而被反复强调。然而，后世文人的表现却往往被认为与此背道而驰。

就长期积累的历史性问题而言，文人社群长期存在三大痼习：文人无用、文人无行与文人相轻。针对这三大历史性痼习，《总目》重构文人典范品格时，都予以不同程度的回应。因为清代明而立，因此《总目》对典范文人的重构又面对着当世语境——即明文人具体的时代性症结。对此，本章归纳了明文人几方面的症结：一是气质之弱，直接体现于晚明纤佻的文风；二是狂诞不经，即文人主观"自信太过"，以至于疑改具有神圣性的经典，甚至涉猎于释道外教；三是"虚伪"之风，指文人虚谈心性，不务实事，而所谈之心性又止于口舌，未予以实践，从而沦为伪道学；四是趋名逐利、争强好胜与好奇喜新等交互相连的习气链条——为趋名逐利而争强好胜，为争强好胜而好奇喜新；五是门户纷争，这在明清之间更是极为普遍；六是明清之际兴起的君臣关系反思思潮，明遗民纷纷在道势关系视角下，对涉及君臣关系的忠节、出处等问题展开广泛讨论，传统"从道不从君"意识被重新强调。

由此可见，《总目》所面对的文人史，呈现出一个"始于道终于道"的循环结构。其所始之道，乃由先秦儒者孔、孟、荀直接提出；其所终之道则由明遗民在反思君臣关系时提出，实即意欲回归孔孟荀之道。但《总目》对这两种内涵相通的道，却抱持截然不同的态度。对于文人历史性痼习中的无用、无行、相轻，以及明文人的气质之弱、狂诞不经、"虚伪"、趋名逐利与门户纷争等症结，《总目》其实都以先秦儒家之道为理论核心，展开批判与整治。但对于明遗民重申先秦儒家之道，重提"从道不从君"观点，《总目》却以为是病态而直接加以审判。这是政治权力与学术权力相互博弈的结果。政治意识形态通过操控《总目》的学术评骘，把持了"道"的诠释权。但这里也隐含了一个问题：《总目》既批判历代文人，而躬身为文人的《总目》众多作者们，他们又如何以文人自处？当然，在检讨这个后设性反思问题之前，本书须先集中讨论：《总目》如何具体展开对文人典范的重构？这是本书的核心内容。

第三章　直笔书写：
《总目》对文人行为典范的重构

在《总目》的批评系统中，涉及文人典范重构的批评可以归纳为两类。最直观的是其中直接的人物批评。本书姑且借用传统史学的"直笔"概念，称之为"直笔书写"。人物批评主要针对文人行为，当然也涉及行为中隐含的思想观念。《总目》对文人行为典范的重构，难免涉及文人作为"士"的身份属性内容。从概念范围看，文人（文士）与"士"当然具有不同概念范围。但讨论文人典范重构而涉及"士"的属性，也并未超出本书对研究范围的设定，理由有三：一是文人本来便源于"士"阶层，他们的阶层属性有相通之处；二是本书以广义文人为研究对象，他们的阶层属性与"士"更为贴近；三是重构具有规创性，规创具有对概念重新定义的意味，《总目》确有以"士"规创文人的倾向。

除人物批评外，根据《总目》的批评逻辑，部分学术批评也隐含着对文人精神气质的重构。区别于人物批评的直接表达，这种涉及文人精神气质的观念，乃通过学术批评间接表达。因此，本书相应地借用传统史学的"曲笔"概念，称之为"曲笔书写"。① 这将在下一章专门讨论。本章先讨论"直笔书写"中的文人批评，将从以下几方面展开。

---

① 传统史学直笔与曲笔多就叙事手法而言。直笔指依据客观事实直言不讳地书写。在政治本位的传统中国，在政治权力的笼罩下，直笔通常意味着书写的独立性。相反，曲笔则采取迂回曲折的策略，隐讳地书写。在古代政治语境下，曲笔书写的心理机制往往受制于政治权力或个人情感，因而常具贬义。如《后汉书·臧洪传》"昔晏婴不降志于白刃，南史不曲笔以求存"，《史通·曲笔》"将作者曲笔阿时，独成光武之美"（《史通通释》卷7，第197页）之类，均在贬义上使用此词。但从更早的史学观点看，曲笔作为一种著史笔法，并无明显的贬义，而毋宁是一种巧妙的笔法：不直接书写，却隐晦地暗示历史事实。在经学家看来，《春秋》即为如此。《公羊传》有"《春秋》为尊者讳，为亲者讳，为贤者讳"之说，所谓"讳"即后世的曲笔。讳并不意味着隐藏事实，而被认为与"讥"一体相连。清儒孔广森即曰："讳与讥之为用一也，其事在讥之限，其人在尊、亲、贤者之科，然后从而讳之。"（《公羊春秋经传通义》卷3之下，（转下注）

第一节　虚实论：崇实斥虚的行为规诫

崇实斥虚观念在古代中国有深厚的历史传统。王充曰："虽文如锦绣，深如河、汉，民不觉知是非之分，无益于弥为崇实之化。"（《论衡·定贤》）黄晖释"弥"为"弭"，"为"为"伪"，① "弥为崇实"即"弭伪崇实"。甚至王充作《论衡》，亦自诩以崇实斥虚为宗旨："《诗》三百，一言以蔽之，曰：'思无邪。'《论衡》篇以十数，亦一言也，曰：'疾虚妄'。"（《论衡·佚文》）此说虽招致拟经之詈，但亦显然可见其崇实观念。这样的观念，仍深深地镂刻于《总目》的字里行间。

对于崇实的宗旨，乾隆三十七年初次下诏访书时，即已声明："其历代流传旧书，有阐明性学治法，关系世道人心者，自当首先购觅。至若发挥传注，考核典章，旁暨九流百家之言，有裨实用者，亦应备为甄择。"② 即将"有裨实用"作为访书的最高标准。从清高宗的逻辑分析，"应备为甄择"的"发挥传注，考核典章，旁暨九流百家之言"（即注释、考据、

（接上注）《续修四库全书》第129册，第59页）。讳非但不隐藏事实，还在暗示事实的基础上予以讥讽。如此一来，讳（曲笔）作为一种巧妙的笔法，便有"讳而不盈"的要求。按《春秋》通例，继承被弑之君而即位者，不书即位。鲁隐公被弑，《春秋》却书其继任者桓公之即位。《公羊传》认为，隐公为桓公所弑，《经》书其即位，意在通过如此特例暗讽桓公亟亟欲即位之本意。何休解《公羊》即说："弑君欲即位，故如其意，以著其恶，直而不显，讳而不盈。"（《春秋公羊注疏·桓公元年》）"直而不显，讳而不盈"，透显了传统史学方法直笔与曲笔的辩证精神：即使直笔也不会过于显露，即使曲笔也不会将事实隐晦至毫无线索可寻。这并非公羊一家之言。《左传·成公十四年》引君子曰："《春秋》之称，微而显，志而晦，婉而成章，尽而不污，惩恶而劝善，非圣人谁能修之。"所谓"婉而成章"即约略相当于"讳而不盈"。杜预《春秋经传集解序》释："婉而成章，曲从义训，以示大顺，诸所讳辟，璧假许田之类是也。"所谓"曲从义训"，即隐含原始曲笔书法的精神：尽管隐晦书写，其中仍有义训可循。关于直笔与曲笔，参见谢贵安：《直书与曲笔：传统修史原则的一体两翼》，《学术月刊》1999年第3期，第83—85页。本书只在书写技法层面借用直笔、曲笔概念，而舍弃因特殊政治语境附着其中的褒贬成分。如直笔书写即指《总目》对文人行为、思想诸方面的直接批评，文人于此便是直接的批评对象。此外，《总目》还有很多书写，其直接批评对象并非文人，而可能是文学或学术。但从这些以其他对象为目标的批评中，仍可以隐晦地、间接地探寻其中隐含的文人观念。此即本书所谓的曲笔书写。

① 黄晖：《论衡校释》卷27，第1117页。
② 《纂修四库全书档案》上册，第2页。

诸子）之类书籍，与应当"首先购觅"的"阐明性学治法，关系世道人心者"（如心性之学、治国方略）之间的差别，就在于是否有裨实用。在清高宗看来，后者必然有裨实用，因此毋庸甄择而"首先购觅"；前者则不必然，故须甄择其中有裨实用者予以购觅。尽管到馆臣编纂"四库"时，考据之学的重要性已悄然超越心性之学。① 但在此超越过程中，"实"的标准仍发挥关键作用。馆臣通过偷梁换柱式的论述，强调考据之学的征实特性，同时揭示心性之学的虚无特性，从而使它们虚实互换。因此，崇实在《总目》中仍然是重要的评论标准。

《总目》对崇实观念极力凸显，也使得它成为"文化四库学"思想史研究中被讨论得最多的问题。周积明即曾以"以实心励实行，以实行励实用"为题，对《总目》讲求实证、关切世务、推扬实行等崇实精神作深入探讨。② 曾纪刚针对经部与史部，讨论了《总目》及清初的崇实思潮。③ 此外，许嘉玮讨论"楚辞类"的崇实思想，④ 刘德明从"根柢"观的角度讨论经学对文学的影响，⑤ 都属于此范畴下的研究。然而，从文人批评的角度看，《总目》的虚实论是否有不同呈现？这种崇实观念对文人行为倾注了怎样的期待？

如上一章所论，虚实二元对待可以是内容差异，也可以是方法差异或呈现方式差异。《总目》的虚实论，同样呈现这样的结构层次。

一 人道与天道：文人治学内容的虚实论

在概念层面，学术与文章是内容与形式二元对待的关系。思想内容上的崇实，就概念而言属于学术的价值空间。但在实存世界的书写品中，学术与文章又是一体两面的关系。《总目》的批评对象便是这样的书写品。因此，其中所涉及的治学内容之崇实，也属于广义文人的行为范畴。然而，治学内容之崇实斥虚，其具体内涵是什么？

---

① "阐明性学"在"总目语境"往往意味着宋学，"发挥传注"则意味着汉学。关于《总目》在汉宋之间的消长关系，参见夏长朴：《〈四库全书总目〉与汉宋之学的关系》，第83—128页。
② 周积明：《文化视野下的〈四库全书总目〉》，第21—49页。
③ 曾纪刚：《四库全书之纂修与清初崇实思潮之关系研究：以经史二部为主的观察》，硕士学位论文，辅仁大学，2002年。
④ 许嘉玮：《"崇实"作为一种批评方法——论〈四库全书总目〉"楚辞类"提要呈现之文学思想》，新北《淡江中文学报》第27期（2012年12月）。
⑤ 刘德明：《〈四库全书总目〉的"根柢"观探究——经学视野下的文学观》，《第六届通俗文学与雅正文学研讨会论文集》，台北新文丰2006年版，第543—567页。

(一) 内容之实：学识广博与切近人事

就文人治学内容而言，《总目》所推崇之"实"首先意味着"充实"，是著作内容的充盈状态。这是文人学识广博的体现。《总目》论楼钥《攻媿集》即曰："盖宋自南渡而后，士大夫多求胜于空言，而不甚究心于实学。钥独综贯今古，折衷考较。凡所论辨，悉能洞澈源流。可谓有本之文，不同浮议。"（D/别集 12/v159, p33a）称其"综贯今古"，即形容楼氏学识广博，从而赞誉其文章为"有本之文"——即内容充实，进而赞誉其人为"究心实学"。又论《潏水集》曰："至其考证今古，贯穿博洽，于易象、算术、五行、律吕之学，无不剖晰精微，具有本末，尤非空谈者所可及。"（D/别集 8/v155, p7b）"贯穿博洽"亦就其作者学识广博而言。

内容充实，在《总目》的术语系统中往往会表述成"根柢"，如《今献备遗提要》："明人学无根柢，而最好著书，尤好作私史。"（B/传记 2/v58, p9b）《律吕分解提要》："总之根柢不明，故无往而不抵牾也。"（A/乐 c/v39, p13a）"根柢"本义指事物的根基。然而，文章之"根柢"是什么？如果抽象地将文章分析为"文"（形式）与"质"（内容）这两个一体两面的部分，则只有"质"（内容）堪当文章之"根柢"。在写作活动中，内容涉及学识、义理、事件等范畴。《总目》所说的"根柢"（内容充实），往往就儒家经典或经义而言——这是学识与义理的范畴。如论江永《近思录集注》："盖永邃于经学，究心古义，穿穴于典籍者深，虽以余力为此书，亦具有体例，与空谈尊朱者异也。"（C/儒家 2/v92, p24a）即就经典而言。又谓《读易考原》："其说虽亦出于邵氏，而推阐卦序，颇具精理。盖犹依经立义，视黑白奇偶曼衍而不可极者，固有殊焉。"（A/易 4/v4, p19a）即就经义而言。又如《震泽集提要》云："盖有明盛时，虽为时文者，亦必研索六籍，泛览百氏，以培其根柢，而穷其波澜。"（D/别集 24/v171, p9b）则涉及以儒家为中心而兼涉诸子的泛化性学识。这些观点都对文人提出学识广博的要求，且其学识乃以儒家经典为中心。

然而，只是内容充实也未必为"实"，《总目》所崇尚的学术内容仍有切近的要求。其论黄佐《泰泉乡礼》即曰："佐之学虽格守程朱，然不以聚徒讲学名，故所论述多切实际。是书……大抵皆简明切要，可见施行，在明人著述中犹为有用之书，视所补注之《皇极经世》支离曼衍、敝精神于无益之地者，有空言实事之分矣。"（A/礼 4/v22, p23a-b）其所谓"实事"，即有"多切实际""简明切要"的内涵。又论梁寅《诗演义》曰："今考其书，大抵浅显易见，切近不支。元儒之学，主于笃实，犹胜虚谈高论，横生臆解者也。"（A/诗2/v16，p8a）"笃实"亦与"浅显易见，切近不支"相应。然而，何谓"切"或"切近"？

元人郑玉曰："盖古人之学，是以所到之深浅为所见之高下，所言皆实事；今人之学，是游心千里之外，而此身元（原）不离家，所见虽远，而皆空言矣。"① 郑氏认为，"我"所讨论的内容（所到之深浅）是"我"可见的，在这个范围内，事物真伪可以验证，此即"实事"，而可谓"切近"。换言之，"切近"乃就"我"（人类）而言。因此，"实"在内容上的另一个重要内涵，即是对人事的贴近性。

《总目》部次群籍时，贴近人事即是重要标准。《子部总叙》即声称："儒家尚矣。有文事者有武备，故次之以兵家。兵，刑类也，唐虞无皋陶，则寇贼奸宄无所禁，必不能风动时雍，故次以法家。民，国之本也；谷，民之本也，故次以农家。本草经方，技术之事也，而生死系焉，神农、黄帝以圣人为天子，尚亲治之，故次以医家。重民事者先授时，授时本测候，测候本积数，故次以天文算法。以上六家，皆治世者所有事也。"（C/v91，p1a-b）作为"四库"总纂官的纪昀亦曾曰："余校录《四库全书》，子部凡分十四家，儒家第一，兵家第二，法家第三，所谓礼乐兵刑，国之大柄也。农家、医家，旧史多退之于末简，余独以农家居四，而其五为医家。农者，民命之所关。医虽一技，亦民命之所关，故升诸他艺术上也。"② 从"文化文献学"的角度看，部次作为一种文献符码，其中隐含着尊卑、褒贬等价值观念。③ 在《总目》以前的书目中，农、医诸类往往被编于次要位置。纪昀编《总目》，即将兵、法、农、医、天文算法诸家编次于儒家之后，在部次上居于相当显要的位置，其原因即在于它们"皆治世者所有事""亦民命之所关"，即是说它们都关乎国计民生、贴近人事，因而予以特别重视。④

《总目》对贴近人事之实事的价值倾向，必然会投射到它对文人的评价与期许上。其论刘炎《迩言》即曰："其立言醇正笃实，而切于人情，近于事理。无迂阔难行之说，亦无刻核过高之论。"（C/儒家2/v92，p37a）人事作为"实"的重要内涵，在《总目》中受到极高的重视，很多提要

---

① 郑玉：《与汪真卿书》，程敏政：《道一编》卷6，《续修四库全书》第936册，第562页。
② 纪昀：《纪文达公遗集》卷8《济众新编序》，《续修四库全书》第1435册，第356页。
③ 相关讨论参见蔡智力：《文献文化学及其方法学省思》，第190—196页。
④ 涉及国计民生的实际问题，在《总目》价值体系中占据重要地位。相关讨论参见周积明：《文化视野下的〈四库全书总目〉》，第37—41页。

都以此为标准，对文人著作的取向作出批评。其论朱善《诗解颐》即突出其"不甚训诂字句，惟意主借《诗》以立训"的特征，并曰："反复发明，务在阐兴观群怨之旨，温柔敦厚之意，而于兴衰治乱，尤推求源本，剀切著明。在经解中为别体，而实较诸儒之争竞异同者为有裨于人事。"（A/诗2/v16，p8b-9a）考据训诂，是学术方法之实；这是学界所概括乾嘉学术的重要特征，也为《总目》所推重。然而，据提要的评论逻辑，无考据训诂之实，而能借经立训，着眼于兴衰治乱，也不失为"有裨人事"之实。可见，切近人事之实对《总目》而言，有独立自足的价值。从文人行为规训角度讲，即以现世关怀期许文人，要求文人著书作文时多关注世事人情。

（二）内容之虚：耳目不及之心性与天道

《泰泉乡礼提要》以"空言"与"实事"相对，《诗演义提要》以"虚谈高论"与"笃实"相对：这些都属于"虚"的范畴。然而，它们具体指涉什么？

与贴近人事之实相对，"虚"便是不切人事的心性、天道之论。这是《总目》批判宋明理学的重点。《日讲易经解义提要》曰："儒者拘泥章句，株守一隅，非但占验禨祥，渐失其本，即推奇偶者言天而不言人，阐义理者言心而不言事，圣人立教，岂为是无用之空言乎？"（A/易6/v6，p3a）即以"言天"与"言人"对立，"言心"与"言事"对立；"言天"与"言心"为"无用之空言"，即是"虚"。"天"与"心"是宋明理学宇宙论与心性论的重要概念，并非肉眼可见的"天"与"心"。《总目》指斥其为虚，即在于它们均不可见，从而不切实。

《太极图分解提要》即曰："案圣人立教，使天下知所持循而已，未有辨也。孟子始辨性善，亦阐明四端而已，未争诸受生以前也。至宋儒因性而言理气，因理气而言天，因天而言及天之先，辗转相推，而太极、无极之辨生焉。……顾舍人事而争天，又舍共睹共闻之天而争耳目不及之天，其所争者毫无与人事之得失，而曰吾以卫道。学问之醇疵，心术人品之邪正，天下国家之治乱，果系于此二字乎？"（C/儒家c1/v95，p7a-8a）宋明理学所论之"天"是"耳目不及之天"，是"天之先"；其所言之"心"也是"受生以前"之"心"，是"耳目不及之心"。在《总目》看来，这是与人事得失毫无关联的问题，因而也是不切实际的无用学问。

不切实之虚也常被称为"虚无"或"玄虚"，如《易义古象通提要》："明自万历以后经学弥荒，笃实者局于文句，无所发明；高明者骛于虚无，流为恣肆。"（A/易5/v5，p17b）又如《童溪易传提要》："胡、程祖其［王弼］义理，而归诸人事，故似浅近而醇实。［王］宗传及［杨］简祖其元（玄）虚，而索诸性天，故似高深而幻眇。"（A/易3/v3，p31a）则"虚"又有虚无缥缈、不易把握的性质，这是天道、心性之学被斥为虚的关键。这样的内容，便无法通过实证去验证，只能依靠心证、心悟去体会。这当然也涉及学术方法上的虚实之辨。诸如此类，即从反面规诫文人：勿以虚无缥缈的天道心性之学为学术旨趣，从而与对切近现实生活、人情事理的期许相呼应。

　　当然，"崇实黜虚"只是对《总目》虚实论的概述，未能涉及其中的复杂性。由于编纂组织内部学术权力的竞争与协调，有些提要也呈现折中性观点。如其论刘元龙《先天易贯》即曰："其谓《易》不为卜筮而作，所言似高，而实不然。夫圣人立教，随时寓义，初不遗于一事一物。三代以上，无鄙弃一切、空谈理气之学问也。故《诗》之教，理性情，明劝戒，其道至大，而谓《诗》非乐则不可。《春秋》之教，存天理，明王政，其道亦至大，而谓《春秋》非史则不可。圣人准天道以明人事，乃作《易》以牖民。理无迹，寓以象；象无定，准以数。数至博而不可纪，求其端于卜筮，而吉凶悔吝、进退存亡于是见之，用以垂训示戒。曰蓍曰龟，经有明文。曰揲曰扐，传亦有成法。岂取尽性至命之书而亵而玩之哉。"（A/易c3/v9，p35b－36b）此篇提要的论旨固然是崇实的，即强调《诗》之"明劝戒"，《春秋》之"明王政"，《易》以卜筮见吉凶悔吝与进退存亡，从而"垂训示戒"：这些都是有迹可循的人事范畴。但提要的立论前提，却并未否定《诗》之"理性情"，《春秋》之"存天理"，以及《易》有"尽性至命"之理：这些便涉及耳目不可及的范畴。换言之，此篇提要承认儒家经典蕴含有天道心性之类玄虚之理，它只是折中性地认为，在"虚"之后须归诸"实"，概言之即所谓"准天道以明人事"。从文人学术旨趣之规诫角度讲，即在崇实以外，并未完全排斥"虚"，而容许文人在以人事之实为终极目的的前提上，对高深而玄虚的天道心性作适度探索。

　　事实上，《总目》基于人事与天道相对待的虚实之辨，有深远的传统依据。《左传·昭公十八年》记子产曰："天道远，人道迩。非所及也，何以知之？"其论天道与人道之别，也有及与不及的依据。子路问事鬼神、问死，孔子亦曰："未能事人，焉能事鬼？""未知生，焉知死？"（《论语·先进》）因此，子贡说："夫子之文章，可得而闻也；夫子之言性与天道，不可得而闻也。"（《论语·公冶长》）这些言论都是古代中国崇实斥虚传统的重要构成，在《总目》以前都耳熟能详。《总目》只是在面对明文人空谈心性的时代语境，予以重申。①

二 严谨与臆断：文人治学方法的虚实论

《总目》的虚实论除涉及学术内容外，还涉及学术方法。学术内容的虚实之辨，主要体现于内容之充实与否，以及内容性质的切近与虚远之别。而在学术方法层面，虚实之辨主要着眼于学术论证中前提与结论之间论据之充足与否。学术方法之虚实论，在古代中国亦有深远的传统。王充即曰："事莫明于有效，论莫定于有证。空言虚语，虽得道心，人犹不信。"（《论衡·薄葬》）其所谓"有效""有证"，即对论据之充足性提出了要求；无所依据者即为"空言虚语"。

《总目·凡例》即申明其于学术方法上的崇实黜虚态度："刘勰有言：'意翻空而易奇，词征实而难巧。'儒者说经论史，其理亦然。故说经主于明义理，然不得其文字之训诂，则义理何自而推；论史主于示褒贬，然不得其事迹之本末，则褒贬何据而定。……今所录者率以考证精核、论辨明确为主，庶几可谢彼虚谈，敦兹实学。"（卷首3，p8a–b）即明确表示推崇实学，抵抑虚谈。此中虚谈与实学均就学术方法而言，指在说经、论史的过程中推论证据之充足与否。

学术方法批评并非只是学术问题，它同时也涉及文人行为，毕竟任何学术方法都是文人行为的结果。《总目》论蔡卞《毛诗名物解》即显示此逻辑："自王安石《新义》及《字说》行，而宋之士风一变，其为名物训诂之学者，仅卞与陆佃二家。"（A/诗1/v15，p14b）即将讲求实证的名物训诂之学的式微，归咎于宋代士风之变。士风事实上便是个体文人行为积少成多形成的普遍风气。当然，提要也将士风之变归咎于两部学术著作之通行；但这两部著作之通行，仍缘于王安石此"人"。事实上，在传统中国的普遍观念看来，无论整饬学风还是整饬文风，都须从整饬士风开始，只有"人"才是这个循环中唯一能动的主体。然则，《总目》在学术方法上的虚实论，对文人有怎样的规诫？

（一）方法之实：严谨与阙疑的学术传统

学术方法之实，主要涉及学术论证中提前与结论之间论据的充足可据。如《凡例》强调的"文字训诂"与"事迹本末"，即是说经与论史

---

① 梁启超曾从历史因素的角度反思乾嘉时期对心性之学的反动，其中涉及王学自身的反动、自然界探索的反动、欧洲历算学输入、藏书及刻书风气渐盛，以及佛教徒方面的反动等。梁启超：《中国近三百年学术史》，第7—10页。

中被视为征实的学术方法：说经，由经文（前提）推导出义理（结论），须以确实可据的"文字训诂"作为论据；论史，由史实（前提）推导出褒贬（结论），亦须以"事迹本末"为论据。

这种方法所强调的，是"一种可检测的、具有一定客观尺度的话语系统"，① 是乾嘉考据学的重要方法原则。针对当时知识分子最为关注的经典诠释方法，《总目》便认为经典之义理均应寄托于某些可论证的文本依据，不可凭空虚谈。《礼记大全提要》即曰："诸经之作皆以明理，非虚悬而无薄。故《易》之理丽于象数，《书》之理丽于政事，《诗》之理丽于美刺，《春秋》之理丽于褒贬，《礼》之理丽于节文，皆不可以空言说，而《礼》为尤甚。陈澔《集说》，略度数而推义理，疏于考证，舛误相仍。"（A/礼3/v21，p10a-b）在提要看来，《易》之象数、《书》之政事、《诗》之美刺、《春秋》之褒贬、《礼》之节文，都是可据以推论经典义理的文本依据。因此，要探讨经典义理，必须由这些依据进入才是征实的学术方法。

当然，提要所列举的释经依据，尤其是象数、美刺、褒贬，在具体经义探讨中究竟有多少客观性，也并非毫无争议。如《春秋》，当然我们应将提要所谓"褒贬"转换为"史实"之类概念，因为《春秋》并无直接褒贬，其褒贬之有无，或如何褒贬，自《三传》即聚讼不休；然而，即便以史实为依据，《春秋》之义理也难免言人人殊，众说纷纭。可见，看似切实可据的史实，它与义理（结论）的关系也并无必然性与唯一性。从而，史实在经义的探讨中也并无可靠的客观性。

尽管如此，提要企图为经义诠释寻找切实可据的论据，此一动机却确实可见。从文人批评角度讲，它的意义更多地通过方法意识或研究态度的端正，进而对文人行为产生规诫效果。严谨便是《总目》强调与推许的学术态度。如其论敖继公《仪礼集说》"犹有先儒谨严之遗"，而"异乎王柏、吴澄诸人奋笔而改经者"（A/礼2/v20，p14b-15a），评盛世佐《仪礼集编》"持论颇为谨严，无浅学空腹高谈，轻排郑、贾之锢习"（A/礼2/v20，p42b），都在虚实之辨视域下表彰严谨的学术态度。

作为一种具有指导性意义的学术态度，严谨并非空泛的托词，而有其特殊要求，譬如阙疑。元人郑玉曰："圣人之经，辞简义奥，固非浅见臆说所能窥测。重以岁月滋久，残阙维多，又岂悬空想象所能补缀？与其强

---

① 周积明：《〈四库全书总目〉与乾嘉"新义理学"》，《中国史研究》2002年第1期，第154页。

通其所不可通，以取讥于当世，孰若阙其所当阙，以俟知于后人。"① 郑氏即强调阙疑的方法原则。《总目》极为赞赏郑玉所标榜的阙疑态度："其论皆洞达光明，深得解经之要。故开卷周正夏正一事，虽其理易明，而意有所疑，即阙而不讲，慎之至也。"（春秋经传阙疑/A/春秋 3/v28，p12a－b）

《总目》甚至以阙疑作为普遍学术原则，广泛地用于评骘古今典籍。《太平御览提要》即曰："古书义奥，文句与后世多殊，阙疑犹愈于妄改也。"（C/类书 1/v135，p21b）即沿用郑玉的推论逻辑，以据实阙疑胜于凭虚妄改。吕祖谦《大事记》并非僻书，王懋竑撰《白田杂著》而曰"未见其书，俟再考"，提要便赞誉王氏："绝不以偶阙是编而讳言未见，与惠栋《九经古义》自称未见《易举正》者相同，均犹有先儒笃实之遗。知其他所援引，皆实见本书，与杨慎、焦竑诸人动辄影撰者异矣。"（C/杂家 3/v119，p24a）即推扬王氏阙而存疑，不以意影撰的笃实态度。至论《史记索隐》谓其："终以《三皇本纪》，自为之注，亦未合阙疑传信之意也。"（B/正史 1/v45，p10a）则以其不能阙疑而予以贬抑。

当然，这种阙疑的崇实态度，并非明清突起的新思潮。《总目》论《钦定周官义疏》，称许其"尤合圣人阙疑之义"（A/礼 1/v19，p31a－b）。提要作者宣称，阙疑是圣人树立的学术态度，而非其私意杜撰。此非托圣标榜之辞。作为一种严谨的学术态度，阙疑确有深远的历史传统。在经学家看来，孔子作《春秋》即已创立阙疑之义。

《春秋·桓公五年》载陈桓公卒曰："正月，甲戌，己丑，陈侯鲍卒。"一卒而纪以二日，不合常理。《穀梁传》便释曰："鲍卒，何为以二日卒之？《春秋》之义，信以传信，疑以传疑。"所谓"疑以传疑"即阙疑之义，因为不能确定陈侯鲍具体卒日，故二日兼书，以传疑惑。《春秋·桓公十四年》载"夏五，郑伯使其弟语来盟"，按《春秋》书例，"五"后明显脱"月"字。但《穀梁传》未径予补阙，而曰："夏五，传疑也。"范宁注曰："孔子在于定哀之世而录隐桓之事，故承阙文之疑，不书月，明皆实录。"孔子在鲁定、哀二公之时作《春秋》，记录隐、桓二公以后史事，流传史料或有阙文，孔子仍严谨地遵从阙文，不为使文从字顺而臆加一"月"字。于此，《公羊传》也有类似解释："夏五者何，无闻焉尔。"当然，此乃从经师授受角度作解，谓经师自己未曾听闻"夏五"之义，故不妄作解释。

对于孔子阙疑的"圣人之义"，司马迁亦曰："孔子因史文次《春

---

① 郑玉：《春秋阙疑·原序》，《景印文渊阁四库全书》第 163 册，第 3 页。

秋》，纪元年，正时日月，盖其详哉。至于序《尚书》则略无年月；或颇有，然多阙，不可录。故疑则传疑，盖其慎也。"（《史记·三代世表》）即以为：孔子序《尚书》，不如作《春秋》那样详于年月日，而"略无年月"，乃缘于其"疑则传疑"的阙疑学术原则，是一种审慎的态度。《总目》所谓"圣人阙疑之义"实即指这些，即欲后世文人在进行学术研究时，亦秉承此"信以传信，疑以传疑"的阙疑传统。

（二）方法之虚：臆断、穿凿与杜撰

与征实可据的严谨态度相对，便是主观无凭的研究方法与态度。这种虚疏的学术方法，或在态度上刻意忽略学术社群已公认的传统观点，或在论证技术层面显得无所凭据。

唐宋以后，经传权威的绝对神圣性逐渐松动。解《春秋》者每每欲越过《三传》直抵《春秋》，故宋代《春秋》学著作多直以"春秋传"为名；① 说《诗》者则或因疑序而欲废序，或疑有淫奔之诗而欲改《诗》、删《诗》。② 这种刻意越过前辈释经成果，单凭己意直接体悟经义的释经方法，此后蔚成风气，形成所谓"舍传求经"风潮。其割断诠释传统，单凭己意臆断经义的虚疏方法，便屡屡见斥于《总目》。

其论崔子方《春秋本例》即曰："考《公羊》《穀梁》二传专以日月为例，固有穿凿破碎之病。然《经》书'公子益师卒'，《左传》称'公不与小敛，故不书日'，则日月为例，已在二传之前。疑其时去圣未远，必有所受。但予夺笔削，寓义宏深，日月特其中之一例。故一（二）家所说，时亦有合。而推之以概全经，则支离辗辗而不可以尽通，至于必不可通，于是乎委曲迁就，而变例生焉。此非以日月为例之过，而全以日月为例之过也。……啖助、赵匡说《春秋》亦一扫诸例而空之，岂非有激而然乎？子方此书，陈振孙《书录解题》称：'其学辨正《三传》之是非，而专以日月为例，则正蹈其失而不悟。'所论甚允。然依据旧《传》，虽嫌墨守，要犹愈于放言高论，逞私臆而乱圣经。"（A/春秋2/v27，p3a - 4a）

在春秋学中，时月日例历来是《三传》集中论辩的问题。就这篇提要而言，关于《春秋》时月日例，其篇语境内即形成相互聚讼之势。其

---

① 叶国良、夏长朴、李隆献：《经学通论》，大安出版社2005年版，第568页。
② 相关讨论参见李家树：《诗经的历史公案》，台北大安出版社1990年版，第15—112页；蔡智力：《〈四库总目〉对朱熹诗经学公案之定判》，台北《书目季刊》第50卷第3期，第33—46页。

中一种声音以时月日例为"穿凿破碎",故崔子方此书专以日月为例,陈振孙讥其"正蹈其失而不悟",提要便以为"所论甚允"。这种观点质疑《公》《穀》以时月日例解经的合理性,实即质疑了二传的权威性,可以说是"舍传求经"风潮的延续。但编纂组织中掌控评骘话语权的主流声音对此一观点予以驳正,认为时月日例并非《公》《穀》所独有,亦见于古文经之《左传》,《公》《穀》以时月日例解经有其合理性,其失只在于"全以日月为例"。因此,提要最后定判:崔氏此书依据《公》《穀》虽有墨守成规之嫌,但终胜过啖助、赵匡扫除《三传》而以私臆乱经的做法。于此,啖、赵扫除历来传注传统而以私臆直解经义,便是据虚无凭的释经法。

《总目》主流观点之所以批判"舍传求经"释经法,即在于此法虽能"破附会之失",但实亦"生臆断之弊"(春秋集传纂例/A/春秋 1/v26, p15b),从而使"考证之学渐变为论辩之学"(周礼注疏删翼/A/礼 1/v19, p29b)。"论辩"与"臆断",在虚实之辨视域下便是"虚"的学术方法,这主要是针对宋明理学而提出的批评。《孝经问提要》曰:"汉儒说经以师传,师所不言则一字不敢更。宋儒说经以理断,理有可据则《六经》亦可改。然守师传者其弊不过失之拘,凭理断者其弊或至于横决而不可制。"(A/孝经/v32, p17b–18a)"以理断"即是臆断。"理"靠心悟,而不以外在实证材料为依据。因为"心"是不可见、不可把握的,因而"理"从理论上讲也无法避免"理人人殊"的困境,从而便等同于臆断。

这种凭空解经的臆断之法,便常成为《总目》批评的对象。如论屈复《楚辞新注》:"果于师心,亦往往臆为变乱。"(D/楚辞 c/v148, p21b)论袁子让《字学元元》:"惟凭唇吻,未见古书","纯以臆测,不考许、顾以来之旧义"(A/小学 c2/v44, p15a–b)。从文人批评角度讲,《总目》对臆断之法的批判,便对文人学术活动的实证精神提出明确要求,要求文人在学术研究中,以客观实据为准则。

除臆断外,穿凿附会也是《总目》时常批判的虚疏之法。作为批评术语,"臆断"偏指论据来源的主观性。"穿凿附会"虽然也有主观成分,但它更侧重于对前提与结论关联性不足或牵强的批评。《总目》论《大易法象通赞》即曰:"自来以奇偶推《易》者病于穿凿,以老庄谈《易》者病于虚无。此书更以穿凿之数附会于虚无之理,两家流弊兼而有之,可谓敝精神于无用者矣。"(A/易 c1/v7, p8a–b)《总目》主流观点认为,宋儒用由《河图》《洛书》推衍出来的奇偶之数解《易》,其间的因果关系无法得到有效验证。此书以奇偶之数附会于道家玄理以说《易》,这对坚守儒家经学立场的《总目》而言，便是虚妄不足据。从行为规范的角度讲，穿凿附会是阙疑的对立面。《总目》批判穿凿附会行为，便是要从反面以"疑以传疑"的阙疑原则来规诫文人。

此外，杜撰也是《总目》时常批判的虚泛学术方法。杜撰与臆断均属主观性行为。臆断偏指学术研究中推论过程的主观，而杜撰则偏指对论据或材料凭空捏造的行为。如《同文备考提要》即批评其作者王应电："杜撰字体，臆造偏傍，竟于千百世后，重出一制字之仓颉，不亦异乎？"（A/小学 c1/v43，p19b）即批评王氏不遵守切实可据的文字传统，而单凭私意擅造字体、偏傍。这无非也是规诫文人从事学术活动时，不要依凭主观私意横生臆造，而要切实地扎根于知识传统。因为杜撰具有创造性，意味着对新奇事物的创造，因此《总目》对杜撰的批评便有抑制明文人好奇争胜风气的意味。

（三）征实的局限性与总体性

学术方法的虚实之辨，是清儒所谓汉学与宋学的重要分野。尽管梁启超将"四库馆"称为"汉学家大本营"，"《四库提要》就是汉学思想的结晶体"，① 然而，如果细致严谨地分析所有提要便会发现：《总目》的学术主张固然有尊汉的总体倾向，但此倾向并不和谐统一，而充斥着各种吵杂的异响。当然，这是另外一个论题，不容在此展开。② 这里要说的是，对于与汉宋之争相关的学术方法之虚实论，《总目》也并非毫无异议地崇实黜虚。《总目》对学术方法之规诫，虽然大体上有征实的倾向，但征实也有其局限性，并非对所有学术门类都适用。

《总目》论顾成天《离骚解》即曰："大旨深辟王逸以来求女譬求君之说，持论甚正。然词赋之体与叙事不同，寄托之言与庄语不同，往往恍惚汗漫，翕张反复，迥出于蹊径之外，而曲终乃归于本意。疏以训诂，核以事实，则刻舟而求剑矣。《离骚》之末曰：'陟升皇之赫戏兮，忽临睨夫旧乡。仆夫悲余马怀兮，蜷局顾而不行。'即终之以'乱曰'云云，大意显然，以前皆文章之波澜也。不通观其全篇，而句句字字必求其人以实之，反诋古人之疏舛，是亦苏轼所谓'作诗必此诗'也。"（D/楚辞 c/v148，p18b–19a）

---

① 梁启超：《中国近三百年学术史》，第 22 页。
② 关于《总目》汉宋争议，可参见钱穆：《四库提要与汉宋门户》，《钱宾四先生全集》第 22 册，第 581—588 页；周积明：《乾嘉时期的汉宋之"不争"与"相争"》，第 1—18 页；夏长朴：《〈四库全书总目〉与汉宋之学的关系》，第 83—128 页。

苏轼诗："论画以形似，见与儿童邻；赋诗必此诗，定非知诗人。"①即是说论诗论画，不能只局限于表面的字义与形似，只有能把握表层语言以外的"传神"之处，才是真正的"知诗人"。这就是所谓的"言外之意"。曹丕说："奏议宜雅，书论宜理，铭诔尚实，诗赋欲丽。"② 这句话常被近代"文学自觉论"引以证明"文学独立"，但曹丕本义实即在于说明不同文体各有其适宜的体要。这篇提要的批评逻辑亦近于此，只是出于特定语境的考虑，简单化地表述成"词赋之体"与"叙事之体"的对立。在提要作者看来，词赋为"寄托之言"，与叙事体的"庄语"不同，宜有不同的体要。叙事体要求"核以事实"，"寄托之言"则讲求"言外之意"。因此，将适合叙事体的核实、训诂等征实方法，施诸词赋诠释，"句句字字必求其人以实之"，便难免失之过拘，破坏寄托的趣味。与"疏以训诂""核以事实"的征实之法相对，"言外之意"便是无所凭据的"虚法"。在此，"虚"却意外地成为被肯定的学术方法。

从创作论角度讲，言外之意是创作者致力追求的创作境界，这主要是文章的形式技巧问题。从接受论角度讲，言外之意又是读者理解或感受诗词的方法；当读者身份由普通读者转变为专门读者（学者）后，此一读诗法也转变为一种学术方法。对宋儒而言，这种注重言外之意的虚法，并非只适用于"诗赋欲丽"的诗赋，也适用于其他文体，包括《总目》认为理应征实的叙事体，甚至是神圣的儒家经典。朱熹即曰："《春秋》之书，且据《左氏》。当时天下大乱，圣人且据实而书之，其是非得失付诸后世公论，盖有言外之意。若必于一字一词之间求褒贬所在，窃恐不然。"③ 即认为作为叙事体的《春秋》也有"言外之意"，故不能于一字一词之间求其经义。事实上，非止《春秋》一经，宋儒认为经义不囿于经文之内，他们所依仗的心悟、理证方法，便是通过"以意逆志"寻绎言外之意的方法。这也正是前述《总目》所排斥之虚法。

吊诡的是，宋儒学术方法上不遵循体要的"尚虚"倾向，亦常见于《总目》诸多提要中。对于将"言外之意"之虚法施诸词赋以外文体的做法，《总目》也并非全然贬斥。对说经之体，如论李重华《三经附义》："其说《诗》较二经为详，颇欲推求言外之意，胜于株守文句者，而亦每

---

① 王文诰辑注：《苏轼诗集》卷29《书鄢陵王主簿所画折枝二首》，孔凡礼点校，中华书局1982年版，第1525页。
② 曹丕：《典论论文》，《昭明文选》卷52，第2271页。
③ 《朱子语类》卷83，《朱子全书》第17册，第2837页。

以好生新意失之。"(A/五经总义 c/v34，p27a) 虽斥其"好生新意"，但仍以推求言外之意胜于"株守文句"，后者即是注重文字训诂的征实方法。"言外之意"虽是解读词赋之体的法门，但这实际上是针对后世诗词而言的，在更广泛的语境中，《总目》反对以后世诗法施诸神圣的《诗经》。①对史体，如论萧子显《南齐书》："感怀宗国，有史家言外之意焉，未尝无可节取也。"(B/正史 1/v45，p42b) 史体某种程度上讲即是叙事之体，提要却俨然以言外之意（虚）为史家体要，而异于《离骚解提要》以征实之"庄语"论叙事体之体要。这些不遵循体要的批评，反而近于宋儒学术方法上的尚虚倾向。

由此可见，《总目》针对学术方法的虚实论极为复杂。尽管部分提要强调不同学术门类应当遵循不同体要，叙事宜实，诗词宜虚；但另外一些观点却并不遵循体要，认为叙事之体也可以追求"言外"之虚。② 因此，《总目》的虚实论不可一言以蔽之为"崇实黜虚"。崇实黜虚毋宁说是编纂组织在权衡各种歧异观点后，协调得出的主流观点。

当然，崇实论对话语权的掌握，几乎完全淹没了尚虚的声音。"春秋类"按语即曰："《左氏》说经所谓'君子曰'者，往往不甚得经意。然其失也，不过肤浅而已。《公羊》《穀梁》二家，钩棘月日以为例，辨别名字以为褒贬，乃或至穿凿而难通。三家皆源出圣门，何其所见之异哉？左氏亲见国史，古人之始末具存，故据事而言，即其识有不逮者，亦不至大有所出入。《公羊》《穀梁》则前后经师递相附益，推寻于字句之间，故凭心而断，各徇其意见之所偏也。然则征实迹者其失小，骋虚论者其失大矣。"(A/春秋 4/v29，p44b - 45a) 认为左氏"亲见国史"为有"实迹"可征，公羊、穀梁二家只于字句间"凭心而断"，因而只是"虚论"；征实者据事而论，即便识见浅陋，其失也不及推寻字句的虚论那么大。崇实黜虚的倾向，显而易见。

崇实黜虚观念在《总目》中的绝对话语权，也使它突破了体要的界

---

① 蔡智力：《〈四库总目〉对朱熹诗经学公案之定判》，第41—45页。
② 事实上，叙事体讲究虚实辩证，自古而然。《左传·成公十四年》引君子曰："《春秋》之称，微而显，志而晦，婉而成章，尽而不污，惩恶而劝善，非圣人谁能修之？"所谓"微""晦""婉"，在虚实二元视域下便是虚法。这里实即隐含了虚实辩证的观念。古代史论既有直笔，也有曲笔。它们同为著史笔法，事实上也存在虚实辩证关系。因此，通常被视为史著鼻祖的《春秋》，其《三传》中之公羊家，便发展出"微言大义"之说，其诠释方法便是典型的虚法。当然，在《总目》总体的崇实黜虚观念下，公羊学也处于被贬抑的位置。

限。对于"寄托之言"的诗词,《总目》的实际批评并未完全遵循"诗词宜虚"的体要,反而往往呈现明显的崇实倾向。施闰章曾对王士禛弟子洪昇曰:"子师言诗,如华严楼阁,弹指即现;又如仙人五城十二楼,缥缈俱在天际。余即不然,譬作室者,瓴甓木石,一一须就平地筑起。"①《学余堂文集提要》论之即曰:"平心而论,士祯(禛)诗自然高妙,固非闰章所及,而末学沿其余波,多成虚响。以讲学譬之,王所造如陆,施所造如朱。陆天分独高,自能超悟,非拘守绳墨者所及;朱则笃实操修,由积学而渐进。然陆学惟陆能为之,杨简以下,一传而为禅矣;朱学数传以后,尚有典型,则虚悟、实修之别也。"(D/别集 26/v173, p13b – 14a)虽赞许王士禛之诗"自然高妙",但就诗词创作方法而言,却认为这种"华严楼阁"式的作诗之法,不如施闰章"平地筑起"之法。"华严楼阁"比喻无法可循,纯凭个人天赋与才气而体悟的境界;所以流传至天赋不足的末学,便难免"多成虚响"。"平地筑起"比喻"积学渐进"的学习过程,就诗词创作而言,所学者即是章法。在虚实论视域下,"华严楼阁"便是"虚悟"之法,"平地筑起"则是"实修"。提要显然强调诗词创作中"实修"之法的重要性。如此一来,《离骚解提要》所强调的寄托趣味,即诗词宜虚的体要,在此便失效了。这其实便是编纂组织中学术权力竞争的结果:在崇实黜虚的总体学术观念下,某些本可独享一套虚实规则的学术门类,也往往屈从于总体的崇实倾向。

崇实黜虚的绝对话语权,在《班马异同提要》中体现得淋漓尽致。倪思此书考校《史记》《汉书》异同,但对其间"非有意窜改"之处,如古今异文之"戮力"作"勠力",传写讹舛之"半菽"作"芊菽",无关文义之"秦军"作"秦卒",皆"一一赘列",提要虽以为"未免稍伤繁琐",然而仍说:"然既以'异同'名书,则只字单词皆不容略。失之过密,终胜于失之过疏也。"(B/正史 1/v45, p23a)可见,即使同为一失,也仍认为"过密"胜于"过疏";"密"即意味着"实","疏"即意味着"虚"。在这种"宁实毋虚"的观念中,虚与实的价值地位孰高孰低,显而易见。

由此可见,即便存在"治学方法之虚实应各遵体要"的观点,也存在若干不遵循体要的"尚虚"观点,但经过协调与权衡,《总目》对治学方法的主张,仍呈现显著的崇实黜虚的总体倾向。这种总体倾向甚至忽视

---

① 王士禛:《渔洋诗话》卷中,载丁福保编:《清诗话》,上海古籍出版社 1978 年版,第 199 页。

了个别学术门类的特殊性。就文人批评而言，这种总体性论述对文人行为作风的规诫效用，恐怕要大于对学术方法的具体规范。因为只有文人才是以"整体"形式呈现的。文人所著作的书写品难免被分门别类，并被以不同的虚实体要规范着。但文人行为所体现的"士风"，却是一以贯之的。所以，治学方法的崇实黜虚，投射到文人行为批评上，其规诫目的便更为显著。

三 实学致实用：实用主义的现世关怀

古代中国有非常浓重的经世致用传统。这种经世致用的情怀与使命，自孔孟而然。孔子早年即热切于出仕，希冀借以复东周之志；然而，周游列国，"干七十余君，莫能用"（《史记·十二诸侯年表序》），不得已退而著书传道。故孔子尝感叹曰："吾岂匏瓜也哉？焉能系而不食？"（《论语·阳货》）孔子将为周朝"制礼作乐"并致太平的周公奉为终生偶像，亦在于此。孔子提出"士志于道"的训诫，事实上便以经世致用为终极实现方式。因此，自古文人著书作文，多有经世致用的理想，这可以说是文人作为"士"的天职。黄庭坚即曾发出与孔子相似的感叹："文章功用不经世，何异丝窠缀露珠。"① 文人的使命，不欲为匏瓜，不欲为露珠，但求能有用于世。

由此观之，前文所述，无论是内容还是方法上的虚实辩证，都只就形诸文字的学术文章而言，与经世致用的终极理想有本质区别。明徐应雷即曰："《鸿烈》曰：'不小学，不大迷；不小慧，不大愚。'夫未闻道而博学者，犹小学也，安得不大迷？不能行而多文者，犹小慧也，安得不大愚？"② 善于作文，只能证明文人之"多文"。这些文章即使在内容上知识充实、切近人事，在方法上征实而严谨，但仍然只是文字，充其量可称为"实学"，如不能附诸施行也仍只是"小慧"。传统中国诸于文人，对其所作文章通常有"致实用"的期待，而对其人通常也有"建事功"的期待。

经历宋明道学家空谈心性的时代后，"文人无用"的传统问题对《总目》而言似乎更为尖锐。因此，《总目》在提倡实学的基础上，更进一步标榜实用。后面"实用"这一节，才是《总目》整个崇实观的核心所在。其《凡例》即开宗明义曰：

---

① 黄庭坚：《宋黄文节公全集·正集》卷4《戏呈孔毅父》，《黄庭坚全集》第1册，刘琳等点校，四川大学出版社2001年版，第90页。
② 徐应雷：《文士论》，《明文海》卷39，第924页。

圣贤之学主于明体以达用，凡不可见诸实事者，皆属卮言。儒生著书务为高论，阴阳太极累牍连篇，斯已不切人事矣。至于论九河则欲修禹迹，考六典则欲复《周官》；封建井田，动称三代，而不揆时势之不可行。至黄谏之流，欲使天下笔札皆改篆体；顾炎武之流，欲使天下言语皆作古音，迂谬抑更甚焉。又如明之曲士，人喜言兵，《二麓正议》欲掘坑藏锥以刺敌，《武备新书》欲雕木为虎以临阵，陈禹谟至欲使九边将士人人皆读《左传》。凡斯之类，并辟其异说，黜彼空言，庶读者知致远经方，务求为有用之学。（卷首3，p9a–b）

虚实如阴阳，是相对性概念，无固定范畴。董仲舒论阴阳曰："独阴不生，独阳不生。"（《春秋繁露·顺命》）虚实亦然。在这段文字中，如单就学术内容而言，"论九河"以下诸说相对于"阴阳太极"而言，实皆"切人事"而可谓之实学；但如就"见诸实事""有用之学"而言，却转而变为"空言"。因为它们虽切近人事，却无法实际施用于人事。显然，后面"实用"这一节才是《总目》整个虚实论的终极指向。但这段文字稍嫌含混，无法完整呈现《总目》实用论的结构层次。概言之，《总目》的实用论至少可分为论目的、论效用与论实行三个层次，各层次间均存在虚实辩证关系。①

（一）论目的：文人以文章用世的目的性

在《总目》虚实论中，崇实不能止于学术内容与方法层面，而必须以实用作为最后的落脚点。实用论可以分析为不同层次，其中实用目的是最基础的层次。因此，对《总目》而言，文人研治学术，首先便须有以文章用世的实用性目的；如无实用目的，文章即使在内容与方法上均堪称"实学"，那也不过是"虚文"。

如前所述，《总目》在学术内容层面之"实"，是指以儒家经典为中心的学识。但在实学与实用相辩证的视域中，这些内容之"实"又可能转变为虚。如其论李琪《春秋王霸列国世纪编》："盖借《春秋》以寓时事，略与胡安国《传》同。而安国犹坚主复仇之义，琪则徒饰以空言矣。流传已久，姑录以备一家。且以见南宋积削之后，士大夫犹依经托传，务持浮议以自文。国势日颓，其来渐矣。存之亦足示炯戒也。"（A/春秋2/

---

① "经世"观念史研究近年来备受关注。但学者似较少关注经世观念的结构层次，而仅对某历史时段或历史人物的经世观念作"有无"判断。在这种简单化的研究视野下，乾嘉学术以其偏重考据而常被一言以蔽之为"无经世"。这是有待商榷的论断。

v27，p28b）李琪以儒家经典《春秋》为研究对象，又借以寓时事，在内容上可谓之实。但在提要作者看来，他却并不以实用为目的指向，而只是"徒饰以空言"，或"依经托传"而"务持浮议以自文"。

用世目的是文章效用与经世实行的先决条件。文人作文，唯有以用世为目的，其所论议之事才有可能见诸成效。《倪文贞集提要》论倪元璐即曰："元璐少师邹元标，长从刘宗周、黄道周游，均以古人相期许，而尤留心于经济。故其擘画设施，勾考兵食，皆可见诸施行，非经生空谈浮议者可比。"（D/别集 25/v172，p68b）"留心经济"即说明倪氏的用世目的。在提要看来，正因倪氏有用世目的，故其用世之言，"擘画设施"均可见诸施行，从而异于无法用世的"空谈浮议"。

经世致用是中国思想的精神所在，此中又以儒家思想为尤。李贤注《后汉书·杜林传》引《风俗通》即曰："儒者，区也。言其区别古今，居则玩圣哲之词，动则行典籍之道，稽先王之制，立当时之事，此通儒也。若能纳而不能出，能言而不能行，讲诵而已，无能往来，此俗儒也。"把"能纳而不能出，能言而不能行"之流称为俗儒，即把经世致用视为"通儒"或"醇儒"的根本标志。以"儒藏"为职志的"四库馆"，继承传统文化经世致用精神，是顺理成章、不言而喻之事。但如果将实用论剖析开来，分层次地探讨其中的观念结构时，问题便复杂起来。

在目的论层次存在的问题是：行为目的属于主观范畴，同一行为的目的指向，在行为者与评论者那里便可能有不同解读。这说明，虚实论在实用目的层面，存在明显的相对性。实用目的的相对性，在宋明理学那里体现得尤为显著。在《总目》的批评视野中，宋明道学家便是不务经世实用的代表；但作为被批评者的宋明道学家，却往往明显以经世实用自期与自诩。

陆九渊即曰："儒者虽至于无声、无臭、无方、无体，皆主于经世。释氏虽尽未来际普度之，皆主于出世。"① 王畿亦常谓："儒者之学，以经世为用。"② 又曰："儒者之学，务于经世。"他们以儒者自居，固然认为自己所治之道学是经世实用之学。所以王畿说："经世之术，约有二端：有主于事者，有主于道者。主于事者，以有为利，必有所待而后能寓诸

---

① 陆九渊：《象山先生文集》（明成化刻本）卷 2《与王顺伯》，《宋集珍本丛刊》第 63 册，第 543 页。
② 王畿：《龙溪王先生全集》卷 13《贺中丞新源江公武功告成序》，《四库全书存目丛书》集部第 98 册，第 519 页。

庸；主于道者以无为用，无所待而无不足。"① 就目的论而言，他们所从事的道学显然有经世致用的目的指向。

然而，在《总目》的批评视域中，道学主讲耳目不及的心性天道之学，其所谓"以无为用"便是"无用"。这种歧异在《总目》论晏彦文《小学史断续集》时便表现得相当明显："其大旨以道学之盛衰，定帝王之优劣。而一切国计民生，皆视为末务。视〔南宫〕靖一原书，尤迂而寡当矣。"（B/史评 c1/v89，p9a）晏氏以道学定帝王优劣，则道学对他来说即是经世之学，因此他研治道学亦未尝无用世目的。然而在《总目》看来，道学便是无用之学，而被晏氏视为末务的国计民生才是有用之学。

对经世目的主观解读的歧异，一定程度上缘于具体经世方法的差异。宋明儒以形上之"理"为实，以形下的国计民生之事为"末务"，故程颐有所谓"天下无实于理者"之说。② 历经时代变迁，宋明以道学经世的方法，在清初诸儒那里，便受到广泛的检讨与考问。黄宗羲即曾自我检讨："自某好象数之学，其始学之也无从叩问，心火上炎，头目为肿。及学成，而无所用。屠龙之技，不待问而与之言，亦无有能听者矣。"③ 他初学象数之学时，未尝不如王畿那样以为是"以无为用"而"主于道"的经世之学。然而，经历世变之后，却发现学无所用，世上并无龙可屠！以心性道学经世的方法，遭到深刻反思。

王畿将经世方法分为的二端，分别是"主于事者"和"主于道者"，主于事者以有为利，主于道者以无为用。在宋明道学家的总体观念看来，"以无为用"的道是最高的经世之术，相对地，以有为利而主于事的国计民生，便被视为末务。当然，经过黄宗羲等明遗民的反思批判，至《总目》，便基本扭转心性道学与国计民生之间的虚实关系，从而以事为实，为经世首务，以道为虚，为经世之枝叶。《总目》评徐三重《信古余论》即显见如此逻辑："然理气性命之说几居其半，以道之大原言之，固属推究根本；以学者之实践言之，又不免为枝叶矣。"（C/儒家 c2/v96，p28b）认为"理气性命之说"固然可以推究"道之大原"，但在实践层面看却是无用的枝叶。

从上述关于经世目的的歧异性理解也可以看到，对《总目》而言，一方面，实学须最终推向经世之实用才算完满，另一方面，实用也必须以

---

① 《龙溪王先生全集》卷14《赠梅宛溪擢山东宪副序》，第524页。
② 程颢、程颐：《二程集·河南程氏遗书》卷3，第66页。
③ 黄宗羲：《南雷诗文集》卷上《王仲撝墓表》，《黄宗羲全集》第10册，第259页。

实学为准则，以实学的切近性（人事）与可据性（征实）为基础。从而，文人经世致用的目的，也须落实在切近人事的范畴。易言之，即须从行为目的上对现实人伦世界倾注密切的关怀。

（二）论效用：纸上无法经济，坐言不能起行

在传统中国，经世致用对多数文人而言，是一个甚至比"属文"还重要的问题，尽管现代学者多以为"艺术创作"才是他们的本职工作。然而，尽管文人主观上多有意于用世，但却往往事与愿违。魏禧《与涂宜振书》即曾感叹："昨读东坡《晁错论》，更以意成一篇。书生纸上经济，正如小儿画地作饼，亦自知其不可食，聊取快意。"① 其心有余而力不足的无奈、自责与自嘲，跃然纸上！

在《总目》的虚实论中，尤其是学术致用层面，其虚实的辩证性呈现明显的螺旋上升结构：当我们将虚实的二元对待推至"是否以用世为目的"后，又发现在此之上还有一层虚实对待，即"是否能用世"。这是效用的问题，是检验用世目的能否有效用的一环。无法对人事产生实际效用的文章，即使热切于用世，同样也只是"空言"或"虚文"。根据《总目》的批评，这种有心经世而不能实用的文章，可归纳为两类：其一是不达时变，欲以古法行于今世；其二是不通实情，纯粹以纸上之理论谈经济。

《总目》对不达时变之"空言"的批评很多，前引《凡例》所列诸议如修禹迹、复《周官》、复封建井田等三代制度即是此类，《总目》常于各提要提出批评。如明魏校欲以《周礼》正当时官职，《官职会通提要》即批评曰："言之则成理，行之则必窒。自汉以来，未有以《周礼》致太平者也。"（B/职官 c/v80, p3a）《黄运两河考议》"欲复九河故道，引全河北趋以归海"，《总目》亦于其提要曰："所谓纸上空谈，不达时变，与欲复井田封建同一迂谬耳。"（B/地理 c4/v75, p18a）又如明汪应蛟奏兴畿辅水利，《潞水客谈提要》即批评他："不知古今异势，南北异宜。书生纸上之言，固未可概见诸实事也。"（B/地理 c4/v75, p13b）诸如此类，提议者都有明显的用世目的，且所关切之事都与国计民生密切相关，但《总目》却从效用的角度，认为他们都"不达时变""不知古今异势"，故所论均"未可概见诸实事"，只是"纸上空谈"而已。

值得注意的是，近代经世研究中毋庸置疑的"实学家"或"经世家"，在《总目》效用论的审视下，却往往成为被批判对象。如前引《凡

---

① 魏禧：《魏叔子文集外篇》卷7，《续修四库全书》第1408册，第487页。

例》即批评顾炎武倡言古音为"迂谬"的"空言",《日知录提要》也批评他"喜谈经世之务,激于时事,慨然以复古为志,其说或迂而难行,或愎而过锐"(C/杂家 3/v119, p19a)。颜元《存治编》欲复井田、封建、学校、征辟、肉刑与寓兵于农诸法,《总目》亦批评说:"夫古法之废久矣。王道必因时势。时势既非,虽以神圣之智,借帝王之权,亦不能强复。强复之,必乱天下。"(C/儒家 c3/v97, p11b) 如此诸般批评,或许与当时政治环境有关。但《总目》从虚实效用立论,也可谓有理有据。

《总目》对不通实情而纸上空谈的批评,以针对议复海运的批评最为典型。其论明代郑若曾《海运图说》即曰:"明人惩元末中原梗阻、运道不通之弊,多喜讲求海运,以备不虞。不知政理修明,则四海一家,何虞转输之不达?如其中原失驭,盗贼纵横,虽远涉波涛,供粟亿万,亦何裨于败亡哉?至邱濬考校历年漂没之数,以为省漕渠之所费,足以补海道之所失。不思岁有沉溺篙工舵师之命,动辄千百,又以何者抵之欤?若曾此书,亦狃是见,皆可谓不求其本者也。"(B/政书 c2/v84, p13a-b) 即批评邱濬、郑若曾等人,只考虑到漕渠与海运费用成本问题,而没有考虑因海上飓风翻船所造成的人员伤亡问题,认为是"不求其本"。明王宗沐也有过类似建议,《海运详考提要》即批评说:"宗沐盖掇拾邱濬《大学补》之陈言,以侥幸功名。不知儒生纸上之经济,言之无不成理,行之百不一效也。观于宗沐,可以为妄谈海运之炯戒矣。"(B/政书 c2/v84, p8b) 对现实情状考虑得不周全,也是导致用世之心无法转变成用世实效的关键因素。

无论是不达时变,还是不通实情,都是有心经世而毕竟仍无实用。这就是《总目》批评《通漕类编》的逻辑:"盖好谈经济,而无实用者,是书殆亦具文而已。"(B/政书 c2/v84, p15b) 有心经济而无实用之效,则其谈经济之文,也只是徒具虚文而已,犹如孔子所谓匏瓜,黄庭坚所谓露珠。这便显然在经世目的以外,对文人的经世能力提出相应的要求。然而,经世能力如何获得?

经世能力首先源于经验。因此,被认为源自阅历的经世文字,在《总目》中多被予以推重。郑若曾《海运图说》被提要评定为"不求其本",但其《郑开阳杂著》却被大加赞誉:"若曾少师魏校,又师湛若水、王守仁,与归有光、唐顺之亦互相切磋。数人中惟守仁、顺之讲经济之学,然守仁用之而效,顺之用之不甚效。若曾虽不大用,而佐胡宗宪幕,平倭寇有功。盖顺之求之于空言,若曾得之于阅历也。此十书者,江防、海防形势皆所目击,日本诸考皆咨访考究,得其实据。非剽掇史传以成书,与书生纸上之谈固有殊焉。"(B/地理2/v69,p33a-b)提要认为郑氏此书,乃得于阅历,凡所载述都是亲眼所见或咨访考究所得,从而与唐顺之"求之于空言"的"书生纸上之谈"不同。又论张养浩《三事忠告》:"其言皆切实近理,而不涉于迂阔。盖养浩留心实政,举所阅历者著之,非讲学家务为高论,可坐言而不可起行者也。"(B/职官/v79,p27a)亦以张氏此书之所以有切实近理之效,在于其能"举所阅历者著之"。这样的评论对文人批评而言,至少有两层含义:其一即鼓励文人积极参与政治实践,其二即要求文人著述作文都须取材于现实生活。这一方面的批评,主要针对文人不通实情而发。①

针对不达时变的问题,《总目》便对文人审时度势的能力提出要求。《总目》常以"深中时弊"之类话语评论文人的政论文,即是对这种能力的正面提倡。如论何瑭《柏斋集》:"当时东南学者多宗王守仁良知之说,而瑭独以躬行为本,不以讲学自名。然论其笃实,乃在讲学诸家上。至如《均徭》《均粮》《论兵》诸篇,究心世务,皆能深中时弊,尤非空谈三代,迂疏无用者比。"(D/别集24/v171,p35b-36a)论杨时,也称许他"皆于时势安危,言之凿凿","尚非空谈性命,不达世变之论"(龟山集/D/别集9/v156,p2b)。谈刘子翚,亦赞誉其"论事之文,洞悉时势,亦无迂阔之见",从而"非坐谈三代,惟骛虚名者比"(屏山集/D/别集10/v157,p12b)。凡此,均以洞悉时弊、审时度势的能力期许文人。文人唯有如此,方能通达时变,从而能有经世能力。

此外,经世能力也与文人识见有关。这在《总目》中也相当受重视。《总目》论陈襄即特别赞誉其卓越的识见:"襄平生最可传者,一在熙宁中劾王安石,并极论新法。反复陈奏,若目睹后来之弊。……一在居经筵时,神宗访以人才,遂条上所知司马光……等三十三人,其时或在庶僚,或在谪籍,而一一品题,各肖其真。内惟林希一人后来附和时局,自隳生平,余则硕学名臣,后先接踵。人伦之鉴,可谓罕与等夷。其文今为集中压卷。而叶祖洽作行状,孙觉作墓志,陈瓘作祠记,惟盛称其兴学育才,勤于吏治,皆不及荐贤一事,于争新法事亦仅约略一二语。"(古灵集/D/别集5/v152,p44b-45a)即相当推重陈襄能预见熙宁变法之弊,以及在人伦品鉴方面的眼光,这些都涉及文人的识见能力。叶、孙、陈诸人对陈襄"平生最可传"的这两件事之忽视,便令提要作者极为不解。由《总目》

---

① 关于《总目》重"阅历之言",参见周积明:《文化视野下的〈四库全书总目〉》,第41—45页。

与叶、孙、陈等人着眼点的差异，也可看出文人识见能力在《总目》文人批评价值体系中的重要性。

此外，史浩反对宋孝宗"任张浚锐意用兵"，又"极言李显忠、邵宏渊之轻脱寡谋，不宜轻举"，而欲"练士卒，积资粮，以蓄力于十年之后"，后来"淮西奔溃，其言竟验"，《总目》称之为"老成谋国之见"（鄮峰真隐漫录/D/别集 12/v159，p2a－b）。徐灿"尝馆于严嵩家"，一日严嵩宴请朝官，献酬中宾客"皆跪受爵"，徐灿"慨然辞归"，《总目》亦誉之为"知几之士"（徐阳溪集/D/别集 c4/v177，p51a）。袁说友《蜀将当虑其变疏》曾引崔宁等人为戒，后来应之即有开禧吴曦之变，《总目》亦曰："若先事而预睹之，其识虑亦不可及。"（东塘集/D/别集 12/v159，p36a－b）诸如此类，不遑枚举，都在于推许文人具有预知事变的识见能力。

大体而言，审时度势能力主要表现于辨别"现在"与"过去"形势的差异，而识见能力主要根据对"现在"情势的把握，预见"未来"事态走向。无论是承接"过去"的审时度势，还是指向"未来"的识见能力，都有一个共同点：对于现实人事的洞察力。这两方面能力，都有可能从实践阅历中积累得来。文人只有具备对现实情状的洞察力后，才能对时势作出正确判断，并使经世目的转变为经世效用。

（三）论实行：奈何以忠臣为区区，而曰别有圣贤

论效用，只是强调文章所陈述内容的可行性。可行毕竟还只是文字或观念，与"已行"有本质差异。可行而不行，亦仍不免为"虚文"，与匏瓜无异。所以王充即曰："空书为文，实行为德。"（《论衡·书解》）文章只是一种文字表现形式，与实行有本质区别。刘勰亦曰："夫文以行立，行以文传。"（《文心雕龙·宗经》）亦强调文章须借由实行，才能使其所蕴含的内容意义最终生效。这样的观点，在传统中国大概很普遍。

清初颜元即曰："颜子明言'博我以文，约我以礼'，岂空中玩弄光景者比耶？后儒以文墨为文，以虚理为礼，将博学改为博读、博讲、博著，不又天渊之分耶！"① 也是强调要将文、礼、学付诸实践，而非停留于文墨、虚理、博读、博讲、博著的形式阶段。清末马建忠亦曰："文以载道，而非道；文以明理，而非理；文者，所以循是而至于所止，而非所止也，故君子学以致其道。"② 尽管朱熹说"文便是道"，③ 但那是在形而

---

① 李塨：《颜元年谱》卷下，陈祖武点校，中华书局 1992 年版，第 76 页。
② 马建忠：《马氏文通校注》，章锡琛校注，中华书局 1956 年版，后序，第 6 页。
③ 《朱子语类》卷 139，《朱子全书》第 18 册，第 4314 页。

上层面的纯粹理性思辨。在现象界，文毕竟只是文，而非道；文章虽然可以传递"道"的思想内容，但它不是道本身。文人通过文章表达"道"，但不能止于这种表达形式，而更要践行它。马氏虽身处清末，但他此说仍有合于乾嘉时期的《总目》。《总目》虚实论的螺旋辩证结构在论效用之后，又更上一层，推向与书面文字有本质区别的实行。文字即使言实事，且有可预见的实效，但毕竟只是相对的"实"。只有实行才是最终的、绝对的"实"。如此一来，实效之文也退而为虚。

这首先体现在《总目》对事功的推重上。对于宋明以来的义利之辨，就笔者所见材料，《总目》各提要都相当一致地支持主张事功的永嘉学派。《永嘉八面锋提要》即曰："永嘉之学，倡自吕祖谦，和以叶适及傅良，遂于南宋诸儒别为一派。朱子颇以涉于事功为疑。然事功主于经世，功利主于自私，二者似一而实二，未可尽斥永嘉为霸术。且圣人之道，有体有用；天下之势，有缓有急。陈亮上孝宗疏所谓风痹不知痛痒者，未尝不中薄视事功之病，亦未可尽斥永嘉为俗学也。"（C/类书1/v135，p34b-35a）即将事功与功利予以分辨，认为事功致力于经世，而非主于自私；且事功经世，也是以圣人之道用世的方式，不可斥为霸术。

基于对事功的认同，当《江南通志》列范涞于《儒林传》，并载所著《休宁理学先贤传》等书，独不载其《两浙海防类考续编》，《总目》便极为不忿："盖自宋以来，儒者例以性命为精言，以事功为霸术，至于兵事，尤所恶言。殆作志者恐妨涞醇儒之名，故讳此书欤？然古之圣贤，学期实用，未尝日日画太极图也。"（B/地理c4/v75，p32b-33a）醇儒以学术见称，虽可谓"文以载道"，但毕竟仍止于"文"，即颜元所谓的文墨、虚理、博读、博讲、博著。"学期实用"，就是要将"空书之文"，通过实行，落实到人事世界。

基于这种敦劝事功的态度，在《总目》的价值体系中，事功卓著的忠臣，其地位往往不在以学术或道德见称的圣贤之下。如胡闰于靖难之变中死节，塪家亲属均连坐，万历年间下诏雪冤，"张榜于县门，忽风掣其榜入云中，飞舞空中，自午至申乃堕"，后来纪其事者便有"英风纪异""风忠录""忠义类编"诸名。史桂芳纪其事却曰："成文亦常楮耳，能潜而入层云，能见而耀晴空。放而往，周流六虚；卷而还，收摄完聚。明明圣学景象也。吁，胡公其圣人之徒乎？区区以忠臣目之，恐不足慰在天之灵。"[①] 在此，"圣人之徒"与忠臣有高下之分。史氏不满前人以"区区

---

① 史珥辑：《胡忠烈遗事》卷4，《四库全书存目丛书》史部第87册，第268页。

忠臣"看待胡闰，而认为应以"圣人之徒"视之。《总目》则大不以为然："其说似高而实谬。文天祥不云乎：'孔曰成仁，孟曰取义，读圣贤书，所学何事？'其言至为明白，奈何以忠臣为区区，而曰别有圣贤乎？"（胡忠烈遗事/B/传记 c2/v60，p36b－37a）即反对史氏将忠臣置于比圣贤低一级的地位，言外之意认为他们至少应当具有同等地位。

《总目》的直接批评目的本在于"品骘文章"（凡例/卷首 3/p11b），但往往不免有"因文及人"的批评取向："文"只是借以批评"人"的媒介，"人"才是批评的终极指向。因此，对于事功卓绝者，即使其文章不足称道，《总目》亦往往特为宽待。如其论赵公豫《燕堂诗稿》："今读其诗，虽吐属未工，而直写胸臆，要自落落不凡。《传》又称公豫居官廉正，常言吾求为良吏，不求为健吏。去任之日，挈壶浆攀辕者甚众。是其政绩不愧于古之循吏，当因人以重其诗。使鲁恭、卓茂有遗集以传于后，虽声律未娴，谈艺者敢毅然斥去乎！存此一集，以风厉官方。较之捵藻摘华，其有补于世道为多也。"（D/别集 12/v159，p5a－b）鲁恭、卓茂皆汉世名臣（《后汉书·卓鲁魏刘列传》）。《总目》于此即认为，如赵、鲁、卓等事功显著、为民爱戴的循吏，本来即应当"因人以重其诗"。因此，即使他们的诗并不工整，也不能删削或斥去，而应当存之"以风厉官方"。可见文人的事功，较他们的文章本身更重要。又如李曾伯"能以事功显"，"所至皆有实绩"，文集中奏疏表状之文，所论"大抵深明时势，究悉物情，多可以见诸施用"，故其诗词虽"颇不入格"，然而提要却能为他找出"戛戛异人，不屑拾慧牙后"的优点（可斋杂稿/D/别集 16/v163，p20b－21a）。对照《燕堂诗稿提要》"虽吐属未工，要自落落不凡"的逻辑，亦可见提要为事功卓著的文人特意宽待之意。这亦从侧面看出《总目》对文人事功、实行的推重。①

学以致用，自始即是传统中国的重要观念。即使放荡不羁如诗仙李白，亦对事功念念不忘。如其《赠钱征君少阳》即慨叹曰："白玉一杯酒，绿杨三月时。春风余几日？两鬓各成丝。秉烛唯须饮，投竿也未迟。如逢渭水猎，犹可帝王师。"② 以太公吕望垂钓渭水自喻，期能遇圣主而为帝王师。类似的建功立业理想，在古代文人中极为多见。③《总目》只

---

① 关于《总目》对事功、实行的推重，周积明已有深入讨论。参见周积明：《文化视野下的〈四库全书总目〉》，第 30—41 页。
② 瞿蜕园、朱金城：《李白集校注》卷 12，上海古籍出版社 1980 年版，第 803 页。
③ 相关讨论参见龚鹏程：《中国文学史》上册，第 395—396 页。

是在"务虚"的明代之后,为重构文人典范而重申此一务实的事功理想而已。①

第二节　门户论:文人互动中的行为规诫

《总目》使用"门户"一词,是在相当宽泛的层面描述文人之间的互动关系,既包括共时性的社团、朋党,也包括历时性的学术流派。② 这种关系具有双重性:门户内部是个体间的群聚关系,标榜、攀援等行为因此产生;门户外部则是群聚体之间的对立关系,攻伐、纷争等行为由此而来。

《总目》的门户观念早为学界所关注。学界对《总目》门户观念,多以"消融门户"一言蔽之。然而,对于《总目》门户观念的诸多细节,如其门户批评的学术合理性,其对门户行为的定性,其对治门户行为的策略,甚至不同提要中门户观念的歧异等,都鲜见学者深入探讨。因此,本章试图对《总目》的门户观念作力求深入的探讨,以探究它对社群互动中文人行为范式的思考。

一　《总目》门户批评的主调与异响

(一)消融门户的总体倾向

在政治本位的传统中国,门户并非只是学术问题,更是政治问题。因为如果从社群互动角度看,朝廷这个政治团体也是一个群聚体。其他文人群聚体的存在,无疑对朝廷此群聚体的权威构成威胁。

清军机处档存乾隆朝上谕,记载了一宗因门户纷争而判死刑的案件。河南生员程明諲为郑友清作寿文,内有"绍芳声于湖北,创大业于河南"句,三法司以为悖逆,奏请依大逆罪凌迟处死。清高宗却不以为然,反而强调其中被忽视的"率领生徒胡高同等辄肆拳殴"情节,并突出"党同恶习""启师生门户之渐"等影响,因而下令"斩立决"。③ 从刑罚角度

---

① 周积明指出,《总目》重申学期实用的务实传统,既包含着对儒学经世原旨的回归,也隐藏着新的社会思潮的躁动。周积明:《文化视野下的〈四库全书总目〉》,第21—26页。
② 于此,本书的问题焦点在于《总目》对文人互动的态度与评价,而非文人互动的方式。因此,我们暂且搁置文人互动方式(社团、朋党、流派)的具体区别,并将它们统称为门户行为。以"门户"兼指各种类型的文人团体,也基本符合《总目》的术语系统。
③ 乾隆四十七年五月初七日上谕,《纂修四库全书档案》下册,第1578页。

看，定性门户纷争而处以斩立决，似有量刑过重之嫌。但从清高宗行为动机看，如此过重量刑，其对生者的教育与训诫意义，恐怕要大于对死者的惩罚意义。此即高宗上谕强调的"以示惩儆""以靖士风"。

在执政者看来，文人门户纷争足以乱政。明文人的门户习气，以及清初门户党争之频发，到乾隆朝仍有切肤之痛。清高宗郑重其事，使馆臣在编纂"四库"时也极为刻意地凸显门户问题，尤其是它的政治影响。《总目·凡例》即开宗明义：

> 汉唐儒者谨守师说而已，自南宋至明，凡说经、讲学、论文皆各立门户，大抵数名人为之主，而依草附木者嚣然助之。朋党一分，千秋吴越，渐流渐远，并其本师之宗旨亦失其传。而仇隙相寻，操戈不已，名为争是非，实则争胜负也。人心世道之害，莫甚于斯。伏读御题朱弁《曲洧旧闻》，致遗憾于洛党；又御题顾宪成《泾皋藏稿》，示炯戒于东林。诚洞鉴情伪之至论也。我国家文教昌明，……已尽涤前朝之敝俗。然防微杜渐，不能不虑远思深，故甄别遗编，皆一准至公。铲除畛域，以预消芽蘖之萌。（卷首3，p9b–10b）

即鄙弃宋明文人"各立门户"的行径，并宣示"铲除畛域"的修书宗旨。

《儒家类叙》亦曰："今所录者，大旨以濂、洛、关、闽为宗，而依附门墙、借词卫道者，则仅存其目。金溪、姚江之派，亦不废所长。惟显然以佛语解经者，则斥入杂家。凡以风示儒者，无植党，无近名，无大言而不惭，无空谈而鲜实，则庶几孔孟之正传矣。"（C/儒家1/v91，p3a–b）则从著录原则角度，标榜超越门户畛域的取舍与评价态度，声称其所著录尽管以濂、洛、关、闽等理学派为主，但对于与之对立的金溪、姚江等心学派亦"不废所长"。这种自我标榜的态度与实际行为表现，固然存在本质区别。然而，从文人行为规诫角度看，这种自我标榜言论，未尝没有为文人树立榜样的用意，此即其所谓"凡以风示儒者，无植党，无近名"云云。

这些都是常被引及的材料。合理推测，《凡例》与部类叙应经过编纂组织反复商榷而写定，它们基本能代表编纂组织的主流观点，对考察《总目》思想观念具有极重的分量。论者据此而以"消融门户"概括《总目》门户观念的总体态度亦毋庸置疑。且由此亦可见清高宗对《总目》门户批评的干预。然而，"消融门户"一语足以涵盖《总目》门户观念的所有面向吗？

（二）文化传统对门户行为是否在所必斥？

事实上，在《总目》以前，传统中国知识分子对门户行为，并没有协调一致的批判态度，反而存在不少推许门户朋党的意见，引人瞩目。欧阳修著名的《朋党论》即认为朋党有君子、小人之别，小人为"伪朋"，君子才是"真朋"。因为小人好利，同利为朋，见利争先，利尽交疏，故"其暂为朋者，伪也"；君子则不同："所守者道义，所行者忠信，所惜者名节。以之修身，则同道而相益，以之事国，则同心而共济，终始如一。此君子之朋也。故为人君者，但当退小人之伪朋，用君子之真朋，则天下治矣。"他还列举自尧舜至汉唐，历代皆因朋党而兴，因禁朋党而乱亡。他说："夫前世之主，能使人人异心不为朋，莫如纣；能禁绝善人为朋，莫如汉献帝；能诛戮清流之朋，莫如唐昭宗之世。然皆乱亡其国。更相称美推让而不自疑，莫如舜之二十二人，舜亦不疑而皆用之。"① 欧阳修与清高宗一样，都从政治立场出发评论门户朋党，却提出截然不同的观点。欧阳修从人臣的角度，规劝人君信任君子之真朋，而摒弃小人之伪朋，在动机上便异于清高宗从君主角度对臣子行为予以限制。

朱熹亦有类似的观点。他同样以"贤否忠邪""君子小人"来分辨朋党，认为君子"恃其公心直道"之党异于"小人之巧于自谋者"，且也强调朋党对国家政治的重要性。朱子致书丞相留正曰："夫杜门自守，孤立无朋者，此一介之行也。延纳贤能，黜退奸险，合天下之人以济天下之事者，宰相之职也。奚必以无党者为是而有党者为非哉？夫以丞相今日之所处，无党则无党矣，而使小人之道日长、君子之道日消，天下之虑将有不可胜言者，则丞相安得辞其责哉？"认为丞相有延纳贤能的责任，以"合天下之人以济天下之事"，否则孤立无朋，便反使小人得势而君子失势。因此，他甚至还说："不惟不疾君子之为之党，而不惮以身为之党；不惟不惮以身为之党，是又将引其君以为党而不惮也。如此，则天下之事其庶几乎？"② 认为臣子非但不应忌惮以身结党，甚至还应将君主也纳入朋党中。

欧阳修与朱熹虽然同样从政治立场出发立论，但他们的观点却与清高宗截然相反。在朝廷此群聚体以外另立朋党，便意味着对政治权力的分割，意味着对皇权的制约。事实上，宋代儒家士大夫确实普遍抱持着

---

① 欧阳修：《欧阳修全集》卷17《朋党论》，李逸安点校，中华书局2001年版，第297—298页。
② 《晦庵先生朱文公文集》卷28《与留丞相书》（四月二十四日），《朱子全书》第21册，第1243—1244页。

"以天下为己任"的精神，进而欲与皇帝"同治天下"，分享治权。① 因此，欧、朱与清高宗的观点歧异，实即意味着政治势力与学术势力对于政治权力分配的歧异。

《总目》也在欧、朱所代表学术传统的延长线上，因此，部分提要也约略可见欧、朱观点的影子。但碍于清高宗对贬斥门户朋党屡有明令，《总目》中为门户宽假的观点无法任意伸张，反而相当隐微。从某种意义上讲，恰是这种隐微而压抑的暗涌，反而更具不容忽视的思想史研究意义。

（三）《总目》门户批评的众声喧哗

传统观点以"消融门户"概括《总目》的门户观念。事实上，即便对门户行为最基本的褒贬态度，于《总目》众多提要中也并非异口同声的论调，反而是众声喧哗。

《诗童子问提要》论辅广（字汉卿）曰："张端义《贵耳集》载陈善《送广往考亭诗》曰：'见说平生辅汉卿，武彝山下吃残羹。'似颇病其暖暖姝姝奉一先生。然各尊其所闻，各行其所知，谨守师传，分门别户，南宋以后亦不仅广一人，不足深异。"（A/诗1/v15，p28b–29a）提要作者虽未直接为门户行为辩解，却明显有为辅广宽假之意，认为分门别户是南宋以后文人通病，不能独责于辅广。《尚书疏衍提要》则将门户风气范围进一步扩大，其论明代陈第是著曰："惟笃信梅赜古文，以朱子疑之为非，于梅鷟《尚书考异》《尚书谱》二编排诋尤力，则未能深考源流。经师授受，自汉代已别户分门，亦听其各尊所闻可矣。"（A/书2/v12，p19a）《凡例》将门户行为论述为"南宋至明"的通病，以别于汉唐儒者的"谨守师说"。这篇提要的潜在逻辑，便要对质《凡例》此一观点：难道汉唐"谨守师说"就不是分门别户吗？汉唐亦一门户，宋明亦一门户，其为门户一也，何独厚责宋明而宽待汉唐？既然分门别户是汉代以后文人的普遍行径，便不可谓之"病"，故听其"各尊所闻"（各尊门户）亦未尝不可。据这两篇提要的逻辑，门户行为并不如《凡例》所谓"人心世道之害"那般危言耸听。

与文人行为规诫相关，这里还涉及一个隐微的问题："各尊所闻"的行为具体所指为何？它与门户行为是什么关系？事实上，对于这个门户批评的核心术语，不同提要的理解便不尽相同。据《融堂四书管见提

---

① 余英时：《朱熹的历史世界：宋代士大夫政治文化的研究》，生活·读书·新知三联书店2004年版，第210—230页。

要》,《总目》反复出现的"各尊所闻"出自朱熹（A/五经总义/v33, p15a）。朱熹与陆九渊论学，自知彼此难以偕同，因而曰："如曰未然，则'我日斯迈而月斯征'，各尊所闻、各行所知亦可矣，无复可望于必同也。"① 即谓：既然各自所闻所知不同，则不妨各持己见，朱不必苟同于陆，陆不必苟同于朱。

"各尊所闻"是否即是门户行为，朱熹并未予定性。但在《总目》门户批评中，"各尊所闻"的行为属性却出现两种歧异性理解。第一种理解，如前引《诗童子问提要》与《尚书疏衍提要》，即显然将"各尊所闻"等同于门户行为。类似用法，在在可见于《总目》，如"儒家类"按语："至宋而门户大判，仇隙相寻，学者各尊所闻，格斗而不休者，遂越四五百载。"（C/儒家4/v94, p21b-22a）《朱子晚年全论提要》亦曰："朱陆之徒，自宋代即如水火，厥后各尊所闻，转相诟厉，于是执学问之异同，以争门户之胜负。"（C/儒家c4/v98, p8b）这些都将"各尊所闻"等同于门户行为，且除《诗童子问提要》《尚书疏衍提要》外，都将它置于被批评的位置。

第二种理解，则将"各尊所闻"视为门户行为的反面，换言之能"各尊所闻"者即非门户行为，不能如此者才是门户行为。如《二程文集提要》曰："盖南宋之初，学者犹各尊其所闻。不似淳祐以后，门户已成，羽翼已众，于朱子之言，一字不敢异同也。"（D/总集1/v186, p45a）则将南宋初之"各尊所闻"与淳祐以后"门户已成"相区别，换言之即认为"各尊所闻"不是门户行径。又论王开祖《儒志编》曰："然当时濂洛之说犹未大盛，讲学者各尊所闻：孙复号为名儒而尊扬雄为模范，司马光三朝耆宿亦疑孟子而重扬雄，开祖独不涉歧趋，相与讲明孔孟之道。"（C/儒家1/v91, p32a）则以"各尊所闻"描述宋初各持己见的学风，以区别于濂洛学说兴盛后分门别户的风气。于此，门户固然是被贬抑的对象，但"各尊所闻"却是与之相对而被推许的行为。朱熹对"各尊所闻"的使用，似属此类。

同一术语，在语义理解上为何会呈现如此大的歧异？事实上，如忽略朱子原义，"各尊所闻"在语义上，确实可以推衍出上述两种解释。这种歧异，主要缘于"所闻"含义指涉范围的多重性。

首先，"所闻"可以指涉信息来源。就学术活动而言，学术思想或源自师说，或源自学术盟主（被个体推崇者），二者均体现学术思想的外来

---

① 《晦庵先生朱文公文集》卷36《答陆子静》·之六，《朱子全书》第21册，第1577页。

性。此时所谓"各尊所闻",意即"唯师说或盟主是尊而不信他说"。这是群聚性学术行为,甚至因群聚而衍生对立性、排他性,从而便是门户行为。前述第一种理解即遵循如此逻辑。此中,师门是极易群聚的群体。因此,陈淳《北溪大全集》力申儒释之辨,以针砭金溪学派之失,《总目》便批评他:"可谓坚守师传,不失尺寸者矣。"(D/别集14/v161,p12a-b)又谓度正:"悉于师说笃信不疑,宜其一步一趋矣。"(性善堂稿/D/别集15/v162,p1b)诸如此类,所闻所尊都是师说,均被定性为门户行为,且加以贬斥。这便异于《凡例》将汉唐"谨守师说"区别于宋明"各立门户"的逻辑。①《诗童子问提要》《尚书疏衍提要》包容门户行为,盖亦意识到师承渊源与门户的必然关系,以及由此引起的门户行为普遍化。

此外,"所闻"也可以指涉信息内容。此时所谓"各尊所闻"意即学者各尊其所领悟的学术内容;内容但以真伪为准则,不论其出自何人。这便完全符合儒家的学术理念。所谓"朝闻道,夕死可矣","道"即是具有真理性的学术内容。儒者治学,当志在求道;一旦得道,当誓死卫道。学术内容的真伪判断,讲求个人心得,这恰好符合《总目》所倡导的学术独立性行为(下详)。因此,"各尊所闻"常与"各抒所见""各明一义"相通或连用,此中"闻""见""义"均偏指内容。如:"古人著书,务抒所见而止,不妨各明一义。守门户之见者必坚护师说,尺寸不容逾越,亦异乎先儒之本旨矣。"(易传/A/易2/v2,p9b)又如:"沉潜先儒之说,其有合者疏通之,其未合于心者别抒所见以发明之,于先儒乃为有功。是固不必守一先生之言,徒为门户之见也。"(东谷易翼传/A/易3/v3,p40b)又:"盖见智见仁,各明一义,原不能固执一说以限天下万世也。"(易翼述信/A/易6/v6,p41a)这些都与前述第二种理解相同,以"各尊所闻""各抒所见"与门户行为相对,扬前而抑后。②

---

① 林颖政据《凡例》归纳《总目》"规范性的指导标准",虽亦无可厚非。但他仅据此而将"谨守师说"与门户行为分列两造,便将《总目》门户观念的复杂性简单化。林颖政:《论〈四库全书总目〉对明代春秋学的评价标准》,高雄《经学研究集刊》第10期(2011年4月),第140—141页。

② "各抒所见"与门户行为的关系也有例外,《周易会通提要》曰:"先儒诸说,亦复见智见仁,各明一义,断断为门户之争。"(A/易4/v4,p21a)即将"见智见仁,各明一义"视同门户行为予以贬抑。"各抒所见"在多数提要中,都被用以强调学术行为的独立性。这篇提要的批评焦点却侧重其对立性,其用语的准确性不能无疑。因为,对文人独立性的倡导,实即《总目》对治门户行为的重要策略;且既见"仁智",亦可谓"闻道",无违于"文章公器"的公共性目的。

由此可见，《总目》的门户批评充斥着各种不和谐的声音。作为门户批评的核心术语，"各尊所闻"在不同提要中便有不同理解，或将其视同门户行为，或将其与门户行为相对。这种歧异缘于对"所闻"内涵的不同理解：后者侧重"所闻内容"，内容真伪是学术公共性范畴，且真伪区判讲求心得，因而是独立性学术行为；前者侧重"所闻来源"，学者如唯学术渊源是尊而不论内容真伪，便是门户行为。师说是重要学术来源，因此坚守师传亦难免有门户之嫌，这便与《凡例》将汉唐儒之"谨守师说"与宋明儒之分门别户相对立的论调相悖。如此一来，分门别户实然地是文人社群的普遍行为，即使以批评者自居的提要作者概莫能外，从而无须厚责。部分提要即缘此逻辑对门户行为予以宽假。

本节论辩《总目》门户批评的歧见，不在于否定"消融门户"的传统判断。我们需要对思想的复杂性有更深入的认识，了解这些歧见在门户批评中的具体表现，至少须清楚地意识到我们在什么限度上作出"消融门户"的概括。

二 公私之辨：门户批评的合理性论述与门户行为的定性

（一）学术公共性：文章公器，非植党报恩之地

《总目》的门户批评明显受到政治干预，这显然与其所自称的"品骘文章"（凡例/卷首3/p11b）宗旨相悖。"四库"纂修本即政治行为，《总目》固然可以借助赤裸裸的政治暴力予以禁制；当然，强权暴力的说服力必然有限。欲使门户批评对文人更具说服力，必须为其建立切实合理的学理依据，以使批评名正言顺。《总目》最终将门户批评的学术合理性，诉诸学术公共性上。

传统中国，自孔孟始即为士人树立"士志于道"的规训。"道"具有公共性，是超越个体利益的"整体社会关怀"。[①] 因此，陈确曰："夫道者，千圣百王所共之道，天下万世之所共由共知，而非一人之所得而私也。信则言之，疑则阙之；是则承之，非则违之。"[②]

《总目》亦常谓："道者公器，传道者亦统为天下万世之计，不仅求为一乡一邑之荣。"（道南录/B/传记c4/v62, p37b）道既是公共性的公器，理宜载道的文章亦应是公器。因而，以士为文化渊源的文人，尤其是以载道自命的儒家文人，便被认为更应秉承此公器，担负"整体社会关怀"。

---

① 余英时：《中国知识阶层史论》，第39—40页。
② 陈确：《陈确集·别集》卷14《翠薄山房帖》，第565页。

《明史杂咏提要》即曰："夫文章公器，各自成家，原非为植党报恩之地。"（D/别集 c12/v185，p7a–b）

《总目》受政治干预的门户批评，其学术合理性便建立在具有公共性的"道"上。对"道"的操持，使《总目》的门户批评在学理上变得名正言顺。在《总目》的批评视野下，门户行为便与"士志于道"的公共性文化期待背道而驰。傅山以"东南之文概主欧、曾，西北之文不欧、曾"，① 故他为毕振姬文集作序，"以东南之人谓之西北之文"，而题为"西北文"。《总目》即批评曰："文章公器，何限方隅？韩、柳皆非南人，欧、曾亦非北士，门户相夸，总拘虚之见耳。"（西北文集/D/别集 c8/v181，p38b–39a）傅山以地域尺度审视文章，便违背"文章公器"的原则，使文章的公共性局限于"方隅"。与代表公共性的"整体社会"相反，"方隅"代表小团体利益，是私域，是有边界的、排他的门户。

因此，《经部总叙》兼论汉宋长短后云："消融门户之见，而各取所长，则私心祛而公理出，公理出而经义明矣。"（A/v1，p2a）这是《总目》针对门户行为所标榜的总体原则与态度。它所强调的即是"祛私心""出公理"，维护"文章公器"的公共性，同时消融门户的私域性。这种原则与态度在《总目》中是否如实贯彻，是另一回事；但编纂组织在《经部总叙》如此标榜，便有为文人树立行为榜样的意图，即要求其他文人也能如他们所标榜的那样"祛私心而出公理"。

然而，"天下为公"素来都是文人社群的终极理想。自古文人亦多以"卫道"自诩。那么，谁的学术是有"私心"而无"公理"的？其中标准如何判定？

（二）公理的判定：争是非，不争胜负

宋明儒讲学争辩，都以公共性的传道、卫道自我标榜。然而，《总目》的主流观点却将门户行为视为宋明儒的通病。如此一来，门户的私域性与以载道自命的儒者身份，便产生强烈的紧张感。《总目》从行为目的的定性标准入手，消解这种紧张感。

前引《凡例》论宋明门户之争即曰："名为争是非，实则争胜负也。"即将学术论争分为"争是非"与"争胜负"两种目的。"是非"即属于"道"的范畴，具有真理性，因此"争是非"是公共性目的。相对地，"争胜负"则是私域性目的，代表小团体私利，而非整体社会的公益，从

---

① 傅山：《序西北之文》，毕振姬：《西北文集》，《四库全书存目丛书》集部第 211 册，第 715 页。

而被定性为门户行为。据此逻辑，宋明儒被认定为门户行为之典型，乃在于他们以捍卫公益为名，而行争胜营私之实。

在《总目》看来，醇儒与"是非之公"之间并存着实然与应然的双重关系。所谓实然，指醇儒进行学术争辩，事实上都以是非之公为目的；所谓应然，指儒者在进行学术争辩时，理应以是非之公为目的，唯其如此才堪称醇儒。如张栻为学耿介，与朱熹多有论辩，甚至对其师胡宏之父兄胡寅、胡安国亦多有商榷，朱熹不以为忤逆或嫌疑，当他为张氏编《南轩集》时，便把相关文章均予以收录。《总目》即曰："足以见醇儒心术，光明洞达，无一毫党同伐异之私。后人执门户之见，一字一句无不回护，殊失朱子之本意。至朱子作张浚墓志，本据栻所作行状，故多溢美，《语录》载之甚明。而编定是集，乃削去浚行状不载，亦足见不以朋友之私害是非之公矣。"（D/别集14/v161，p9b–10a）这首先是对朱熹"醇儒心术"的实然性描述，认为他既以是非"公理"为目的，便不会因为张栻批评谁而有所避讳。此中亦有言外之意：遵从是非"公理"也是醇儒应有的气度，后儒拘虚门户，党同伐异，便不可谓之醇儒。此即应然性的论述。

醇儒既有如此气度，《总目》便认为不能以后儒之心度醇儒之腹。因此，醇儒并非不可争议、讨论的对象，批评者只要出于"公理"，非但可以争议醇儒，甚至被认为是醇儒之功臣。芮长恤考证《通鉴纲目》非出朱子手，《总目》即以"是非之公"为其辩护："昔元汪克宽力崇道学，笃信新安，而作《考异》一编订讹正舛，至今与《纲目》并刊。盖是非者天下之公，苟一间未达，于圣人不能无误。而大儒之心廓然无我，亦必不以偶然疏漏生回护之私。是即真出朱子，亦决不禁后儒之考订，况门人代拟之本哉？且其说皆引据旧文，原书具在，亦非逞臆私谈凭虚肆辩如姚江末流所为者，是亦可为《纲目》之功臣矣。"（纲目分注拾遗/B/编年/v47，p33a–b）认为"圣人不能无误"，即圣人也可以被订正。作为圣人后学的醇儒，也必然如圣人那样具有无我的"公心"，从而也不会回护自己偶然的疏漏。作为醇儒的朱子有如此气度，其追随者便更应抱持"是非之公"予以订讹正舛，如此才可以为朱子之功臣。

与此相对的反例是王步青《四书本义汇参》。《总目》认为王氏明知《或问小注》为依托朱子的赝本，却"有意模棱"，从而指斥曰："不知其说可取不必以赝本而废之，其书非真亦不必以其说可取并讳其赝本。是是非非，当以其书为断，不必定使其书出朱子而后谓之是也。是又门户之见未能尽化矣。"（A/四书c/v37，p52a）认为是非真赝本身应是独立自足的评判标准，不必以是否出于学术权威而区别对待。王氏一意维护朱子而不辨真伪，便是门户私见。

是非作为公共性话题，理应面向文化社群所有成员开放。它既可以把任何个体作为讨论对象，也允许任何个体参与讨论。《总目》论金履祥《论语集注考证》曰："惟其自称此书不无微牾，自我言之则为忠臣，自他人言之则为逆贼，则殊不可训。夫经者古今之大常，理者天下之公义。论之得失，惟其言不惟其人。使所补正者果是，虽他人亦不失为忠臣；使所补正者或非，虽弟子门人亦不免为逆贼。何以履祥则可，他人则必不可？此宋元间门户之见，非笃论也。"（A/四书1/v35，p41b-42a）是非论辩只看观点当否，不看论辩者为门人与否。金履祥的言论无异于剥夺公众评议《论语集注》的话语权，把公共行为私域化，因而被定性为门户行为。

在公私之辨的逻辑下，《总目》将门户批评的学术合理性诉诸公共性的"道"，使其批评名正言顺。"道"即是真理，体现于现象界即是"是非"。因此，文人论学，以是非为归依便符合传道、卫道的宗旨，以胜负为目的便是出于私心的门户行为。于此，《总目》从行为目的入手，树立"争是非"与"争胜负"的评价尺度，这样的尺度看似鲜明，实亦含糊。因为行为目的仍是主观范畴，难免于"仁者见仁，智者见智"的困局。所以，《总目》批评宋明儒假文章之公器以捍卫门户私域，看似义正词严，实则难以服众。故"四库馆"因抨击宋明儒太甚而被视为"汉学家大本营"，亦为学界共识。

（三）私心的根源：争名好胜与夸饰乡党

在公私之辨的视域下，出于私心的学术行为被认定为门户行为。从这个角度讲，《总目》的门户批评便可以理解为针对文人徇私回护行为而发。

尹台《洞麓堂集》有《祭陆东湖文》，推许陆炳"望重朝廷，功盛社稷"。提要即颇以为异："炳名列《明史·佞幸传》中，与台殊非气类。考史称炳岁入不赀，待权要，周旋善类，亦无所吝。世宗数起大狱，炳多所保全，折节士大夫，未尝构陷一人，以故朝士多称之者。台之假借，或以是故欤？然君子论公义，不论私交，究不免为白璧之瑕也。"（D/别集25/v172，p23b-24a）对于名列《佞幸传》的陆炳之见誉于尹台，提要猜测是因为陆炳能"周旋善类""折节士大夫"。然而，以文章之公器瞻徇私情，《总目》便不以为然，认为"君子论公义，不论私交"。

徇私回护是《总目》试图修正的文人行为，故常被举作反面典型，用于与秉持公心的正面行为比较。如江永仿朱熹《仪礼经传通解》作《礼书纲目》，《总目》以为多能补朱著不足，从而认为："视胡文炳辈务博笃信朱子之名，不问其已定之说、未定之说，无不曲为袒护者，识趣相去远矣。"（礼书纲目/A/礼4/v22，p16a）则赞誉江永的同时，又批评胡文炳尊信朱子盛名，不论其书定本与否，均徇私曲为袒护。此外，胡三省对司马光《资治通鉴》中抵牾之处，多能"明著其故"，且"参证明确"，《总目》亦称之曰："不附会以求其合，深得注书之体。较尹起莘《纲目发明》附和回护，如谐臣媚子所为者，心术之公私，学术之真伪，尤相去九牛毛也。"（资治通鉴/B/编年/v47，p14b–15a）将尹氏的回护行为讥为"谐臣媚子"，认为其与胡三省不附会以求合的行为，有"心术公私"之别。凡此均将徇私回护作为反面典型，以彰显秉公论学的可贵。

在《总目》的论述中，学术私心的根源有很多，归纳起来，比较显见的有争名好胜与夸饰乡党。

1. 争名好胜

在《总目》看来，好名趋利是明文人的症结之一。而从门户批评角度看，这也是学术私心乃至门户纷争产生的根本原因。

其论邵博《闻见后录》即曰："伯温书盛推二程，博乃排程氏而宗苏轼。观所记游酢、谢良佐之事，知康节没后，程氏之徒欲尊其师而抑邵，故博有激以报之。盖怙权者务争利，必先合力以攻异党，异党既尽，病利之不独擅，则同类复相攻。讲学者务争名，亦先合力以攻异党，异党既尽，病名之不独擅，则同类亦相攻。固势之必然，不足怪也。"（C/小说家2/v141，p25a–b）邵博即邵伯温之子，邵雍（谥康节）之孙。在提要看来，无论是政治上的怙权者，还是学术上的讲学者，他们之所以朋党相争，都在于他们以争利争名为目的。为争名利，便要攻伐异党；异党铲除净尽后，为独擅名利，又同类相攻。归根结底，都是名利在作祟。

又如《南华真经新传提要》曰："小人凶狡，其依凭道学，不过假借声名。邢恕何尝不及程子之门，章惇何尝不及邵子之门，而一旦决裂，不可收拾。"（C/道家/v146，p25a）假借声名被视为小人依附门户的行为动机，这种以私心为基础的行为，为门户决裂的结果埋下伏笔。

是非以学术公共性为目的，胜负则以私域性的名利为目的。胜负理所当然也意味着学术私心。因此，"争名好胜"在《总目》中往往连言。《儒家类叙》论宋明门户朋党行为即曰："明之末叶，其祸遂及于宗社。惟好名好胜之私心不能自克，故相激而至是也。"（C/儒家1/v91，p3a）便将明末门户朋党祸及宗社的原因，归之于文人好名好胜的"私心"。在《总目》的主观批评视域下，几乎所有门户行为的目的动机，都可以归咎于争名好胜。

2. 夸饰乡党

乡党之私也是《总目》时常提及的学术私心，但较少受学界关注。明代程瞳以为朱子为新安人，又据欧阳修《冀国公神道碑》以为程子远派亦出新安，故辑新安诸儒出于二家之传者，编为《新安学系录》。提要即大不以为意："夫圣贤之学，天下所公也。必限以方隅，拘以宗派，是门户之私矣。至程子一生，无一字及新安，而遥遥华胄，忽尔见援。以例推之，则朱出于邾，姓源可证，今峄山之士不又引朱子为乡党乎？此真为夸饰风土而作，不为阐明学脉而作也。"（B/传记 c3/v61，p20a–b）则谓学术本当为天下之公器，不应以乡党或宗派等门户私心来加以拘限。程瞳将远派出于新安的程子也纳入新安学系，则其著书目的便只为夸饰乡党，不为阐明作为公器的学术。

又如论雷礼《列卿纪》曰："史谓陈文猥鄙无所建白，而礼称其政体多达，勋德未昭。文，庐陵人，与礼同乡。盖曲徇桑梓之私，非公论矣。"（B/传记 c3/v61，p32b–33a）亦指斥雷礼曲徇桑梓之私，而标榜同乡陈文。又论陈懋仁《泉南杂志》曰："泉人之宦嘉兴，及嘉兴人之宦泉者，俱缕列姓名，即簿尉亦并载之，此非天下之通例。懋仁以嘉兴人而宦泉州，故两地互记耳。使修地志者人人皆援此例，则罄南山之竹不足供其私载矣。凡著一书，先存一厚其乡人之心，皆至薄之见也。"（B/地理 c6/v77，p20b–21a）陈氏以己为"嘉兴人而宦泉州"的缘故，互记两地官宦，即使卑微的簿尉亦不遗漏，从而被指斥为刻意"厚其乡人"的"私载"。

这些出于私心的学术行为，在《总目》看来，都有违学术公器的公共性原则。因此，文人在从事学术活动时，便须从行为动机上抑制这些学术私心的萌动。然而，在公私之辨的逻辑下，《总目》将以怎样的策略对治门户行为？

三 为己之学：强调学术独立性以对治门户行为

对文人学术行为独立性的强调，是《总目》对治门户行为的重要策略。早在孔子就提出这个命题，他说："古之学者为己，今之学者为人。"（《论语·宪问》）孔安国释曰："为己，履而行之；为人，徒能言之。""为己之学"讲求践行，实即学以致用的逻辑。

然而，由"学"到"行"，需要怎样的过程？荀子进一步发挥曰：

> 君子之学也，入乎耳，著乎心，布乎四体，形乎动静。端而言，

蠕而动，一可以为法则。小人之学也，入乎耳，出乎口。口耳之间则四寸耳，曷足以美七尺之躯哉！古之学者为己，今之学者为人。君子之学也，以美其身；小人之学也，以为禽犊。故不问而告谓之傲，问一而告二谓之囋。（《荀子·劝学》）

"入耳"是学的开始。由此而至"形乎动静"的行，须经"著乎心""布乎四体"的过程，其中"著乎心"是关键。这显示知识由外而内，再由内而外的流转。前者是内化过程，后者是外显过程。只有经过"内化外显"的完整过程，学问才可以"美其身"，才是君子之学。小人之学，"入乎耳，出乎口"，不经心的内化，因而不过是"禽犊"，以作"馈献之物"而已。①《后汉书·桓荣传论》对孔子所言亦有类似解释："为人者，凭誉以显物；为己者，因心以会道。"为己之学，以心为依归；为人之学，以学为"馈献之物"，假以取誉。盖人生而知之者稀，学术多自外来，或自师说，或自先进。这些外来之说，必须经过心的内化作用始可成"为己之学"，从而着实地"履而行之"。

（一）学问内化：自学暗修的主客循环辩证

《总目》即特别强调学问的内化作用，如论俞琰："其覃精研思，积三四十年，实有冥心独造、发前人所未发者。"（周易集说/A/易3/v3，p52a）"冥心独造"即荀子所谓"著乎心"，范晔所谓"因心以会道"，亦即内化过程。相对地，《总目》常见的"中无所得"（黄氏日抄/C/儒家2/v92，p48b）、"食而未化"（张界轩集/C/儒家c3/v97，p8b）等评语，即荀子所谓"入乎耳，出乎口"，而无"著乎心"的内化过程。

然则，"为己之学"的内化如何实现？《总目》提出"自学暗修"的实现途径，认为这正是门户行为所欠缺的。《泾皋藏稿提要》即曰："聚徒立说，其流弊不可胜穷，非儒者暗修之正轨矣。"（D/别集25/v172，p51b）暗修并非闭门造车，杜绝外来之说，故其批评来知德即曰："岂非伏处村塾，不尽睹遗文秘籍之传，不尽闻老师宿儒之论，师心自悟，偶有所得，遽夜郎自大哉？"（周易集注/A/易5/v5，p11b–12a）

---

① 杨注："禽犊，馈献之物也。"王先谦以为不然，并据前文"学至乎礼而止矣""为之，人也，舍之，禽兽也"等，将"禽犊"解为"禽兽"（《荀子集解》卷1，第12—13页）。相较之下，杨注似更合原义。"以美其身"是"君子之学"的目的，从对句关系看，将"以为禽犊"解作"小人之学"的目的应更为合理。以"禽犊"为目的的，则解为"馈献"更恰当；"以为禽兽"乃就结果而言。其次，"故不问而告谓之傲，问一而告二谓之囋"，直接举例说明何为"馈献"，即对"以为禽犊"的推衍描述。

虽然人无法生而知之，也无法师心以自悟，一切学问均自外而来，然而，学习主体又并非毫无遮掩地对外敞开。因此，《总目》倡言的自学暗修，便要求学习主体以"本心"① 为依据，对外来之学予以主动拣择；经过拣择的外来之学进一步内化即形成新的"主体本心"，以作为下一次学习的依据。在任何学习活动中，作为学习依据的可称为"学习前本心"，作为内化结果的可称为"学习后本心"。就结果言，"后本心"可以是外来之学对"前本心"的叠加、修正，甚至颠覆。尽管外来之学对学习主体有这些改造的作用，但学习主体却并非全然被动，"前本心"可以能动地决定它与外来之学的合作方式——叠加、修正抑或颠覆。因此，《总目》所强调的自学暗修存在内外之间的主客循环辩证。

这种辩证逻辑可见于《总目》论宋禧："禧学问源出杨维桢。维桢才力横轶，所作诗歌以奇谲兀傲凌跞一世，效之者号为'铁体'。而禧诗乃清和婉转，独以自然为宗，颇出入香山、剑南之间。文亦详赡明达而不诡于理，可谓善学柳下惠，莫如鲁男子矣。"（庸庵集/D/别集 21/v168，p54b）鲁有男子独居，夜不纳雨中嫠妇，妇人以柳下惠"妪不逮门之女"质之，鲁男子以为柳下惠之可，以其贞洁之名已彰而无嫌，己之不可乃因年幼而有嫌，故曰："吾将以吾不可学柳下惠之可。"《毛诗传·巷伯》引孔子曰："欲学柳下惠者，未有似于是也。"学习主体"前本心"内在心境之不同，所学也必然不同。在提要看来，宋禧便根据自己的内在性情，选择性地学杨维桢，故称许其为"善学"。

贝琼学杨维桢，在《总目》看来亦为如此："琼学诗于杨维桢，然其论文，称立言不在崭绝刻峭，而平衍为可观；不在荒唐险怪，而丰腴为可乐。盖虽出于维桢之门，而学其所长不学其所短，宗旨颇不相袭。"（清江诗集/D/别集 22/v169，p20a-b）则从取长弃短的角度说明学习主体的自主选择性。这种以"本心"为依据，将外来之学内化为己有的学问，《总目》常称为"心得之学"，以区别于拘虚门户之学，如其称许蔡清曰："醇儒心得之学，所由与争门户者异欤！"（易经蒙引/A/易 5/v5，p3b）

（二）学术独立性的形成：自得，自足，自信，自立

学习的内化进路，须以学习主体的能动性为前提，这是个体在文人互动中保持独立性的基础。

---

① 本书并非在理学意义上使用"本心"概念，而用以指原来即内在于学习主体、且具有判断力的整套知识结构与心理机制。因此，它异于理学中等同于天理的"本心"，而可因人因时而异。

明曾异撰批评当时士风曰："谓其以庸弱为体者，究必至于有肉而无骨，倚门之倡优是已。己不自立而附人以动，当场之偶人是已。貌若端重而实无所为，里社之土偶是已。且夫所谓君子小人之辨于文，而世道人心之邪正系焉者。……今夫人心之邪而为世道之忧者，莫有甚于乡愿者也。夫文章而不敢出于嘐嘐踽踽之一途，以蹈夫流俗污世之所忌，而阄然为佞以自匿于非刺之外者，此正体针砭之所不及，而实则文章之愿人也。"①主体缺席的学习行为便如偶人附人以动，如土偶貌若端重，实即"倚门之倡优"，而其所作之文章亦"有肉无骨"。因此，曾氏鼓励文人敢于表现自我，即使嘐嘐踽踽如狂如狷不得中行，也终胜于文章之愿人。对此，黄宗羲说得更明确："建安无朱元晦，金溪无陆子静，学者苟能自得，则上帝临汝，不患其无所宗也。"②"自得"即已经过"主体本心"检验且内化的学问，它以主体的能动性为基础。黄氏认为，学者如能如此，即使无朱、陆，亦可以掌握真理而有所宗主。

自得是知识自我积累与内化的结果，而非"入乎耳，出乎口"的"中无所得"。因自得而可自足，因自足而可自信，因自信而可自立而至于无争，从而可以从根本上一并消融门户结构的群聚与对立关系。这是《总目》对治门户行为的基本构想。

其论李光地即显示这种逻辑：

> 光地之学源于朱子，而能心知其意，得所变通，故不拘虚于门户之见。其诂经兼取汉唐之说，其讲学亦酌采陆王之义，而于其是非得失，毫厘千里之介，则辨之甚明，往往一语而决疑似。以视党同伐异之流，斥姚江者无一字不加排诋，攻紫阳者无一语不生讪笑，其相去不可道里计。盖学问既深，则识自定而心自平，固宜与循声佐斗者迥乎异矣。（榕村语录/C/儒家4/v94，p17a-b）

搁置李光地是否堪当此誉，单就提要逻辑看，其所谓"心知其意"便是自得，"学问既深"即因"自得"积累而成自足。因为"学问既深"而"识定心平"，即言其因自足而自信。其之所以能不拘门户兼采诸家的自立，与既辨明诸家得失而不加排诋讪笑的无争，便缘于他识定心平的

---

① 曾异撰：《纺授堂文集》卷4《士气文体》，《四库禁毁书丛刊》集部第163册，第551页。"嘐嘐踽踽"是孟子对狂者与狷者的描述，二者相对乡愿而言。
② 黄宗羲：《南雷诗文集》卷上《复秦灯岩书》，《黄宗羲全集》第10册，第203页。

自信。

《宏明集提要》从反面显示类似逻辑："夫天不言而自尊，圣人之道不言而自信，不待夸、不待辩也。恐人不尊不信而嚣张其外以弥缝之，是亦不足于中之明证矣。"(C/释家/v145，p2a)"恐人不尊不信"即为不自信，而不自信即缘于"不足于中"。因为"不足于中"，因此须嚣张其外以自夸自辩，门户纷争即因此而成。这是门户对立性的表现。文人因不足于中而不自信，有时也会群聚以恃众。王夫之言之益明："[士]乃忧其独之不足以胜，贷于众以袭义而矜其君（群），是先馁也。"① 即指出士人之所以好群聚（门户），乃缘于"独之不足"，因气馁（不自信）而群聚"贷众"。

除以自得自足作为基础性的能力条件外，文人的独立性还须有自立的毅力与勇气。自立可以是客观的描述，但《总目》亦常强调其主观意志。其论石珤即曰："当北地、信阳骎骎代兴之日，而珤独坚守师说。屡典文衡，皆力斥浮夸，使粹然一出于正。虽才学皆逊东阳，而浞浞持正，不趋时好，亦可谓坚立之士矣。"（熊峰集/D/别集24/v171，p19b-20a）石氏坚守师说，在部分提要的逻辑中，固然也是门户行为。但此提要却强调他以师说抗衡学术盟主七子派，并称之为"不趋时好"的"坚立之士"，则又是另一个角度的"非门户行为"。"坚立之士"之称，即着意褒扬石氏坚守公共性的学术是非而不畏强御的勇气。其论归有光亦曰："初，太仓王世贞传北地、信阳之说，以秦汉之文倡率，天下无不靡然从风，相与剽剥古人，求附坛坫。有光独抱唐宋诸家遗集，与二三弟子讲授于荒江老屋之间，毅然与之抗衡。"（震川文集/D/别集25/v172，p43b-44a）即称许归氏以唐宋古文抗衡七子复古思潮的行为。所谓"独抱"即说明其自得与自立，以及"毅然与之抗衡"的毅力与勇气。

之所以将这种主观性的自立描述为毅力与勇气，是因为这种独立行为往往须面对超乎寻常的压力。当然，以《总目》的逻辑，这种抗衡不是为私域争胜负或名利，而是为公益明是非。是非仍基于自得。以一己自得之是非对抗学术盟主，便需要毅力与勇气。陈确《答张考夫书》云："若夫圣贤（经）之淆乱，习见之乖讹，则弟决欲冒万死为孔、曾一雪之。虽一家非之不顾，一国非之不顾，天下非之不顾，千秋万岁共非之亦不顾也。……是非之公，终难埋没。众人之诺诺，果理之必不可

---

① 王夫之：《宋论》卷14，《续修四库全书》第450册，第489页。

夺者哉！"① 即预设了捍卫是非之公所可能面对的巨大压力，从而表现出相应的勇气与魄力。这种压力恐怕更多来自掌控学术话语权的学术权威。

从内化暗修，到自得、自足、自立，都强调文人学术行为的独立性。文人只有通过这种"为己之学"获得独立性品格后，兼之以毅然独立的勇气，才能在与其他文人的互动中，破除内向党同、外向伐异的双重门户行为。自得、自足、自立虽然以自我为中心，却并非以私利为目的。独立性隔绝他者对学术主体的干预，为学术主体求道、得道提供保障，从而也最终保障了学术的公共性。《总目》对门户行为与门户群体的具体批评，基本上都在这套理论逻辑下展开。

四 斥党同，责伐异：门户行为类型及其批判

文人史研究通常将文人门户按社团、朋党、流派等类型划分。② 这种以组织结构为类标准的分类，固然亦见于《总目》的批评系统。但《总目》门户批评的着眼点并不在此，而毋宁概括于"党同伐异"此论述中。据此，以行为方式为分类标准，可将门户行为分为"党同"与"伐异"两类——这也对应了门户行为群聚性与对立性的双重关系。

（一）党同批评：杜绝标榜与攀援

《集部总叙》论文人纂辑总集曰："总集之作，多由论定。……《丹阳集》惟录乡人，《箧中集》则附登乃弟。虽去取幸孚众议，而履霜有渐，已为诗社标榜之先驱，其声气攀援甚于别集。"（D/v148，p1b）这段论述，涉及两种非常普遍的党同行为：标榜与攀援。尽管它们关联性极强，可共同附着于文人编辑文集等活动中，然而它们本质上又有差异。攀援可以分析为攀附与援引两种行为，前者指下位者向上位者的趋附，后者指上位者对下位者的提拔或援助。标榜虽然也可能涉及行为者的位阶差别，却侧重于强调过分的赞誉或吹嘘。

1. 杜标榜：文章论定，自有公评

《集部总叙》认为标榜风气始于总集的纂辑活动。《国秀集提要》重申此观点，并予以进一步批评，其论芮挺章是编曰：

---

① 陈确：《陈确集·别集》卷16，第593页。
② 郭英德研究文人集团即分为侍从文人集团、学术派别、政治朋党、文人结社和文学流派等类型。郭英德：《中国古代文人集团与文学风貌》，第4—5页。

第三章 直笔书写：《总目》对文人行为典范的重构

唐以前编辑总集，以己作入选者，始见于王逸之录《楚词》，再见于徐陵之撰《玉台新咏》。挺章亦录己作二篇，盖仿其例。然文章论定，自有公评，要当待之天下后世，何必露才扬己，先自表章？虽有例可援，终不可为训。至《旧序》一篇无作者姓氏，陈振孙《书录解题》谓为楼颖所作。颖，天宝中进士，其诗亦选入集中。考梁昭明太子撰《文选》，以何逊犹在，不录其诗，盖欲杜绝世情，用彰公道。今挺章与颖，一则以见存之人采录其诗，一则以选己之诗为之作序，后来互相标榜之风已萌于此。知明人诗社锢习其来有渐，非一朝一夕之故矣。(D/总集1/v186，p15b-16a)

据提要的批评，《国秀集》有两重标榜。其一为芮氏自我标榜，即录己作于集，提要斥为"露才扬己，先自表章"。其二为芮氏与楼颖之间的相互标榜：芮集录楼氏文章，违反《文选》开创的"在世不录"传统；楼氏为选己诗之集作序，亦涉嫌偏私标榜。提要认为，这种相互标榜是后来诗社标榜的始作俑者。《总目》既以文章为公器，则论文便不必假以私情，而须面向文化社群全体成员开放其批评话语权，故曰"文章论定，自有公评"。因此强调应遵从《文选》的秉公精神："杜绝世情，用彰公道"。

在《总目》看来，标榜乃出于文人小团体的私情，而非以整体社会公益为目的。其论魏宪《百名家诗选》即曰："今观所选诸人，大抵皆声气标榜之习。至叶方蔼以下十人，未得其诗而先列其目，益见其不为论诗作矣。"(D/总集c4/v194，p18b) 文章公器，当以是非之公论之。魏氏于叶方蔼等十人竟未见其诗便先列其目，显然意在录人而非论诗，因而便是以私情为目的的标榜行为。

标榜既以私情为目的，则其用以标榜的标准，也并非与公器相应的"公理"，因此这种标榜性赞誉也并不可靠。《总目》论陈文烛诗文集时，即从其中的名士序跋深悟标榜行为之不可为据。据提要述列，当时名士为陈氏诗集作序者有李维桢、屠隆等19人，文集亦有王世贞、归有光等序。后来诗文合编，亦有汪道昆、王世贞序。上述三集均陈氏生前所编。相较之下，陈氏死后由其孙陈之蓬所编的《续集》，则"无当时名士序，惟之蓬自序之，又与文烛之壻龙膺各为一跋而已"。身前宾客阗门，死后门可罗雀，如此强烈对比，提要作者不免感叹："斯亦生死之际，交游盛衰之验，而文坛标榜，其不足尽据可知矣。"(二酉园诗集/D/别集c5/v178，p30b-31a)

古代文人的写作动机大概有两种：或为"文以载道"，或为"立言不朽"。从公私之辨的角度看，标榜的行为动机与立言不朽的写作动机契合，即希望通过标榜使名声世代相传以至不朽。名声不外乎于时空两个维度传播。标榜通常发生于同时代文人之间，其直接结果是名声的空间传播。理论上讲，空间性传播越广，随着时间推移，名声的历时性传播便可能越长久——长久至无穷便是不朽。换言之，文章传播的时间长度，理论上可由传播的空间广度置换而来。因此，部分文人便试图通过标榜，扩展其文章与名声的传播广度，以换取时间上的传播长度。

但在《总目》看来，以标榜求不朽是徒劳的。它认为，文章之传否取决于自身质量。清初曹贞吉《珂雪词》于每调之末必列王士禛、彭孙遹等名士评语，提要即曰："实沿明季文社陋习，最可厌憎。今悉删除，以清耳目。且以见文之工与不工，原所共见；传与不传，在所自为。名流之序跋批点，不过木兰之楔。日久论定，其妍丑不由于此。庶假借声誉者，晓然知标榜之无庸焉。"（D/词曲 2/v199，p18a–b）认为文章的传播在时空上均无法依靠标榜"假借声誉"来实现，而取决于自身的"工与不工"。文章之工否，其实现方式在于"自为"，判定方式却在于"共见"。无论自为抑或共见，均非友朋标榜可干预。至于文章能否传至不朽，便被归诸"日久论定"的检验，这便存在不可知的神秘感。但无论如何，在"公论"逻辑下，文人欲使文章传至久远，唯一的途径便是"自为"。如此一来，对标榜的批评，也是《总目》从反面角度，规诫文人培养自得、自足、自立之独立品格的策略。

《总目》论朱朴亦曰："以不为王世贞等所奖誉，故名不甚著。然当太仓、历下坛坫争雄之日，士大夫奔走不遑，七子之数辗转屡增，一时山人墨客亦莫不望景趋风，乞齿牙之余论，冀一顾以增声价。……朴独闭户苦吟，不假借嘘枯吹生之力。其人品已高，其诗品苕苕物表，固亦理之自然矣。"（西村诗集/D/别集 25/v172，p10a–b）在批判当时诗坛标榜风气的同时，赞誉朱朴能"闭户苦吟"而不假借王世贞之"嘘枯吹生"，尽管"名不甚著"，提要仍以之为"诗品苕苕物表"。在《总目》看来，文人行为足以自立，便无须假借标榜以传世。

然而，《总目》所谓"传与不传，在所自为"，终究只是主观的应然性论述。从客观实然角度看，自为的传播效果未必胜过标榜。朱朴能自为而"闭户苦吟"，其实然结果毕竟还是"名不甚著"。提要称其"诗品苕苕物表"，并非基于诗学审美逻辑的文本分析，而是在"文以人重"逻辑下，基于朱氏"人品已高"的前提而作之评论；且"人品已高"的评定，亦基于《总目》自所标榜的不趋门户。因此，朱朴能得到褒扬，也不过是《总目》标榜的结果，而非《总目》自称的"日久论定"的公论；且"苕苕物表"也只是《总目》一家的标榜标准，未必即是普遍文人所期待的不巧。

如此看来，所谓"日久论定"是不可能实现的悖论。实然地看，文章传世有太多复杂的影响因素。这固然无法回避"自为"的创作论问题，但它更涉及传播论、接受论等问题。文学史上因典范转移而于异代"名著"的文人大有人在。典范转移并非作者自为所可掌控。旧典范的破坏与新典范的建立，毋宁便是文人相互标榜的结果。且因为典范随时间迁移，所以无论历时多久，都不可能最终"论定"。如此看来，文人的标榜行为，也未尝不是领悟自为不足以不朽后，退而求其次之所为。当然，《总目》乃从应然角度批评标榜，且在文章公器的话语下，"立言不朽"本即出于私利目的，这便更从前提上否定标榜的正当性。

2. 绝攀援：依草附木，不免千秋嗤点

在门户批评视野下，攀与援往往相辅相成。虽然或有下位者攀，上位者不援以助之；或上位者援，下位者不攀以应之。但无呼应的或攀或援，便无法构成完整的门户，反而凸显不应者的独立与高洁。然而，《总目》对这组相互性行为的批评，更侧重于攀一面，故常以"攀附""依附"等单向性词取代"攀援"此双向性词。

在《总目》的攀附批评中，以学术盟主为对象的攀附行为最常被提及。前引《西村诗集提要》即指斥当时文人对王世贞等文坛领袖"奔走不遑""望景趋风"等攀附依随行径。类似批评《总目》中俯拾即是，不遑枚举。此中，《总目》对以下两种攀附行为的批评便颇堪注意。

其一，即假地攀附行为，这是被文人史研究忽略的门户行为。《汉书》称董仲舒为广川人，而山东德州，直隶景州、枣强县皆广川故地，均争以仲舒为乡人。《总目》即批评："夫惠、跖兄弟，不以惠而宽跖；向、歆父子，不以向而荣歆。况夫前代乡贤，何关后人之事？郡邑志乘，锢习相仍，纷纷为无益之争，皆其所见之小也。"（董子故里志/B/传记 c2/v60, p15b）即以志乘锢习斥之。地志攀附实亦人的攀附，地域只是文人攀附行为的假借体。故提要便比拟"不以惠宽跖""不以向荣歆"，批评这种攀附行为之无益。

其二，更重要的是攀附时局行为。时局是文人与政治接触的场域，《总目》认为门户朋党应为国运负责，因此对这类攀附行为极为关注。其论边贡《华泉集》即曰："昔薛蕙于严嵩为同年，颇相唱和。及嵩柄国，蕙即谢绝往还，并削去旧作，不留一字，至今为论者所称。是集乃以送嵩之作列为压卷，不免见疑于清议。然诗集为贡没之后，其里人刘天民所编，时当嘉靖戊戌，正嵩权炽盛之日，或天民无识，趋附时局以为荣，非贡本志欤？"（D/别集24/v171，p29b－30a）尽管提要作者不能确证以送严嵩之作压卷，是否边贡本意，但他无疑已将此举理解为"趋附时局以为荣"，并将它与薛蕙跟严嵩谢绝往还的高洁品行对比，从而突出对趋附时局行为的批评。又如张嵲作《绍兴复古诗》"贡谀秦桧"，《总目》即认为此举"深玷生平"，并曰："今其代桧奏稿虽已不存，而是诗尚传。留供千秋之嗤点，亦足以昭炯戒矣。"（紫微集/D/别集9/v156，p30b－31a）"以昭炯戒"即警诫文人勿攀附时局，更勿假借文章公器为之，否则即如张嵲那样遗千秋嗤点，因为"愧词曲笔""流传记载"，"有求其泯没而不得者"（渭南文集/D/别集13/v160，p26b－27a）。

与标榜批评相似，对攀附行为的批评，也是《总目》从反面角度规诫文人自足自立品格的策略。因此，《总目》常以攀附行为与文人自立行为进行正反对比。如其论胡寅即曰："其父安国，与秦桧为契交，桧当国日，眷眷欲相援引。寅兄弟三人并力拒不入其党。寅更忤之，至流窜。其立身亦具有始末者，其文亦何可废也？"（斐然集/D/别集11/v158，p11b）即赞誉胡氏兄弟拒绝秦桧援引，称许其"立身具有始末"。论刘宗周亦曰："一厄于魏忠贤，再厄于温体仁，终厄于马士英，而姜桂之性介然不改，卒以首阳一饿日月争光，在有明末叶，可称皭皭完人，非依草附木之流所可同日语矣。"（刘蕺山集/D/别集25/v172，p58b－59a）亦以依草附木之流，对比赞誉刘宗周的耿介不屈。诸如此类，均旨在劝诫文人杜绝攀附行为，介然自立。

（二）伐异批评：表彰包容，贬抑排斥异己

门户结构的对立性决定《总目》在批评党同行为的同时，亦兼及伐异批评。如其论刘源渌《冷语》即曰："其三卷中一条诋刘安世为邪人，谓其害甚于章惇、邢恕，以其与伊川不协也。然《宋史》具在，安世《尽言集》亦具在，果章惇、邢恕之不若乎？不问其人品之醇疵，但以附合道学者为正，稍相龃龉者为邪，则蔡京之荐杨时，当为北宋第一正人矣。"（C/儒家c4/v98，p6a－b）在提要看来，刘源渌之所以贬抑刘安世，乃缘于安世与程颐不协，此即伐异行为。提要认为这种不问是非、只看阵营同异便横加褒贬的行为，实在不可理喻。作者举出一个极端反例：蔡京荐举杨时亦属"附合道学"，难道蔡京便是北宋第一正人？

伐异以徇私为目的而排斥异己。因此，在《总目》中，伐异常作为反面典型，以表彰包容异己的兼收并采行为。茅星来《近思录集注》自称"备著汉唐诸家之说，以见程朱诸先生学之有本，俾彼空疏寡学者无得以借口"云云，其提要即褒之曰："其持论光明洞达，无党同伐异、争名求胜之私，可谓能正其心术矣。"（C/儒家2/v92, p23a-b）则在赞誉茅氏能兼采汉宋的同时，批评排斥异己的行为。

邓淮任温州知府时，建鹿城书院，祀二程、张、朱，并以游学于程朱门下的温州士子配祀，包括永嘉学派代表人物周行己。《总目》论邓氏《鹿城书院集》即曰："虽亦讲学家标榜之书，然永嘉学派多兼求实用，颇异新安。淮不分门户于其间，视党同伐异者，其公私相去远矣。"（B/传记 c3/v61, p14b）即推许邓氏不分永嘉、新安门户的包容之举，认为这与党同伐异者相去甚远。可见，党同伐异已被树立成反面典型，随时被推出来予以批判。

党同伐异的门户行为，缘于文人自信不足而相互依赖的心理。因此，《总目》强调学术独立性，以图将由门户造成的文人链锁关系予以"解锁"。对于党同伐异的门户行为，《总目》众多提要基本上抱持一致的批判态度。这是《总目》消融门户主流观点的集中体现，也是馆臣对清高宗贬斥门户朋党谕令的响应。在政治威严下，《总目》中为门户宽假的观点虽无法任意伸张，但却沿着欧阳修、朱熹君子小人之辨的逻辑，在门户群体内的流品批评中大做文章，形成显著对立的观点。

五 始末之辨：门户的流品及其歧异性批判

《总目》强调文人自立，规诫文人在参与社群互动时保持自我的独立性。理论上讲，如果所有文人都能自得、自足、自立，整个文人社群便可以达到熊十力所谓的"群龙无首"境界。① "无首"便无所谓门户。因此，《总目》从自立角度规诫文人的门户行为，从理论上讲确实有可能达到消融门户的目的。部分文人要成为自足自立的"龙"，似非难事；问题

---

① 熊氏将《周易》"群龙无首"视为群经言治术的最高境界，并认为这就是春秋学所说的"太平世"，也就是《礼记·礼运》所说的大同世界。他说："古人谓龙之为物，有强健之德。群龙者，则以譬喻万国民众，皆有刚健之德。故云'群龙'。人人皆自主，亦复彼此互相扶助若一体，莫有首长。故云无首。"又说："《春秋》太平世，人人有士君子之行，是为众阳，是为群龙。无首者，至治之隆，无种界，无国界，人各自由，人皆平行，无有操政柄以临于众庶之上者，故云无首。"分见熊十力：《乾坤衍》，《熊十力全集》第7卷，湖北教育出版社2001年版，第627页；熊十力：《读经示要》，《熊十力全集》第3卷，第618页。

却在于，要实现"群龙"——使独立性普及全体文人以至无一遗漏，便极具难度。

"群龙"之难以实现，使《总目》对文人独立性的强调，在现实中非但难以消融门户，反而以形成门户为必然结果。因为部分文人的自立，恰可使其脱颖而出，成为众文人之"首长"。"首长"出现，追随者自然相应而生，门户也应之而起。在"群龙无首"境界遥遥无期的情况下，对于因自立而分门别户的"龙"，以及其追随者的评价，便不可避免。这涉及门户流品批评的问题。①

在《总目》的批评逻辑中，每个门户群体内部，大体都可以析分为始创者与末流这两个流品。《总目》对门户行为的整体态度尽管存在若干杂音，但其贬抑立场总体上说尚属鲜明。然而，当批评笔触延伸至门户中不同流品时，《总目》各提要的态度便尽显歧趋。总体而言，《总目》对创始者与末流各自的态度便已褒贬不一：末流皆遭贬抑，创始者则更形成"责始"与"贵始"观点的尖锐对立。

（一）斥末流：土偶衣冠，愈失愈远

从独立性角度看，门户末流都被认为缺乏独立性，从而随波逐流，攀附门户宗主。《总目》论胡正言《印存初集》曰："自明中叶，篆刻分文彭、何震二家。文以秀雅为宗，其末流伤于妍媚，无复古意。何以苍劲为宗，其末流破碎楂枒，备诸恶状。正言欲矫两家之失，独以端重为主，颇合古人摹印之法；而学之者失于板滞，又为土偶之衣冠矣。"（C/艺术c/v114，p35b-36a）这篇提要揭示门户末流的两大症结。

其一，批评末流为"土偶衣冠"——它在语脉上虽针对胡派而言，但在《总目》整体批评逻辑中，它实又是所有门户末流的共同症结。所谓"土偶衣冠"，即仅能模拟宗主，而无法将所学知识内化为己有，从而也无法自得、自立。

其二，批评末流对门户宗旨的失守。如文派末流由文彭的秀雅，演变为妍媚；何派末流由何震的苍劲，演变为破碎楂枒；胡派末流由胡正言的端重，演变为板滞。类似批评多见于《总目》，都在于指斥末流文人失守本派宗主之本旨。焦竑《支谈》主于三教归一，并"欲阴驾佛老于孔子之上"，提要即批评："此姚江末流之极弊，并其本旨失之者。虽亦讲学

---

① 《总目》对门户群体批评常用"流品"的概念，如"互相标榜，自立门户，流品亦遂糅杂"（东林列传/B/传记2/v58，p23b），"标榜日甚，攀附渐多，遂致流品混淆"（泾皋藏稿/D/别集25/v172，p51b）。盖意指门户中不同个体的等第或层级。

之言，不复以儒家论之，亦不复以儒理责之矣。"（C/杂家 c2/v125，p15b－16a）便以焦竑为姚江末流，并指斥他尊佛老胜过尊孔，失守王阳明以儒家为宗的本旨。以其既非儒家言，便列诸"杂家类"，不以儒家视之、责之。这便有自郐无讥的意味。在《总目》以"儒藏"自居的价值逻辑中，"不以儒理责之"的批评显然比责以儒理严重得多。这是《总目》对末流，尤其是王学末流的基本论调，所谓"姚江末流，愈失愈远，弥巧而弥离其宗者也"（圣学真语/C/杂家 c2/v125，p44a）。

以《总目》的批评逻辑看，末流失守宗旨与学不自得，有密切的因果关联。《少室山房类稿提要》曰："考七子之派肇自正德，而衰于万历之季，横踞海内百有余年。其中一二主盟者虽为天下所攻击，体无完肤，而其集终不可磨灭。非惟天姿绝异，笼罩诸家，亦由其学问淹通足以济其桀骜。故根柢深固，虽败而不至亡也。末俗承流，空疏不学，不能如王李剽剟秦汉，乃从而剽剟王李。黄金白雪，万口一音。一时依附门墙，假借声价，亦得号为名士。时移事易，转瞬为覆瓿之用，固其所矣。"（D/别集25/v172，p47a－b）其逻辑是：复古本身并无好坏，复古者自身的天姿与学问根柢才是关键。七子倡言复古，因其有才学为根柢，故足以笼罩诸家，即使屡遭攻击，也不至于名声泯灭。至其末流，既无才学为根柢，力不能复古，便只能剽剟七子，"转相模拟，流弊渐深"（怀麓堂集/D/别集23/v170，p49b）。"剽剟"与"模拟"作为批评术语，即指未经内化的学习或模仿，等同于"土偶衣冠"，从而失守门派宗旨，产生流弊。

末流文人影从创始者，其实便是攀附行为。攀附是文人间的群聚性互动，直接导致门户的形成。群聚树立畛域，畛域树立意味着门户对垒的形成。以《总目》所强调的文人独立性逻辑看，门户创始者学问能自足自立，因而自信而无争，即《榕村语录提要》所谓"学问既深，则识自定心自平，固宜与循声佐斗者迥乎异矣"。据此逻辑，门户壁垒之形成，便似责不在创始者。因此，《总目》往往将门户攻伐与相争，直接归咎于末流文人。这与《总目》在批评攀援行为时，常着眼于下位者对上位者之攀附的现象相应。

如吕本中作《江西宗派图》而启宋诗门户之争。然而，《总目》却并未将宋诗门户归咎于吕氏，而归诸末流。在《总目》的批评视野中，学出于黄庭坚的吕氏，论诗却不专豫章，而能不主一家一格，除极称李商隐外，亦能备载张载、程颐之类。《紫微诗话提要》曰："盖诗体始变之时，虽自出新意，未尝不兼采众长。自方回等一祖三宗之说兴，而西昆、江西二派乃判如冰炭，不可复合。元好问《中州集》末，因有'北人不拾江西唾，未要曾郎借齿牙'句，实末流相诟有以激之。观于是书，知其初之不尽然也。"（D/诗文评1/v195，p19b-20a）"自出新意"即指创始者能因自得而自立，"兼采众长"指其因自足而能自信且无争。创始者如此包容，那么西昆、江西二派之所以有"判如冰炭"的门户对垒，便自然归咎于"末流相诟"。

《总目》针对门户行为的所有负面批评，几乎都牵涉末流，私心与标榜自不待言，独立性缺失与攀附尤为突出。这种彻底的负面形象，与创始者褒贬参半的评价形成鲜明对比。

（二）责始责贤：党祸之兴，未必非贤者开门揖盗

据门户的历时性与共时性两种类型分析，门户中的"龙"也应有两类：历时性的流派有先驱者，《总目》常称为创始者；共时性的社团有"首长"，《总目》常称为君子或贤者——当然，创始者与君子二者之间也有相通之处。《总目》对这两种"龙"的批评固然不乏其例。

首先，对先驱者的批评，如论王通《中说》云："后来聚徒讲学酿为朋党，以至祸延宗社者，通实为之先驱。《坤》之初六'履霜坚冰'，《姤》之初六'系于金柅'，录而存之亦足见儒风变古，其所由来者渐也。"（C/儒家1/v91，p26b）以王通为讲学、朋党的始作俑者，追究其使"儒风变古"之责。又如张应文《张氏藏书》模仿《论语》，屡有"小子何莫吃夫粥，粥可以补，可以宣，可以腥，可以素"之类"侮圣言"，其提要便归咎于此前的屠隆、陈继儒等人："明之末年，国政坏而士风亦坏，掉弄聪明，决裂防检，遂至于如此。屠隆、陈继儒诸人不得不任其咎也。"（C/杂家c11/v134，p13b-14a）认为他们开启了这种轻佻颓坏的士风。

对先驱者的批评，有一种特殊批评形式值得注意，姑且称之为"编次批评"，即刻意打破编次常例，以表达特殊批评意见。① 《虞东学诗提要》按语曰："诸经之中，惟《诗》文义易明，亦惟《诗》辨争最甚。盖'《诗》无达诂'，各随所主之门户，均有一说之可通也。今核定诸家，始于《诗序辨说》，以著起衅之由；终以是编，以破除朋党之见：凡以俾说是经者化其邀名求胜之私而已矣。"（A/诗2/v16，p44b）《诗序提要》亦曰："今参考诸说，定《序》首二句为毛苌以前经师所传，以下续申之词为毛苌以下弟子所附，仍录冠'诗部'之首，明渊源之有自。并录朱子

---

① 书目部次作为一种文献符码，具有文化诠释的意义。参见蔡智力：《文献文化学及其方法学省思》，第192—194页。

之《辨说》,著门户所由分。盖数百年朋党之争,兹其发端矣。"(A/诗1/v15,p4a-b)则打破按时序编次的常例,特意将朱熹《诗序辨说》列于"诗类"之首,以昭示其为《诗》学门户争端之始。这种在编次上刻意为之的变例,便彰显《总目》将门户风气归咎于朱熹的用意。又如论杨时:"时卒于高宗建炎四年,其入南宋日浅,故旧皆系之北宋末。然南宋一代之儒风与一代之朝论,实皆传时之绪余。故编录南宋诸集,冠以宗泽,著其说不用而偏安之局遂成。次之以时,著其说一行而讲学之风遂炽。"(龟山集/D/别集9/v156,p3a-b)亦将南宋讲学风气归咎于杨时,并在目录编次上刻意将他由北宋移至南宋。

其次,对共时性的文人社团,《总目》亦常归咎于其"首长",即所谓君子或贤者。如《冯少墟集提要》曰:"维古极盛之治,有皋、夔、稷、契;亦越小康之世,有房、杜、王、魏、韩、范、富、欧,亦何尝招百司执事,环坐而谈心性哉?无故而舍其职司,呼朋引类,使其中为君子者授人以攻击之间,为小人者借此为攀附之途。党祸之兴,未必非贤者开门而揖盗也。"(D/别集25/v172,p54b)把党祸之兴归咎于贤者,认为是贤者开门揖盗。在提要看来,贤者本分应如皋、夔、房、杜诸人以经世为务,而非聚众讲学,致使小人借机攀附,形成朋党。其论东林讲学亦曰:"其中硕士端人固所不乏,而依草附木者实繁有徒。厥后树帜分朋,干挠时政,祸患卒隐中于国家。足知聚徒讲学,其流弊无所不至。虽创始诸人未必逆料如此,而推原祸本,一二君子不能不任其咎也。"(东林列传/B/传记2/v58,p24b)亦指出东林社团虽有正人君子,但难免鱼龙混杂,以致后来干挠时政,祸及国家。这些流弊虽是小人直接所为,但一二君子如顾宪成、高攀龙等人亦难辞其咎。

以上诸例都显见《总目》对门户创始者的批评态度,认为他们尽管博学贤能,却肇启末学流弊,难免于始作俑者之咎。这也是《总目》常谓"《春秋》责备贤者"之意。

(三)责始谅贤:不以末流放失并咎创始之人

《总目》既强调文人独立性,在实际批评中却责始责贤,这便使其门户批评呈现内在矛盾。因为贤能君子自身无可否认符合《总目》标榜的独立性,创始正是其独立性的必然结果。且贤能君子尤其是学派创始者的创始行为,不必对末学流弊负责,《总目》也屡称"创始诸人未必逆料如此"。现在却要将末流所酿之祸,归咎于创始君子,似乎又转而消解了它所倡言的学术独立性。

既然责始责贤,则在"群龙无首"遥遥无期的当下,贤能君子是否要刻意避免成龙？若然，那将真的陷入董仲舒《士不遇赋》所描述的窘境："目信嫮而言眇兮，口信辩而言讷。"双眸确实淳美（嫮）却要伪装目盲（眇），口才确实巧言善辩却要伪装木讷。这是可怕的文化生态。但根据《总目》强调独立性的批评逻辑，如全体文人均无独立性，则其因标榜、攀援而不能自立的问题恐怕会更严重。因此，《总目》事实上仍有很多观点延续独立性批评的逻辑，推重创始者，或为其宽贷。

自立实即意味着创始。如师门授受，据《总目》的逻辑，弟子受学于师，须内心自得，且因自得积累而自足，进而自立。自立意味着不必然同于师——至于同否须由自得之"主体本心"来判断，这对学术行为而言便意味着新的开始，而非重复师说的偶人。顺此逻辑，《总目》鼓励自立，亦即鼓励创始。这确实也是《总目》所具有的态度，如其论王应麟《小学绀珠》即曰："后来张九成（韶）《群书拾唾》、宫梦仁《读书纪数略》，虽采掇编辑较为明备，而实皆以是书为蓝本。踵事者易，创始者难，筚路篮缕，又乌可没应麟之功欤？"（C/类书 1/v135，p49b）论陈思《书苑菁华》亦曰："虽思书规模草创，万不及后来之精密，而大辂肇于椎轮，层冰成于积水，其造始之功固亦未可泯焉。"（C/艺术 1/v112，p40b）均强调"创始者难"与"造始之功"。

此虽未涉及门户问题，但《总目》门户批评对创始者的体谅，实亦以创始之功为逻辑基础。如阳明心学几乎被《总目》贬斥得一无是处，但其矛头却专指末流，故屡以"姚江末流"为辞。而对于创始者王阳明，《总目》却丝毫不吝溢美之词。如论毛奇龄《王文成集传本》："夫史传非讲学之书，守仁一代伟人，亦不必以讲学始重。奇龄提唱良知，哓哓不已，不免门户之见。"（B/传记 c2/v60，p33b）以"一代伟人"称之，可谓推许备至。至于张烈将明亡归罪阳明，《总目》更为其辩解："事隔一百余年，较因李斯而斥荀卿相距更远，未免锻炼周纳。夫明之亡，亡于门户。门户始于朋党，朋党始于讲学，讲学则始于东林，东林始于杨时，其学不出王氏也。独以王氏为祸本，恐宗姚江者亦有词矣。"（王学质疑/C/儒家 c3/v97，p28b－29a）先以事隔久远，认为王阳明不当担负亡国之责，再通过不甚严谨的推理将矛头转向杨时——此推理本身便难免有自蹈门户偏见之嫌，杨时距明亡更事隔五百余年矣。言行不一，同浴而讥裸裎，于《总目》概不鲜见。由此益见《总目》袒护阳明之意。

根据流变论的观点，学术有盛衰循环的流变过程。有独立能力的创始者，对学术由衰而盛的转变极为重要，否则盛衰循环的流变无法持续。这是流派创始者的功绩所在。《总目》论王璲曰："当元季诗格靡丽之余，

第三章　直笔书写：《总目》对文人行为典范的重构　　173

能毅然以六代三唐为楷模，亦卓然特立之士，又不〔得〕以王李流弊预绳明初人矣。"（青城山人集/D/别集23/v170，p21a）即以"卓然特立"奖誉王璲于元季靡丽风气中开创复古诗风的新局面，并强调不能将后来复古末流的流弊归咎于创始者。这种逻辑亦见于对东里派的批评："〔杨荣〕柄国既久，晚进者递相摹拟，城中高髻，四方一尺，余波所衍，渐流为肤廓冗长，千篇一律。物穷则变，于是何李崛起，倡为复古之论，而士奇、荣等遂为艺林之口实。平心而论，凡文章之力足以转移一世者，其始也必能自成一家，其久也亦无不生弊。微独东里一派，即前后七子亦孰不皆然？不可以前人之盛并回护后来之衰，亦不可以后来之衰并掩没前人之盛也，又何容以末流放失遽病士奇与荣哉？"（杨文敏集/D/别集23/v170，p22b—23a）亦表彰杨士奇、杨荣"转移一世""自成一家"的创始之功，并认为学术创新功不可没，不可因"末流放失"而掩没创始者的创新功绩。

　　在所见《总目》门户批评中，这种"贵始谅贤"的声势甚至盖过与其对立的"责始责贤"。如论刘崧："大抵以清和婉约之音，提导后进。迨杨士奇等嗣起，复变为台阁博大之体，久之遂浸成冗漫。北地、信阳乃乘其弊而力排之，遂分正嘉之门户。然崧诗平正典雅，实不失为正声。固不能以末流放失，并咎创始之人矣。"（槎翁诗集/D/别集22/v169，p14b—15a）即不以台阁末流之"冗漫"归咎于导引先声的刘崧。又如论朱子《伊洛渊源录》："盖宋人谈道学宗派自此书始，而宋人分道学门户亦自此书始。厥后声气攀援，转相依附。其君子各执意见，或酿为水火之争；其小人假借因缘，或无所不至。……然朱子著书之意，则固以前言往行矜式后人，未尝逆料及是。儒以诗礼发冢，非诗礼之罪也。或因是并议此书，是又以噎而废食矣。"（B/传记1/v57，p29a—30a）提要既认为此书开启攀援依附之风，则此书于门户风气本应难辞始作俑者之咎。然而提要并没有沿着责贤的逻辑，却转而为朱子宽贷，且举出一个毋庸置疑的逻辑类比：儒者以诗礼盗墓掘坟，难道是诗礼的罪过吗？因末责始，无异于因噎废食。创始者的学术功绩，不可因末流放失而遭质疑，否则学术独立性与创新性的价值，便无所依托。

　　诸如此类观点，都与"责始责贤"中"党祸之兴，未必非贤者开门揖盗""推原祸本，一二君子不能不任其咎"的批评逻辑，明显对垒，从而在《总目》的总体语境形成针锋相对的对话关系。

　　（四）责始与贵始之辨：创始者悬而未决的价值地位

　　责始与贵始两种观点的对立，并非只体现于《总目》总体语境中，也常于某些提要篇内直接交锋。如《小心斋札记提要》论顾宪成曰：

> 宪成里居，与弟允成修宋杨时东林书院，偕同志高攀龙……辈讲学其中。朝士慕其风者多遥相应和，声气既广，标榜日增。于是依草附木之徒争相趋附，均自目为清流。门户角争，递相胜败，党祸因之而大起。恩怨纠结，辗转报复，明遂以亡。虽宪成等主持清议，本无贻祸天下之心，而既已聚徒，则党类众而流品混；既已讲学，则议论多而是非生。其始不过一念之好名，其究也流弊所极，遂祸延宗社。《春秋》责备贤者，宪成等不能辞其咎也。特以领袖数人，大抵风节矫矫，不愧名臣，尚为瑕瑜不掩云尔。（C/儒家 c2/v96，p30b－31a）

这篇提要对东林朋党创始者顾宪成的批评，可谓一波三折。针对顾氏行为动机，提要便表达了两种不尽相同的观点："一念之好名"是相对负面的批评，"本无贻祸天下之心"则是中立而偏正面的宽假态度。至于其行为结果则相对统一地表现为负面批评，如"流品混""是非生""祸延宗社"之类。"《春秋》责备贤者"便将矛头直指顾宪成。然而，提要最后却以一"特"字扭转话锋，突出顾氏风节矫矫的品格，又有为君子宽贷的意味。这是责始与贵始两种观点在单篇提要中的短兵相接。①

这种观点的冲突，固然可用《总目》自诩的"持平之论"来解释。但所谓"持平"，实已预设了"不平"的逻辑前提——无"不平"便无所谓"持平"，只有"不平"观点相持不下，才需要"持平"此裁断性行为介入。这两种相互冲突的观念，分别代表着对创始者截然不同的批评。它面对着这样的问题：文人是否应该被鼓励成为创始者？贵始观点从文人独立性逻辑推演而来，认为文人应当被鼓励成为创始者。但在"群龙"无法实现的现实中，创始又必然意味着攀附与门户的形成，从而有反面的责始观点，认为创始者对门户纷争难辞开门揖盗之咎。对于文人应否成为创始者的正反两面观点，《总目》虽自诩持平，事实上并没能提出有效的解决方案，创始者在其价值系统中的地位始终悬而未决。

责始责贤的观念，在当时知识社群中也不乏其说。如对讲学门户，袁宏道曾曰："吾儒讲学，亦是好事。然一讲学，便有许多求名求利及好事任气者相率从之，及此等不肖之人生出事来，其罪皆归于首者。东汉而

---

① 同样针对顾宪成，《泾皋藏稿提要》（D/别集 25/v182，p51a－52a）也有类似的正反辩证观点。

后，君子取祸皆是也。"① 即指出东汉以后门户党祸，虽均"不肖之人"生事，舆论却往往归罪于"首者"，故有"君子取祸"之说。清初萧企昭论东林党祸亦曰："虽食小人之肉而寝其皮，宁足以纾其恨哉！然而小人不足责也，彼所称为君子者，持意见，快恩仇，以和衷易处之事，为谇语相加之行，激而生变，祸贻于国，又安得尽归罪于小人乎？"（暗修斋稿/D/别集 c8/v181，p23a-b）

除知识社群自有的观点歧异外，《总目》对创始者地位之难决，以及责始与贵始的观念冲突，恐怕也无法忽略清高宗政治干预的因素。《总目》论宋亡曰："《春秋》责备贤者，不能以败亡之罪独诿诸韩侂胄也。且光宁授受之际，赵汝愚等谋及宵人，复处之不得其道，致激成祸变，于谋国尤疏。恭读御题诗章，于揖盗开门再三致意。垂训深切，实为千古定评。讲学之家不能复以浮词他说解矣。"（庆元党禁/B/传记 1/v57，p36a）所谓讲学家的"浮词他说"，实即前文论列的贵始谅贤诸说。此提要对《总目》中贵始说作含沙射影式的批评，预示着"四库编纂组织"内部聚讼的情境。提要直言其责始观点有"御题诗章"的渊源，盖即指清高宗《题庆元党禁》诗："宫闱通情侂胄求，汝愚曾是失深谋；庆元党祸延邦国，揖盗开门自有由。"②

陈鼎《东林列传》推许东林诸人"尚节气，重名义"，认为"亡国有光，于明为烈"。③清高宗《题东林列传》便怒斥为"邪说"："东林诸人始未尝不以正，其后声势趋附，互相标榜，糅杂混淆，小人得而乘之，以起党狱，是开门揖盗者，本东林之自取，迄明亡而后已，何取乎帝后殉节为有光哉？"④后文又指出名臣当以皋、夔、稷、契诸人为榜样，并强调讲学、标榜、门户与亡国之间的关联。

这些说辞在《总目》诸多门户批评中都可以找到因承的影子，如前引《冯少墟集提要》即为显例。因此，《总目》对创始者的批评，更多地代表政治势力的观点。如前述，作为文人群聚体的门户之存在，必然会对政治团体（朝廷）的权威造成威胁。因此，从政治势力的利益出发，门户应当彻底消除，创始者的创新意义也应当完全抹杀。唯一具有合法性的门户是朝廷，唯一具有合法性的"龙"是皇帝。在这种逻辑下，即使贤如朱子也

---

① 袁宏道：《袁中郎全集》卷 13《德山尘谭》，《四库全书存目丛书》集部第 174 册，第 545 页。
② 《清高宗御制诗集·四集》卷 21，《景印文渊阁四库全书》第 1307 册，第 606—607 页。
③ 陈鼎：《东林列传·原序》，《景印文渊阁四库全书》第 458 册，第 175 页。
④ 《清高宗御制文集·二集》卷 18，《景印文渊阁四库全书》第 1301 册，第 394 页。

被指责为门户构争的始作俑者,并被推到审判席上接受审判。

从学术势力的角度看,却并不如此。前述欧阳修与朱熹便明确赞许门户行为,认为朋党有助于国政。他们并不将党祸乃至亡国归咎于门户朋党,遑论归咎于其中的君子。欧阳修即曰:"臣闻朋党之说自古有之,惟幸人君辨其君子小人而已。……更相称美推让而不自疑,莫如舜之二十二人,舜亦不疑而皆用之。然而后世不诮舜为二十二人朋党所欺,而称舜为聪明之圣者,以能辨君子与小人也。周武之世,举其国之臣三千人共为一朋,自古为朋之多且大莫如周。然周用此以兴者,善人虽多而不厌也。夫兴亡治乱之迹,为人君者可以鉴矣。"① 他既认为朋党可助国政,且君子"真朋"有别于小人"伪朋",因此便认为解决党祸的根本之道在于人君具有辨别君子与小人的洞察力,而不在将门户朋党彻底铲除。如此一来,便将防避党祸之责推诸人君。《总目》中贵始谅贤之说,显然是此逻辑脉络下的观点。当然,受制于政治权力,此类观点在《总目》中无法如欧公那般畅言,而只能委婉地以贵始谅贤表之。

正因为编纂组织中政治势力与学术势力之间的矛盾未能根本解决,而只是采取表面的、暂时的协调,《总目》对门户创始者的价值地位,始终未能予以明确的安排,从而使其悬而未决。

第三节 品行论:文人道德行为的规诫

如前所论,"文人无行"是古代文人的传统痼习,曹丕、刘勰、颜之推等人均作过批评。当然,他们的论说都只是直观地描述"无行"的现象,而无暇作系统论述。在传统中国,文人无行的问题,通常会被认为与人品、品行、品格、德行相关。对于这些概念,"品行"的表述相对全面。概言之,品涵于内,行施于外;行由品定,品缘行识。

至《总目》之编纂,文人品行亦成为一个重要问题,被予以强调。其《凡例》曰:

> 文章德行,自孔门既已分科,两擅厥长,代不一二。今所录者如龚诩、杨继盛之文集,周宗建、黄道周之经解,则论人而不论其书。耿南仲之说《易》,吴开之评诗,则论书而不论其人。凡兹之类,略

---

① 《欧阳修全集》卷17《朋党论》,第297—298页。

示变通，一则表章之公，一则节取之义也。至于姚广孝之《逃虚子集》，严嵩之《钤山堂诗》，虽词华之美足以方轨文坛，而广孝则助逆兴兵，嵩则怙权蠹国，绳以名义，非止微瑕。凡兹之流，并著其见斥之由，附存其目，用见圣朝彰善瘅恶，悉准千秋之公论焉。（卷首3，p10b-11a）

无论是对龚、杨、周、黄之论人不论书，还是对耿、吴之论书不论人，对于"人"之论与不论，其实都首先基于对"人"的某种预先评判。至于"非止微瑕"的姚、严，则更因其品行之有亏而斥及其书，以彰善瘅恶。

此外，《总目》亦常常宣示"文以人重"（吾汶稿/D/别集18/v165, p40a；逊志斋集/D/别集23/v170, p4b），或"因人以重其书"（燕堂诗稿/D/别集12/v159, p5b；易象正/A/易5/v5, p21b）的学术批评逻辑，均可见文人品行在《总目》价值系统中的重要地位。吴哲夫即曾指出，著作者人品醇正与否，是"四库"馆臣甄选图书的重要考虑因素。① 这些都说明，品行批评是《总目》文人规诫的重要内容。《总目》提要随事而发，所涉及的文人品行异常繁复。其中被反复审视从而予以强调的品行，可归纳为刚直耿介、顺从尊卑与贞忠守节几个方面。

一 刚直耿介：文人应世与论事中的品行

刚直耿介的品行，清高宗在纂修"四库"的圣谕中，即多所强调，如论徐必达"持论不挠，极为伉直"，称宋一韩论事"详明剀切"，称侯震阳"抗章极论""侃侃不阿"，又论刘宗周、黄道周"秉正不同""抗疏直谏""匡救时艰"，② 论杨涟、左光斗、熊廷弼"正色立朝""慷慨建议"，③ 等等字眼，在《总目》文人品行批评中都能见到响应。当然，我们不能简单地将这种共通性解释为《总目》对高宗意旨的依从——尽管此因素无法排除，因为刚直耿介本身便是古人行为典范的通则。

作为一种品行，刚直耿介的概念可浓缩于"直"字中。一方面，"直"意味着内外如一的质直、率真，这时它与门户论中的"自得"有一定的关联。它们都强调内外如一之"真"：自得偏指知识因内化作用，而使学习者内心有"真得"，这是由外而内的"如一"；质直则偏指内心意

---

① 吴哲夫：《四库全书所表现的传统文化特色考探》，第9页。
② 乾隆四十四年二月二十五日上谕，《纂修四库全书档案》上册，第1006页。
③ 乾隆四十六年十月二十七日上谕，《纂修四库全书档案》下册，第1429页。

见畅通无阻的真实表达，是由内而外的"如一"。另一方面，"直"也意味着不屈，即所谓"刚直"，这时它又与门户论中的"自立"相关——自立相当程度上便是刚直品格的表现。

在《总目》中，各提要便常以刚直耿介为准绳，审视历代文人的行为品格。对有违此准则的负面行为之批评，如《凤池吟稿提要》论汪广洋："广洋有干济才，屡参政柄，亦无他罪恶。徒以初与杨宪同为中书左右丞，又与胡惟庸同为左右丞相，俱隐忍依违，不能发其奸状，卒以党诛。盖巧宦而适以巧败，故史称其有负于爱立。"（D/别集22/v169, p5b）汪氏有干济才，符合《总目》所推崇的经世实行观念。但《总目》仍不以此掩盖其"巧宦"之过。以提要的逻辑，汪广洋与杨、胡二氏同朝共事，理应能悉知其奸状。然而汪氏却自始未予以揭发，提要因此认为他是"隐忍依违"，知而不言。这便有违内外如一的刚直耿介品行。

又如《跨鳌集提要》论李新："新受知苏轼，初自附于元祐之局，故其所上书，词极切直。然一经挫折，即顿改初心。作《三瑞堂记》以颂蔡京，《上王右丞书》以颂王安石，《上吴户部书》至自咎'前日所言，得疾迷罔，谓白为黑'，其操守殊不足道。"（D/别集8/v155, p36b–37a）此则主要就不屈一面进行批评，认为李氏经受挫折后，一改此前之"切直"，而依违于蔡、王等权势之间，不能坚守初心——内心实得之是非。提要因此斥其"操守殊不足道"。操守意味着刚直不屈，指个人在面对外来压力（或威胁或利诱）时，仍能坚守自所体认的道德准则。

在《总目》看来，刚直耿介在文人社群中有深固的历史传统，古人自来即有此风气。故提要常以"古之遗直"一类术语，推许有类似品行的文人。这或许是基于崇古观念的论述策略。其论吴泳即曰："泳当南宋末造，正权奸在位，国势日蹙之时，独能正色昌言，力折史弥远之锋，无所回屈。可谓古之遗直。"（鹤林集/D/别集15/v162, p23b）即将这种正色昌言，直言不屈的作风，称为"古之遗直"，这相对而言是一种不屈的刚直。论刘羲仲亦曰："其能显先人之善，而又不自讳其所失，尤足见涑水之徒，犹有先儒质直之遗也。"（通鉴问疑/B/史评/v88, p10b）亦将刘氏之质直，推至先儒之遗；而其所谓质直，便是内外如一之"真"，即内有所见则外无所讳。

刚直耿介品格有不同的表现形态。《总目》所重点关注的，首先便是文人处事应世时所表现出的刚直品行。在传统中国，文人常以文臣的身份出现，故其所处所应之世事，以政治为主。政治场域是文人刚直耿介品行重要的表现场合。因此，《总目》对刚直耿介品行的批评，也常表现为对"直臣"的推扬。其论彭龟年即曰："龟年官右史时，面折廷诤，劘切人

第三章　直笔书写：《总目》对文人行为典范的重构　179

主，有古直臣之风。……其论光宗不朝重华宫，疏凡三四上，至于伏地叩额，血渍氍氀，光宗亦为之感动。又尝事宁宗于藩邸，有旧学之恩。即位后数进谠言，拳拳恳到。因风雷示变，极陈小人之窃权。及朱子以论韩侂胄被绌，龟年又上疏，请与同斥。今诸疏并在集中，其严气正性，凛然犹可想见。"（止堂集/D/别集13/v160，p4a - b）即述列彭氏作为人臣的刚直事迹，称许其"面折廷诤，剀切人主"，以为有"古直臣之风"。至论周怡亦曰："盖其平生触犯权幸，至再至三，困踬颠连，仅存一息，而其志百折不改，劲直忠亮，卓然为一代完人。"（讷溪奏疏/B/诏令奏议/v55，p37b）亦凸显周氏在官场之中屡屡触犯权幸，尽管困厄不断，却仍能"百折不改"，提要盛誉之为"劲直忠亮""一代完人"——这在《总目》中几乎是最高标准的赞美之词。

　　《总目》对于刚直耿介的论述，虽然更多涉及"臣"的概念性质，然而，这对文人无疑仍有显著的规诫作用。因为在传统中国，政治生活是多数文人无法回避的问题。所谓"学而优则仕"，对于已仕文人，他们兼具文人与文臣的双重身份，以《总目》"钦定"的政治立场看，刚直耿介固然是他们必备的品质；对于未仕文人，他们多数仍以"仕"为毕生理想，因而文臣的行为典范，仍是他们进入仕途前必须培养的品质。

　　此外，作文是文人的分内事。无论已仕文人抑或未仕文人，作文论事都是他们写作活动中的重要项目——对前者而言尤为如此。因此，对以"品骘文章"为直接目的的《总目》而言，在处事应世之刚直外，"论事之直"也必然成为其特别关注的问题。如其论宋代吕陶即曰："陶秉性抗直，遇事敢言，所陈论多切国家大计。其初应制科时，值王安石方行新法。陶对策言：'愿陛下不惑理财之说，不间老成之谋，不兴疆场之事。'安石读卷，神色顿沮。神宗使冯京竟读，称其有理。而卒为安石所抑，仅得通判蜀州。其知彭州，力陈四川榷茶之害，为蒲宗闵所劾，谪官。其召用于元祐初，又极指蔡确、韩缜、章惇等之罪，请亟加罢斥。其他建白至多，大抵于邪正是非之介，剖析最明。而据理直陈，绝无洛、蜀诸人党同伐异之习。严气正性，与刘安世略同。"（净德集/D别集6/v153，p15a - b）即列举吕氏于应举时直议王安石新法，知彭州时力陈榷茶之害，元祐初极指蔡确等人之罪诸事，突出他"遇事敢言"的抗直品行。所谓"遇事敢言"，即论政论事时秉笔直书，是刚直耿介品行形诸笔端的表现。

　　袁甫亦以其直言论事的态度见称于《总目》，《蒙斋集提要》谓袁氏："至于遇朝廷大事，侃侃直陈，尤为切中窾要。如史嵩之议约蒙古伐金，甫力持不可。且言嵩之轻脱难信，几罹危祸。又力斥史弥远之专政，而劝理宗以独揽乾纲，更为人所难言。今诸疏虽不尽传，而所存札子尚多，要皆剀切权贵，抗论不阿，可称忠鲠之士。"（D/别集 15/v162，p20b）亦表彰袁氏批评史嵩之、史弥远之事，而突出他在作文论事中"侃侃直陈""抗论不阿"的"忠鲠"品行。

当然，刚直亦不可毫无节制，而须适可而止。《方改亭奏草提要》论方凤即曰："世宗初大礼议起，尤力持正论，颇著风裁。然以其兄鹏附和张璁、桂萼遂并其兄劾之，又自劾以谢其兄，则矫激已甚。使其兄首倡邪说，事关君父，竟大义灭亲可也。考兴王而伯孝宗，其根柢在璁与萼，其兄不过依阿其间。破璁、萼之局，则鹏不攻自败耳，何必先操同室之戈乎。"（B/诏令奏议 c/v56，p11a）于此虽然推许方凤"力持正论"，然而也认为，大礼议中首倡邪说的并非方鹏，而方凤却劾及己兄，同室操戈，便是"矫激已甚"。这样的论述逻辑，正符合传统中国"无过不及"的中庸之道。

《少阳集提要》论陈东也显见这种鼓励适度刚直的观念："东以诸生愤切时事，摘发权奸，冒万死以冀一悟，其气节自不可及。然于时国步方危，而煽动十余万人，震惊庭陛，至于击坏院鼓，脔割中使，迹类乱民，亦乖大体。南宋末太学之横，至于驱逐宰辅，莫可裁制，其胚胎实兆于此。张浚所谓'欲以布衣持进退大臣之权，几至召乱'者，其意虽出于私，其言亦未始不近理也。"（D/别集 10/v157，p25a）愤切时事，冒死冀悟之气节，即是其刚直的表现。但在提要作者看来，陈氏之行并不得中庸之道，未能适可而止。正值"国步方危"之际，陈氏煽动十余万太学生伏阙上书，这是不合时宜；请愿而至"击坏院鼓"，甚至"脔割中使"，则是过犹不及，因而谓之"迹类乱民"。提要作者甚至把南宋末年"太学之横"，也归咎于陈东刚直过度的行为。

中庸之道是儒家最高的行为准则，它在理论上的合理性毋庸置疑。但在实际应用中，"中"的尺度往往因使用者立场之不同，因人而异。《总目》于此的立场，显然以维系政治秩序为基准，且此政治恐怕更多是以"家天下"之政治为出发点。① 但无可否认，这就是《总目》对文人刚直品行的基本态度，即要求文人在不破坏政治秩序的前提下，适度地表现刚直耿介的品格，以使其品格可为政治统治所利用。

---

① 周积明从士大夫经世理想与现实政治的矛盾冲突出发，讨论《总目》对陈东案的批评，揭示了《总目》对陈东的双重评价标准：既褒奖陈氏"忧国"之心与敢于挞击"人不敢触之巨奸"的豪气，同时也批评他对纲常秩序的危害。周积明：《文化视野下的〈四库全书总目〉》，第33—34页。

二 顺从尊卑：尊父，尊圣贤，尊君

（一）今君尊古臣：清高宗对尊卑观念的强调与提醒

尊卑是二元对待的概念，它象征地指涉社会伦理中一系列二元对待关系，如父子、长幼、君臣、上下、贵贱等，是古代中国道德伦理中重要的问题。《孟子·滕文公上》："人之有道也，饱食、暖衣、逸居而无教，则近于禽兽。圣人有忧之，使契为司徒，教以人伦：父子有亲，君臣有义，夫妇有别，长幼有叙，朋友有信。"在古人看来，尊卑有序，整个伦理社会的秩序便可以得到妥善的安排。因此，尊卑秩序是当政者特别看重的问题，清高宗尤为如此。在纂修"四库"的过程中，清高宗便不断假借各种事件，向馆臣重申这种具有行为约束力的尊卑观念。

在此，有两个事件值得注意。乾隆四十二年，"四库全书馆"进呈李廌《济南集》，中有"汉彻方秦政"句，又检《北史》有"颉颃汉彻"句，均直斥汉武帝之名，清高宗便以为大逆不道，诏曰："自古无道之君，至桀纣而止，故有指为独夫受者。若汉之桓、灵，昏庸狂暴，遂致灭亡，亦未闻称名指斥，何于武帝转从贬抑乎？……若李延寿，乃唐臣，李廌乃宋臣，其于中国正统之汉武帝，伊祖未常（尝）不曾为其臣，岂应率逞笔端，罔顾名义，轻妄若此？且朕御制诗文内，如周、程、张、朱，皆称为子，而不斥其名。又如韩昌黎、苏东坡诸人，或有用入诗文者，亦止称其号而不名。朕于异代之臣，尚不欲直呼其名，乃千古以下之臣，转将千古以上之君称名不讳，有是理乎？"①

他的基本逻辑有二：君尊臣卑，与古人尊今人卑。然则，以人臣而直呼君名，便违背君尊臣卑的原则。现李延寿与李廌，竟以"千古以下之臣"对"千古以上之君称名不讳"，便更是大逆不道。清高宗还以自己为例，自诩其于周、程、张、朱等均尊称为子，于韩、苏则称号而不斥名，以昭示尊卑有序的观念。因此，令武英殿将各书予以更改，且令"四库"馆臣此后遇有类似情形，"俱加签拟改"。② 这是极具教育示范意义的事件。吴哲夫即指出："清高宗所以指示对历代圣哲英杰加以崇敬，目的无非要时人及后世子孙，奉以为法，从师法圣贤的工夫到挺立自己的道德人格及道德人品。"③

---

① 乾隆四十二年十月初七日上谕，《纂修四库全书档案》上册，第727页。
② 乾隆四十二年十月初七日上谕，《纂修四库全书档案》上册，第728页。
③ 吴哲夫：《四库全书所表现的传统文化特色考探》，第9页。

另一事件，即关于《四库全书》各部的内部编次问题。馆臣曾奏请，于经、史、子、集各部冠以本朝钦定及清高宗御制御批诸书，并载清高宗御题"四库"诸书诗文为卷首。清高宗便以为不可。他认为如此编次，无异于使其诗文"转在列朝钦定诸书之前"，"心尤未安"，故诏令将其个人诗文撤出，仍分别列入其御制诗文集内。① 但一再思量后，清高宗仍觉不妥："经、史、子、集各部内，尚有前代帝王论著，以本朝钦定各书冠之，亦有未合。"因此，两天后又谕令馆臣："所有《四库全书》经、史、子、集各部，俱着各按撰述人代先后，依次编纂。至我朝钦定各书，仍各按门目，分冠本朝著录诸家之上。"②

时隔两天，前后两诏的反复斟酌，可见清高宗对尊卑问题的重视。清高宗尊卑理论的两个逻辑前提，君尊臣卑与古尊今卑，相互之间存在难以协调的矛盾：若是"今君"与"古臣"，则孰尊孰卑？馆臣不敢自断，提议载高宗诗文为卷首，以示尊"今君"。清高宗认为这样做非"万世法程"，因此令将本朝及其御制之作，只列于本朝著作之前。这实际上便有"今君尊古臣"的意味，与乾隆四十二年诏自谓尊称周、程、张、朱诸子，有相同的尊卑观念逻辑。

上述事件亦可见出，清高宗在尊卑问题上采取以退为进的策略，即通过"今君尊古臣"的示范，郑重地向馆臣强调尊卑有序的观念。"尊古臣"只是假借手段，其最终目的仍在于为本朝皇权树立不容窥视的神圣地位。吴哲夫即指出："从先贤到千古以上之君的尊敬，自然延及到清室帝王本身。"③ 洵为巨眼。

因此，讨论《总目》的尊卑观念，便不能忽视清高宗对尊卑观念的强调与提醒。④ 尊卑有序本来即是中国传统文化的重要观念，可以说是古代文人的常识。清高宗此举并未对文人典范提出新的标准，而是对固有观念予以重新强调。在明清易代之际，文人社群对忠君死节展开质疑式的讨论，尊卑秩序似乎为文人所遗忘。在此君臣纲常有所松弛的时代背景下，清高宗对尊卑观念的强调，便有提醒的意味。无论是强调抑或提醒，清高宗对尊卑秩序郑重其事，都释放了重要的政治信号。因此，馆臣也不得不

---

① 乾隆四十六年二月十三日上谕，《纂修四库全书档案》下册，第1289—1290页。
② 乾隆四十六年二月十五日上谕，《纂修四库全书档案》下册，第1290—1291页。
③ 吴哲夫：《四库全书荟要择录图书标准的探讨》，载严文郁等编：《蒋慰堂先生九秩荣庆论文集》，台北"中国"图书馆学会1987年版，第692页。
④ 关于清高宗尊卑观念的讨论，亦可参见蔡智力：《从〈四库全书〉之编纂看清高宗的文教思想》，台北《东吴中文研究集刊》第21期（2015年10月），第114—116页。

第三章　直笔书写：《总目》对文人行为典范的重构　　183

郑重其事地操持尊卑有序的标尺，谨慎地审视历代文人的尊卑观念及相关行为。

（二）尊父，尊圣贤，尊君：文人顺从尊卑的三种关系情景

乾隆四十二年上谕所指"汉彻"问题，文渊阁《四库全书》本《济南集》与《北史》，以及武英殿本《北史》，均未予改易，未知何故。① 然而《总目》对周敦颐、程颢、程颐、张载、朱熹等人，便多称子而不直斥其名，且各部编次亦均如乾隆四十六年上谕所指示。可见，清高宗对于尊卑的强调与提醒，在《总目》中确实有响应。不仅如此，《总目》各提要还时常从文人著作的编纂与言论中，挖掘或凸显其中隐含的尊卑问题，以规诫文人时刻顺从尊卑之序。总体而言，《总目》主要从三种关系情景论述文人的恭顺品行：父与子、圣贤与普通文人、君与臣，这约略可以理解为血统、道统、政统三种典型的文化情景。

1. 尊父：不可以子先父

就笔者所见，《总目》的尊父观念几乎都借径于书籍编次体例来论述。此中，黄庭坚《山谷集》后附刻其父黄庶《伐檀集》之例，堪称典型。《伐檀集提要》曰："其集自宋以来，即刻附《山谷集》末。然子虽齐圣，不先父食，古有明训。列父诗于子集之末，于义终为未协。故今析之，别著录焉。"（D/别集5/v152，p42b—43a）此中隐含的文化逻辑是：其一，书籍编次之先后预示着尊卑次序，尊者居前，卑者居后；其二，父尊子卑是必然的尊卑关系，即使子有圣德，也不能尊过于父。现在将父集附于子集末，便是尊子卑父。尊卑者，而卑尊者，使尊卑失序，因此提要以为"于义终为未协"，故予以分析别录，从而宣示强烈的父尊子卑观念。

历代文人著作编次体例涉及父子尊卑次序者，都特受《总目》重视。《总目》往往特意拈出予以评论，不容丝毫偏失，且几乎都以《山谷集》作为尊卑失序之典型进行讨论。如王楙《野客丛书》后附其父《野老记闻》，提要便引《山谷集》之例，以为"于义均乖"，并曰："然《伐檀集》为后人所附，非庭坚之意，故分析著录，以正其名。此书为楙所自附，非可诿过于他人，故仍其旧第，以著其失，亦《春秋》褒贬，各探其本志之义也。"（C/杂家2/v118，p33a—34a）同样认为以父集续子集，失尊

---

① 分见李廌：《济南集》卷1《凤凰台》，《景印文渊阁四库全书》第1115册，第705页；李延寿：《北史》卷83《文苑列传》，《景印文渊阁四库全书》第267册，第602页；李延寿：《北史》卷83《文苑列传》，武英殿本《二十四史》，光绪癸卯冬十月五洲同文局石印本，第3a页。

卑之义，而这篇提要的订正方法，则更凸显对文人行为的训诫用意。《山谷集》非黄庭坚自编，"以子先父"非其本意，故馆臣只分别著录以正其名。王楙自编《野客丛书》而犹以己先父，即本无尊父之情，不可诿过于他人。故《总目》援引《春秋》"重志"之义，① 仍依其"旧第"，以著其尊卑失序之过。不直接订正书籍编次，而"著其失"以讥刺其"本志"，如此益见《总目》之职志非止于"论文"，而更在于"论人"。

古人于己集附录父文，盖有以文荣父之意。《总目》默许这种行为动机，但强调：正确的编纂体例应是"以父先子"，而非"以子先父"。洪希文《续轩渠集》于己诗后附其父岩虎之诗，提要便以为"以子先父，究于义未安"。但考虑到岩虎诗篇页无多，"又不能如《伐檀集》之自为卷帙，可以孤行"，故将岩虎诗"置希文集之前"，以顺父尊子卑之义（D/别集20/v167，p8b-10a）。戴复古《石屏集》亦录"先人遗稿"，戴氏以"父诗为数无多，不成卷帙"，不从《山谷集》例，而将父诗"升弁于简端"，"以冠己集"。提要便以为："例虽小变，理乃较协矣。"（D/别集14/v161，p1a-b）

《总目》属意于书籍编纂中的父子先后次序，显然意欲以书籍中"以父先子"的编纂体例为象征，巩固人伦上的"父尊子卑"秩序，进而间接地强化文人的尊父之心。

2. 尊圣尊贤：不可与圣贤相轧

尊圣固然可以理解为"古尊今卑"文化逻辑的具体形态，因为圣人都是被神圣化的古人。但这些古人之所以被神圣化，又与文化传统中的道

---

① 公羊家讲《春秋》有"重志"或"贵志"之说。董仲舒《春秋繁露·玉英》曰："桓之志无王，故不书王。其志欲立，故书即位。书即位者，言其弑君兄也。不书王者，以言其背天子。是故隐不言立，桓不言王者，从其志以见其事也。从贤之志以达其义，从不肖之志以著其恶。"鲁桓公"不书王"，指桓公三年《经》书"春正月"，与"春王正月"的通例不同。桓公"书即位"，《公羊传》有"继弑君不言即位"之义，隐公被弑，桓公继隐而立，不当书即位，然《经》书其即位，董仲舒认为此即《经》欲著桓公弑隐夺位之本志。"隐不言立"，即《经》于隐公即位不书"公即位"，亦隐公本无自立为君之意。此即《春秋》通过曲笔书写，"探其本志"义。公羊家讲孝道时，也常用到此义。依礼法，父母丧，三年内不得婚娶；且婚娶前又有纳币礼。公羊家认为，《春秋》常例不书纳币。然而，鲁文公二年却书"公子遂如齐纳币"，《公羊传》认为是"讥丧娶"，因为文公正式婚娶虽然在三年之外，然而纳币却在三年内，说明三年之内已有婚娶之"志"。《春秋繁露·玉杯》曰："《春秋》之论事，莫重于志。今取必纳币，纳币之月在丧分，故谓之丧取也。且文公以秋袷祭，以冬纳币，皆失于太蚤。《春秋》不讥其前，而顾讥其后，必以三年之丧，肌肤之情也。"表现于外的孝道行为，乃基于本志的"肌肤之情"。行为失尊卑之宜，即本心已忘肌肤之情。提要对王楙的批评也基于如此逻辑。

第三章 直笔书写:《总目》对文人行为典范的重构

统观念有关。因此,圣人是古今知识社群中地位最尊崇的人物。当然,这种尊崇地位很大程度以"时间距离"为基础,经由后世历代文人共同建构而成。所以,尊圣本质上是对知识传统的尊崇。如此一来,尊圣便更是传统文人的本能意识。这样说并非以"尊圣"先于"尊父",而是描述这样的文化现象:在古代书写活动中,文人对他们与圣人之间的分际差异,往往表现得更为敏感。

古代知识社群历来有"作者之谓圣,述者之谓明"(《礼记·乐记》)的观念,此亦班固所谓"圣人作经,贤者纬之"。① 圣人与贤人分属圣、俗两个领域,彼此间有云泥之别。孔子自称"述而不作"(《论语·述而》),即基于如此传统观念,不敢以圣人自居。以孔子之圣尤且如此慎重于"圣俗"分际,从而谨慎区别"述作"。后世文人于"述作"之间,更不敢越雷池一步。凡有逾越者,必成众矢之的。扬雄拟《易》而作《太玄》,拟《论语》而作《法言》,而以"其事则述,其书则作"自辩(《法言·问神》),班固尤以"非圣人而作经"斥之(《汉书·扬雄传》)。王充《论衡》亦有"创作"之嫌,虽以"非作也,亦非述也,论也"(《论衡·对作》)自辩,然而也难免取诟于士林。

历代文人与圣人之间的分际,在《总目》中也备受关注。其论王充即曰:"盖内伤时命之坎坷,外疾世俗之虚伪,故发愤著书,其言多激。《刺孟》《问孔》二篇,至于奋其笔端,以与圣贤相轧,可谓悖矣。"(论衡/C/杂家4/v120,p1b) 即以王充"刺孟""问孔"为"与圣贤相轧",而以悖谬斥之。又如傅文兆《羲经十一翼》以"十一翼"为名,提要亦斥之曰:"其称'十一翼'者,盖以孔子传《易》为《十翼》,而己又翼孔子,故曰'十一'也。核其名称,殊为僭圣。"(A/易c1/v7,p45b—46a) 传统经学有严格的诠释系统,经传注疏各有本分。作经既是圣人专属之事,贤者只能作传以述经义,普通文人唯有作注疏以释经传。这是传统文人普遍的观点。孔子虽被后儒尊为圣人,他作《十翼》以传《易经》,亦自谦而不以圣人自居。但汉代以后,尤其是董仲舒独尊儒术,献策"诸不在六艺之科孔子之术者,皆绝其道,勿使并进"(《汉书·董仲舒传》)后,孔子便无可否认地渐被知识社群神圣化为圣人。现在傅文兆竟名其书为"十一翼",无异于自比孔子,故提要斥之为"僭圣"。

疑改经书,也被视为忤逆圣人之举而见斥于《总目》。在《总目》的批评中,王柏可谓改经者之典型。其论王氏《诗疑》即曰:"此书则

---

① 转引自朱彝尊:《经义考》卷298,《四部备要》第12册,第1533页。

攻驳毛、郑不已，并本经而攻驳之；攻驳本经不已，又并本经而删削之。……此自有六籍以来第一怪变之事也。柏亦自知诋斥圣经，为公论所不许，乃托词于汉儒之窜入。……柏何人斯，敢奋笔而进退孔子哉？"（A/诗 c1/v17，p3b–6a）在《总目》看来，经典具有绝对的神圣性，经文与经书之编次是文人著述行为之雷池，不容稍许逾越。王柏作为普通文人，竟删削经文，这在《总目》看来便是"非圣无法"之至。"柏何人斯"云云，即已说明普通文人与圣人之间，有不可逾越之雷池。提要认为，这是圣俗之际的尊卑界线，普通文人应当顺从此中应有之序。

至于直接以语言批评圣人的行为，《总目》斥之尤力。李贽有言，以为汉唐宋千百余年间"独无是非"，"岂其人无是非哉？咸以孔子之是非为是非，故未尝有是非耳"，故告诫索览其书者"无以孔夫子之定本行赏罚"。①《藏书提要》对此便极为不忿："贽书皆狂悖乖谬，非圣无法。惟此书排击孔子，别立褒贬，凡千古相传之善恶，无不颠倒易位，尤为罪不容诛。"（B/别史 c/v50，p45b–46a）

在传统中国，义理（内容）的创造权专属圣人，且被封贮于经典之中。知识传统对普通文人的创造力之鼓励，只限于"形式创造"；对于义理（内容），他们只能"述"而不能"作"。李贽反复强调的"是非"，以及提要指涉的"褒贬""善恶"，均属义理（内容）范畴。李贽所言，显然意欲挑衅"孔子之是非"的权威，亦即挑战圣人"创作经义"的专属权力。这在提要看来，便是"狂悖乖谬，非圣无法"，甚至使千古相传之善恶"颠倒易位"，因此认为"罪不容诛"。因而《总目》又曰："其人可诛，其书可毁，而仍存其目，以明正其为名教之罪人，诬民之邪说。"（李温陵集/D/别集 c5/v178，p10b）通过对李氏的批判，《总目》也更突出地强调尊圣观念：圣人的权威不容讨论、不容置疑。

除尊圣外，普通文人处于知识社群中，还须尊贤。尊贤与尊圣都基于对知识传统的尊崇。圣人与贤人之间，表面上存在不可逾越的圣俗之隔。事实上，这种不可逾越性，通常只是某一时间截面的共时性表征。通过时间距离的纵深延伸以及后世文人的协同建构，理论上讲，任何贤人都有神圣化的可能性，从而由贤人进至于圣人。孟子在宋代的神圣化历程，便说明这个道理。

《总目》尊贤，最典型的例子即遵从乾隆四十二年圣谕，对周敦颐、程颢、程颐、张载、朱熹等理学家，多称子而不斥名。然而，由于贤人与

---

① 李贽：《藏书》卷首《藏书纪传总目论》，《续修四库全书》第 301 册，第 324—325 页。

第三章 直笔书写：《总目》对文人行为典范的重构

圣人之间毕竟仍有圣俗之隔，《总目》对于上述诸贤的尊崇，也不如尊圣那样坚决。即使只就称子斥名问题来看，《总目》事实上并未完全遵从清高宗圣谕所树立的榜样，有相当部分提要对理学诸贤仍斥名而不称子。这里所说的情况，当然指提要的直接陈述，而排除引述性言论，以及"君前臣名"的特殊情况。①

据所见材料，这种情况相对集中地出现在张载身上。如横渠《张子全书》，提要录其作者即书为"宋张载撰"（C/儒家 2/v92，p2a-b）。这似乎无法以偶然失检来解释。每篇提要首述作者，位置显要，校勘诸臣不当予以错失。且张载斥名，此亦非偶见之例。《读易日钞提要》亦有："昔宋儒张载之没，门人欲为作私谥，司马光力言其非。"（A/易 6/v6，p20a）这里斥名，可能会被疑为与"作私谥"这种不合礼法的行为有关。事实上并非如此，《总目》对张载的客观记述，也不乏斥名之例。如《洺水集提要》论程珌曰："至于跋张载《西铭》，论其欲复井田为不可，则深明今古之宜，破除门户之见，其识迥在讲学诸儒上矣。"（D/别集 15/v162，p9b）这些现象的反复重现，说明它并非无意为之的失误，而是某种文化意识的暗流涌动。

类似情况也发生在邵雍那里。当然，在前引圣谕中，清高宗列举其所尊称的"异代之臣"，并未提及作为北宋五子之一的邵雍。因此，讨论理学诸贤斥名不称子问题，本可不涉及邵雍。但在《总目》中，多数提要仍将他纳入"称子"之例，只是其中依然存在歧出的特例。如《圣学知统翼录提要》列举其所录 22 人，即直斥"邵雍"之名（B/传记 c5/v63，p7a）。又论《酒概》曰"至以孔子为酒圣，阮籍、陶潜、王绩、邵雍为四配"（C/谱录 c/v116，p26a），论晁说之《景迂生集》曰"《星纪谱》乃取司马光《元历》、邵雍《元图》而合谱之"（D/别集 7/v154，p38b），等等，亦均斥名而不称子。

---

① 《礼记·曲礼》曰："父前子名，君前臣名。"这是传统伦理的重要原则，也是尊父和尊君的表征。这固然涉及君臣当面互动的社会行为，也涉及文人作文时的书写原则。庄公九年《春秋》书"公伐齐纳纠"。不尊称"公子纠"而只称名"纠"，《公羊传》即以"君前臣名"释之。可见，作文时如需同时及君臣时，也须遵从"君前臣名"的原则。《总目》对于周、程、张、朱斥名不称子，而可以用"君前臣名"解释的，所见有两例。《古灵集提要》称许陈襄人伦品鉴能力，谓其居经筵时，"神宗访以人才，遂条上所知……程颢……张载……等三十三人"。（D/别集 5/v152，p44b-45a）此即似为不犯宋神宗之尊，而直斥程颢与张载之名。又《世宗宪皇帝上谕内阁提要》："我皇上御跋程颐《经筵札子》，力斥其'天下安危系于宰相'之说。"（B/诏令奏议/v55，p12b）此称程颐名，并非为斥其歪说，同样为不犯清高宗之尊。

当然，前引清高宗自称于理学诸贤称子不斥名，这对馆臣的书写行为而言，未必有直接的强制性意义，而更多表现为示范性或警示性意义。示范与警示虽然没有"非此不可"的强制意味，但在专制政治语境下，其权力效力也不言而喻。否则，《总目》多数提要于宋儒诸贤称子而于汉儒诸贤斥名，便要被解释为"尊宋抑汉"了；这与《总目》"尊汉抑宋"的整体学术态度显然违背。① 因此，上述特例如果不是偶然失检，便不可否认其具有违逆清高宗意旨的意味。

尽管上述诸例具有违逆意味，但也无法否定《总目》在总体上呈现的尊贤观念。只是这种尊贤观念，已不再如尊圣那样绝对而不容冒犯，反而具有更多的复杂性面向；且在与尊圣的对比下，使其整个知识尊崇模式更具层次感。这种层次感，从根本上讲，仍来源于圣人与贤人间的圣俗之隔。圣人无论从时间距离看还是从价值高度看，都遥不可及且高不可攀。圣人的权威往往涉及整个知识社群的价值根源与精神实质，因此，不容窥视，不容置疑。与《总目》作者共处俗世的贤人则不然。正因为共处俗世，所以在传承知识的学术场域中，《总目》作者与贤人的文化地位尽管不无差距，但也相差无几。因此，对于圣人意旨与经典义理，《总目》都可以以平等的姿态，与前代贤人展开公平的对话、讨论、商榷，甚至予以批评。②

从文章公器角度讲，尽管批评不等于不尊崇，但较之对圣人不容讨论、不容置疑的尊崇，其尊崇程度便无可否认地不可同日而语。贤人的历史价值，无非体现于知识领域，即为知识传统的传承与发展创造价值。如果批评者无法完全认同古代贤人的学术观念，那么他们通过某种形式（如称子不斥名）表现出来的尊崇，也难免有貌合神离之嫌。正因为这种有限的尊崇，《总目》在门户批评中，才会通过"编次批评"的方式，刻

---

① 梁任公将"四库馆"称为"汉学家大本营"，"《四库提要》就是汉学思想的结晶体"。虽然此说不无争议，因为《总目》仍有不少观点呈现"尊宋"倾向，但宏观地看，以"尊汉抑宋"概述《总目》于汉宋之争的总体态度，亦无大误。《总目》"重汉轻宋"的倾向，周积明早有揭示。参见周积明：《文化视野下的〈四库全书总目〉》，第149页。

② 周积明以《总目》为中心，讨论乾嘉时期汉宋的"不争"与"相争"，其中即深入讨论了《总目》与宋儒诸贤的学术歧见。他们争议的焦点涉及"理与气""理与欲""义利与王霸""礼与理"等命题。参见周积明：《乾嘉时期的汉宋之"不争"与"相争"》，第8—15页。《总目》对理学的批评，亦可参见周积明：《文化视野下的〈四库全书总目〉》，第50—71页。

意改变编次通例，以凸显朱熹对宋明数百年门户之争的始作俑者之罪。①而邵雍在诗歌创作上所开创的"击壤体"，以及他在易学上所代表的"造化宗"，均成为《总目》在相关学术领域上批评乃至揶揄的对象。②

但换一个角度看，根据《总目》门户批评的逻辑，对它而言，这种以批判为基础的尊崇，才是真正的"尊朱"与"尊邵"。其他不经个体内化，唯朱子、邵子马首是瞻，从而盲从、盲信的行为，在《总目》看来不过是"徒博尊朱子之名……反晦朱子之本旨"（纲目续麟/B/编年/v47，p32a），或"空谈尊朱者"（近思录集注/C/儒家 2/v92，p24a）。《易经蒙引提要》云："朱子不全从程《传》，而能发明程《传》者莫若朱子。［蔡］清不全从《本义》，而能发明《本义》者莫若清。醇儒心得之学，所由与争门户者异欤。"（A/易 5/v5，p3b）正是这种逻辑下的发言。

从总体上看，《总目》对前贤的尊崇是批判性尊崇。在《总目》看来，这种批判性尊崇是醇儒行为。己欲立而立人，《总目》期望其他文人也能如此，对前贤采取批判性的尊崇，而非廉价的盲从、盲信。

3. 尊君：君臣不可相并

在政治场域，"尊"的现实意义直指政治秩序的建立与巩固。因此，在《总目》所涉及的尊卑关系情景中，尊君是涉及最多、最深入且最全面的。《总目》主要以三种方式切入此一话题。

首先，即从书籍编次体例之失序切入。如其论李龏《宋艺圃集》即特别指出其"编次后先，最为颠倒"，其中"最诞者"便是将宋徽宗与邢居实、张栻、刘子翚合为一卷。提要曰："夫《汉书·艺文志》以文帝列刘敬、贾山之间，武帝列蔡甲、倪宽之间，《玉台新咏》以梁武帝及太子诸王，列吴均等九人之后、萧子显等二十一人之前，以时代相次，犹为有说。至邢居实为邢恕之子，年十八早夭，在徽宗以前。刘子翚为刘韐之子，张栻为张浚之子，皆南宋高、孝时人，在徽宗以后。乃君臣淆列，尤属不伦。"（D/总集 4/v189，p26a—27a）此书编次颠倒应毋庸置疑，提要举例甚多。提要特别强调其对宋徽宗之编次，以为是"最诞者"，即意味着：对于君臣尊卑之别，尤为不可不慎。然而，对于体例本即混乱不堪的《宋艺圃集》而言，提要的批评似有刻意之嫌，尤其举作对比的《汉志》

---

① 见第三章第二节之五关于"责始责贤"的讨论。
② 《总目》对"击壤体"的批评见第四章第二节之三，对易学"造化宗"的批评，参见蔡智力：《"兼收并采"与"因象立教"——〈四库全书总目〉易学观的探讨》，台北《汉学研究》第 36 卷第 2 期（2018 年 6 月），第 182—186 页。

与《玉台新咏》，似亦无法凸显《宋艺圃集》之"不伦"。《汉志》只是编目，不涉及篇幅多寡与卷帙分配等实际问题，与文人编集所面对的问题不尽相同，似不可直接比较。①

同为总集，《玉台新咏》与《宋艺圃集》面对着同样的问题，但它似亦非如提要所谓"以时代相次"。提要所述为此集卷十。以"四库本"为例，如所谓"时代"以生年为标准，则梁武帝萧衍（464—549）之前所列何逊（466—519）、吴均（469—520）、王僧孺（465—522）诸人，均生于武帝后；如以卒年为标准，则武帝之后所列萧子显（487—537）、刘孝绰（481—539）、刘孝威（？—548）等人，又卒于武帝前。提要未提及的，谢灵运（385—433）列于宋孝武帝刘裕（363—422）之前，则生卒年都在宋武帝之后。② 可见，《玉台新咏》于同卷内，亦无所谓"以时代相次"。③ 至于《宋艺圃集》，据所见文渊阁本，卷十五首列宋徽宗（1082—1135）十八首，次之以邢居实（1068—1087）七首、张栻（1133—1180）三十二首、刘子翚（1101—1147）五十六首。④ 对比提要所列"书中编次后先"诸例，馆臣对原书编次应并未作出调整。如原书本来即如此编次，则其于混乱中实已彰显尊君之意，至少生卒年均在徽宗之前的邢居实，已被编于徽宗之后。然而，提要以为如此仍未足以尊君，似欲使君臣分列卷帙，以示尊卑悬隔，犹如圣俗之别，不容丝毫僭越。这种刻意为之的批评，正显示馆臣对君臣尊卑的敏感与重视。他们所代表的政治势力，当然也希望所有文人，从著书作文到日常举止，都能如他们一样慎于君臣次序。

类似例子在《总目》所见极多，如论朱升《枫林集》："以官诰及太祖手敕编入第一卷首，与升文相连，殊为非体。"（D/别集 c2/v175，p3a）亦与《宋艺圃集提要》观点相同，认为君臣不能同卷。论纪延誉《南溪书院志》亦曰："延誉之《序》，以朱松、朱子及宋理宗皆跳行别书，使君臣相并，则欲尊朱子而不知所以尊，悖谬甚矣。"（B/地理 c6/v77，p8a）跳行别书是古书的尊体格式。提要于此便呈现尊贤与尊君之间的等第差别：

---

① 提要所举《汉志》，分别指"诸子略儒家类"与"诗赋略"之著录次序。
② 徐陵：《玉台新咏》卷10，《景印文渊阁四库全书》第1331册，第713—714页。
③ 日本学者兴膳宏认为《玉台新咏》编纂于中大通六年（534），前六卷著录已故诗人作品，故按卒年编次；七、八卷所著录诗人尚在，故按政治地位，由君臣、官阶次序编次；九、十卷将前八卷的编次逻辑压缩到一卷中，前后编次逻辑不同。兴膳宏著：《〈玉台新咏〉成书考》，董如龙、骆玉明译，《中国古典文学丛考》第1辑，复旦大学出版社1985年版，第346—349页。此说有其合理性，但似仍未能完全解释该集编次之丛杂。
④ 李蓘：《宋艺圃集》卷15，《景印文渊阁四库全书》第1382册，第823—830页。

第三章　直笔书写:《总目》对文人行为典范的重构

尊君当先于尊贤。贤者虽贤，毕竟是臣，当以君为尊。若为尊贤而使其与君相并，则无异于以"不尊君"污蔑贤者，此即所谓"欲尊朱子而不知所以尊"。

古代中国为确保君尊臣卑的秩序，在政治文化上设计了许多符号化的名分制度，如称号、服饰、日用器具等都等级化，从而使尊卑等第具象化、可操作化。因此，《总目》在强调尊君观念的时候，除形式编次上的君臣失序外，也特别注重君臣名分的端正。叶隆礼奉宋孝宗命撰《契丹国志》，书中引胡安国说竟称其谥号。提要即以为大谬："于君前臣名之义，亦复有乖。"（B/别史/v50，p22a）古代称人之名有贬抑之义，自称名则有自谦或尊人之义。臣子为了尊君便须称名，故有"君前臣名"之义，这是君臣名分的重要表征。叶氏奉君命编书，相当于君前奏事，但他却称胡安国（臣）之谥号，便有违"君前臣名"之法，故提要以为悖逆而予以"改正其讹"。又汪元量《湖山类稿》中《醉歌》诗有"臣妾佥名谢道清"句。谢道清为宋理宗皇后，而洪氏于宋度宗、恭宗间曾奉职内廷，①此时谢道清为皇太后甚至太皇太后。故提要批评："以本朝太后，直斥其名，殊为非体。"（D/别集18/v165，p18b）即以直斥太后之名，批评汪氏不尊君的行为。

在名分等第森严的古代中国，帝王有专属的尊号与文体，以象征其身份之尊贵，普通文人不得僭越。因此，对文人而言，正确使用称号与文体便尤为重要。《总目》在评骘历代典籍时，便时刻操持名分标尺予以审视。如其检查李翱《李文公集》时，便特别属意于其中《皇祖实录》一篇，认为其"立名颇为僭越"："夫皇祖、皇考，文见《礼经》，至明英宗时始著为禁令。翱在其前称之，犹有说也。若'实录'之名，则六代以来已定为帝制。《隋志》所载，班班可稽。唐宋以来，臣庶无敢称者。翱乃以题其祖之行状，殊为不经。编集者无所刊正，则殊失别裁矣。"（D/别集3/v150，p27b-28a）即指出"实录"自六朝以后已成为帝王专属文体，李翱生于唐朝而仍用以题其祖之行状，即僭越了君臣名分，故以"殊为不经"斥之。至于"皇祖"之称至明代"始著为禁令"，李翱在此前而用之，提要虽明知"犹有说也"，但却仍特别举出并予以论说。如此宣示，则这对其他文人的规诫意义，显然要重于对李翱的批评意义。

除编次失序与名分失当外，对于文人言论内容有失尊君之义者，《总

---

① 徐象梅：《两浙名贤录》卷43，《北京图书馆古籍珍本丛刊》第18册，书目文献出版社1987年版，第1238页。

目》斥之尤力。明末恽日初编刘宗周《刘子节要》有言曰:"天命一日未绝则为君臣,一日既绝则为独夫。故武王以甲子日兴,若先一日癸亥便是篡,后一日乙丑便是失时违天。"刘氏此言与明遗民关于君臣忠节问题的质疑与讨论,如出一辙。因此,提要斥其为"一时骋辩之词","非为臣子者所宜言"(C/儒家 c2/v96, p37a - b)。①

尊卑是对伦理秩序的抽象表述,它的内涵并非仅仅意味着"尊",而是"恰如其分地尊"。只有恰如其分的尊,才有利于伦理秩序的维系;否则,尊之过分,便适得其反。清初江见龙《周易清解》将《易传》编于《经》前,提要即斥其"欲尊孔子而不知所以尊矣",认为:"经前传后,次序昭然。汉晋以来,或亦析传以附经,从无后经而先传。"(A/易 c3/v9, p23a - b) 经传之间有严格的等第差别,不容颠倒。这种差别自然地投射到它们的作者身上。于《周易》,传统观点认为周文王作经,孔子作传以翼之。孔子毕生之志,均在于恢复周礼,故尊文王、武王、周公为圣。文武周公盖为制作之圣,孔子不敢自比,故自谦称"述而不作"。江氏尊孔固然符合《总目》的观念,但他将孔子所作之《易传》冠超文王之《易经》,实即使孔子超越周文王。这便使孔子僭越了他为世公认的文化地位,违背了孔子尊经与尊文王的本志,无异于陷孔子于不义。因此,提要批评他"欲尊孔而不知所以尊"。事实上,尊卑作为伦理秩序的表述,是要为伦理社会中所有个体,在伦理关系中安置一个合理的、恰如其分的位置。个体只须将自己置于恰如其分的位置,各就各位,不企图僭越至其他位置,这便符合尊卑的规范。

以上所讨论的尊卑问题,事实上多是古代文人的常识。但即使是常识,在《总目》的审视下,仍不免纰漏百出。在文人批评的视角下,这些纰漏说明文人对尊卑常识的重视仍有不够。《总目》对此一再强调与提醒,便是要求文人提高重视力度,切实顺从政治伦理传统所安排的、恰如其分的尊卑秩序。顺从尊卑,如尊父之为孝,尊君之为忠,都是《总目》评定文人品行的重要标准。这可以理解为《总目》对治文人狂诞不经风气的重要策略。

---

① 刘宗周此言亦载于其《学言》,是书与其《圣学宗要》合辑为《刘子遗书》(《景印文渊阁四库全书》第717册,第131页)。"四库本"《遗书》对此言未予以刊正,其提要亦未予批评(圣学宗要 C/儒家 3/v93, 25a - 26a)。可见,《总目》之评骘,于相对规律中亦见随机性。

三　行忠尽节：奖誉死节，贬抑贰臣

忠节是尊君观念的延伸。尊君相对地属于隐而未发的态度或品格，发而见诸言行则为忠节。"忠"与"节"也有不同范畴。"忠"本义为"敬也，尽心曰忠"（《说文解字·心部》），本非专为君主而设，但在专制政治社会中，它逐渐被论述成臣子对国君竭诚效力的行为。① "节"则更多指臣子遭际时艰或易代后，对故主的坚贞态度。较之尊君问题，《总目》对忠节的论述，更明显地与清高宗的圣谕形成紧密的互动。

（一）清高宗对忠节品行的论述

清高宗的忠节观，在其关于《贰臣传》的诸次圣谕里有较集中的呈现。篇幅所限，在此只能缀述大概，以便与《总目》作对照。清高宗另立《贰臣传》的想法，始于乾隆四十一年十二月。② 此时，清高宗只是想将"在明已登仕版"，后"遭际时艰"而"不能为其主临危授命"，反而"腼颜降附"，从而"大节有亏"之人，与"纯一无疵者"予以辨别。他说："此辈在《明史》既不容阑入，若于我朝国史，因其略有事迹，列名叙传，竟与开国时范文程、承平时李光地等之纯一无疵者毫无辨别，亦非所以昭褒贬之公。若以其身事两朝，概为削而不书，则其过迹转得借以掩盖，又岂所以示传信乎？"③ 清高宗于此只将人臣简单地分为"大节有亏"与"纯一无疵"两种，认为前者身事两朝，不可与后者混同，但又不可不叙其"过迹"，否则其污点反可借以掩盖。

但在此后十多年间，清高宗对《贰臣传》的想法不断改变。其总体思路便是精细化，即对"贰臣"作出更精细的辨析。乾隆五十四年军机处上谕档的这段论述，大概可以作为清高宗忠节观的整体表述：

> 夫人臣，策名委质，忠于所事，既遇宗社改移，自应抗节捐躯，方无愧在三之义。是以明末殉难诸臣，朕嘉其忠烈，特为赐谥，虽其中有曾经抗我颜行者，亦令一并褒谥。盖以各为其主，在本朝则为梗化，而在胜国不失为效忠，未忍令其湮没弗彰，爰为之锡谥表扬，以发幽光而昭激劝。至在前明业经身登仕版，继复臣事本朝者，伊等能

---

① 参见蔡智力：《儒家"忠"思想的现代诠释与教师的敬业精神》，《通识教育研究》第8辑，长江出版社2021年版，第42—46页。
② 陈永明：《乾隆〈贰臣传〉立传原则平议》，《"中研院"历史语言研究所集刊》第84本第4分（2013年12月），第754—755页。
③ 乾隆四十一年十二月初三日上谕，《纂修四库全书档案》上册，第558—559页。

知天命攸归，率先投顺，且间有功绩可纪，不可摈而不录。第因其大节究属有亏，因特命第其优劣，另立《贰臣传》，分为甲、乙二编，于忠厚之中仍寓激扬之道，所以垂教于万世者甚大。此内即有归顺之后，又去而从唐、桂、福、潞各王者，虽其人反侧无定，然唐、桂各王究为明之宗支，尚可托词于系怀故主，即列入乙编，不至有乖史例。若薛所蕴、张烜、严自明诸人，或先经从贼，复降本朝，或已经归顺，又叛从吴、耿、尚三逆，进退无据，惟知嗜利偷生，罔顾大义，不足齿于人类。此外如冯铨、龚鼎孳、金之俊等，其行迹亦与薛所蕴等相仿，皆腼颜无耻，为清论所不容。而钱谦益之流，既经臣事本朝，复敢肆行诽谤，其居心行事尤不可问，非李永芳、洪承畴诸人归顺后曾著劳绩者可比。若为之立传，其何以励臣节而示来兹。国史为天下大公，是非笔削，法戒凛然，岂可稍容假借。所有《贰臣传·乙编》内如冯铨、龚鼎孳、薛所蕴、钱谦益等者，着该馆总裁详细查明，概行奏闻彻（撤）去，不必立传。若以伊等行为丑秽，一经删削，其姓名转不传于后，得幸免将来之訾议，不妨仅为立表，排列姓名，摘叙事迹，并将此旨冠于表首，俾天下万世共知。①

在此，清高宗实将鼎革之际的人臣分为四类：（1）死节之臣，遇宗社改移而能抗节捐躯；（2）贰臣之有功者，失节于新朝后有功绩可纪，如洪承畴，应归入《贰臣传·甲编》；（3）反侧无定者，失节归顺后又"系怀故主"，此类应入《乙编》；（4）进退无据者，失节归降新朝，后或（4.1）投靠叛臣如薛所蕴者，或（4.2）腼颜无耻如冯铨者，或（4.3）对新朝肆行诽谤如钱谦益者（不忠），此类不立传而仅立表。此中，清高宗尚且将（2）（3）（4）均视为贰臣。

半年后，他又对原来的想法作出修正：

《贰臣传》内原分甲、乙二编，如甲编内洪承畴、李永芳诸人，皆曾著迹宣劳，本朝有功可纪；即列入乙编者，归顺本朝之后，并未尝别生反侧。若吴三桂、耿精忠、李建泰、姜瓖、王辅臣、薛所蕴、张烜等或先经从贼，复降本朝，或已经归顺，复行叛逆，此等行同狗彘腼颜无耻之人，并不得谓之贰臣。若亦一同编列，转乖史例。着国史馆总裁即行详悉查明，特立《逆臣传》，另为一编，庶使叛逆之

---

① 乾隆五十四年六月初六日上谕，《纂修四库全书档案》下册，第2160—2161页。

第三章 直笔书写:《总目》对文人行为典范的重构

徒,不得与诸臣并登汗简,而生平秽迹亦难逃斧钺之诛,方为公当。至如冯铨、龚鼎孳等罔顾名节,身事两朝,降附之后又无功绩可纪,从前殁而锡谥,……所有《贰臣传》内似冯铨等之曾给美谥者,亦着国史馆查明,概行追夺,以示朕维植纲常、慎重名教至意。①

此中所论人臣亦可分为四类:(A)贰臣而有功于新朝者如洪承畴,列入《贰臣传·甲编》;(B)贰臣而无功绩且未尝反侧者如冯铨,列入《乙编》;(C)进退无据者如薛所蕴等,或(C.1)先降贼复降本朝,或(C.2)先降本朝复叛逆,均另立《逆臣传》载之。

前后两旨对照,可见:2 = A,4.2 = B,4.1⊂C。二旨合观,则清高宗对鼎革之际的人臣,大约分为以下几类:(1)死节之臣,(2/A)贰臣而有功于新朝者,(3)归降后复系怀故主者,(4.1/C)先降贼复降本朝或先降本朝复降贼的逆臣,(4.2/B)贰臣而无功绩且未尝叛逆者,(4.3)贰臣而诽谤新朝者。这样的分辨虽然未完全符合成书后的《贰臣传》,② 却与《总目》的忠节观念形成一定的互文关系。

(二)《总目》对文人忠节品行的论述

忠节行为的发生,基于特定情景。如贞节行为,即多发生于国难之时,或易代之后。从忠节的角度观察,国难实际上将文人的生命时间分割为三部分:太平之时,国难之时,与易代之后。对于作为人臣的文人,如何行事才符合忠节之义,如何行事便违逆忠节,这些问题在《总目》中,都如清高宗一样作了极其细致的区判。

1. 太平之时:老臣忧国,退不忘君,是为忠悃

对于太平之时,《总目》强调文人作为臣子对朝政的悉力辅助,这里便涉及与奸邪势力对抗的忠贞品格。《总目》论韩偓即曰:"以立身本末论之,偓心在朝廷,力图匡辅,以孱弱文士毅然折逆党之凶锋,其诗所谓'报国危曾捋虎须'者,实非虚语,纯忠亮节,万万非〔吴〕融所能及。"(唐英歌诗/D/别集4/v151,p33b)赞誉韩氏心系朝廷,力图匡政,作为一介

---

① 乾隆五十四年十二月初九日上谕,《纂修四库全书档案》下册,第2170页。
② 据陈永明研究,《贰臣传》有多个版本,大概均以传主过为标准,分为甲、乙两大类,每大类再依同一原则细分上、中、下三小类。据台北"故宫博物院"藏写本《钦定国史贰臣表传》,甲编上为"明臣投诚本朝后遇难殉节者",中为"明臣投诚本朝后著有勋绩者",下为"明臣投诚本朝后略有劳效者";乙编上为"明臣投诚本朝后无功绩可纪者",中为"明臣投诚本朝后曾经获罪者",下为"明臣从贼后投诚本朝及贼党降明后投诚本朝者"。陈永明:《乾隆〈贰臣传〉立传原则平议》,第756页。

文弱书生而能对抗逆党，因而许之"纯忠亮节"。在与奸邪势力对抗的斗争中，文人常处弱势。在弱势中仍能迎难而上，便更能显示文人之忠贞。当然，这也需要前述刚直耿介的品质作为支撑。如《总目》论高登即列举他请诛蔡京、童贯等"六贼"而用李纲、种师道，力争不可用吴敏等人为相，力持不可为秦桧父立祠诸事，从而称许其为"忠义"（东溪集/D/别集10/v157，p26b-28b)。均着力凸显其不畏强御的刚直与忠贞。

《总目》描述韩偓"纯忠亮节"时，使用了"心在朝廷"的表述。这说明，对提要而言，忠意味着"以心念怀"之义。如其论高登《东溪集》时，即特举其《命子名字说》："痛念王室陵迟，思扶持而一振之。左右匡拂，以守鸿业。此志未遂，命汝曰扶、曰持、曰振、曰拂，其勉效两全之节。"提要对此极为赞叹："盖其忠君爱国之心，每饭不忘如此。朱子谓能使人闻风兴起，良不虚云。"（D/别集10/v157，p28b）

在《总目》看来，忠并非只针对居庙堂之上者而言，即使处江湖之远者，亦可且须有忠。此时，本已屡弱之文士，更无实力对抗奸邪，"以心念怀"之忠便表现得更为突出，但这种无用的"本志"似乎更为《总目》激赏。如其论许相卿即颇突出此种品格："其归田后《与王子扬书》称：'时虑更切，不敢以归为幸。乃今传闻日骇，事势日危，且夕念北，如昔之思南。'其惓惓君国之意，视所谓'去国一身轻似叶，高名千古重于山'者，相去盖不啻倍蓰也。"（云村文集/D/别集25/v172，p6b）提要表达了对两种归田态度的不同意见。对于"去国一身轻似叶"的态度，提要极为鄙夷。其所推重者，乃许相卿"不敢以归为幸"的"惓惓君国"之忠，即使归田仍心系国事。

其论谢迁亦特别强调："迁当归里以后，正刘瑾、焦芳等挟怨修隙，日在危疑震撼之中。而所作诗文，大抵词旨和平，惟惓惓寄江湖魏阙之思。老臣忧国，退不忘君，读此一编，已足以知其忠悃矣。"（归田稿/D/别集24/v171，p9a）在"危疑震撼"的党争之中，既已归田的谢迁固可逍遥山水以保身。然而他却身在江湖，心存魏阙，且寄意于诗词——这无疑置自身于是非之中。提要即从这种难能的勇气中，看到他"老臣忧国，退不忘君"之"忠悃"。似乎这种褪落官场利害得失的忠诚，更显真心，从而更为纯粹。

《云村文集提要》所引"去国"一句，为宋代李师中送唐介谪英州之诗。据《渔隐丛话》，唐介为台官，廷疏宰相之失，宋仁宗怒，贬之英州别驾，李师中送别诗曰："孤忠自许众不与，独立敢言人所难。去国一身轻似叶，高名千古重于山。并游英俊颜何厚，未死奸谀骨已寒。天为吾君扶社稷，肯教夫子不生还。"① 诗中颇有一种"忠而被谤，能无怨乎"（《史记·屈原列传》）的无奈，"去国"一句亦旨在抚慰唐氏。但此抚慰之言因迎合士大夫普遍的归田心态，从而广为传颂，并且发生转义。因此，提要断章取义地摘引此句，以指责这种当时常见的归田心态。

且即使是李诗全篇"忠而被谤"之怨，在《总目》看来也并非忠臣当有的品格。如杨爵曾以上疏论事下狱，七年始释。狱中作《周易辨录》，提要即特意宣扬其无所怨尤的忠贞："其说多以人事为主，颇剀切著明。盖以正直之操，处杌陧之会，幽居远念，寄托良深，有未可以经生常义律者。然自始至终，无一字之怨尤，其所以为纯臣欤？"（A/易5/v5，p6b）这事实上即否定屈原那种因"忠而被谤"而萌生的怨尤，从而倡导无尤无怨的绝对忠贞。这显然是君主专制政治下的产物。但我们也不必站在当代的政治立场，对这种忠节观念作过多廉价责备。

2. 国难之时：忠节之士，当因人以重其书

文人并非只生活于文字世界而超脱于社会政治生活以外的抽象群体。文人必然地处于整体社会情境中。传统中国社会，一治一乱循环交替，国难之情境时有。对于个体文人而言，并非人人都会遭遇国难。然而，一旦遭遇国难，个体文人——无论已身为朝廷命臣抑或尚在布衣，他们应对国难的选择，一举一动，都会被当时或后世文人置于"忠节显微镜"下放大、审视与批判。

国难对个体文人而言，往往只有一瞬，然而评论者却往往将其放大为文人一生中最重要的时刻，甚至将这一瞬等同于其一生，此即前述明遗民所反思的"以一节概生平"现象。在明遗民对死节的道德意义提出反思与质疑后，作为后学的《总目》作者们承接前辈的话题，参与讨论，却回到明遗民的对立面，重新强调"最末一节"对文人终身道德品行的关键意义。文人只要有死节之迹，即使他生平行为与《总目》其他评价标准抵牾，《总目》亦常以至高无上的"完人"称许之。

如明吴应箕，为"复社五秀才"之首——门户中人，其作《读书止观录》，在《总目》看来实即陈继儒《读书十六观》之余绪，提要以为"尤病于效颦"，此外，又"语意儇佻，颇类明末山人之派"。凡此种种，几乎兼集明文人所有症结。然而，吴氏于"顺治元年大兵破南京，殉节死"，提要论之即曰："其克全晚节，尤不愧完人。"（C/杂家

---

① 胡仔纂集：《苕溪渔隐丛话》卷31，廖德明点校，人民文学出版社1962年版，第215页。

c9/v132，p30b - 31a）"完人"即品行完满无缺之人。吴氏于其"最末一节"获得至高无上的赞誉，在《总目》的评述逻辑中，便似抹掉了他生前所有劣迹：门户、效颦、语意儇佻等。

又如宋代傅察《忠肃集》，周必大序称其"文务体要"。就文章本身而言，《总目》极不认同周氏的观点："今观其诗，古体学韩不成，近体亦乏深致。文则皆表启俪偶之词，不出当时应酬之格。而《请东封》《颂西封》，以及青词、疏文、祝文，尤宣政间道教盛行，随俗所作，皆不足为典要。"所谓青词诸体，皆清高宗明令贬斥的文体，① 而俪偶、应酬诸格，也常见斥于《总目》。然而，傅察有"适金兵至韩城镇，挟以行，不屈死"一节，《总目》乃誉之曰："察使不辱命，抗节陨身。人品可传，则文章亦重。必大所序，在谈艺为曲笔；以名教论之，虽谓之直道可矣。"（D/别集 8/v155，p39b - 40a）即以傅氏晚节可传，而推重他本该被贬抑的文章。

又如黄道周、倪元璐皆明末死节之人，而他们的易学路数却是《总目》明确贬抑的邵雍数学派——此派书籍通常被归入子部"术数类"，然而黄氏《易象正》与倪氏《儿易内外仪》，却在忠节品行因素的考量下，仍被破例列入经部。②《易象正提要》按语即曰："此书及《三易洞玑》皆邵氏《皇极经世》之支流也。《三易洞玑》全推衍于《易》外，故入之'数学'。此及倪元璐《易内外传》，有辚轹于《易》外者，犹有据经起义发挥于《易》中者。且皆忠节之士，当因人以重其书。故此二编仍附录于'经部'焉，非通例也。"（A/易 5/v5，p21a - b）提要对二书列入经部，虽然列举了两个理由："犹有据经起义发挥于《易》中者"，与"忠节之士"。但如果前一个理由充分或更占主要，便理所当然地列入经部，而不得谓之"非通例"。事实上，"皆忠节之士"恐怕才是它们得以破例列入经部的主要因素，故曰"当因人以重其书"；但仅凭此因素在学术上仍有所不安，而以"据经起义"补充。如此，"非通例"之语才可能成立。

"因人重文"是《凡例》开宗明义的批评逻辑，而遭遇国难所表现出来的忠节，便是"因人重文"批评逻辑往往所因藉的品行。由此可见

---

① 相关讨论参见黄琼谊：《〈四库全书总目〉对乾隆旨意依违之例——以集部为考察中心》，台中《东海大学图书馆馆讯》第 121 期（2011 年 10 月），第 26—51 页。
② 易学类书籍被列入经部或子部，不同的部次本身即具有评价意义。相关讨论见蔡智力：《不使异学淆正经——从〈四库全书总目〉对易学图书之部次看清代易学潮流》，《中国四库学》第 1 辑，中华书局 2018 年版，第 177—194 页。

《总目》对国难节义的刻意宣扬。这可以说是《总目》人物品骘价值体系的最高标准。但《总目》对国难节义的批评，似乎也缺乏立体性与多样性。因为，它对国难之"节"的认定，似乎更多地落到"死"的情节上。"死"似乎成为判断忠节与否的单一标准。因此，很多提要都只能看到"国亡死节"的简单直述，而无其他评论；即使评论，也大都雷同。但这种不厌其烦的直笔书写，也正是《总目》强调、提醒忠义死节品行的重要方式。

《总目》对国难死节的刻意强调，应该放在清高宗别立《贰臣传》的语境下理解。无论从逻辑上讲还是从历史上看，人臣于国难之际必然有三种选择：要么死节，要么进入新朝出仕成为贰臣，要么进入新朝归隐成为遗民。然而，在笔者所见的材料中，清高宗论述国难之际人臣的选择，似乎并未给遗民留下一席之地。他这种有意或无意的论述预示着这样的逻辑：人臣于国难之际只有两种选择，要么死节，要么成为贰臣。他似乎忽略了贰臣的直接对立面是忠节，而非死节；忠节并不是非死不可，忠节的表达除死节外，还有守节。这种将忠节简化为死节的观念，在明末清初相当普遍，也是明遗民反思的重点。① 《总目》虽未完全忽视守节的形态，但它将死节置于其价值体系顶端，亦不能不说是对清高宗贰臣论的响应。

在这种价值逻辑下，贰臣的评定对人臣品行无疑是极大的否定。无论对贰臣失节的审判，还是对遗民的忽视，其目的都在于凸显死节之臣的忠义气节。因此，当明遗民开始质疑死节的道德意义时，《总目》便以毋庸置疑的坚定姿态，重新表彰死节，甚至与前者直接对质。其论陈谟《海桑集》曰："集中《通塞论》一篇，引微子、箕子，反复申明，谓革代之时不必死节，最为害理。"（D/别集 22/v169，p55a）即正面批判质疑死节意义的观点。《刍尧集提要》云："有誓死不死者，而后见真能死者之难；有委曲以文其不死者，而后见慷慨就死者之不愧不怍。"（D/别集 23/v170，p8a）这虽然是对靖难之变不能死节之解缙、杨士奇的批评，但其所谓"委曲以文其不死者"之说，亦未尝不是对质疑死节意义的明遗民作指桑骂槐式的批判。

3. 易代之后：文人面对新朝旧主的各种姿态

易代之后的选择，以国难时的选择为基础。从《总目》文人批评角度看，它对易代后的文人批评都有一个潜在的前提：他们都是未死节者。这些未死节者，在易代之后也有不同选择。《总目》对这些形形色色的选

---

① 将"节义"简化为"死"的问题之讨论，参见赵园：《明清之际士大夫研究》，第 30 页。

择作了严密区分，并给予不同评价。

（1）贰臣：出处有愧

贰臣有两个对立面，其一即前述忠节之士，其二即易代之后的遗民。《总目》对贰臣的批评，常在与这两个对立面相比较的语境下进行。如其论赵文即曰："文与谢翱、王炎午同入文天祥幕府，沧桑以后，独不深自晦匿，以迟暮余年，重餐元禄。出处之际，实不能无愧于诸人。"（青山集/D/别集19/v166，p25a）即将"重餐元禄"的赵文与"深自晦匿"的谢翱、王炎午作比较，以斥赵氏出处之失据，有愧于谢、王，以及文天祥。

贰臣与忠节之士相对。忠节意味着纯洁、从一而终，即清高宗所谓"纯一无疵"。而贰臣就是不纯洁、有污点，是"大节有亏"。士人为使纯洁不被玷污，似乎便不得不以死节保持节操，因此，在清高宗的论述中，忠节便几乎等同于死节。在《总目》的批判视野下，贰臣文人往往会设法将变节的污点掩盖，而《总目》便常常着意揭开文人掩盖污点的遮羞布，让他们的污点重新暴露出来，以便接受天下万世的审视与批判。

如其论袁华时即指出："惟《癸丑正月风雨中偶成》一首，作于洪武六年，颇露悲凉感慨之语，盖欲自附于元之遗民。然已食明禄，不必作是语矣。"（耕学斋诗集/D/别集22/v169，p52b）认为袁氏既已"食明禄"，即已变节而不忠于元。既然如此，便应安分地做一个贰臣，不必再假惺惺地感慨故国，以"元之遗民"自我标榜。又其论刘埙亦特意指出："惟其年过七旬，复出食元禄。而《晚春郊行诗》云：'路少过军仍鼓吹，地多遗老自衣冠。'……皆其未出山时所作，是则可以不存耳。"（水云村稿/D/别集19/v166，p28a－b）所列诸诗，皆宋元鼎革之初刘氏尚未变节时所作，寄托惓惓故国之情思。如此情怀本值得鼓励，但提要却指出，刘氏后来既然"复出食元禄"，不能善终，便不应再将此类寄托忠义之诗收入集中，以标榜自己高洁的情操。诸如此类，《总目》均予以揭明，使变节者的污点原原本本地暴露在批评者的审视目光下，以接受应有的批判。

如此一来，变节贰臣应当如何自处？《总目》评论王奕时，为贰臣的自处方式指明方向："其《祭文宣王文》称：'天混图书，气通南北，九域甫一，可舆可舟。'《祖庭观丁歌》称'幸际天地还清宁'，于新朝无所怨尤。《祭曾子》文称：'某等律以忠孝，实为罪人。愿保发肤，以遂终慕。'亦未敢高自位置。视首鼠两端，业已偷生骤节而犹思倔强自异者，固尚有间矣。"（玉斗山人集/D/别集19/v166，p31a－b）即认为：贰臣不能再对新朝有所怨尤，既已不忠于故国，即应洗心革面，效忠新朝；既已为贰臣，便应正视自己"偷生蹔节"的事实，不必标榜"倔强自异"。倔强自异即不食周粟的清高。提要认为，既已为贰臣便无须标榜清高。这其实便为清高宗设计的"贰臣而有功于新朝者"，留出相应的位置。

（2）进退无据者：克制的直笔书写

清高宗谕旨批评的"反侧无定""进退无据"者，《总目》也着意于揭示与批判。如于杨宏道，即揭示他"生金之季"，"尝监麟游酒税"；"后又仕宋"，曾为襄阳府学教谕；"在宋未久，旋入于元"。《总目》即批评："综其生平，流离南北，窃禄苟全。其出处之际，盖无足道。"（小亨集/D/别集19/v166，p43a–44a）如果贰臣是一旦失节便痛改前非，从此效忠新朝，重拾忠节品格，那么进退无据者便是一错再错，毫无忠节观念，在提要看来只是"窃禄苟全"而已。

让人困惑的是，清高宗圣谕对这些进退无据者如薛所蕴等人的批判，几乎极尽诟訾之词，诸如"行同狗彘""腼颜无耻"等。相较之下，《总目》对此类文人的批评，却意外地克制，《小亨集提要》对杨宏道的批评已是所见材料中批评得最严厉的。如钱谦益等无著作著录于"四库"者，姑且勿论。至于金之俊、薛所蕴二人，均被清高宗明确斥为"腼颜无耻"者，《总目》均以其著作存目，本有机会迎合清高宗之意大肆批判，但相关提要均只直述他们入新朝后有出仕之迹而已：如谓金氏"前明万历已未进士，入国朝官至中和殿大学士"（金文通集/D/别集c8/v181，p1b），薛氏"前明崇祯戊辰进士，入国朝官至礼部侍郎"（澹友轩集/D/别集c8/v181，p3b）。单从出仕事迹看，《总目》所列似乎并非二氏宦迹全部。据《贰臣传》载，金之俊"明万历四十七年进士，官至兵部右侍郎，流贼李自成陷京师，之俊不能死，被拷索，本朝顺治元年大兵定京师，之俊降，仍原官"；① 薛所蕴则"崇祯元年进士，任山西襄陵县知县，……福王时以所蕴曾降附流贼李自成，定入从贼案。本朝顺治元年五月，睿亲王多尔衮定京师，所蕴迎降，六月，授原官"。②

《贰臣传》记述与《总目》详略不同，这可能与二氏在清廷"被定罪"和《总目》成书的时间差有关。清高宗决定将《贰臣传》分甲、乙二编，始于乾隆四十三年（1778）。③ 彼时清高宗于乙编进退无据者，只

---

① 清国史馆编：《贰臣传》卷8，《清代传记丛刊》，台北明文书局1985年版，第461页。
② 《贰臣传》卷12，第817页。
③ 乾隆四十三年二月二十四日上谕，《纂修四库全书档案》上册，第784页。

列举钱谦益、龚鼎孳为例。金之俊、薛所蕴被认定为进退无据者，就笔者所见，始于前引乾隆五十四年（1789）六月上谕。而《总目》"办竣呈览"，则在此前的乾隆四十六年（1781）二月十六日。① 尽管此后《总目》陆续有改动，直到乾隆六十年（1795）十一月殿本才刊竣并"恭呈御览"，② 但馆臣似乎并未因金、薛二氏"被定罪"，而对《总目》既成的批评尺度加以改动。

其他人物，如陶谷、王仁裕，其变节之频繁无定，较之杨宏道有过之而无不及，然而相关提要只不厌其烦地列举其宦迹，竟无只字之贬斥。如于陶谷："仕晋为知制诰，仓部郎中。仕汉为给事中。仕周为兵部侍郎，翰林承旨。入宋仍原官，加户部尚书。"（清异录/C/小说家3/v142，p47b）则先后变节三次。王仁裕则更为频繁至极："唐末为秦州节度判官，后仕蜀为翰林学士。唐庄宗平蜀，复以为秦州节度判官。废帝时以都官郎中充翰林学士，晋高祖时为谏议大夫。汉高祖时复为翰林学士承旨，迁户部尚书，罢为兵部尚书、太子少保。周显德三年乃卒。"（开元天宝遗事/C/小说家1/v140，p25a）先后变节六次，但《总目》均只是直笔记述，不加片言之贬斥。

对比杨宏道"窃禄苟全"之评，《总目》对陶、王二氏宦迹不予批评，如此秉笔直书，或有邻下无讥的意味。但据《总目》的批评风格，遇有不当，必定大书特书；即使不屑深论，也必然点明褒贬。微言大义，并非其批评策略。当然，考虑到五代十国风云变幻的政权更迭，《总目》的克制也未尝全无宽容的意味。盖于乱世之中，人如浮萍，生如草芥，命如蝼蚁。义无反顾地为君主死节，其价值是否真的毫无疑问？这是明遗民一直反思的问题。"四库"馆臣于提要中虽然一定程度上回应了明遗民的反思，否定后者对"最末一节"的质疑。这是从整体民族精神上肯定死节的文化价值。舍生取义是一个民族应有的精神脊梁和气魄，无之则族将不族。然而，舍生，是否即能取义？在死节的问题上，便不尽然，它还取决于前朝君主之贤愚。是否所有君主都值得臣子为之死节？若否，个体能否选择"苟全"？尤其在政权更迭犹如走马观花的五代十国——或其他类似的时期，倘若所有士人都不顾义与不义全为君主死节，恐怕真是"天下"（道）尽亡，族将不族。因为士人是道与文化的承担，士之不存，文

---

① 《纂修四库全书档案》下册，第1292页。
② 殿本《总目》刊竣时间的相关讨论，参见崔富章：《〈四库全书总目〉武英殿本刊竣年月考实》，第104—108页。

化焉附？① 这样的问题对同样作为臣子的"四库"馆臣而言，并非只是居高临下的他者批评，更是如芒在背的自我批评。或因此故，对于个体在特定历史中的个别选择，馆臣们的态度似乎有所迟疑。

无论如何，《总目》对此类进退无据者的批判，都与清高宗极度苛刻的态度形成强烈的反差。清高宗严苛而鲜明的态度，在《总目》处明显打了折扣。

(3) 亡国之臣：反颜吠主 V.S. 惓惓故主

"亡国之臣"是将人臣与故主关系显题化的表述，它强调的是：人臣在易代之后应如何与故主"相处"？而他们与新朝的关系——是否出仕的问题，则被暂时隐藏。

对于亡国之臣，在《总目》的批评中即有"反颜吠主"一类。其论杨维桢即批评他"反颜吠主，罪甚扬雄"（东维子集/D/别集21/v168，p49b）。可见，此类文人以扬雄的"剧秦美新"为典型。杨维桢之所以获"反颜吠主"之讥，主要缘于其所作《大明铙歌鼓吹曲》。然而，在《铁崖古乐府提要》中，批评论调之中却又掺杂着为其辩解的声音："维桢于明初被召，不肯受官，赋《老客妇谣》以自况，其志操颇有可取。而《乐府补》内有所作《大明铙歌鼓吹曲》，乃多非刺故国，颂美新朝，判然若出两手。据危素跋，盖聘至金陵时所作。核以大义，不止于白璧之微瑕矣。"（D/别集21/v168，p50b-51a）这里虽然仍批评杨氏"非刺故国，颂美新朝""不止于白璧之微瑕"，但提要更进一步做了"探其本志"的功夫，列举显示其"志操颇有可取"的《老客妇谣》，以与《大明铙歌鼓吹曲》对照，并引危素跋指出，后者乃"聘至金陵时所作"。这是为杨维桢作原情与宽贷之词。"聘至金陵"预示着"面圣"——新朝皇帝。平心而论，我们不太可能要求文人在如此境况，仍作寄寓"本志"之词。提要如此引证，似隐含这样的意见："非刺故国，颂美新朝"并非杨维桢"本志"。

事实上，以"非刺故国，颂美新朝"批评杨维桢，应源出于清高宗之圣谕。清高宗论杨氏曾曰："夫维桢身为元臣，入明虽不仕，而应明太祖之召，且上《铙歌鼓吹曲》，颂美新朝，非刺故国，几于剧秦美新，其进退无据较之钱谦益托言不忘故君者，鄙倍尤甚。"② 如此看来，《铁崖古

---

① 梁启超将顾炎武的论述概括为"天下兴亡，匹夫有责"后，近代新儒家又加以发挥，提出"保天下"的命题。其所谓"天下"即指"文化"，或传统所谓"道"。参见翟志成：《新儒家眼中的胡适》，香港商务印书馆2020年版，第221—222页。
② 《清高宗御制文集·二集》卷8《命馆臣录存杨维桢正统辨谕》，《景印文渊阁四库全书》第1301册，第333页。

乐府提要》凸显杨氏"聘至金陵"的事实，似可看作是对清高宗观点委婉的补充。细读这篇提要便会发现，"核以大义"句有明显的转折。按语言习惯，此前理应以"然""惟"之类虚词引句，语脉始为顺畅——这是《总目》常用的"然字句"法。事实上，浙本《总目》于"核心大义"前，确有"或者惧明祖之羁留，故以逊词脱祸欤，然"几字。① 如此措辞，才文从字顺，且其为杨氏原情的用意，也更为明显。以理推断，这应是殿本修改时，删削了更明显地为杨氏原情的一句，连同作为转折的"然"字也因疏忽而一并删去。

当然，上述只是馆臣之间，以及馆臣与清高宗之间对于杨维桢个人事迹判定的差异。他们对于非刺故国、反颜吠主行为的总体态度，则大概相同。《枫林集提要》论朱升即曰："升身本元臣，曾膺爵禄，而《贺平浙东赋序》肆言丑诋，毫无故君旧国之思，是尤不可以为训也。"（D/别集 c2/v175，p3b）即指斥朱氏无"故君旧国"之思。又论林右："至于故国旧君，动多诋斥。其视徐铉撰《李煜碑》但陈运数有归者，用心之厚薄，尤相去远矣。"（林公辅集/D/别集 c2/v175，p16a）亦批评林右对"故国旧君"动多诋斥。由此亦可见，对《总目》而言，人臣在易代之后对待故主的方式，应以徐铉为典范。

宋代翟耆年《籀史》载，南唐后主李煜薨，宋太宗诏侍臣撰神道碑。有欲中伤徐铉者，奏荐徐铉。遂诏铉撰。徐铉泣请存故主之义，乃敢奉诏；至其为文，则"但推言历数有尽，天命有归而已"。太宗览之，亦称叹不已，每对宰臣称铉之忠义。②《骑省集提要》引此典故而论曰："后吕祖谦编《文鉴》，多不取俪偶之词，而特录此碑，盖亦赏其立言有体。以视杨维桢作《明鼓吹曲》，反颜而诋故主者，其心术相去远矣。"（D/别集 5/v152，p2a-b）徐氏将南唐败亡，归诸历数天命，而不直言诋毁故主，在《总目》的批评视野下，这是一种"惓惓故主"的仁厚之心。在《总目》中，文人表现惓惓故主之情，并不会遭到批判，反而每受表彰。③《总目》对惓惓故主者这种态度，与前述清高宗对"系怀故主"者的宽容态度，彼此正相呼应。

无论是反颜吠主还是惓惓故主，都只涉及文人对故主的态度，与文人

---

① 永瑢、纪昀等：《四库全书总目》卷 168，中华书局 1965 年版，第 1462 页。
② 翟耆年：《籀史》卷上，《丛书集成初编》第 1513 册，第 9—10 页。
③ 可见于《湖山类稿提要》（D/别集 18/v165，p19a），《汝南遗事提要》（B/杂史/v51，p24b-25a），《徐正字诗赋提要》（D/别集 4/v151，p39b），等等。

在新朝中是出是处,并无直接关联。这可以说是精神上的忠贞。人臣易代之后因行为失节而成为贰臣,但只要内心仍能惓惓故主,批评者仍能从"心术"层面对其予以宽容,徐铉即是一例。至于易代后即使不出仕,却反颜吷主如部分馆臣所认为的杨维桢那样,甚至只是未能惓惓故主而已,也会被认为"心术"失节。这种情况便发生在杨公远身上。宋亡时,杨氏年四十九,入元未仕。但《野趣有声画提要》作者注意到其《春雪》诗有"向晓披衣更拥衾,更无一事恼胸襟"句,是诗之作,正张世杰、陆秀夫等"蹈海捐生"之年。提要极度忿恨:"是以宋之存亡付诸度外,与前朝故老惓惓旧国者迥殊。"并且猜度:其入元未仕,"当由梯进无媒"。故认为与周密等"终身隐遁者",不可同日而语;因而不从周密例称"南渡遗民",而系诸元人,以"从其志"(D/别集19/v166,p18a-b)。这仍是"探其本志"的批评方法,认为杨氏虽易代未出仕,但当宋亡之岁,竟能"更无一事恼胸襟",全无"惓惓旧国"之情;既无故国之情,即应将其系于新朝,以"从其志"。换言之,惓惓故主便是文人保守忠节品格最后的精神领地,不管他们的身体是否失节。

(4)守节者:出处之正

守节者即是遗民。守节是忠节的另一种表达。死节以死示忠节,守节则以不仕新朝示忠节。这是被清高宗遗忘的人臣形态。他在批评贰臣时,只将他们与死节者对举讨论,而忽视了守节者。《总目》对死节者虽不吝溢美之词,往往推许为"完人",但它却并未如清高宗那样完全忽视守节者的存在。《总目》对守节者亦颇为赞誉,只是其赞赏之情,较之死节者有明显的差距。

如其论柴望,即特别关注宋亡以后,柴氏"遁迹深山,至元十七年乃卒"的行迹,认为其"翛然高节,追步东篱",比之以陶渊明之高节。因此,虽其诗"格近晚唐,未为高迈",提要亦不吝于赞誉:"黍离麦秀,寓痛至深,骚屑哀音,特为凄动,亦可与谢翱诸人并传不朽。"(秋堂集/D/别集18/v165,p14b)即以其于故国沦亡后,虽未死节,然尚能守节,惓怀故国之情思多寓于诗,故予以褒誉。又洪皓曾以通问使出使金国,龚璹为副使。后龚璹屈节于伪齐,而洪皓独不屈节,"流递冷山,居雪窖中"。《鄱阳集提要》便盛赞曰:"大节凛然,照映今古。"从而认为其子适、迈、遵得以"著述纷纶,蜚声一代",乃"渊源有自,皓实开之"。而洪氏文集因"年代迢遥,篇章散佚","四库"馆臣最终得以辑佚于《永乐大典》中,提要亦将其"复光耀于蠹蚀之余",神乎其神地归因于其忠义气节:"斯亦忠义之气不可泯没,待昌期而自发其光者矣。"(D/别集10/

v157，p4b－6a)

作为当时新朝代表的《总目》，对于胜朝遗民的忠节行为固然要予以赞誉，这是对忠节行为本身的宣扬，而非对胜朝的宣扬。这里还隐含一个问题：遗民应该如何与新朝相处？遗民忠于故国，是否意味着反对新朝？显然不能。《总目》通过分辨出处与是非的办法，处理此一矛盾。

如元末明初舒頔，明兴时屡召不出，并名所居为"贞素斋"，"著自守之志"；所作小传亦自比陶渊明。但其所作文章，却往往"颂明功德"。《贞素斋集提要》论之即曰："盖元纲失驭，海水群飞，有德者兴，人归天与，原无所容其怨尤。特遗老孤臣，义存故主，自抱其区区之志耳。頔不忘旧国之恩，为出处之正；不掩新朝之美，亦是非之公。固未可与剧秦美新一例而论也。"（D/别集 21/v168，p22a－b）在提要作者看来，心怀故国与赞美新朝并不矛盾。易代之后，退隐不仕，在出处上具有正当性。至于新朝，如确有功德，便不能掩盖其美，这就是秉持是非之公。从《总目》的历史语境看，这里似有借古论今之意：所论元遗民"颂明功德"，何尝不亦期待明遗民及其子孙同样地"颂清功德"。

（三）批评的批评：文人当如何论述忠节行为

因为文人拥有文字表达的能力，可以撰文臧否是非。因此，在忠节问题上，文人充当的角色颇为复杂。简单地说，文人既可以自己履行忠节，从而接受他者审视；也可以撰文评论他人的忠节，审视他者。具体地说，在国难之时与易代之初，文人通常都面对着是否履行忠节的问题。天下既定恢复太平后，当文人以文字书写国难中前辈文人的行为时，他们的身份角色转而又成为忠节行为的审视者与批判者。这也是《总目》的作者们所充当的角色之一。如此一来，在忠节论视域下，文人接受着《总目》的双重审视：除了忠节行为本身接受直接审视外，他们对前辈文人的忠节批评，同样接受着《总目》的审视与批判。这里涉及的问题是，文人对前辈忠节的批评是否正确？正确的批评方式应当如何？这意味着对忠节批评方式的纠正与示范问题。《总目》诸提要的批评与裁判性质，使它具有这种双重批判视域。

1. 纠正：《总目》对文人的忠节批评的批评

在伦理社会中，每个个体都是道德的践行者，同时也是他者道德践行的审视者。对于忠节亦为如此。所有文人都是忠节的践行者，他们同时也审视着其他文人的忠节践行情况。文人能书写，书写便有话语权，从而呈现各种批评观念。不同批评主体，其批评观念不必然相同；他者的批评观念，对个体而言，或是或非，或正或误。个体一旦掌握话语权，便难免要纠正他者的批评观念。

纠正，最直接的方法，便是通过批判他者的批评观念来实现。如《总目》批评孙奇逢《中州人物考》曰："其赞恕于常人而责备于贤者，颇为不苟，惟《张玉传赞》最为纰缪。考玉以元枢密知院叛而归明，而奇逢以为善择主。是六臣奉玺归梁，皆善择主也。玉后辅佐燕王，称兵犯顺，殁于铁铉济南之战，而奇逢以为得死所。是李日月助李希烈殒身锋镝亦得死所也。且蔡子英义不忘元，间关出塞，卒奉故主以终。奇逢既列之《忠节》矣，而又奖张玉之叛乱，不自相矛盾乎？"（B/传记2/v58，p23a）唐末梁王朱温篡位，唐朝六位大臣张文蔚、杨涉、张策、赵光逢、薛贻矩、苏循分别奉传国玺、金宝等投靠后梁（《新五代史·唐六臣传》）。李希烈与朱泚均曾叛唐，李日月为朱泚之将领（《新唐书·逆臣列传》），提要以其为希烈之将，未知何据。无论如何，提要于此实即批评孙奇逢不知忠节之义。对于张玉叛元归明，孙奇逢似乎已经引入种族因素进行批评，故认为他"自拔来归，择主而事，可谓智矣"。① 而提要则剔除种族因素，单纯从忠节角度来审视，因而以六臣叛唐作比，直接以"叛乱"为张氏之行定性。至于张氏辅佐燕王战死，因为燕王所谓"靖难"本即叛逆，因此也不应以"得死所"论张氏。故提要便认为孙氏之评论"最为纰缪"。

又如宋代倪朴《观音院钟刻辩》论钱镠之吴越改元而未尝称帝，认为其改元乃缘于后梁为后唐所灭，"吴越受梁封爵，国无主，正朔无所禀，故改号焉，非擅也"，且论曰："所以改元者，不肯反面事仇，奉正朔于唐也，此钱氏立国之大节。"②《倪石陵书提要》即以为大谬："夫钱镠，固唐遗民也。当朱温僭逆之时，罗隐之言，凛然大义。乃不以篡唐之梁为仇，而反以灭梁之唐为仇，是非颠倒，莫甚于是。朴因汴京丧乱，务伸复仇之义，遂并此事而附会之。可谓斯言之玷。郑楷、杜极二跋，乃特称是篇，其愦甚矣。卷末又有吴莱一序，乃为谢翱辑朴杂著而作者，独不举此篇，其识固在二人上也。"（D/别集12/v159，p27b）后梁本即朱温篡夺于李唐而建立之国。朱温篡国后，罗隐即曾游说钱镠举兵讨梁曰："总（纵）无成功，犹可退保杭越，自为东帝，奈何交臂事贼？"③ 提要所谓

---

① 孙奇逢：《中州人物考》卷6《武功》，《明代传记丛刊》第141册，第548页。
② 倪朴：《倪石陵书》，《宋集珍本丛刊》第59册，第547页。
③ 范坰、林禹：《吴越备史》卷1，《中国野史集成》第5册，巴蜀书社1993年版，第179页。此书疑即钱镠之孙、末代吴越王钱俶之弟钱俨所作。钱俨曾作《吴越备史遗事》，据陈振孙所见其原序，称《备史》亦钱俨托名林、范二人而作。陈振孙：《直斋书录解题》卷5，上海古籍出版社1987年版，第137—138页。

"罗隐之言",当即指此。因此,提要正本清源,指出作为后梁旧臣的钱镠,本即李唐遗民。从这层身份而言,钱镠之仇,最初应当是"篡唐之梁",而非"灭梁之唐"。但倪朴却把"灭梁之唐"当作钱镠之仇,这无疑忽视了后梁篡唐的忠节问题,因此认为"是非颠倒,莫甚于是"。提要在审视批判倪朴的忠节批评的同时,也审视着郑楷、杜极、吴莱等人的忠节批评。这些都是通过审视批判的方式,去纠正文人对于前辈的忠节批评。

《总目》之所以着意于纠正文人对于忠节的批评论述,关键在于《总目》作者意识到,文人对忠节行为的审视与批判,并非只关乎认识论问题,更涉及实践问题。至少部分提要作者已经意识到,文人对忠节的认识,与他们的忠节实践之间存在一定的对应关系。《栟榈集提要》论邓肃,以其为"在南北宋间,可谓笃励名节之士"。提要还特别注意邓氏对扬雄的评价,指出唐宋以来,学者皆尊扬雄,至熙宁年间甚至配享孔庙,而邓肃论扬雄事,则"独指为叛臣,无可容于天地之间"。为凸显邓氏于忠节名义上的卓越识见,提要还以严谨的考据姿态,暗指朱子《通鉴纲目》斥扬雄为"莽大夫"乃"传肃之说"。进而论曰:"其识如是,宜其立身有本末矣。"(D/别集 10/v157,p2b-3a) 即认为邓氏"立身有本末"与他对忠节的认识有因果关系。

文人对忠节的认识与他们的忠节实践有如此大的关系,便要求《总目》从文人批评的角度,对文人的忠节批评予以规范。规范除纠正以外,也需要示范。纠正尽管也能对未来产生效用,但它更多地针对过去;相较之下,示范则更多地指向未来。《总目》的"辨章品行",对于文人的忠节批评,便具有示范作用。

2. 示范:作为批评行为的"辨章品行"

余嘉锡论《总目》,称其"剖析条流,斟酌古今,辨章学术,高挹群言"。① 除"辨章学术"外,在文人批评视野下,《总目》同样存在着"辨章品行"的情况。这在涉及忠节问题时,便尤为突出。所谓"辨章品行",即通过细致入微的考辨,彰显文人品行的性质,在伦理名分森严的传统社会,这本身便是一种批评行为。

如沈梦麟于元惠宗至正年间即解官归隐,明初以贤良征诏,辞而不起,但却"应聘入浙闽校文者三,为会试同考者再",② 故朱元璋称其为

---

① 余嘉锡:《四库提要辨证》,序录,第 48 页。
② 《明一统志》载为"五司闽浙文衡,一考会试",略有出入。参见李贤等:《大明一统志》卷 40,三秦出版社 1990 年版,第 701 页。

"老试官","然知其志不可屈,亦不强以仕"。人臣于改朝换代后,出仕为贰臣,归隐为遗民,然而不仕不处而应聘为试官,当为贰臣抑或遗民?既有的人臣流品分类,并未为易代任试官者专门预留位置。这便让力求严谨区判人臣品行的《总目》极度不适。《花溪集提要》论沈梦麟便曰:"梦麟以前朝遗老,不能销声灭迹,自遁于云山烟水之间,乃出预新朝贡举之事。此与杨维桢等之修《元史》、胡行简等之修《礼书》,其踪迹相类,以较丁鹤年诸人,当降一格。然身经征辟,卒不受官,较改节希荣者,终加一等。仍系诸元,曲谅其本志也。"(D/别集 21/v168,p45b – 46a)

对于亡国之臣的品行,此篇提要便划分为三等:第一等即如丁鹤年那样的自遁者;而像沈梦麟、杨维桢、胡行简之类,虽不正式出仕,但参与新朝贡举或修书之事,则次一等;至于那些完全"改节希荣"者,则又次一等。对于沈氏,《总目》虽曲谅其本志有心怀故国之意而"仍系诸元",然而将他与自遁者刻意分辨,便已显示微词。这是从行为性质上,对行为类型作极度严谨以至一丝不苟的辨析。这种严谨性既体现《总目》对忠节行为严苛的批判态度,同时也为其他文人的忠节批评作出示范。文人在作忠节批评时,如能对行为性质予以严谨辨析,便不会出现前述孙奇逢那样自相矛盾的判断:对蔡子英与张玉截然相反的行径,却作出相同评价。

"辨章品行"除须对行为性质作严谨辨析外,亦须有严谨细致的行迹考辨,即通过严谨的考证,判断文人于易代后是否曾出仕或变节。如于胡行简,《樗隐集提要》即考证辨析其入明后虽参与修《礼书》,但书成即"以老病辞",从而"未受明官"(D/别集 21/v168,p46b – 47a)。如此,则知其非贰臣。至于刘祁,亦考证其于元兵入汴时虽"遁还乡里",但晚年又复出应试,从而认为他"西山之节不终",并揭示他以"归潜"名其书也"非其实"(归潜志/C/小说家 2/v141,p38a)。前述倪朴论钱镠以灭梁之唐为仇,提要以为"是非颠倒",也在于认为他未辨析在后唐灭后梁之前,还有梁篡唐一节。当然这甚至并非考证的问题,而是对史实性质全面性认识的偏差。

在《总目》对忠节品行的批评中,行迹分辨是极为重要的环节。对文人行迹的分辨本身,即预示着批评。如前所述,每一种行迹,无论是死节、守节、贰臣,还是惓惓故主,在传统知识社群的价值系统中,都已有相对固定的评价与它们相对应,从而无须过多的批评。当然,《总目》有时还是会刻意强化这种分辨所意味的批判意义。

如于龚诩《野古集》,《总目》于其提要后按语曰:"练子宁以下诸人，据其通籍之年，盖有在解缙诸人后者。然一则死革除之祸，效命于故君；一则迎靖难之师，贡媚于新主。熏莸同器，于义未安。故分列编之，使各从其类。至龚诩卒于成化己丑，更远在缙等之后，今亦升列缙等前，用以昭名教是非，千秋论定。纡青拖紫之荣，竟不能与荷戈老兵争此一纸之先后也。"（D/别集23/v170，p11b－12a）《总目》卷一百七十练子宁后为方孝孺、程通、王叔英、周是修、程本立、刘璟、龚诩，接着是张宇初、唐之淳、解缙等。练子宁至龚诩诸人中，有通籍之年在解缙之后者，按《总目》以通籍先后编次的体例，理应编于解缙之后。但按语认为，他们之间有"效命故君"（忠）与"贡媚新主"（贰）之别，如仍按常例以通籍时间编次，便使忠节之士与贰臣"熏莸同器"，认为"于义未安"。因此破例将诸人"升列缙等前"。于此，即通过"编次批评"的方式，凸显与强化忠臣与贰臣在其价值秩序中的不同地位。

由上所论，可见《总目》从官方的立场出发，对文人忠节品行重新作出强调。尽管它没有忽视温和的守节形态，但对于死节的极高奖誉，也可以视作《总目》对明遗民质疑死节道德意义的回应。而《总目》对文人忠节批评的批评，以及其"辨章品行"的论述，则在对文人忠节行为予以严厉批判的同时，对文人的忠节批评本身，也具有纠正与示范作用。

第四节　统绪论：文人在文化脉络中的定位

《文心雕龙·附会篇》曰："若统绪失宗，辞味必乱。"刘熙《释名》曰："谱……亦言绪也。主叙人世类相继，知统绪也。"① "统绪"之意，有世代接续之义。本节试图借用"统绪"一词，表述个体与世代接续的文化脉络的各种关系。文化脉络在每个时代都会通过层累，形成一定的文化传统。每个文人在他所处的文化传统中，都有一定的文化位置。从客观描述的角度看，文化位置具有实然性；但从文人自我期许，或从批评者的批评视域看，文化位置又同时具有应然性。宋儒叶适曾曰："读书不知接统绪，虽多无益也。"② 即要求文人读书以接统绪为宗旨。

统绪论是《总目》文人批评中的重要议题，它涉及这样的问题：文人应当怎样跟他所处的文化脉络"相处"？这既涉及个体与文化典型的关

---

① 刘熙：《释名》卷6《释典艺》，《丛书集成初编》第1151册，第101页。
② 叶适：《水心先生文集》卷29《赠薛子长》，《宋集珍本丛刊》第66册，第680页。

系问题——每个由文化脉络层累而成的文化传统，都会形成若干对个体具有约束力的文化典型；也涉及立足于当代现实的个体，与古代文化典型的关系问题；以及个体应当怎样面对渗透到文化传统中的外来文化的问题，等等。这些是本节试图阐述的问题。

一 立典型：尊经据典，抑己斥异

《诗经·大雅·荡》："虽无老成人，尚有典刑。""典刑"即"典型"，郑《笺》注曰："虽无此臣，犹有常事故法可案用也。"与它相关的词还有典要、典律、典核、典则、规矩等，大概都指涉由文化传统沉淀积累而形成的具有恒常性、规范性的法则与行为依据。在以儒家思想为内核的传统中国，儒家知识分子标榜的经典，便成为包括文人在内的所有知识分子共同遵守的文化典型。对以"崇儒尊经"为职志的《总目》而言，儒家经典对于文人的典型性也无疑最为突出。然则，这里首先便要面对一个问题：文人应该怎样与儒家经典"相处"？

（一）尊经：删定《六经》唯圣人能之

对于清高宗组织编纂"四库"，吴哲夫独具慧眼指出他欲"借崇儒尊经的手段，达成帝业不朽的目的"。①《总目》作为"四库编纂组织"思想观念直接表达的窗口，其"崇儒尊经"倾向无疑更为突出。然则，对《总目》而言，在以儒家经典为核心的文化传统中，文人应当处于怎样的文化位置？或者说，《总目》的尊经态度，在对文人行为规训上有怎样的体现？

对《总目》而言，儒家经典具有绝对权威，因此，文人被要求绝对地笃信经典。②《总目》之所以在总体上呈现尊汉抑宋倾向，一定程度上即归因于此。《诗补传提要》即在与宋儒疑经风潮的对比下，表彰范处义之尊经："盖南宋之初，最攻《序》者郑樵，最尊《序》者则处义矣。考先儒学问，大抵淳实谨严，不敢放言高论。宋人学不逮古，而欲以识胜之，遂各以新意说《诗》。其间剔抉疏通，亦未尝无所阐发。而末流所极，至于王柏《诗疑》，乃并举《二南》而删改之。儒者不肯信《传》，其弊至于诬《经》，其究乃至于非圣，所由来者渐矣。处义笃信旧文，务求实证，可不谓古之学者欤？"（A/诗1/v15，p16b–17a）《春秋分纪提要》

---

① 吴哲夫：《四库全书荟要择录图书标准的探讨》，第696页。
② 本节于此是在相对宽泛的层面使用"经典"一词，意指以《五经》为核心的儒家经传传统，其范围大概涉及至清代已经基本稳定的《十三经》体系。

亦以同样的手法表彰程公说："宋自孙复以后，人人以臆见说《春秋》。恶旧说之害己也，则举《三传》义例而废之；又恶《左氏》所载证据分明，不能纵横颠倒，惟所欲言也，则并举《左传》事迹而废之。……公说当异说垒兴之日，独能考核旧文，使本末源流犁然具见，以杜虚辨之口舌，于《春秋》可谓有功矣。"（A/春秋 2/v27，p23b-24a）

无论范氏"笃信旧文"，抑或程氏"考核旧文"，都指称其尊信经典。虽然二氏均为宋儒，但在《总目》的批评视野中，他们都是宋儒中的另类。因为在《总目》看来，作为一个整体的宋儒都以"臆见"说经：为"惟所欲言"而不惜疑传，疑传之不足更转而疑经、改经。处于如此风气中的范、程二氏，犹能笃信经典，这在《总目》看来便难能可贵。《总目》认为这是文人对待经典的正确态度。至于那些疑经、改经的行为，如郑樵攻《诗序》，王柏删《诗》，《总目》认为是对经典之不尊，因此极尽斥责贬抑之能事。

尊经与尊圣是一体两面之事。《六艺》在进入经学时代被经典化为《六经》后，便相对固定化、封闭化。此时，作经被认为是圣人的专属权力，贤者尚且只能传之或纬之，① 普通文人学者更无资格问此鼎之轻重。对于王柏之删《诗》，《诗疑提要》即怒斥："柏何人斯，敢奋笔而进退孔子哉？"（A/诗 c1/v17，p6a）清儒方苞对《礼记》亦多有删改，《礼记析疑提要》亦斥之曰："夫《礼记》糅杂，先儒言之者不一。然删定《六经》，维圣人能之。孟子疑《武成》不可信，然未闻奋笔删削也。朱子改《大学》，刊《孝经》，后儒且有异同。王柏、吴澄窜乱古经，则至今为世诟厉矣。苞在近时号为学者，此书亦颇有可采。惟此一节，则不效宋儒之所长，而效其所短，殊病乖方。"（A/礼 3/v21，p25a-b）《三礼编绎提要》亦批评邓元锡："非圣人而删定六籍，不亦异乎？"（A/礼 c3/v25，p10b）这些论述都表明，经典之删定权专属于圣人，非普通文人所可染指。这在古人看来是非同小可之事，不可有一丝苟且。《孟子》虽于宋代被尊为经典，但缘于传统文化森严的尊卑等级，它与正统《五经》亦仍有尊卑之差，因此孟子其人实亦介乎圣贤之间。以介乎圣贤之间的孟子，尚且不敢对《尚书》"奋笔删削"，何况后世等而下之的普通文人？

正因为经典的神圣性与权威性为圣人所专属，因此经典不能被模仿或拟作，否则便是"僭经"。明代崔铣认为孔子删《书》以寓惩劝，后世选

---

① 如班固即说："圣人作经，贤者纬之。"转引自朱彝尊：《经义考》卷298，《四部备要》第12册，第1533页。《礼记·乐记》亦曰："作者之谓圣，述者之谓明。"

第三章 直笔书写：《总目》对文人行为典范的重构

文家"鲜有志夫子而法《尚书》者"，有则如王通"抗志续经"，然"后人诛绝之"，致使"其籍亡传焉"。崔氏以为"已甚"，故"慕其意"，而"取汉帝伐楚之告"迄于明太祖"攘夷之檄"，凡百篇，辑为《文苑春秋》。① 此实即拟经，故《总目》论之即曰："大抵皆仿《尚书》小序之文，欲自比于王通拟经，未免近妄。"（B/目录c/v87，p3a）又如顾大申将王逸《楚辞》、萧统《文选》、李攀龙《唐诗选》等与《诗经》衮为一集，《总目》也认为是"续经"，而直斥其僭："夫《三百篇》列为《六经》，岂容以后人总集僭续其后？王逸、萧统已病不伦，乃更益以李攀龙，不亦异乎？"（诗原/D/总集c4/v194，p8a–b）

无论是崔铣拟《尚书》，还是顾大申续《诗经》，在《总目》看来，这些行为都逾越了文人本分。在尊经的视野下，所有书写品只有两种分类：经典与非经典。二者之间有不容逾越的鸿沟。无论"拟经"还是"续经"，在《总目》看来都意味着由此岸的非经典，逾越鸿沟而试图跻身彼岸的经典之列；就其作者而言，则意味着以普通文人身份而以圣人自比。这些行为在《总目》看来，都是文人的非分行为。换言之，《总目》要求文人尊经，是要让他们认清经典的不可比拟性；文人对待经典的正确方式，要么作注疏传述经典义理，要么因应世事自作文章以承载经典义理。

因此，这里还涉及文人对待经义的方式的问题。这个问题，随着经典在科举中的地位日渐加重，从而也日益凸显。《总目》"四书类"按语叙述了在科举发展过程中，经义在文人学士群体中的沉沦之旅。明清科举特重"四书义"，而《四书》即定于朱熹。对于作为学风流变渊源的朱子，按语特别强调他的醇儒风范：《四书章句集注》乃朱子"积平生之力为之"，"至垂没之日"犹加以改定。朱子之作《集注》，固然为阐明经义，故按语以为"凡以明圣学"。至元代延祐复兴科举，以《集注》取士，"阐明理道之书"遂沦为"弋取功名之路"。但此时尚且"经义、经疑并用"，"故学者犹有研究古义之功"。

然而至明代永乐年间，胡广《四书大全》出而"捷径开"，"八比盛而俗学炽"。至此，经义之沉沦已至无可复加的地步。因此，按语曰："科举之文，名为发挥经义，实则发挥注意，不问经义何如也。且所谓注意者，又不甚究其理，而惟揣测其虚字语气以备临文之摹拟，并不问注意何如也。盖自高头讲章一行，非惟孔曾思孟之本旨亡，并朱子之《四书》

---

① 崔铣：《文苑春秋》，《四库全书存目丛书》集部第298册，序，第393—394页。

亦亡矣。今所采录，惟取先儒发明经义之言，其为揣摩举业而作者则概从删汰。惟胡广《大全》既为前代之功令，又为经义明晦、学术升降之大关，亦特存之，以著明二百余年士习文风之所以弊。盖示戒，非示法也。"（A/四书2/v36，p38b-39b）

在《总目》看来，科举对经典造成的负面影响是经义荒废。从目的上讲，文人学习经典，已经不再以"明圣学"或"阐明理道"为目的，而以之为"弋取功名"的途径。行为目的不在经义，则经义之荒废势所必然。从对待方式上讲，具有内容意义的经义，在侧重以八比形式作文的科举考试中遭到忽视；相反，"虚字语气"这种在经典中处于次要地位的形式意义，却反而僭居经义之上。在《总目》看来，这无疑更加使文人彻底遗忘经义。《总目》甚至将"士习"之弊坏也归咎于使经义荒废的科举。

对《总目》而言，经典固然是文章之源，具有文学性，但经典的意义却不止于形式意义的修辞，而更在于内容意义的经义。孔子说"言之无文，行之不远"，"文言"的目的在于使所言之义理"行远"，"文言"本身绝非最终目的，因而片面强调经典的形式意义便是本末倒置。《大学本文提要》即曰："圣经虽文字之祖，而不可以后人篇法、句法求之。"提要甚至因此不相信苏洵曾评《孟子》、谢枋得曾评《檀弓》，认为相关书籍都是后人伪撰（A/四书c/v37，p44b）。其论陈骙《文则》亦曰："骙此书所列文章体式，虽该括诸家，而大旨皆准经以立制。其不使人根据训典，镕精理以立言，而徒较量于文字之增减，未免逐末而遗本。"（D/诗文评1/v195，p38b-39a）作文（立言）固然要依据经典，但其所依据者应是经典之"精理"，而非形式上的"文字增减"，否则便是舍本逐末。

基于如此观念，《总目》极力反对宋明以后以时文之法评论经典的行为，如谓"经不可仅以文论"（孙月峰评经/A/五经总义c/v34，p7a），而对冯李骅、陆浩之评《左传》，"竟以时文之法商榷经传"（左绣/A/春秋c2/v31，p32a），亦抱持鲜明的批判态度。从以文论经者的角度看，经典本身即是文章。他们不满于经典的文章属性被忽视，因此甚至有执意从文章之学角度讨论经典的意味，其于《诗经》尤为如此。明人万时华即曾曰："今之君子知《诗》之为经，不知《诗》之为诗，一蔽也。"即批评当时学者只知《诗经》之为经典性之"经"，而不知《诗经》之为文学性之"诗"。万氏凸显《诗经》被经学传统遮蔽了的文学性，此举实即对《诗经》经典性的消解，将它等同于后世文人所作之诗词。他还援引谭元春之说，"读《诗》不能使《国风》与《雅》《颂》同趣，且觉《雅》《颂》更于

《国风》有味，易入处便入，终是读书者之病"，认为"今之君子少此玄致，二蔽也"。① 传统经学认为，《雅》《颂》皆圣贤所作，《国风》则是鄙人之作；因此，《国风》有可能涉及淫邪之诗，只有《雅》《颂》才相对纯正。② 所以，风雅之别，在谨守儒家正统思想的学者那里，都谨而慎之，一丝不苟。万时华却从文章之学视角切入，认为《国风》较《雅》《颂》更为"有味"，因此不能把《雅》《颂》置于比《国风》更高的位置。这与传统经学思想大相径庭，颠覆经学史上重《雅》《颂》轻《国风》的传统，而扭转为重《国风》轻《雅》《颂》。

以维护经典权威为职志的《总目》，当然深知这类行为对经典权威性与神圣性的威胁。因此，它批评万时华《诗经偶笺》即曰："盖钟惺、谭元春诗派盛于明末，流弊所极，乃至以其法解经。《诗归》之贻害于学者，可谓酷矣。"（A/诗 c1/v17，p27a）《诗归》为钟、谭二氏所辑诗集。钟、谭二人所倡导的竟陵诗派，以"诗道性情"为宗旨。③ 提要认为，以这种方法解经，贻害无穷。在《总目》看来，这种做法与文人的佻薄风气有关，认为是文士掉弄笔墨与机锋，施逞"才士聪明"而已，因而极为不屑。④

《总目》于此，并非反对文人刻意于形式性的文章写作——即如狭义文人所为的那样，⑤ 而是要通过这种区判，为经典与圣人重新树立权威。

---

① 万时华：《诗经偶笺》，《续修四库全书》第 61 册，自引，第 143 页。
② 郑樵认为，"风者，出于土风，大概小夫贱隶妇人女子之言"，"雅出于朝廷士大夫"。参见郑樵：《六经奥论》卷 3，《通志堂经解》第 16 册，江苏广陵古籍刻印社 1996 年版，第 543 页。其后虽有吕祖谦认为《诗经》诸诗均为圣贤所作，但其说影响力远不及与之相争的朱熹。朱熹认为其中尚有"淫诗"，并认为其中的"好诗"是"大夫作"（圣贤），而"淫诗"则为"闾巷小人作"。相关讨论参见蔡智力：《朱熹对孔子"思无邪"说之诠释》，台中《兴大人文学报》第 60 期（2018 年 3 月），第 70—78 页。
③ 陈广宏：《竟陵派研究》，复旦大学出版社 2006 年版，第 318—327 页。
④ 相关意见可见于《诗经偶笺提要》（A/诗 c1/v17，p26b - 27a），以及《读书札记提要》（C/儒家 c2/v96，p45a - b）等。关于《总目》对佻薄士风的批评，可见前章讨论明文人"气质之弱"部分。
⑤ 陈东跋蔡襄《茶录》，引富弼言，以襄"造密云小团为贡物"，并著《茶录》一书，为"仆妾爱其主之事"，而惜其"不移此笔书《旅獒》一篇以进"。转引见费衮：《梁溪漫志》卷 8，金圆校点，上海古籍出版社 2012 年版，第 134 页。即对蔡襄作《茶录》这种等闲文字颇有微词。《总目》则有不同意见，认为："襄本闽人，不过文人好事，夸饰土产之结习，必欲加以深文，则钱惟演之贡姚黄花亦为轼诗所讥，欧阳修作《牡丹谱》，将并责以惜不移此笔注《大学》《中庸》乎？东所云云，所谓言之有故，执之成理，而实非通方之论者也。"（茶录/C/谱录/v115，p34a - b）即不以文人作等闲文字为不可，认为不必"加以深文"。

随着文章写作活动日益频繁，偏重于形式创造的写作能力已被视为末伎。在如此情境下，如果仍以末伎的视角审视偏重于明道的经典，无异于亦将神圣的经典等同于末伎，从而消解经典的权威性，并将圣人从彼岸拉到等同于普通文人的俗世。这与疑经、改经批评相较，逻辑不同，但目的则并无二致。在疑经批评看来，疑经、改经、拟经、续经等，都是普通文人自高位置，自比于圣人的行径。此则认为普通文人将圣经视同俗文，便贬低了圣经的价值地位。这两种批评都有同样的动机，即通过尊经，强调经典与普通文章之间不可逾越的鸿沟，从而维护经典与圣人的神圣性与权威性。

（二）有典型：文章学术当以传统为法则

对于以儒家思想为核心的传统中国，"典型"作为一种恒常性法则，它是以经典为根源，并经过历代文人不断阐发而层累形成的文化传统。《总目》常以典型评论文人，便是在讨论文人与文化传统之间的离合关系：合者即承继传统而为"有典型"，离者则背离传统而独辟蹊径。

典型的形成之所以被描述为"层累"，是因为如果静态地看，典型有着不同层次的意义范畴，而动态地看，它又随着时间推移而有不断延伸、累积的过程。这种层累关系在经典的诠释传统中，便有相当清晰的痕迹。经典诠释以经书为核心，继之以传，继之以注，继之以疏……层层推衍，其范畴界线也便逐渐模糊起来，但对于每一个后继者而言，都无可否认地形成一个难以逾越的诠释传统。于是，历代研治经学的儒者都面对着一个简单却意义重大的问题：是否要遵循这种历代层累的诠释传统？这是他们与"传统"的基本关系。

以经典诠释来说，在《总目》看来，历代诠释传统都应被重视，尤其是"去圣未远"的传，更加不可逾越。《史部总叙》即曰："苟无事迹，虽圣人不能作《春秋》；苟不知其事迹，虽以圣人读《春秋》，不知所以褒贬。儒者好为大言，动曰舍传以求经，此其说必不通。其或通者，则必私求诸传，诈称舍传云尔。"（B/v45，p1a-b）《总目》认为，传是获致经义的必由之路，释经者无法逾越传而直抵经义。这既是应然性论述：儒者不应好为大言，自诩能以己意解经，而应据传以求经；这同时也是实然性描述：传无法逾越，所有自诩能"舍传求经"者，都只是"诈称舍传"。

《总目》在学术方法上崇尚征实。因此，对《总目》而言，诠释传统可使后继者借此进阶，层层逆溯，传承前人成说，进而接近圣人作经之本义；与此相反，凭虚臆断之法因自断传统之进阶，空凭己意，便被认为不足为据。明代刘绩《三礼图》参考《宣和博古图》等宋儒之书，而舍弃

第三章　直笔书写：《总目》对文人行为典范的重构　217

五代聂崇义的《三礼图集注》，聂书乃参考郑玄、阮谌、夏侯伏朗、张镒、梁正、开皇年间礼部敕修本等六本而成（三礼图集注/A/礼4/v22，p1a−b）。《三礼图提要》便以为"殊为颠倒"，认为"汉时去古未远，车服礼器犹有存者，郑康成图虽非手撰，要为传郑学者所为"，而阮、夏侯、张、梁皆五代前人，"其时儒风淳实，尚不以凿空臆断相高"，"聂崇义参考六本，定为一家之学，虽踵谬沿讹在所不免，而递相祖述，终有典型"；至于《博古图》，则"大半揣摩近似，强命以名，其间疏漏多端，洪迈诸人已屡攻其失"（A/礼4/v22，p3a−b）。

于此，刘氏所据诸本之所以被认为不可靠，即在于它"揣摩近似"，而不依靠诠释传统；聂本之所以被认为"有典型"，即在于它所据诸本皆"递相祖述"，可直溯至"去古未远"之汉。"递相祖述"使知识传统的传承在文化社群中有迹可循，为知识的真伪验证提供相对可靠且直观的标准。如其所祖述者接近知识渊源，那么踵继者在知识社群中也自然获得崇高的正统地位。因此，"渊源有自"或"授受渊源"，在《总目》中往往作为学术醇疵的直接评价标准，被反复予以强调。如《泠然斋集提要》："［苏］洞本从学于［陆］游，诗法流传，渊源有自，故其所作，皆能镌刻淬炼，自出清新。"（D/别集16/v163，p19b−20a）又如谓宋濂："濂初从［吴］莱学，既又学于［柳］贯与［黄］溍，其授受具有源流。"（宋学士全集/D/别集22/v169，p2a）又如谓胡俨："文章则得法于熊钊，钊学于虞集，授受渊源，相承有自。"（颐庵文选/D/别集23/v170，p20a）

《总目》往往将这种授受有源的学问形态称为"有典型"。"典型"仍然在于说明一种传承经典，或于经典有依据的历史传统，但与授受渊源一样，都已是泛化的知识传统，而不再专指经典文献的诠释传统。它在《总目》中也常作为正面评语，被径直用以评骘历代文人著作，如其论梁庾肩吾《书品》即曰："然其论列多有理致，究不失先民典型。"（C/艺术1/v112，p3a）论田锡亦谓其："诗文乃其余事，然亦具有典型。"（咸平集/D/别集5/v152，p4a）"典型"有时也被表述为"典要"，如其论魏校《大学指归》："多穿凿篆文，不为典要，总一好异而已矣。"（A/四书c/v37，p10a）论李心传亦曰："其宏博而有典要，非熊克、陈均诸人所能追步也。"（建炎以来系年要录/B/编年/v47，p38a）此外，"规矩"也有类似的意思。如论吕坤："大抵不侈语精微，而笃实以为本；不虚谈高远，而践履以为程。其在明代讲学诸家，似乎粗浅，然尺尺寸寸，务求规矩，而又不违戾于情理。"（呻吟语摘/C/儒家3/v93，p24b−25a）所谓"规矩"即基于"笃实以为本"，亦是一种典型。又论张元忭："元忭亦矩矱俨然，无蹈入禅寂之病。"（不二斋文选/D/别集c6/v179，p10a）上述无论是授受渊源，还是典型、典要、规矩，都是一种泛化的知识传统，是不拘限于内容意义或形式意义的"故法"，它们既可就内容性的学术而言，也可就形式性的文章而言。

凡此种种，《总目》通过一系列批评术语，称许文人继承知识传统的行为，同时也通过一系列论述性的批评，对文人继承传统的态度提出了相应要求。这种传统是由历史积淀而成的"典型"，它不局限于内容意义的经义、义理，也涉及形式意义的文章技法。易言之，即要求文人无论是论学还是作文，都须取法于知识传统，而不可自异于传统。

（三）贬自大：师心自悟，遽为夜郎自大

文化传统与前述文人门户，在文人互动关系上极为相似。相对于整体文化传统而言，门户也有一个小传统；相对于部分文人局部群聚的门户而言，文化传统也可以被看作古今全体文人的整体群聚。个体文人与文化传统的关系大体有两种：要么顺承传统而成为其继承者，要么背离传统而特立独行。个体与门户的关系亦然：要么依附于门户之中，要么独立于门户之外，孑然一身。《总目》对这两种形式相似的个体与群体关系，却抱持截然相反的态度。对于个体与门户的关系，如前所述，《总目》乃斥攀援而尚独立。对于个体与传统的关系，其赞扬文人继承传统已见于前文，相应地亦明显表现出反对文人独立于传统以外的态度。在门户批评中，《总目》常以"自立"之类词语表彰文人学术行为的独立性。然而，在论及个体文人与文化传统的关系时，《总目》却不会使用这类褒义词语来表达个体对于传统的独立性，而代之以贬义词语，如"高自位置""自命甚高""师心自用""自我作古"之类。

明代来知德论《易》曰："自孔子没而《易》已亡至今日矣。四圣之《易》如长夜者二千余年，不其可长叹也哉！"① 如此之言，实即否定孔子以后一切传注传统，而欲以己直承孔子。因此，《总目》便以"高自位置"斥之，并语带消讥地批评曰："岂非伏处村塾，不尽睹遗文秘籍之传，不尽闻老师宿儒之论，师心自悟，偶有所得，遽夜郎自大哉？"（周易集注/A/易5/v5，p11b-12a）《夹漈遗稿提要》论郑樵亦着眼于其"高自位置""自誉甚至"的傲慢，批评他"放言纵论，排斥古人，秦汉来著述之家，无一书能当其意"，"置学问而夸抱负，益傲睨万状，不可一世"（D/别集12/v159，p1b）。

---

① 来知德：《周易集注》，张万彬点校，九州出版社2004年版，原序，第10页。

第三章 直笔书写:《总目》对文人行为典范的重构 219

《总目》门户批评论文人关系,有因自足而可自信的逻辑。在那里,自信是受到褒扬的正面价值。在个体与传统的关系中,"高自位置"也缘于自信。然而这种自信在批评者看来却并不恰当,它既意味着无自知之明,也意味着自信过度,因而常被称为"自命太高"。如王申子《大易缉说》于古来说《易》七百余家,惟取《河图》《洛书》、伏羲、文王、周公、孔子、周敦颐等六家,"于陈抟、邵子、程子、朱子之说一概辨其有误",提要便批评"其自命未免太高,不足为据"(A/易4/v4,p12b-13a)。以《河图》《洛书》说《易》,实始自陈抟、邵雍。王氏既讲《河图》《洛书》,却连陈抟、邵雍一概摈弃,其自信之太过可想而知。又如杨简《慈湖诗传》"谓《左传》不可据,谓《尔雅》亦多误,谓陆德明多好异音,谓郑康成不善属文",又"以《大学》之释《淇澳》为多牵合",甚至诋斥子夏为小人儒,提要亦批评曰:"盖简之学出陆九渊,故高明之过,至于放言自恣,无所畏避。"(A/诗1/v15,p22b-23a)以门户批评的逻辑看,这应当是不盲从学术权威的"自立",然而在高居整个文化传统的统绪论视域中,这种相似的独立性却被理解为"自恣"与"无所畏避"等负面意义。

一旦个体过度自信,当他需要辨别是非时,便往往自索于内心,而非在文化传统中向古人寻求答案。在统绪批评视域中,这便是"师心自用"。如来知德会试落第后,即"退居空山,自求解悟",以致夜郎自大。《瞿塘日录提要》推究其原因即曰:"既无师友之切劘,又无典籍之考证,冥心孤想,时有所见,遂坚执所得,自以为然,不知天下之数可以坐推,故所注《周易》,虽穿凿而成理,至于天下之事物,非实有所见,则茫乎无据。朱子之学必以格物致知为本,正虑师心悬想,其弊必至此也。知德以是讥朱子,宜其敝精神于无用之地,至老死而终不悟矣。"(C/杂家c1/v124,p37b)在提要看来,来氏的学问便是"师心悬想":断绝了包括师友授受与典籍传承在内的一切传统依据。他之所以无师友、无典籍,原因即在于他"退居空山",与世隔绝。因此,他"师心自用"并非迫于外在条件之不足,而在于他原本便不想向外求师。在《总目》的批评视域下,这种师心自用行为极为普遍。如王柏删改《诗经》,《总目》即批评他:"师心自用,窜乱圣经,殊不可训。"(诗集传名物钞/A/诗2/v16,p1b)其论刘荫枢《春秋蓄疑》亦指出:"并《左传》事实疑之,则师心太过矣。"(A/春秋c2/v31,p15a)从学术史角度看,这种师心现象之普遍,应与宋明以降心学的发展有关。但在《总目》中,却并未见相关论述。

无论如何,当个体之"心"可以作为辨别是非的最高依据时,那么对他们而言，传统与典型便无足轻重。或者说，他们的"心"本身便是传统与典型，从而无须外求。因此，《总目》又常以"自我作古"批评这种行为。如其论孙梦逵《周易读翼揆方》即云："用吴仁杰本而变之于历来诸本之外，自为一例。谓《经》文经孔子作《传》，后人岂能加毫末，故但释《传》而不释《经》，于诸家《易》解之外，亦自为一例。其论揲蓍，左扐得一得三为奇，得四得二为偶，亦不同于旧解。皆自我作古之论也。"（A/易 c4/v10，p23b）即批评孙氏于《易》之版本、解经体例、揲蓍之法等均"自为一例"，而区别于自古以来授受有自的传统，因而以"自我作古"斥之。所谓"自我作古"即以自我为裁判是非之依据，而藐视一切相传已久的古法与传统。又如于《礼记·表记》分章，陈澔《礼记集说》"不用注疏次第，强分四十余章"，《总目》即以为"乖违古义"；黄道周更"约为三十六章，并强立篇名，随心标目"，《表记集传提要》亦斥之"尤为自我作古，无所师承"（A/礼 3/v21，p13a）。即批评陈、黄二氏于《表记》章数与篇名均自创体例，而不遵从古法与传统。

对于高自位置、师心自用者，《总目》无不予以批评。因为，个体文人自我膨胀的结果，便是使以经典为核心的传统之权威性遭到质疑。这由王申子、杨简诸例均可见出。同为个体与群体关系，门户批评中个体的独立性受到《总目》的推扬，而统绪批评中个体的独立性却遭受贬抑，这种差异应当从公私之辨的角度来理解。传统乃就整体文化而言，因而具有广泛的公共性。相对而言，门户则是整体文化传统中相对私属的领域。所以，在统绪论视域下，文人顺承于传统，压抑个性，便表现为更广泛的文化公共意识；高自位置而置身于传统之外，反而被认为是自大或自私。在门户论视域下，文人攀附门户便被认为是谋私利；自得自立而捍卫真理，则被认为是秉持是非之公。

（四）斥好异：以匹夫之力颠倒千古是非，抑亦难矣

余英时讨论汉晋士阶层好异风尚时，即指出其根源乃在于士大夫个体的"内心自觉"。① 《总目》继晚明心学风潮而起，它所面对的个体"内心自觉"，恐怕不亚于汉晋时期。这种以对抗传统（群体）为目的的个性张扬，也滋生了好异风尚。基于对个性张扬的批判，《总目》对好异之风亦予以彻底否定。

《总目》对好异之风的批评，已形成一个相当庞杂的系统，它涉及的关键术语除"异"以外，还有"新""奇""怪""诞""狂"等。其间

---

① 余英时：《中国知识阶层史论》，第233、260页。

第三章　直笔书写：《总目》对文人行为典范的重构

关系错综复杂，大体而言可归纳为三类：其一，以前人"故法"为对立面之"异"，《总目》多以"异""新"之类术语来批评；其二，以常情为对立面之"异"，《总目》多以"奇""怪"之类术语来批评；其三，当《总目》以"狂""诞"来批评时，则倾向于在程度上予以强调。以下予以分别讨论。

对于求异于前人者的批评，如明杨时伟因《洪武正韵》不行于时，便为其作补笺，《总目》即批评曰："《洪武正韵》分合舛误，窒碍难通，虽以天子之尊，传国十余世，悬是书为令甲，而终不能使行于天下。二百六七十年之中，若存若亡，无人置议。时伟乃于举世不用之中，出奇立异，冀以匹夫之力颠倒千古之是非，抑亦难矣。"（正韵笺/A/小学 c2/v44, p6b）语言音韵是千古传承的法则，即使明皇朝试图以国家力量推行《洪武正韵》，也无法扭转历代承袭的传统，杨氏以"匹夫之力"欲"颠倒"千古积淀的传统，恐怕难上加难。辞气之间，颇讥杨氏欲"颠倒千古"的不自量力。又如胡经《胡子易演》移《乾·象传》"大明终始"三句于"乃利贞"之下，又谓《蒙》卦六爻皆主君臣，提要亦批评曰："大约喜为新说，务与朱子立异。夫朱子之《易》固不能无所遗议，然经以寻章摘句之学，于古义无所考证，而漫相抵牾，则过矣。"（A/易 c1/v7, p29a-b）亦批评胡氏务求别异于朱子而创为"新说"，对"古义"却无所考证。又如批评金履祥《尚书表注》，亦谓其"过为高论，求异先儒"，从而"未免于窜改经文，以就己意"（A/书 1/v11, p30b-31a）。诸如此类，都是针对文人求异于前人的批评。

前人作为文化传统的缔造者，好异者求异于前人，其实便是标新立异的行为，往往意味着对故法或常规的悖逆，因为故法与常规都由传统积淀而成。如林慎思《伸蒙子》设为干禄先生、知道先生、求己先生、宏文先生、如愚子、卢乳子诸问答，然所列六人之名却分别书为㸁㰨、洶潨、䂳䂪、弝弨、糆糰、䰯䰰，并各注所以增改偏旁之故，提要即斥曰："皆怪而近妄，是则好奇之过矣。"（C/儒家 1/v91, p29a-b）文字使用本来都有常规故法，林氏却欲标新立异，特意通过增改偏旁的方式制造新字。这在《总目》看来，即是"好奇之过"。又如周弘禴《何之子》屡有诸如"太虚奚无，无以无无无，无无无则无无，无无则虚，虚虚则实，实实则极，极极则易，易易则始"之语。其意本在于辩证本体论的存在问题，却通过极为复杂的语言来论证。这种违背常规文法习惯的文句，在提要看来便是"好异"，因而认为"尤为无取"（C/杂家 c2/v125, p12a）。

异于常情的好异行为，比较典型的是小说怪语之类的文人兴趣。《总目》论杨德周《金华杂识》曰:"多采小说神怪之语,自秽其书,则贪多嗜奇之过也。"(C/小说家 c1/v143, p37a) 这是关于好异风气的典型批评。所谓"好异"指与常情、常理相悖异的兴趣,通常可理解为怪异、奇异之类。《总目》对于此类好异风气的批评,并不限于子部"小说类"。在《总目》看来,这是文人普遍的结习。如其论王士禛《池北偶谈》,即指出其《谈异》七卷皆记神怪,"则文人好奇之习,谓之戏录可矣"(C/杂家 6/v122, p32b-33a)。又王守仁贬谪龙场驿丞,道经杭州而为刘瑾追杀,守仁弃衣冠于水中,伪托投江,而阴赴龙场。陆相、杨仪等人载此事而记为"投水中,因漂至龙宫,得生还"。《总目》便认为"说颇诡诞不经","盖文人之好异久矣"(B/传记 c2/v60, p6b-7a)。亦批评悖于常情之异,并认为是文人好异之结习。又如陶弘景《真灵位业图》"以孔子为第三左位太极上真公,颜回为明晨侍郎,秦始皇为酆都北帝上相,曹操为太傅,周公为西明公比少傅,周武王为鬼官北斗君",提要认为"诞妄殆不足辨";而"王世贞、胡震亨乃取《真诰》及《玉检大录》诸书详为考核",提要便斥其"殆亦好奇之过矣"(C/道家 c/v147, p18a-b)。亦批评王、胡等文人对于将圣贤、帝王比附道教神仙的诞妄之说尤信以为真,而取以"详为考核"。

　　文人好奇好异风气,从行为动机上说即缘于好名趋利,此于前文已有所述。① 但对于文人是否应当好奇好异,在传统中国是充满争议的问题。陈继儒曰:"我辈寂处窗下,视一切人世,俱若蠛蠓婴愧,不堪寓目。而有一奇文怪说,目数行下,便狂呼叫绝,令人喜,令人怒,更令人悲,低徊数过,床头短剑亦呜呜作龙虎吟,便觉人世一切不平,俱付烟水。"② 他对于"奇文怪说"之崇尚,溢于言表。这是比较典型的文人才子笔调,《总目》所批评的好奇好异行为,也大多出自这类文人,因此他们的观念对立也在所难免。

　　然而,也有观点从文章写作原理的角度出发,表达"文以奇胜"的观念。如清末吴汝纶即曰:"说道说经,不易成佳文。道贵正,而文者必以奇胜。经则义疏之流畅,训诂之繁琐,考证之该博,皆于文体有妨。故

---

① 详见第二章第三节相关讨论。余英时对此亦已有揭示,参见余英时:《中国知识阶层史论》,第 236 页。
② 陈继儒:《小窗幽记》卷 8《集奇》,万卷出版公司 2015 年版,第 119 页。是书或亦作《醉古堂剑扫》,题"陆绍珩选"。参见陆绍珩:《醉古堂剑扫》卷 8《奇语篇》,岳麓书社 2002 年版,第 86 页。

善为文者，尤慎于此。"① 认为说道讲求端正，说经讲求义理流畅、训诂繁琐（细密）、考证该博。这些题材都不容易写成好文章，因为它们与文章的审美趣味相违背。吴氏认为，文章以奇制胜，只有突破常规故法，才能成为好文章。这虽与陈继儒的论证方式截然不同，但他们对奇异之说的偏好却并无二致。吴说甚至很好地解释"奇文怪说"何以令文人才子顿觉"人世一切不平，俱付烟水"。他们所厌倦而"不堪寓目"的"蠛蠓婴愧"，其实即是"贵正"的"说道说经"之文；一旦见到"以奇制胜"的"奇文怪说"，当然顿觉"床头短剑亦呜呜作龙虎吟"。这其实便是在文化传统的压抑与笼罩下，文人在叛逆心理下所催生的求新求变的心态。

但从整个文化史背景看，以奇制胜的观点并不能完全代表传统文人的文章观念。刘勰对好奇好异的文风便极为反对，《文心雕龙·征圣篇》曰："是以子政论文，必征于圣；稚圭劝学，必宗于经。《易》称辨物正言，断辞则备；《书》云辞尚体要，弗惟好异。故知正言所以立辩，体要所以成辞；辞成无好异之尤，辩立有断辞之义。"《风骨篇》亦曰："《周书》云：辞尚体要，弗惟好异。盖防文滥也。"即屡引据《尚书》与《易传》，伸张文章之道崇尚"体要"与"正言"的观点，以"好异"为文章之尤违，会导致"文滥"的后果。"体要"与"正言"，其实都旨在强调文章故法与文体成规，从而异于吴汝纶"以奇制胜"的观点。宋代葛立方亦曰："'谢朝华之已披，起夕秀于未振'，学诗者尤当领此。陈腐之语，固不必涉笔。然求去其陈腐不可得，而翻为怪怪奇奇、不可致诘之语以欺人，不独欺人，而且自欺，诚学者之大病也。"② 葛氏以辩证的眼光，看待文章之学中继承传统与独立创新（好异）的问题。他认为文章（以诗为尤）固然应去除陈腐，但学者更应注意的是：不要因为忌畏陈腐而一味求新，以至于"怪怪奇奇、不可致诘"。辩证之中，仍有所偏倚：与其好异太过，不如承袭传统，哪怕失于陈腐。

在守旧与创新之间，《总目》也作了类似于葛立方的辩证，而且其偏倚与葛氏基本一致，此即《古周礼提要》所谓"与其妄也宁拘矣"（A/礼c1/v23，p8b）。《总目》之所以有如此倾向，乃在于它认为：好异创新发展到极致，便是狂诞。所谓狂诞不经，狂诞意味着非圣无法，意味着对经典传统的质疑与颠覆。《祝子罪知提要》论祝允明即显现如此逻辑。据提要所述，祝允明好为异说：但凡儒家推崇的传统圣贤，均予诋毁，如以汤武

---

① 吴汝纶：《吴汝纶全集·尺牍》卷1《与姚仲实》，黄山书社2002年版，第3册，第52页。
② 葛立方：《韵语阳秋》卷1，《笔记小说大观》第43编第3册，第613页。

非圣人，孟子非贤人，王珪、魏徵为不臣；而传统观念所贬抑的奸邪之人，则予褒扬，如以武庚为孝子，管叔、蔡叔为忠臣；"论文则谓韩、柳、欧、苏不得称四大家，论诗则谓诗死于宋，论佛、老为不可灭"。这些观点，可以说是对以儒家经典为核心的传统价值秩序的全面颠覆。因此，提要讥其"好为创解"，并引王宏《山志》斥之曰："祝枝山，狂士也，著《祝子罪知录》。其举刺予夺，言人之所不敢言。刻而戾，僻而肆，盖学禅之弊。乃知屠隆、李贽之徒，其议论亦有所自，非一日矣。圣人在上，火其书可也。"（C/杂家 c1/v124, p16b-17a）祝允明因学禅而狂诞，以致非圣无法，颠覆传统价值。这样的文人心态，在《总目》看来是极度危险的。

《总目》对传统价值的强调，实即希望所有个体文人都在前贤往圣设计好的价值秩序中有序发展。对于好异、好奇与狂诞等行为，都以此一传统价值秩序为准绳，予以审判。这些行为，尤其是狂诞，都被认为是对传统秩序的破坏。《总目》对此有深重的焦虑，因此随时拈出予以严厉批判。如其论李贽："贽恃才妄诞，敢以邪说诬民。所作《藏书》，至谓毋以孔夫子之是非是非我。其他著作，无一非狂悖之词。"（疑耀/C/杂家 3/v119, p7b）李氏所谓"孔夫子之是非"，实即指涉整个传统价值秩序。李贽不欲受传统价值秩序束缚，在《总目》看来便是"狂悖"与"妄诞"。《初谭集提要》亦批评李贽："狂诞谬戾，虽粗识字义者皆知其妄。而明季乃盛行其书，当时人心风俗之败坏，亦大概可睹矣。"（C/杂家 c8/v131, p21a）诸如此类，在在可见。

从《总目》的批评视域看，它对文人好异好奇、狂诞不经的批评，无非是要求文人回归传统价值秩序的"常轨"，使文人遵循秩序，遵守礼法，不至于无所忌惮，以致破坏文化社群共同建构且遵守的秩序。《总目》常以"无所忌惮"来批评狂诞者，① 从另一角度看，即希望狂诞者能对文化传统所积淀之故法与经典所代表的礼法有所忌惮。

---

① 如《浮物提要》批评祝允明："皆务为新奇之论，其至以《诗》三百篇、《春秋》二万言为圣人之烦，则放言无忌可知矣。盖允明平生以晋人放诞自负，故持论矫激，未能悉轨于正云。"（C/杂家 c1/v124, p17b）又《桑子庸言提要》批评桑悦："《明史·文苑传》……称其怪妄狂诞。考悦《思元集》中有《道统论》曰：'夫子传之我。'又《学以至圣人论》曰：'我去而夫子来。'可谓肆无忌惮，史所诋不虚。"（C/杂家 c1/v124, p15b-16a）

二 辨古今：守大纲以存古，通小节以随时

这部分要讨论的核心问题是：文人应该如何应对"古代"？"古代"与"传统"有莫大的关系，任何"传统"都从"古代"发展而来。然而"古代"与"传统"又具有不同概念范畴："古代"是中性概念，纯粹表示时间上的过去；"传统"在某些特定语境中往往具有肯定性色彩，表示过去一切文化典型经过辩证、调和后积淀的结果。换言之，"传统"是"古代"文化思想中对现代有积极意义的那一部分。正因为"古代"具有中性色彩，《总目》对待它的态度也颇有参差，概言之有以下几种倾向。

（一）倡崇古：未可居百世之下生疑窦于百世之上

因为"传统"具有过去式的性质，因此遵从传统也常表现为一种崇古的态度。《总目》在论述尊经观念时，即常从"古今"的时间维度来讲。如清郑赓唐《读易搜》对《系辞传》进行分章并加章名，其提要便斥以"自造篇题，殊乖古式"，并认为是"明季诸人轻改古经之余习"（A/易 c3/v9, p1a–b）。李集凤《春秋辑传辨疑》所载经文皆从胡安国《春秋传》而不从《三传》，其提要亦斥其"未免信新本而轻古经"（A/春秋 c2/v31, p13b）。这些说法，都并非纯粹从尊经的角度进行批评，而更多地从经书版本或法式的新旧来讲。从这个角度讲，"古经"之所以值得尊崇，是因为它们来自久远的"古代"。

这种表现在书籍版本上的崇古观念，并非只就经书而言，普通书籍亦然。嘉定六年本《曹子建集》对诸说异同均遗漏不载，《总目》以其为"疏略"而"不得谓之善本"，然而又认为："唐以前旧本既佚，后来刻［曹］植集者，率以是编为祖，别无更古于斯者，录而存之，亦不得已而思其次也。"（D/别集 1/v148, p28a–29b）在崇古观念的支配下，书籍版本在时间上越接近祖本，其版本讹误便被认为越少，从而其可靠性也便越高。

在学术思想上，也有同样的观念。《总目》常直接以"去古未远"为依据，对古今学术进行抑扬予夺，即体现如此观念。清高宗曾明斥《玉台新咏》一类"务作绮丽"的"香奁体"，[①]《总目》论此书却曰："虽皆取绮罗脂粉之词，而去古未远，犹有讲于温柔敦厚之遗，未可概以淫艳斥

[①] 清高宗曰："自《玉台新咏》以后，唐人韩偓辈，务作绮丽之词，号为香奁体。渐入浮靡，尤而效之者，诗格更为卑下。"乾隆四十六年十一月初六日上谕，《纂修四库全书档案》下册，第 1433 页。

之。"（D/总集1/v186，p8b）淫者，过也。所谓"淫艳"，实即清高宗所谓"浮靡""绮丽"。依提要的逻辑，同为绮丽之词，晚出者可斥以淫艳，而"去古未远"的《玉台新咏》则可以用犹有"温柔敦厚之遗"为饰辞，辞气之间甚至以其可接续《诗经》。

又如以占卜为主的易学类书籍，《总目》多斥诸子部"术数类占卜之属"以示贬抑，① 然而不少提要仍可见为其宽贷之词，其说辞仍是"去古未远"。如《易汉学提要》即曰："夫《易》本为卜筮作，而汉儒多参以占候，未必尽合周孔之法。然其时去古未远，要必有所受之。"（A/易6/v6，p47b）因为时间上的"去古未远"，所以被认为是有所授受，而非因传承间断而凿空臆断，从而可以信从。因此，崇古与遵从传统，一体两面。或者说，具有肯定性价值的传统，乃借径于崇古观念而获得体认。故《总目》曰："盖儒者讲求古义，务得源流，稍笃实者，皆不敢窜乱旧文。"（天文鬼料窍/C/术数c1/v110，p26b）所谓"务得源流"，即对于传统肯定性价值的追求，其寻求方法即是"讲求古义"的崇古观念。

如果版本考订与学术源流的考证等以求真为目的的崇古观念，可以用"去古愈远愈失其真"为逻辑依据，那么文体论上愈古愈尊的倾向，便须依靠更纯粹的崇古观念作为支撑。《四六法海提要》论骈文源流即曰：

> 秦汉以来，自李斯《谏逐客书》始点缀华词，自邹阳《狱中上梁王书》始叠陈故事，是骈体之渐萌也。符命之作则《封禅书》《典引》，问对之文则《答宾戏》《客难》，骎骎乎偶句渐多。沿及晋宋，格律遂成，流迨齐梁，体裁大判，由质实而趋丽藻，莫知其然而然。然实皆源出古文，承流递变。犹四言之《诗》至汉而为五言，至六朝而有对句，至唐而遂为近体。面目各别，神理不殊，其原本风雅则一也。厥后辗转相沿，逐其末而忘其本。故周武帝病其浮靡，隋李谔论其佻巧，唐韩愈亦断断有古文、时文之辨。降而愈坏，一滥于宋人之启札，再滥于明人之表判，剿袭皮毛，转相贩鬻。或涂饰而掩情，或堆砌而伤气，或雕镂纤巧而伤雅，四六遂为作者所诟厉。（D/总集4/v189，p32a-33a）

提要于此，辨析了两类文体"降而愈坏"的现象。其一即作为直接

---

① 相关讨论参见蔡智力：《不使异学淆正经——从〈四库全书总目〉对易学图书之部次看清代易学潮流》，《中国四库学》第1辑，第188—193页。

讨论对象的骈体,认为骈体"源出古文",发展至汉代符命、问对之文,始"偶句渐多";至六朝才逐渐讲究格律丽藻,而至宋之启札、明之表判,便愈演愈坏。其二即作为类比的诗体,认为所有诗体都源出《诗经》,至汉有五言诗,六朝讲求对句,至唐才发展成近体诗,亦是愈演愈坏的逻辑。如此一来,提要实即分别将古文和《诗经》视为两类文体中的至尊之体。然而,无论是骈体脉络中的偶句、格律,还是诗体中的四言、五言、对句、近体(内含平仄、对仗、押韵等格式),都更多是以形式为区别的"体制"的问题。① 因此,在它们之间论尊卑,便不是以内容真伪为依据。文体论中的尊卑问题,属于审美典范范畴。纯粹的形式似乎无法论审美典范——如果可以,则毋宁是近体诗平仄、押韵的音律之美要优于《诗经》的古朴修辞。因此,文体论中的尊卑评判,便更多地由时间上的远近、古今、先后来决定。这便体现出更为纯粹的崇古观念。

如果诗体论中以后世之诗与《诗经》之尊作比较,仍有"圣俗"间的云泥之别掺杂其间,尚属特殊,那么同属俗世之诗的古体与近体之间的尊古卑今,便可以作出更进一步的补充。《总目》对历代诗文集的批评,有一个值得注意的现象:很多提要都措意于集中近体、古体之有无或多寡。如论王琪《竹居集》:"观卷中绝无古体,其根柢可知矣。"(D/别集c2/v175,p8b)则以能作古体者为有根柢,否则便无。而论黄玠亦曰:"其诗不为近体,视宋末江湖诸人惟从事五七言律者,志趣殊高。"(弁山小隐吟录/D/别集20/v167,p8a)亦以近体、古体作为文人志趣高下之表征。又论况叔祺《大雅堂摘稿》曰:"诗止近体无古体,叔祺尤不应若是之陋,或选录者不谙古体,惟取其所能解耶?"(D/别集c5/v178,p3b)又以不能作古体为陋,甚至以近体、古体之有无作为考据的证据。其他如谓《别本芦川归来集》"诗仅有近体"(D/别集c1/v174,p42b),谓《拱和诗集》"其诗惟近体,无古体"(D/别集c1/v174,p79b),谓《张文僖公文集》"其诗近体多于古体"(D/别集c2/v175,p56b),均只揭示集中古体之有无,而无更多相关论述。《总目》自诩以"品骘文章"为宗旨,其诸多论述均有为而发,并非漫无目的。然则,各提要纷纷着眼于文人诗集古体之有无,便有将它作为评判文人诗学造诣独立自足、不言而喻的标准的意味。这些都显现《总目》尊古体卑近体的主流倾向。

---

① 颜崑阳认为,在文体论述中,"体制"指文章可分析的"形构性之体",如四言体、五言体、兮字句等,是先于个别作品而既定的"基模性形构"。参见颜崑阳:《论"文体"与"文类"的涵义及其关系》,第22—26页。

然而，这种尊卑态度的差异，是否与两种文体产生时间的远近有关？前引提要涉及文人的根柢与志趣，似仍未能说明这个问题。《花间集提要》补充了这方面的论述。陆游跋此集曾曰："唐季五代，诗愈卑而倚声者辄简古可爱。盖天宝以后诗人常恨文不迨〔意〕，大中以后诗衰而倚声作。使诸人以其所长格力施于所短，则后世孰得而议？笔墨驰骋则一，能此不能彼，未易以理推也。"① 提要即批评放翁曰："不知文之体格有高卑，人之学力有强弱。学力不足副其体格，则举之不足；学力足以副其体格，则举之有余。律诗降于古诗，故中晚唐古诗多不工，而律诗则时有佳作；词又降于律诗，故五季人诗不及唐，词乃独胜。此犹能举七十斤者，举百斤则蹶，举五十斤则运掉自如，有何不可理推乎？"（D/词曲2/v199，p19b-20a）

陆游认为，文体之擅长与文人才性有关。提要否认陆游的论断，认为这与才性无关，而纯粹是文人学力强弱的问题，亦即《竹居集提要》所谓"根柢"：五代诗不如唐，而词胜于唐，乃缘于其时文人才学不足以承担诗体。这便与文体的尊卑有关。提要认为，文体之体格有高卑之差，且这种差异由远及近逐渐递减——时间愈远体格愈高，愈近体格愈低。所谓"律诗降于古诗""词降于律诗"，并非纯粹时间上的承接问题，更说明体格的高卑之差。提要以举重类比，古体最高（百斤），律诗次之（七十斤），词最下（五十斤）。这便明显地以时间的远近，解释文体的尊卑。故《三体唐诗提要》曰："宋末风气日薄，诗家多不工古体。"（D/总集2/v187，p30a）但《花间集提要》似乎将陆游的问题简化了。放翁所谓"能此不能彼"，似乎同时隐含着"能彼不能此"的逻辑：能词者不能诗，能诗者亦未必能词。提要"体格有高卑"的论断，便无如此双向逻辑。按提要类比，能百斤者举七十斤、五十斤应均能运掉自如，即是说能古体者作律诗与词都能运掉自如。然而，文学史的实况却并不如此。但这种不符合历史实然的逻辑疏漏，却正是《总目》刻意崇古的观念所致。②

---

① 陆游：《渭南文集》（宋嘉定刻本）卷30《跋花间集》之二，《宋集珍本丛刊》第47册，第264页。
② 这种主张愈古愈尊的文体论，朱熹即已发其先声。朱子曰："古今之诗，凡有三变。盖自书传所记，虞夏以来，下及魏晋，自为一等。自晋宋间颜、谢以后，下及唐初，自为一等。自沈、宋以后，定著律诗，下及今日，又为一等。然自唐初以前，其为诗者固有高下，而法犹未变。至律诗出，而后诗之与法，始皆大变，以至今日，益巧益密，而无复古人之风矣。"《晦庵先生朱文公文集》卷64《答巩仲至》，《朱子全书》第23册，第3095页。即认为诗体愈往后推移，体格愈卑。传统文论亦有异于此者，王国维对《总目》之说便颇不以为然："然谓词必易于诗，余未敢信。"王国维：《人间词话》，徐调孚注，人民文学出版社1960年版，第217页。

在这种崇古观念下,"古代"往往成为不容轻易非议、质疑的对象。这种观念,也必然灌注到文人行为规诫上。因此,很多文人都因非古、疑古而遭受《总目》訾议。如虞楷《周易小疏》掊击《左传》诸占,提要即以为"似是而非",并指斥曰:"夫《左氏》周人所述者,即周之占法。周之占法,所用即太卜之'三易'。谓其占验之词多所附会则可,谓古《易》占法不如是则不可。居百世之下而生疑窦于百世之上,将周人之法周人不知之,今人反知之乎?"(A/易 c4/v10,p20a)张叙对《左传》诸占亦有微词,《总目》亦以"过于疑古"诋之(易贯/A/易 c4/v10,p11b)。顾炎武质疑石鼓文为伪,《总目》亦以"未免勇于非古"斥之(金石文字记/B/目录 2/v86,p37a)。结合后述的"泥古"批评,《总目》虽不至于盲目崇古,但对文人疑古、非古行为均抱持高度警惕。"古代"因为文化传统的积淀而具有一定的权威性,文人若非有充足的学术理据,便都须对"古代"抱持一定的敬意。

(二)斥泥古:不顾时世异宜,未有不窒碍者

"古代"之所以不能等同于具有肯定性价值的"传统",是因为它并非全然是正面的。一味地崇古也会陷入泥古的淖泞。

在《总目》看来,泥古很大程度上缘于疏于考辨,从而盲从古说。如《周易参同契》称"日月为易",然核以《说文解字》,"易"字实不从"日月",可否定《参同契》之说。但吴鼐《易象约言》却泥于《参同契》古说,"其末册既以悬象著明,画**昜**为图,而又以此字大书于卷首,据为宗旨"。《总目》便以"泥古太甚"斥之(A/易 c4/v10,p21b)。又闻性道取丰坊伪造的《子贡诗传》与《申培诗说》合编为《崧泉手学》,《总目》亦斥之曰:"亦好古而不知考古者欤。"(A/诗 c1/v17,p25a-b)而于徐文靖《禹贡会笺》,亦特意指出:"惟信《山海经》《竹书纪年》太过,是则僻于好古,不究真伪之失耳。"(A/书 2/v12,p41a)亦以过于好古而至于僻滞为非。因为古说有是有非,不可不经考辨便盲目遵从。因此,《总目》虽然崇古,但同时也批评文人不辨是非的泥古。这类泥古批评,主要针对学术观点而发。

学术泥古须宣扬考辨精神予以对治,而于经世观点的泥古,《总目》则主要通过揭示"古今之辨"予以驳正。经世上的泥古,主要缘于对"古今矛盾"之不辨,即当"古"无法为"今"用时而强行牵合。王阳明论乡约法,欲以约长代替《周官》比长、党正之法,《总目》即指出"古法实不尽宜于今"(阳明乡约法/B/政书 c2/v84,p5b),即强调经世方法的"古今矛盾"。对于这种泥于古法而不辨古今时世异宜的观点,《总目》屡

有批评。如清代龚廷历据《周礼》之制,"冢宰统膳夫、饔人及宿卫之士",认为"后世不宜分属他职",竟以《周礼》准绳后世职官制度,《稽古订讹提要》便批评:"是则不知时世异宜,未免泥古太甚。"(A/五经总义 c/v34, p16a) 明末宋征璧《左氏兵法测要》论列《左传》所纪兵事得失,提要亦认为"春秋车战,事与后世迥异",并诋斥宋氏"殊不达时变"(C/兵家 c/v100, p26a)。而胡宏认为三代井田、封建制度不可废除,《总目》亦斥之为"泥古而流于迂谬"(知言/C/儒家 2/v92, p29b)。凡此,提要都基于古今异宜的逻辑,审视文人的经世主张。

从批评者的角度看,不辨古今异宜的经世泥古,往往是迂腐的表现。《总目》也常以此批评文人。如顾炎武,作为近代学者研究清初经世思想的重要对象,[①] 其经世思想却屡见斥于《总目》。亭林于《音学五书叙》有言:"天之未丧斯文,必有圣人复起,举今日之音而还之淳古者。"[②]《总目》即质疑曰:"是岂可行之事乎?"在《总目》看来,亭林固然"喜谈经世之务",但其所以然者,乃缘于其"生于明末""激于时事",故"慨然以复古为志";然而其经世观点,却"或迂而难行,或愎而过锐"。故潘耒作《日知录序》,"盛称其经济,而以考据精详为末务",提要亦以为"殆非笃论"(日知录/C/杂家 3/v119, p19a)。经世取向在《总目》本极受推重。但亭林拘泥于复古,欲于当今之世推行古代语音,这在提要看来便迂腐难行。类似地,明人程观生"极称封建为良法",甚至认为"天地一日不改,此法终不可易",《四易通义提要》亦斥其"立论未免迂阔"(A/易 c2/v8, p44a)。书生意气,其意无不欲经世致用。但他们的经世思考,往往源于经典。"经之命名",以"经纶之言,纲纪世宙之谓也"。[③] 古人认为,经典便是用以经世的。这是《经》所以谓之"经"的关键,也是历代推崇经典的根本原因。但文人往往因为缺乏实践经验,故其源自经典的经世方案,亦难免囿于经典而不通世变,从而难免于迂腐之讥。

在《总目》看来,古代经世之法虽往往出于经典,且也多具理想性,但古今时空环境不同,如一味将古法推行于当世,而不考虑其可行性,这种迂腐的经世观念非但无益于天下治理,甚至有可能招致祸乱。《总目》

---

① 相关论述在在可见,如瞿林东:《中国史学史纲》,北京出版社 2005 年版,第 698—703 页;汪高鑫:《中国经史关系史》,黄山书社 2016 年版,第 429—438 页;朱葵菊:《中国思想通史·清代卷》,武汉大学出版社 2011 年版,第 137—159 页。
② 顾炎武:《音学五书》,刘永翔校点,《顾炎武全集》第 2 册,第 8 页。
③ 章学诚:《文史通义校注》卷 1《经解上》,叶瑛校注,中华书局 1985 年版,第 93 页。

认为，王安石变法即是这种泥古迂僻行为的深刻教训，然而在历代热衷经世的文人中，这种食古不化的"王安石"却层出不穷。故《总目》亦往往以此审视历代文人，并随时揪出予以批评。同样被近世学者誉为清初著名经世思想家的颜元，主张"全复井田、封建、学校、征辟、肉刑及寓兵于农之法"，《总目》亦批评曰："古法之废久矣。王道必因时势，时势既非，虽以神圣之智，借帝王之权，亦不能强复。强复之，必乱天下。元所云云，殆于瞽谈黑白，使行其说，又不止王安石之《周礼》矣。"（存治编/C/儒家 c3/v97，p11b）所谓"王道必因时势"，即纠正将古法等同王道的观念——这是盲目复古观念的症结所在。如果三代有王道，那也是因为它因应了三代的时势。三代以后如欲实现王道，也须因应三代以后之时势，创立适宜的法制，而不可毫无损益地强复三代古法，否则"必乱天下"。

夏休《周礼井田谱》引《管子》解《论语》"自经于沟渎"为经正沟渎之制，盖以坐实其复封建、井田之议。提要亦以为"附会甚矣"，并批评曰："夫阡陌既开以后，井田废二千余载矣。虽以圣人居天子之位，亦不能割裂州郡，铲平城堡，驱使天下久安耕凿之民，悉夺其所有，使之荡析变迁，以均贫富。一二迂儒，乃窃窃然私议复之，是乱天下之术也。使果能行，又岂止王安石之新法哉？"（A/礼 c1/v23，p29b-30a）井田制度废除后，天下百姓已适应后来的耕作方式，如果强行将百姓田产收回再作井田均分，必然造成天下大乱。这两篇提要都将颜元与夏休之误，比作王安石新法。在《总目》看来，王安石变法之所以失败，即在于他泥于古法而未能"因时势"。①

凡此种种，都在于批评文人"好古之过"。在学术上即表现为对于古书之说，无所考证便予以轻信；在经世观点上即表现为过于尊信古法，欲将其实行于今世，却忽略了古今时世之异。

（三）应时法古：文人所宜遵循的古今辩证观念

由前述讨论可见，对于文人处于时间序列中的应然位置，《总目》中形成一定的对立观点：一面倡言好古（尊古），一面警惕好古之过（泥古）。针对古今文体尊卑此一特定文体论问题，更出现针锋相对的辩证观点。

---

① 与泥古相对的，是与时俱进的"变通"原则，周积明将其称为"依据'通变从乎时'的文化适应性原则"，在《总目》而言，具体地表现为两个主张：第一，必须以"变通"为学术批评原则，而不能以僵死的教条"执旧文"绳"新制"；第二，必须以"变通"为社会实践原则，而不能"不达时变"，以复古为职志。周积明：《文化视野下的〈四库全书总目〉》，第95—96页。

前引《花间集提要》认为"文之体格有高卑",而《古文雅正提要》却提出"论词不论格"的观点,彼此之间形成相互辩证的关系,其言曰:"或疑姚铉删《文苑英华》为《唐文粹》,骈体皆所不收,而此集有李谔《论文体书》、张说《宋公遗爱碑颂》诸篇,似乎稍滥。不知散体之变骈体,犹古诗之变律诗,但当论其词义之是非,不必论其格律之今古。杜甫一集,近体强半,论者不谓其格卑于古体也。"(D/总集5/v190,p36b-37a)这里所谓"古诗之变律诗",乃纯粹从时间先后相承而言,并不涉及诗体高卑差异问题。提要甚至认为,论诗根本不必论"格律之今古",只须就词义本身之是非来评论即可。他举杜甫集为证:杜集近体居多,然而世人却不以他的诗格卑于古体。这些观点与《花间集提要》"体格有高卑"之说,形成明显的对话关系。《古今诗删提要》亦有类似观点:"文章派别,不主一途,但可以工拙为程,未容以时代为限。"(D/总集4/v189,p22b-23a)当然,它所直接质难的是七子派的复古观念。复古与崇古,对古今关系的观念基本一致,只是尊崇的程度有别而已。

尽管只是《总目》中的少数派意见,上述两篇提要都对《总目》尊古卑今的主流观念提出了质疑。这也与针对"好古之过"的泥古批评,形成呼应关系。事实上,文人于古今文化序列中的合理位置,一直是文人社群热衷讨论的问题。一方面,崇古观念在传统文化中,确实有非常深厚的文化根源。孔子即屡表崇古之志:"述而不作,信而好古,窃比于我老彭。"(《论语·述而》)"我非生而知之者,好古,敏以求之者也。"(《论语·述而》)或缘于此,崇古成为传统中国文人社群的普遍观念。然而,作为崇古的制衡性意见,针对"好古之过"的批评在历史上也不鲜见。如王充《论衡·齐世篇》曰:"画工好画上代之人,秦、汉之士,功行谲奇,不肯图今世之士者,尊古卑今也。贵鹄贱鸡,鹄远而鸡近也。使当今说道深于孔、墨,名不得与之同;立行崇于曾、颜,声不得与之钧。何则?世俗之性,贱所见,贵所闻也。"即批评世俗对于古今关系的不合理观念:今人即使说道、立行均优于古人,但在时人那里得到的尊重都要低于古人。王充认为这种"尊古卑今"行为并不合理:只尊崇遥不可及的传闻,而不听信亲眼所见的近况。类似观点所在多见。[①]《总目》对泥古

---

① 《庄子·外物篇》亦曰:"夫尊古而卑今,学者之流也。且以狶韦氏之流观今之世,夫孰能不波,唯至人乃能游于世而不僻,顺人而不失己。"也批评学者之流"尊古卑今",而称许至人的"游世不僻""顺人而不失己"。当然,其所强调的似乎更多是个体独立性。《淮南子·修务训》亦曰:"世俗之人,多尊古而贱今,故为道者,必托之于神农、黄帝而后能入说。"也指斥世俗"尊古贱今"的观念。

迂僻的批评，也应置于如此思想背景下考察。

事实上，如果将"四库编纂组织"作为一个整体文化社群来观察，便可将这两种歧异性观点，整合到一个互补的辩证逻辑之中：既倡言好古，但也警惕过于好古。《总目》"成于众手"的文本特色，也使这种正反相对的辩证观点实现调和，从而促成了折中性观点。如其论杨方达《尚书通典略》即指出："其训释名物，多据理断制，不由考证。如'河出昆仑'信《水经注》五万里之说，而驳元以来探求河源之谬，不知舆图具在，道里井然。是为泥古而不征今。《胤征篇》中谓日食可以推算，不应驰走，不知自汉以前，无预知日食之术。是为知今而不稽古。"（A/书c2/v14，p25a）即既以"泥古而不征今"批评杨氏过于尊信《水经注》之说，而不求证于后世舆图，以致谬误；同时又以"知今而不稽古"批评杨氏据今制以论古制，不知古今殊隔。这样的辩证逻辑，实即要求文人在古今之间，寻求合理的平衡点：即在审时度势的基础上"法古"，同时在"法古"的基础上应变。

这种古今相宜的辩证观念，在古今文字、音韵传承的问题上最易显见。因为古今字音均有其独特的使用环境，不因刻意的主观崇古或求变，而可勉强牵合古今。如《总目》批评毛奇龄《古今通韵》即指出："盖其病在不以古音求古音，而执今韵部分以求古音。又不知古人之音亦随世变，而一概比而合之。"（A/小学3/v42，p48a）即强调"随世变"之理，不可以今韵求古音。因此，毛晃引据古书增补后世韵书，《总目》亦讥之曰："皆所谓引汉律断唐狱者，不古不今，殊难依据。"（增修互注礼部韵略/A/小学3/v42，p15a）但"今"毕竟从"古"来，因此"古今"之间也并非完全隔绝，而是实然且应然地互通。因此，《韵统图说提要》即曰："《三百篇》中，今有不能得其韵者，非本无韵，韵不同也。历代韵书，大抵守其大纲以存古，通其小节以随时。以渐而变，莫知其然，未有能毅然决裂，尽改前代旧法者。"（A/小学c2/v44，p33b）即认为韵书应随时世而变。但求变并非意味着与"旧法""毅然决裂"，而仍要守旧法之大纲以"存古"。"通其小节以随时"，虽然以"小节""随时"，但在崇古观念笼罩下对"当代"些微的关注，亦意义重大。这意味着"古今"可以处于相对平等的位置进行对话，而非绝对地尊古卑今。因此，"小学类字书之属"按语即曰："字体与世为变迁，古文、籀文不可以绳小篆，小篆不可以绳八分，八分不可以绳隶。然其相承而变，则源流一也。"（A/小学2/v41，p62a）以此逻辑对应文体论中的尊卑问题，实亦同理：古体不可以绳近体，近体不可以绳词曲。这也是《古文雅正提要》"不必论格律之今古"的逻辑。

当然，字音问题只是古今之辨中一个典型模式而已。文人身处历史的时间长河，无时不面对或古或今的"时间问题"。在传统中国，因为崇古观念之根深蒂固，文人每有倡言恢复井田、封建等古法的复古之说。在《总目》看来，这除了缘于文人的迂腐蒙昧外，更可能与文人以复古自我标榜的意识有关。魏校以秦汉以后官制沿革证《周礼》六官之属，《周礼沿革传提要》即论曰："夫时殊事异，文质异宜，虽三代亦不相沿袭。校于数千年后乃欲举陈迹以绳今，不乱天下不止。其断断不可，人人能解，即校亦非竟不知。特以不谈三代，世即不目为醇儒，故不能不持此论耳。"（A/礼 c1/v23，p31a）在《总目》看来，当时文人风气以倡言复古相高。这种风气使崇古沦为刻意，从而招致流弊。因此，《总目》致力于纠正这种刻意复古的观点，而强调"时殊事异"之理，欲令文人能应时法古：即在古今辩证的总体观念下，既要求文人在顺应时变的基础上法古，同时在法古的基础上"随世变"。①

概而论之，《总目》对于"古代"在总体上呈现了尊崇的倾向。在崇古逻辑下，历代文人的疑古行为，常被《总目》斥为"勇于非古"。但《总目》对于崇古并非一往无前，而亦时时将"好古之过"的行为斥为泥古。崇古与泥古两造批评观点，在《总目》中产生碰撞，形成折中性的辩证观点，即认为应在审时度势的基础上法古，同时在法古的基础上应变。

三　阐圣学：文人当以阐圣学明王道为职志

吴哲夫描述文化发展模式，有所谓"十字架"理论：任何文化群体在没有受到外来文化影响的情况下，都沿着其自身的文化逻辑纵向发展；但每个文化在纵向发展的过程中，都或多或少受到外来文化的影响，相对于原文化而言便形成横向的汇流。如此一纵一横的双向发展，便形成"十字架"式的发展模式。②此"十字架"发展模式，对于探讨文化统绪论而言，是极佳视角。它涉及一个重要议题：文人在掺杂着外来文化的文化统绪之中，应当如何自处于本土文化与外来文化之间？这是汉唐以后，

---

① 周积明引用纪昀"拟议中自有变化"之说，概述《总目》于古与今、继承与创新之间的辩证关系，极有创见。参见周积明：《文化视野下的〈四库全书总目〉》，第101—103页。
② 文化发展模式的"十字架"理论，是笔者在课堂上听吴先生讲授所得。其中掺杂个人理解与转述，未必完全符合吴先生本意。

尤其宋明以后，传统文人共同面对的严峻的文化命题。

（一）尚儒：推扬醇儒，杜绝异学"近理乱真"

"四库系列文献"编纂之动机，本即有编纂"儒藏"的考虑，① 因此"尚儒"可以说是《总目》题中应有之义。然则，《总目》的"尚儒"观念对文人行为相应地提出怎样的要求？

"尚儒"首先即意味着排斥异教。② 清高宗批评《永乐大典》指出："至儒书之外，阑入释典、道经，于古柱下史专掌藏书、守先待后之义，尤为凿枘不合。"③《总目》对于文人语涉异教的行为，也总体上抱持批判态度。但具体到不同提要，其态度之强弱又微有差异。如苏辙有《道德经解》，"大旨主于佛老同源，而又引《中庸》之说以相比附"，朱子谓其援儒入墨，作《杂学辨》以箴之。④ 提要便为苏氏辩解："二氏之书，往往阴取儒理而变其说。儒者说经明道，不可不辨别毫厘，剖析疑似，以杜学者之歧趋。若为二氏之学，而注二氏之书，则为二氏立言，不为儒者立言矣。其书本不免援儒以入墨，注其书者又安能背其本旨哉？故自儒家言之，则辙书为兼涉两歧；自道家言之，则辙书犹为各明一义。《杂学辨》所攻四家，攻其解《易》，解《中庸》，解《大学》者可也，攻及此书，则不揣其本而齐其末，不如径攻《老子》矣。"（C/道家/v146，p10a-b）这里对两种学术行为，表达了不同态度。其一，文人如从异教角度为异教立言，则可用"各明一义"的态度予以包容。从此一态度出发，提要认为朱熹批评苏辙"援儒入墨"，是"不揣其本而齐其末"，甚至讽刺说"不如径攻《老子》"。其二，若以说经明道为目的为儒者立言，则断不能援儒入墨，必须对异学"辨别毫厘""剖析疑似"，以杜绝儒家学者误入歧途。

第一种态度，颇有郐下无讥的意味。第二种态度，则是《总目》对于文人语涉异教行为的代表性态度之一。《总目》批评明末心学"语涉狂禅"，即基于如此态度。如其论唐枢《宋学商求》即曰："其学援儒入墨，

---

① 参见吴哲夫：《四库全书纂修之研究》，第14页；郭伯恭：《四库全书纂修考》，岳麓书社2010年版，第2页；黄爱平：《四库全书纂修研究》，中国人民大学出版社1989年版，第13—15页。
② 吴哲夫即指出，"四库"编纂排斥佛老，其目的即在于皈依儒术。吴哲夫：《四库全书荟要择录图书标准的探讨》，第693页。
③ 乾隆三十八年二月十一日上谕，《纂修四库全书档案》上册，第57页。
④ 朱子是篇除箴苏辙《老子解》外，亦箴苏轼《易传》、张九成《中庸解》、吕希哲《大学解》。参见《晦庵先生朱文公文集》卷72，《朱子全书》第24册，第3460—3496页。

纯涉狂禅。……此编皆评论宋儒，大抵近于禅者则誉，不近于禅者则毁，不足与辨是非。"（C/杂家 c1/v124，p24b）"狂禅"的指斥非就佛家而言，而就儒家而言，即指斥那些自诩儒家却好讲禅理的"王学末流"。① 其论季本《诗说解颐》，即以其"虽间伤穿凿，而语率有征，尚非王学末流以狂禅解经者比也"（A/诗2/v16，p11b）。王学末流虽多以儒者自居，但因其语涉异教，援儒入墨，故其著作于《总目》多被拒诸"儒家类"之外。如管志道谓"孔、颜真是即心是佛，即经世是出世，与文殊之智、普贤之行，两不相违"，《问辨牍提要》便曰："虽为儒言，实则佛教，今附之杂家类焉。"（C/杂家 c2/v125，p10b）对于这些阳儒阴释的所谓"儒言"，《总目》便不得不"辨别毫厘，剖析疑似"。在图书分类上"辨章学术"，斥之入"杂家类"以正本清源，最能彰显《总目》以"儒藏"自居的批判态度。

然而，儒者讲儒学，何以不能语涉异学？清初陆陇其赞赏《战国策》"文章之奇"，但忌其"机变之巧，足以坏人心术"，故编《战国策去毒》指示得失，使文士"哜其味而不中其毒"。提要却曰："百家诸子，各自为书，原不能尽绳以儒理。既以纵横为术，又安怪其但言纵横。况自汉以来，孔孟之道大明。如《战国策》之类，不过史家或考其事迹，词人或取其文章，是以至今犹存。原无人奉为典型，悬以立教，与释氏之近理乱真，异学之援儒入墨，必须辨别者，截然不同。"（B/杂史 c1/v52，p2b-3a）其谓诸子不能尽绳以儒理，与《道德经解提要》第一种态度相似。而谓"释氏之近理乱真"云云，即显见《总目》反对儒者语涉异学的因由：释道异学"近理"，足以乱儒学之"真"。"近理"仍非"真理"。而正因其"近"理，容易使人误以为即是"真理"，反使"真理"遭至误解。因此，"近理"与"真理"此毫厘之差、疑似之间，便不得不严加剖析区判。所以，《总目》对儒者引异学讲儒经的行为，便往往施以严厉批判。这与孔孟"恶紫乱朱"而责斥"乡原"的原因与逻辑高度一致，② 均以

---

① 《总目》"狂禅"一词共出现17次，经部出现8次，子部"儒家类"出现3次，"艺术类"1次指明末士大夫"竞尚狂禅"，"杂家类"3次多指语涉禅学的心学家，集部2次亦就心学家而言，唯独不见于"释家类"。以上词频信息，据"中国哲学书电子化计划"（网址：https：//ctext. org/wiki. pl? if = gb&res = 569524&searchu = % E7% 8B% 82% E7% A6% Aa），搜索时间：2021年8月28日。

② 《孟子·尽心下》："孔子曰：'恶似而非者：恶莠，恐其乱苗也；恶佞，恐其乱义也；恶利口，恐其乱信也；恶郑声，恐其乱乐也；恶紫，恐其乱朱也；恶乡原，恐其乱德也。'君子反经而已矣。"

第三章 直笔书写：《总目》对文人行为典范的重构

其"似是而非""近理而非理"。

上述观点对异教仍抱持一定的包容：只反对引异学以讲儒理，谨防援儒入墨，而尚未完全否定异学的学术价值，认为不妨"各明一义"。但对于文人迹涉异教的行为，《总目》中另外一些观点便表现出更彻底的反对态度。如吴大有《千古功名镜》"皆阐扬因果之说，以警世劝善"，提要论之即曰："然有所为而为之，假以诱掖愚蒙则可，若士君子之学，为所当为，则固无取于是焉。"（C/杂家 c1/v124，p7a）即认为佛家"因果之说"只适用于引导愚蒙百姓向善，作为"士君子"的文人则"无取于是"，而另有所"当为"。其所"当为"，即下文将论及的明道示教。这便基本上否定了文人迹涉异教的正当性。

这篇提要以"诱掖愚蒙"与"士君子之学"对举，并称"因果之说"非士君子所当取，则未能排除是否因此书为通俗佛学而予以贬抑的可能性。《崇正辨提要》可以补充性地否定这种可能性："佛之为患，在于以心性微妙之词，汨乱圣贤之学问，故不可不辨。至其经典荒诞之说，支离矛盾，妄谬灼然，皆所谓不足与辨者。必一一较其有无，是亦求胜之过，适以自袭矣。"（C/儒家 c1/v95，p19a）这里一方面仍以佛学"近理"，有汨乱圣贤"真理"的危险，因而"不可不辨"。同时又指出，佛家学说荒诞、妄谬，支离矛盾，因而"不足与辨"，否则便是"适以自袭"。其荒诞妄谬，均从"士君子"的角度而言，因而固非士君子所当取当为。如此一来，便将佛学全盘否定，并以之为患。从文人行为训诫角度说，即要求文人完全杜绝迹涉异教的行为，而应"为所当为"。

在文化交融的历史中，儒家文人难免涉及异教，或阳儒阴释，或遁入空门。在这样的历史语境下，《总目》反复强调"醇儒"品格予以救治。就所见材料，"醇儒"概念最早见于《汉书·贾山传》："贾山，……祖父袪（祛），故魏王时博士弟子也。山受学袪（祛），所言涉猎书记，不能为醇儒。"于此，"书记"当指儒家经典以外的诸子百家之书，从而"醇儒"指专精于儒家经典之人。这个概念，历代都有所承袭。《总目》的"醇儒"概念，是与异教相对的范畴，为对治阳儒阴释者而提出。"阳儒阴释"即为儒不醇，故欲倡言"醇儒"以醇之。这体现了《总目》相当突出的文化保守品性。它虽然倡言"兼收并采"，容许诸子百家"各明一义"，但始终居于儒家立场"辨别人我""剖析醇杂"，以渲染"唯儒独尊"的态度。"杂家类杂学之属"按语即曰："古者庠序之教，胥天下而从事六德、六行、六艺，无异学也。周衰而后，百氏兴。名家称出于礼官，然坚石白马之辨，无所谓礼。纵横家称出于行人，然倾危变诈，古行人无是词命。墨家称出于清庙之守,并不解其为何语。实皆儒之失其本原者各以私智变为杂学而已。"(C/杂家1/v117,p32a-b)于此即反对班固"诸子出于王官"之说,① 认为诸子百家兴起之前,天下学术唯儒者一家,而绝无异学,其所从事者均六德、六行、六艺之学。异学(诸子)之出现,乃儒者迷失儒学"本原",才逐渐流为杂学。辞气之间,颇以儒者"失其本原"为憾,因而欲"返本"以还儒者之"醇"。

对"醇儒"的推崇,是《总目》"尚儒"观念在文人行为规训中相当突出的表现。醇儒首先意味着尊经。如其论孙复:"然复之文,根柢经术,谨严峭洁,卓然为儒者之言。"(孙明复小集/D/别集5/v152,p31b)除经典以外,醇儒亦须遵循以经义为核心的、醇正的文化传统体系。《节孝集提要》论徐积是集即曰:"大致醇正,依经立训,不失为儒者之言。"(D/别集6/v153,p35a)即已超出经典的范围。此外,论范祖禹曰:"其大端伉直,持论切当,要自无愧于醇儒。"(范太史集/D/别集6/v153,p27a)论魏裔介曰:"诗文醇雅,亦不失为儒者之言。"(兼济堂文集/D/别集26/v173,p13a)大致都在比较宽泛的层面,表彰醇儒立言醇正,遵循儒家价值体系。

醇儒也意味着笃实。如《明史·儒林传》称曹端:"其学务躬行实践,而以静存为要。读宋儒《太极图》《通书》《西铭》,叹曰:'道在是矣。'笃志研究,坐下著足处,两砖皆穿。"《总目》据此而赞曰:"盖明代醇儒,以端及胡居仁、薛瑄为最,而端又开二人之先。"(太极图说述解/C/儒家2/v92,p1a-b)即因为曹氏笃志敦行,而称许他为明代醇儒之先。

醇儒也意味着道德品行。崔铣曾作《明臣十节》批点陈献章"学禅而疏",罗伦"尚直而率",庄昶"好名而无实",以为"皆负巨望焉";而章懋则"质约淳雅,潜修默成,甫四十年,弃官还郡"。故后来,陈氏"受清秩而交泛",罗氏"行乡约而戮族人",庄氏"晚又仕而败",唯章懋自始"德行无瑕"。② 《总目》亦据此而以醇儒称许章氏:"其在明代,可云不愧醇儒。……其学术政治虽人人习见之理,而明白醇正,不失为儒

---

① 《汉书·艺文志》述诸子源流:"儒家者流,盖出于司徒之官,助人君顺阴阳明教化者也。""道家者流,盖出于史官,历记成败存亡祸福古今之道,然后知秉要执本,清虚以自守,卑弱以自持,此君人南面之术也。""阴阳家者流,盖出于羲和之官。""法家者流,盖出于理官。""名家者流,盖出于礼官。""墨家者流,盖出于清庙之守。""纵横家者流,盖出于行人之官。""杂家者流,盖出于议官。""农家者流,盖出于农稷之官。""小说家者流,盖出于稗官。"

② 崔铣:《洹词》卷6,《明别集丛刊》第2辑第5册,第115页。

者之言。"（枫山语录/C/儒家 3/v93，p12b – 13a）亦强调醇儒"明白醇正""德行无瑕"的品格。

此外，醇儒也意味着心术公正、气态平和。朱熹纂辑张栻《南轩集》，将张氏批评自己的文章亦收入其中，提要即称许曰："足以见醇儒心术，光明洞达，无一毫党同伐异之私。"（D/别集 14/v161，p9b – 10a）即以朱子无党同伐异之私为醇儒心术。至于"门户之见太深，词气之间，激烈已甚"的程瞳（闲辟录/C/儒家 c2/v96，p5a），以及"以善骂为长"的陈建（东莞学案/C/儒家 c4/v98，p20a），《总目》便均以"非儒者气象"斥之。

敦行笃实、德行无瑕、无门户偏私，都是《总目》重构文人典范的重要标准，在此便均集中到醇儒此一典范人格之上。可见，在排斥异教的语境下，醇儒是极高的评价标准，是《总目》在"尚儒"观念下对文人典范的高度概括。明末，心学盛极一时。心学家以儒者自命，却又讲求三教会通，兼讲佛道之学。明末清初吴伟业即曾说："盖唐、宋之讲学儒释分，而我明之讲学儒释合。"① 所谓"儒释合"往往便是阳儒阴释，亦即前述《总目》所忌讳的"近理乱真"之状。这在"尚儒"者看来，无疑预示着儒学信仰的空前危机。明末汪沨曾曰："世之志士率释氏牵诱去，削发为弟子，吾儒之室几虚无人。"②《总目》"尚儒"，即希望借此恢复"世之志士"对儒学的信仰；推崇醇儒，即希望纠正文人学士阳儒阴释的偏向，以保持儒学信仰的醇正性。

由此可见，《总目》对异教虽然抱持一定的包容态度，认为可以"各明一义"；但对于传统文人学士，仍希望他们继承原有的文化传统，且要努力永葆传统之醇正性，切忌援儒入墨。换言之，即力图杜绝外来文化对本土文化的侵蚀，从而本质上仍体现明显的文化保守性格。

（二）明道示教：文人作文的"载道"意义

《总目》以醇儒品格期许文人，其文化目的除维系儒学醇正性外，对文人行为而言，更有特别的期待：明道与示教。《凡例》开宗明义即曰："九流自《七略》以来即已著录，然方技家递相增益，篇帙日繁，往往伪妄荒唐不可究诘。抑或卑琐，微末不足编摩。今但就四库所储，择其稍古而近理者，各存数种，以见彼法之梗概，其所未备，不复搜求。盖圣朝编

---

① 吴伟业：《吴梅村全集》卷 35《赠照如师序》，第 756 页。
② 见魏禧：《魏叔子文集外篇》卷 17《高士汪沨传》，《续修四库全书》第 1409 册，第 144 页。

录遗文,以阐圣学明王道者为主,不以百氏杂学为重也。"(卷首 3,p12a－b)此即将"阐圣学明王道者"与"百氏杂学"相对,欲以编录前者为主,后者只备梗概而已。"阐圣学明王道"既是对文章的要求,更是对文人的要求。这是"文以载道"观念的一种表现。

在《总目》看来,文人作文当以明道为目的,而不宜作无益甚至有害于王道的文字。"杂家类杂品之属"按语曰:"古人质朴,不涉杂事。其著为书者,至射法、剑道、手搏、蹴鞠止矣。至《隋志》而《欹器图》犹附小说,象经、棋势犹附兵家,不能自为门目也。宋以后则一切赏心娱目之具,无不勒有成编,图籍于是始众焉。"(C/杂家 7/v123,p12b)古人不涉杂事,而现在所有"赏心娱目"之器具均撰著成书,使图籍日众。如此批评逻辑,颇有程颐批评"玩物丧志"之意。① 言下之意,此等仅供"赏心娱目"之器具,原不宜见诸文字。此中隐藏的观念即是:文字应以明道为主要目的——即使不能全然如此。

在"文以载道"的文学观下,那些以明道自任的儒家文人,更被认为应当严守清规戒律。《总目》评同恕《矩庵集》即特别指出:"惟祈禳青词,本非文章正体,恕素以明道兴教自任,更不宜稍涉异端。乃率尔操觚,殊为失检。"(D/别集 20/v167,p23a)提要认为,同恕既以明道自任,便不应撰作青词这种无关明道的异端文字,故以"殊为失检"斥之。而胡祗遹《紫山大全集》多收应俗之序跋,甚至赠及优伶。提要论之亦曰:"以阐明道学之人,作媟狎倡优之语,其为白璧之瑕,有不止萧统之讥陶潜者。"提要又核以本集,以为《辍耕录》载胡氏钟爱歌姬珠帘秀并赠以《沉醉东风》小曲,"殆非诬词";因而"姑仍其旧录之",并纠谬于提要,以示"操觚之炯戒"(D/别集 19/v166,p34b－35a)。在这些观点看来,以"阐明道学"自期的儒家文人而作无益于明道的文字,如青词、"媟狎倡优之语"之类,是不可忽视的瑕疵。如此一来,"文以载道"对儒家文人而言,似乎便意味着沉重的禁忌:只能以文载道,而不能有其他等闲笔墨。即使不从卫道的角度看,就其所论,文人对文字的敬畏之心也不能轻忽。

明道实即"士志于道"对文人的具体要求,即要求文人以文章阐明大道,以构建理想的人间秩序。这是文人和士大夫与生俱来的使命。在"道"的宗旨审视下,所有违背"道"的公共性原则的行为,皆在所当斥。前述《总目》对门户之习的批评,本质上即缘于文人因门户之见而

---

① 程颢、程颐:《二程集·河南程氏遗书》卷 18,第 239 页。

迷失了明道的使命。《朱子抄释提要》论朱子语录即指出："明人递相选录，几于人有一编。其大意乃在于胜负相争，区分门户，不过借朱子为名，未尝真为明道计也。"（C/儒家3/v93，p21a）即指斥明人假借朱子之名，进行门户斗争，维护私己利益，而并非真以明道为目的。

明道偏向于形而上的范畴。其着落于形而下范畴，实即示教。明道与示教可以理解为一体两面的关系。因此，除明道以外，文人作文亦当以示教为目的。叶适即曾曰："为文不能关教事，虽工无益也。"① 似已将世教视为文人作文责无旁贷的使命。这样的观点，在以崇儒重道为己任的《总目》，体现得更充分。杨起元编删道释二家之书成《诸经品节》，于其卷首总目后题"比丘东粤复所杨起元泐"。②《总目》即批评曰："起元传良知之学，遂浸淫入于二氏，已不可训。至平生读书为儒，登会试第一，官跻九列，所谓国之大臣，民之表也，而是书卷首乃自题曰'比邱'，尤可骇怪矣。"（C/杂家c9/v132，p4a－b）虽然并非所有文人都能如杨氏"官跻九列"，但文人"读书为儒"亦不在少数，且《总目》本亦以儒者期许文人，因而其所谓"民之表"，实亦不只对"官跻九列"的杨起元而言，而可指向所有普通文人。所谓"民之表"即认为文人行为应当为民之表率，文章亦应为民示教。杨氏以比丘自居，在《总目》而言固然非为民之表率。

基于这样的观念，《总目》对能肩负示教使命的文人均予以嘉许，反之即随时拈出予以贬斥。如清圣祖命王弈清编《钦定曲谱》，提要称誉曰："使倚声者知别宫商，赴节者咸谐律吕，用以铺陈古迹，感动人心。流芳遗臭之踪，聆音者毕解；福善祸淫之理，触目者易明。大圣人阐扬风化，开导愚蒙，委曲周详，无往不随事立教者，此亦一端矣。岂徒斤斤于红牙翠管之间哉！"（D/词曲2/v199，p43a－b）盛誉之中，即凸显此书在曲谱取舍中以"阐扬风化"为宗旨，揭示"流芳遗臭之踪"与"福善祸淫之理"，随事立教，从而开导愚蒙。而其论崔令钦《教坊记》，亦特别指出其"谆谆于声色之亡国"，虽因"礼为尊讳"而无一语显斥唐玄宗，然亦历引汉成帝、高纬、陈叔宝、慕容熙等末代风流之君以示劝诫。故提要论曰："乃知令钦此书，本以示戒，非以示劝。"（C/小说家1/v140，p15a－b）即赞许崔氏以"声色亡国"之理示戒于君王。因此，提要虽认为《唐

---

① 叶适：《水心先生文集》卷29《赠薛子长》，《宋集珍本丛刊》第66册，第680页。
② "复所"为杨氏之号。参见杨起元：《诗经品节》卷首，《四库全书存目丛书》子部第130册，第604页。

志》将此书列于经部"乐类"为失当，但亦因为它"风旨有足取者，虽谓曲终奏雅，亦无不可"，而予以著录。

然而，《总目》所见更多的，似乎是责备文人疏于示教的批评。此中，首当其冲的便是对以文示教有所疏忽的行为。梅鼎祚记"倡女之可取者"撰为《青泥莲花记》，并自谓"寓维风于谐末，奏大雅于曲终"，《总目》却不以为然："然狭斜之游，人情易溺，惩戒尚不可挽回。鼎祚乃捃摭琐闻，谓冶荡之中亦有节行，使倚门者得以借口，狎邪者弥为倾心，虽意主善善从长，实则劝百而讽一矣。"（C/小说家 c2/v144，p41a）即批评梅氏忽视"人情易溺"的因素，记述倡女之行，无异于使其假以为借口而为狎邪之行，故以"劝百讽一"论之——这正可与《教坊记提要》"本以示戒，非以示劝"之论对比而观。又如钱士升《南宋书》取消《新唐书》将奸臣、叛臣独立列传之例，提要亦以不足以示戒斥之："《隋书》以前，奸臣、叛臣本不别传，《新唐书》始另列之。后来作者，多仍其例，亦足见彰瘅之公。今并而一之，殊失示戒之意，未足以言复古。"（B/别史 c/v50，p53a－b）即指出钱氏忽视了奸臣、叛臣独立列传，具有彰善瘅恶以示惩戒的意义。

"为文须关世教"，大概是古代多数文人共同的作文理念，因此前引叶适之言为后代文人反复引述。① 但对于作文当如何示世教，便难免见仁见智。作为审查者的《总目》，秉持批判话语权，对于历代文人有心示教，而所示不当——对事实或教义理解偏差，亦在所必责。如明金汝谐《历代名臣芳躅》将杨溥、李东阳列入《节义》门，提要即以为不妥："溥固长者，东阳亦不失文士。然一则迁就于靖难革除之间，一则依违于奄竖擅权之日。目以节义，岂足厌后世之心乎？"（B/传记 c4/v62，p19a）金氏纂辑名臣芳躅，所列门类除节义外，亦有忠贞、良吏、恬退、纯孝、友于、范俗、仁恕、学术言行，② 从行为动机看，显然有以前言往行垂示将来之意。然而，他将杨、李二氏列入《节义》门，似乎便忽视了他们迁就成祖篡位或依违宦官的不忠不义行为。这在《总目》看来，便无法起到示教的作用。

又如穆修集中《亳州魏武帝帐庙记》称许曹操"建休工，定中土，

---

① 所见如唐顺之：《稗编·文艺》卷77《文章杂论下》，《景印文渊阁四库全书》第954册，第680页；宋濂：《銮坡前集》卷4《故东吴先生吴公墓碣铭》，《宋濂全集》第2册，第554页；方苞：《方苞集》卷7《郑李雨苍序》，刘季高校点，上海古籍出版社1983年版，第192页。

② 金汝谐：《新编历代名臣芳躅》，《四库全书存目丛书》史部第108册，第500页。

第三章　直笔书写：《总目》对文人行为典范的重构　243

垂光显盛大之业于来世"，则有以事功倡导天下之意。然而，《总目》却秉承清高宗"睿鉴指示"，意欲凸显曹操篡逆一面，从而批评穆氏："其奖篡助逆，可谓大乖于名教。至述守臣之言，……显然以乱贼导天下，尤为悖理。尹洙《春秋》之学，称受于修，是于《春秋》为何义乎！"认为穆氏表彰曹操事功，无异于奖掖篡逆，以乱贼倡导天下士人；如此大乖名教之文如"仍厕简牍"，必"贻玷汗青"。故馆臣著录此集于"四库"时，即"刊除此文，以彰衮钺"，以"使纲常大义，顺逆昭然，允足立天经而定人纪"（穆参军集/D/别集 5/v152，p15b－16a）。①

诸如此类的批评，对文人都具有规诫作用：规诫文人作文应以明道示教为目的，且应恰当地理解事实本质与教义精神，以便恰如其分地示教。

小　结

本章主要讨论《总目》对文人行为典范的论述，分别从虚实论、门户论、品行论、统绪论几个方面展开讨论。

《总目》的虚实论呈现明显的崇实斥虚倾向。对文人行为典范而言，这种倾向首先表现于内容与方法两个层面。在学术内容上，《总目》推崇切近人事的学术内容，排斥虚无缥缈的天道与心性之学；在学术方法上，《总目》崇尚实证方法，同时推重严谨、阙疑的学术态度，排斥臆断、穿凿、杜撰等虚疏的学术方法。内容与方法一体两面，如内容切近、方法征实，便可称为"实学"。但"实学"只是相对的实，尤其就文人行为而言，其上仍有"学以致用"的进路。在学术致用层面，《总目》的虚实论仍存在三层辩证结构：就目的论，"实学"如无经世目的亦仅为"虚文"；就效用论，有经世目的而无实效亦为"虚文"；就实行论，有实效如不施诸实行，亦只是"纸上经济"。将行之有效的经世理念付诸实行，才是《总目》对文人的最大期许。

《总目》对门户行为的总体态度毋庸置疑便是"消融门户""铲除畛域"。这种受政治干预的批评观念，《总目》将其在学术上的合理性诉诸学术公共性。《总目》认为道与文章均具公共性，应以公共性的是非为目的，而非私域性的胜负，否则便是门户偏见。根据门户结构群聚性与对立

---

① 文渊阁《四库全书》本穆集此篇已被删削，《四部丛刊初编》第 810 册《河南穆公集》卷三载有此篇。

性的双重关系，《总目》以凸显学术独立性为策略，对治与之相应的党同与伐异行为，强调文人治学贵在自得、自足、自立，批判文人因好名争胜而标榜攀援的门户行为。但在这一主调以外，《总目》又掺杂着各种歧异性的异响。首先，各提要对门户行为的基本立场便非完全一致的贬抑，部分提要显现相当程度的宽容态度。其次，《总目》对门户中不同流品也抱持不同态度。门户末流在《总目》中遭到彻底而明确的批判，门户创始者受到的批评则更见歧趋。此中形成"责始"与"贵始"两种对立观点。《总目》一方面以创始者为门户之习的始作俑者，从而追究他们开门揖盗之责；另一方面，创始者的独立性学术品格又为《总目》所激赏，因而不少提要都以"不以末流放失并咎创始之人"的态度宽贷创始者。这种观点的对立，使创始者在《总目》中的价值地位悬而未决，对文人而言难免有不知何去何从的困惑。

对于文人品行，《总目》最常突出的便是刚直耿介，对文人应世与论事的耿直品格都提出要求。其次便是承顺尊卑的品行，具体而言包括尊父、尊圣、尊贤、尊君，即要求文人顺从传统价值所设定的伦理秩序。相对于因有圣俗之隔而具有绝对性的尊圣而言，《总目》的尊贤观念具有一定的批判性，在尊崇的同时又以平等姿态与之商榷。尊君是《总目》尊卑观念的重中之重，这具体呈现在它对忠节的论述中。概言之，《总目》基本遵从清高宗谕旨，奖誉死节而贬抑贰臣。析言之，对于太平之时的文人，《总目》推许忧国念君的忠悃品行；对于国难之时，则坚决地讴歌死节——这与明遗民反思死节道德意义的思潮形成鲜明对比；对于易代之后，《总目》也如清高宗那样，将人臣按其行迹进行精细分类，有如贰臣、进退无据者、反颜吠主者、惓惓故主者、守节者等。每一种分类都昭示相应的批评态度，预示着权力话语。《总目》常通过严谨的"辨章品行"，对文人忠节品行予以批评——文人行迹事实分辨清楚了，评价态度便不言而喻。

统绪论所讨论的，是《总目》对于文人在文化脉络中的定位问题。这里涉及几个相关的问题：文人与其所处的文化传统应保持怎样的关系？身处"当代"的文人，应如何与"古代"相处？面对文明交汇的历史潮流，文人又应何去何从？对于文人与文化传统的关系，《总目》体现明确的尊经据典态度，要求文人遵从传统，反对文人狂妄自大，自我作古，乃至好奇好异。对于"当代"文人与古法、古说的关系，《总目》的态度略显复杂。总体而言，《总目》有崇古的倾向，但又有一种补充性观点，认为不可过于崇古，换言之即切忌泥古迂僻。两种观念辩证统合，形成

"应时法古"的观念,即要求文人在审时度势的基础上法古,同时在法古的基础上应变。对于文明交汇中的文人立场,《总目》呈现出一定的文化保守品性。它对异学基本上抱持反对态度,呈现出鲜明的"尚儒"立场。面对当时阳儒阴释的士风,《总目》特别重申"醇儒"的价值,企图杜绝异学"近理乱真"。与崇尚儒学(圣学)相应,文人作文也被寄予明道示教的期待,这实即传统中国"文与载道"观念的表现。

第四章 曲笔书写：
《总目》对文人精神典范的重构

除了前述直接的人物批评外，《总目》的文学批评也间接地呈现它对文人的批评。文学批评与文人批评之间，形成一种可以相互对照的镜像关系。镜像之间得以沟通的桥梁，便是传统文论中"文如其人"的观念。为了说明以此方法寻绎《总目》文人观的可行性，本章有必要对"文如其人"的观念逻辑作比较深入的讨论——尤其当此一观念在《总目》中亦未全然协调一致时。①

第一节 文如其人：文学批评与
文人批评的镜像关系

一 以人论文的传统：由人物品藻到古典文论

文论是关于文章写作活动的讨论，理论上可以涉及作品、作者、读者，以及产生作品的社会四个领域。② 传统中国的文论在开始兴起时，却更多地以批评作者的方式来批评作品。

魏曹丕《与吴质书》即是如此："观古今文人，类不护细行，鲜能以名节自立。而伟长独怀文抱质，恬惔寡欲，有箕山之志，可谓彬彬君子者

---

① "文如其人"的问题涉及《总目》"文章关乎人品"的观念，这个观念便涵盖了文品与人品的关系问题。周积明对此曾作过深入讨论，参见周积明：《文化视野下的〈四库全书总目〉》，第211—215页。
② 将文学分析为这四方面要素，应由艾布拉姆斯（M. H. Abrams）最先提出。在所见的译本中，这四个要素通常被译为作品、艺术家、欣赏者和世界。参见 M. H. 艾布拉姆斯：《镜与灯：浪漫主义文论及批评传统》，郦稚牛、张照进、童庆生译，北京大学出版社2004年版，第5—6页。较之传统中国与《总目》，这虽然是后起的、外来的观念，但它所指涉的文章写作活动相关要素，应具有超越时空限制的普遍性。

矣。著《中论》二十余篇，成一家之言，辞义典雅，足传于后，此子为不朽矣。德琏常斐然有述作之意，其才学足以著书，美志不遂，良可痛惜。……孔璋章表殊健，微为繁富。公干有逸气，但未遒耳；其五言诗之善者，妙绝时人。元瑜书记翩翩，致足乐也。仲宣续自善于辞赋，惜其体弱，不足起其文，至于所善，古人无以远过。"① 这是早期文学批评的典型论述。其对于徐干（字伟长）"怀文抱质""恬惔寡欲""箕山之志""彬彬君子"之说，对于应场（字德琏）之才学，均从对作者自身的批评入手，间接地批评他们的文章；而他用以评论文章的措辞，如论陈琳（字孔璋）章表之"健"，论刘桢（字公干）之"逸气"与"未遒"，论王粲（字仲宣）辞赋之"体弱"，则原本便是用于人物品评的术语。这些评论，在语言逻辑上，都以作者为直接指涉对象；但在语义逻辑上，读者都能把握到，它们实际上也同时以作者所作之文章为讨论对象。

　　这种以作者为直接指涉对象的文论，通常被归因于当时盛极一时的人物品藻风气：人们把人物品藻的术语，移植到文学批评中，使其成为文学批评的术语。人物品藻与古典文论的这种关系，大概已经是学界共识。② 人物品藻理论之所以能够顺利地被移植到文学批评，乃缘于汉代兴起的气化宇宙论。东汉晚期，文人讨论如何作文时，便出现"文以气为主"的观念。曹丕（187—226）《典论论文》即曰："文以气为主；气之清浊有体，不可力强而致。譬诸音乐，曲度虽均，节奏同检；至于引气不齐，巧拙有素，虽在父兄，不能以移子弟。"③ 认为文章巧拙乃由"气"决定。"气"有清有浊，对个体而言，它似乎源自天生，即使以父子之亲也无法相授，甚至也无法通过后天学习"力强而致"。

　　"气"的这种主宰力，在王充（27—97）的性命论中已见先声。《论衡·无形篇》曰："人禀元气于天，各受寿夭之命，以立长短之形，犹陶者用土（埴）为簋廉（庑），冶者用铜为盘杅矣。器形已成，不可小大；人体已定，不可减增。用气为性，性成命定。体气与形骸相抱，生死与期

---

① 《昭明文选》卷42，第1897页。
② 相关讨论参见王瑶：《文论的发展》，《中古文学史论》，北京大学出版社1986年版，第60页；王金凌亦曾专门讨论"人伦识鉴与文学批评、文学理论的关系"，参见王金凌：《中国文学理论史：上古篇》，第242—264页。此外，龚鹏程、余英时、郭英德等学者对此都有涉及，分见龚鹏程：《中国文学史》上册，第114—120页；余英时：《中国知识阶层史论》，第289—292页；郭英德：《中国古代文人集团与文学风貌》，第183—188页。
③ 《昭明文选》卷52，第2271页。

节相须。形不可变化，命不可减加。以陶冶言之，人命短长，可得论也。"人作为一个完整的个体，而非只就其文章而论，乃秉承"元气"而生。初禀之"元气"，通过气化宇宙的各种规律，主宰着个体的一切"性""命"内容。这种主宰性"不可小大""不可减增""不可变化"，在初禀元气的一刻开始，个体的模范便已被决定，此后一切形骸都据此模范陶铸。王充所提及的"性"，王金凌认为是"道德（性）、智力（才）、和命（气寿、地位、财产）的可能发展"，而"命"则是"善恶、智愚、和寿夭、贵贱、贫富的发展结果"。① 按王氏的解释，"元气"通过"性"（道德、智力）对文人写作活动产生影响。

刘劭的论述，对"性"之于语言表达的决定性作出补充。其《人物志·九征篇》曰："夫容之动作，发乎心气，心气之征，则声变是也。……夫声畅于气，则实存貌色。故诚仁，必有温柔之色；诚勇，必有矜奋之色；诚智，必有明达之色。"②"声"可以理解为语言的口头表达；仁、勇、智可以理解为"性"的现象界表现。在刘氏看来，声音源于"心气"，而表现于貌色。因为"心气"之不同，个体内在所具备之"性"也有不同，如仁、勇、智，而其外在呈现也有相应差异，如仁者之温柔，勇者之矜奋，智者之明达。这种外在呈现固然可以是貌色、声音、语言，但也无妨其为文字。

在气化宇宙论的观点下，个体秉承于天的"元气"，决定了人的一切。所以曹丕说"文以气为主"。文人的"性命"既已由先天之"元气"决定，其表现于外的文辞，当然也遵循"气"的清浊规律。因此，作为统摄一切的宇宙论概念，"气"也自然而然地被引入文学批评中。曹丕的文学批评即常见这个字眼，如其论徐干"时有齐气"，论孔融"体气高妙"，③ 论刘桢"有逸气"，④ 都以"气"论其文。此后，"气"便成为传统文论的重要概念，被一直沿用着。唐代令狐德棻《周书·庾信传论》仍沿用曹丕"文以气为主"的观念："虽诗赋与奏议异轸，铭谏与书论殊途，而撮其指要，举其大抵，莫若以气为主，以文传意。"称所有文体都由气主宰，文字只是用来传达由气所凝聚的刚柔清浊之风而已。苏辙亦曰："文者气之所形。然文不可以学而能，气可以养而致。"⑤ 亦曹丕文气

---

① 王金凌：《中国文学理论史：上古篇》，第 257 页。
② 李崇智：《人物志校笺》卷上，第 28 页。
③ 曹丕：《典论论文》，《昭明文选》卷 52，第 2270—2271 页。
④ 曹丕：《与吴质书》，《昭明文选》卷 42，第 1897 页。
⑤ 苏辙：《栾城集》卷 22《上枢密韩太尉书》，第 477 页。

论的发展,其中弥足珍贵的创发是提出"气可以养而致"的观念,对曹丕"气之清浊有体,不可力强而致"之说作出修正。因此,章学诚认为,在他倡言"文德论"以前,以气论文的"文气论",甚至是传统文论中与"文辞论""文心论"并列的三大主流文论之一。①

文学批评与人物批评的共通性,并非只表现于"气"这个概念上。它体现于以"气"为核心推衍出来的一整套术语系统。在气化宇宙论的观点下,天地万物,一切皆统摄于阴阳之气。此即董仲舒所谓:"天地之气,合而为一,分为阴阳,判为四时,列为五行。"(《春秋繁露·五行相生》)五行列则万物成。人亦在万物之中,"气"固然存乎人。故董仲舒亦曰:"阴阳之气,在上天,亦在人。"(《春秋繁露·如天之为》)因为"气"具有如此统摄性,它表现于个体身上时也具有统贯性,即内在之"心气"必然有特定的"声变"与之相应。在这种统贯性逻辑下,既然文章可以视作内在"心气"的外在表达,文学批评理所当然可以遵循人物批评的逻辑进行,甚至可以与人物批评共享一套评论术语系统。

正因如此,传统文论很多批评术语,都由人物品藻术语移植而来。《世说新语·品藻》载晋简文帝司马昱与孙绰品评人物,孙绰论刘惔（字真长）以"清蔚简令",论王濛（字仲祖）以"温润恬和",论桓温以"高爽迈出",论谢尚（字仁祖）以"清易令达",论阮裕（字思旷）以"弘润通长",论袁乔（小字羊）以"洮洮清便",论殷融（字洪远）以"远有致思"。此中孙氏用以品藻诸人的术语或类似表述,亦往往见于后世文论中。又如前引曹丕论陈琳章表之"健"、王粲辞赋之"体弱"等,均是文学批评与人物批评共享术语系统之显例。

此外,文人论文涉及某种文体概念时,亦往往假借人体概念来作譬喻。如颜之推曰:"文章当以理致为心肾,气调为筋骨,事义为皮肤,华丽为冠冕。"(《颜氏家训·文章》)即分别以人体本有的心肾、筋骨、皮肤比喻文章之理致、气调、事义,而以外饰的冠冕比喻作为文章修饰的华丽。姜夔论诗亦曰:"大凡诗自有气象、体面、血脉、韵度。气象欲其浑厚,其失也俗;体面欲其宏大,其失也狂;血脉欲其贯穿,其失也露;韵度欲其飘逸,其失也轻。"② 于此,姜氏即以人体相关概念——气象、体

---

① 章氏曰:"古人论文,惟论文辞而已矣。刘勰氏出,本陆机氏说而昌论文心;苏辙氏出,本韩愈氏说而昌论文气;可谓愈推而愈精矣。未见有论文德者,学者所宜深省也。"章学诚:《文史通义校注》卷3,第278页。
② 姜夔:《白石诗说》卷1,郑文校点,人民文学出版社1962年版,第28页。

面、血脉、韵度,来譬喻各种文体概念。① 严羽《沧浪诗话》亦曰:"诗之法有五:曰体制,曰格力,曰气象,曰兴趣,曰音节。"陶明濬解释曰:"此盖以诗章与人身体相比拟,一有所阙,则倚魁不全。体制如人之体干,必须佼壮。格力如人之筋骨,必须劲健。气象如人之仪容,必须庄重。兴趣如人之精神,必须活泼。音节如人之言语,必须清朗。五者既备,然后可以为人。亦惟备五者之长,而后可以为诗。近取诸身,远取诸物,而诗道成焉。"② 对严氏借人体以论诗体的比拟,予以独到揭示,明确道出严氏所谓体制、格力、气象、兴趣、音节之于人体之体干、筋骨、仪容、精神、言语之间的譬喻关系。

从评论术语的直接借用与共享,到人体概念与文体概念之间的譬喻,文学批评与人物批评之间,俨然形成一种可供双向观照的镜像关系。"文如其人"的逻辑,便是在这样的批评传统下得以成立。

二 《总目》"文如其人"观念的四重维度

人物品藻盖即乡举里选制度的产物,始见于东汉初年,但其风气转盛则在东汉中期以后。③ 将人物品藻与文学批评相关联,应始于曹丕。④ 然而,"文如其人"的思维逻辑,则可能远早于此。

"文如其人"本质上关乎作者与作品的关系问题。《孟子·万章下》曰:"以友天下之善士为未足,又尚论古之人。颂其诗,读其书,不知其人,可乎?是以论其世也,是尚友也。"这里存在这样的观点:颂读诗书

---

① 体面、血脉明显针对人体而言。"气象"至宋代被视为诗文创作的要法之一,宋人也常用它来评论人物。程颐论学:"凡看文字,非只是要理会语言,要识得圣贤气象。如孔子曰:'盍各言尔志。'而由曰:'愿车马,衣轻裘,与朋友共,敝之而无憾。'颜子曰:'愿无伐善,无施劳。'孔子曰:'老者安之,朋友信之,少者怀之。'观此数句,便见圣贤气象大段不同。若读此不见得圣贤气象,他处也难见。学者须要理会得圣贤气象。"程颢、程颐:《二程集·河南程氏遗书》卷22上《伊川先生语八上》,第284页。于此,程颐即以"圣贤气象"论孔子、颜渊等人,且认为须于其语言文字间识得其"气象"。对于作为传统文论中通行术语的"气象",颜崑阳作过深入论析,参见颜崑阳:《中国古典文学批评术语疏解一〇则》,《六朝文学观念丛论·附录》,台北正中书局1993年版,第355—359页。至于韵度,即指人的风韵气度。《世说新语·任诞》即曰:"阮浑长成,风气韵度似父,亦欲作达。"即以"韵度"论阮浑其人。
② 转引自严羽:《沧浪诗话校笺·诗辩》,张健校笺,上海古籍出版社2012年版,第85—86页。
③ 余英时:《中国知识阶层史论》,第237页;王金凌:《中国文学理论史:上古篇》,第243—247页。
④ 参见王金凌:《中国文学理论史:上古篇》,第246页。

（文），须力求探知其作者（人）。这个观点隐含着一个前提，即承认"文"与"人"之间存在某种一致性。当然，孟子仍未明确承认这种一致性。直至司马迁，"文/人"① 之间的一致性才被进一步感知，并被加以肯定。《史记·孔子世家赞》："余读孔氏书，想见其为人。"又《屈原传赞》："余读《离骚》《天问》《招魂》《哀郢》，悲其志。适长沙，观屈原所自沉渊，未尝不垂涕，想见其为人。"均由其"文"，想见其为人。如此便承认了"文如其人"的逻辑：读者认为他可以透过文字探知书写文字的作者，而且相信这个通过文字阅读感知的作者，与他的实存状态相符应。

但司马迁对"文/人"关系的认识，可能更多是一种直观的阅读感受。"文如其人"作为普遍的阅读观念被提出，并被广泛用于文章解读，据笔者所见，至少当始于北宋，此时密集地出现大量相关论述。欧阳修论薛奎即曰："其于文章，气质纯深而劲正，盖发于其志，故如其为人。"②韩维论范镇亦曰："其为文章，温润简洁，如其为人。"③ 刘安世论刘挚亦曰："公文章雅健清劲，如其为人，辞达而止，不为长语。"④ 苏轼对此更多有论述，如其论苏辙："子由之文实胜仆，而世俗不知，乃以为不如。其为人深不愿人知之，其文如其为人，故汪洋澹泊，有一唱三叹之声，而其秀杰之气，终不可没。"⑤ 其论陶渊明亦曰："吾于渊明，岂独好其诗也哉？如其为人，实有感焉。"⑥ 可见"文如其人"已经成为北宋文人的普遍共识，这可能与当时"文气论"观念的兴盛有关。但这并非本章的重点。本章关注的是，至北宋已成普遍共识的"文如其人"观念，在《总目》是怎么被再认识的，且其中是否有文人批评的线索可供寻绎。

"文如其人"是读者（或批评者）对作者与作品关系的认识。通过对《总目》相关论述分析发现，此观念在《总目》中并非处于单一维度上，而呈现于至少四重不同维度。换言之，作为批评者的《总目》，在四重维度涉及"文/人"观念。第一重维度涉及对象探知：当"文"或"人"

---

① 为行文方便，本章试图以"文/人"来表述作者与作品的关系，与前文为辨析"文人"概念时讨论个人与文章关系程度中提及的"人/文"关系不同。
② 《欧阳修全集》卷43《薛简肃公文集序》，第619页。
③ 韩维：《南阳集》卷30《忠文范公神道碑》，《景印文渊阁四库全书》第1101册，第762页。
④ 刘安世：《刘忠肃集序》，刘挚：《刘忠肃集》卷首，《宋集珍本丛刊》第15册，第723页。
⑤ 苏轼：《苏轼文集》卷49《答张文潜县丞书》，第1427页。
⑥ 苏辙：《栾城集·后集》卷21《子瞻和陶渊明诗集引》，第1402页。

中某一面处于待探知或待验证状态时,"文如其人"会被作为对象探知方法来使用。第二重维度涉及关系探知:当"文"与"人"两面内容基本确定,但相互关系未确定时,"文如其人"的模式便被用来判断"文/人"关系的一致性。第三重维度涉及对象取舍:当"文/人"关系基本确定后,作为审视对象的"文"与"人"均面临批评性取舍,此时它们往往难以"别为一论",而互为彼此的批评考量因素。第四重维度涉及创作实践:尽管《总目》对"文如其人"的可靠性提出了质疑,但在写作实践上,它还是对"文如其人"提出了应然性要求。以下将分别讨论。

(一) 作为对象探知方法的"文如其人"观念

1. 因文知人:读其书而想见其为人

司马迁因孔子、屈原之文而"想见其为人",这是把"人"作为探知对象的"因文知人"观念。它有一个"文如其人"的假设前提,即认为透过作者的文字可以探知作者本人——包括襟抱、道德、情怀、气质等精神存在。此时,"人"处于待探知或待验证的状态。之所以可能涉及待验证状态,是因为批评者在阅读作品前,可能已借助史传对作者有所认知,只是此认知仍是待定,仍需进入作品予以直接验证。

"文如其人"观念的这种运用,在古代相当普遍。除司马迁之论孔子、屈原外,钟嵘论陶渊明亦曰:"文体省静,殆无长语。笃意真古,辞兴婉惬。每观其文,想其人德。"① 亦企图于陶渊明笃意真古、省静婉惬之文中,探知或验证其"人德"。无论司马迁论孔子、屈原,抑或钟嵘论陶渊明,他们都有相关史传可据以了解批评对象的行迹。但在批评者看来,史传记载似乎并不足够——不够直接或不够充分。他们之所以热衷于从作品验证作者为人,似乎认为作品才是观察作者精神与心灵最可靠、最真实的镜子。这样的逻辑在人物品藻中是成立的,刘劭《人物志·八观》即曰:"夫人厚貌深情,将欲求之,必观其辞旨,察其应赞。夫观其辞旨,犹听音之善丑,察其应赞,犹视智之能否也。故观辞察应,足以互相别识。"② 人的情智深不可测,非目力所能及,因此必须借助辞旨、应赞才能识别。所谓辞旨,既可以是口头形式,也可以是文字形式。尤其值得注意的是,刘劭所论人伦鉴识乃就"今人"而言,鉴识者与被鉴识者处于同一时空,对其仪容尚可以直接观察,对其行事亦可有更多的耳闻,然而这些对鉴识者而言仍不足够,他们仍希望从辞

---

① 钟嵘:《诗品集注》,曹旭集注,上海古籍出版社2011年版,第336—337页。
② 李崇智:《人物志校笺》卷中,第161页。

旨与应赞中获得更深入更真切的线索。鉴识"今人"犹且如此，如欲鉴识无法直接观察且事迹逐日散佚的古人，通过辞旨（文）来探知便尤为重要且必要。这便是司马迁与钟嵘在探知孔子、屈原、陶渊明等古人时，之所以重视作品的原因所在。

《总目》所论之"人"也面临同样的问题。"四库"遵循"在世不录"的原则。因此，《总目》对其所著录书籍的作者，均须通过"文"来认识。此"文"可以是史传等关于作者的记载性文字，当然不可缺少作者躬自所作之"文"。在《总目》中，作者自作之"文"，对探知或验证作者为人亦具有重要作用。如其论张九龄即曰："九龄守正嫉邪，以道匡弼，称开元贤相。而文章高雅，亦不在燕、许诸人下。《新唐书·文艺传》载徐坚之言，谓其文'如轻缣素练，实济时用，而窘边幅'。今观其《感遇》诸作，神味超轶，可与陈子昂方驾。文笔宏博典实，有垂绅正笏气象，亦具见大雅之遗。坚局于当时风气，以富艳求之，不足以为定论。"（曲江集/D/别集2/v149，p13b-14a）于此，开元贤相之类事迹即依据史传记载所得的印象。而作者的精神气象——"垂绅正笏气象"，则通过"文笔宏博典实"的阅读感受获致。这种阅读感受正是对"以道匡弼"的贤相形象之验证。此外，提要也通过直接阅读作者作品，对史载时人徐坚关于张九龄"窘边幅"的评语提出反驳，认为"不足以为定论"。《邕州小集提要》验证陶弼为人也呈现同样的逻辑："《宋史》本传详叙其招纳诸蛮之迹，人称其能。……平生不治细故，独以文章自喜，尤号为能诗。……读其书，知非碌碌者。"（D/别集6/v153，p8b）亦通过"读其书"而得出对陶氏"非碌碌者"的印象，从而也验证了得自史传所载"不治细故"的认识。在这些例子中，提要"因文知人"，都承认"文如其人"逻辑的可靠性，通过直接阅读作品而自信可以获得关于作者人品的可靠认识。

唐以后科举以文章选士，无论唐中期之试诗赋，抑或明清试八股文，某种程度上讲都是基于对"因文知人"方法的信赖，才予以定立的制度。宋仁宗朝权同知礼部贡举张方平论贡举即曰："文章之变与政通。今设科选才，专取辞艺，士惟性资之敏，而学问以充之，故道义积于中，英华发于外。然则以文取士，所以叩诸外而质其中之蕴也，言而不度，则何观焉。"[①] 所谓"叩诸外"，所叩即为文章；所谓"其中之蕴"，即应举者"积于中"之"道义"，包括道德、怀抱等。可见，科举

---

① 李焘：《续资治通鉴长编》卷158，中华书局1995年版，第3821页。

试文便是"因文知人"的逻辑。只是这种"知人"方法是否确有成效，则大有讨论的空间。但在以科举制为选拔人才重要手段的传统中国，主流观念对"因文知人"的方法恐怕仍抱持相当高的信任。①

2. 因人品文：强辩式的论文逻辑

阅读经验其实异常复杂，尤其当阅读后还需对作品作出具体评价时。因为此时的阅读，已非单纯的内向性主观感受，而是在内向感受之后，还有外向性的感受表达过程。当感受需外向表达时，批评者往往需为其感受寻找依据。然而，有哪些因素会影响批评者对作品的评价？

这可能涉及审美典范的问题，典范不只因应时空转移，亦因应批评者个人性情而转移，如词之豪放与婉约即为如此。此外，作者文学成就的历史声誉，乃至作者与批评者的亲疏关系等因素，都会左右批评者对作品的评价。在《总目》中，作者的事迹、人品都成为评价作品的重要依据。如其论明人费訚即曰："訚为祭酒，本不惬于公论，其著作抑可知矣。"(临雍录/B/政书 c1/v83，p10b) 则由费氏任祭酒时行迹"不惬于公论"，而径直否定其著作。又余阙有死节之迹，《总目》论其《青阳集》便曰："文章虽阙之余事，而心声所发，识度自殊，亦有足觇其生平者矣。"(D/别集 20/v167，p57a) 所谓"心声所发"即由忠义气节所发之"心声"。"识度"本为人物品鉴词汇，于此亦借以评论余氏文章。提要认为，余氏文章之识度于众人之中之所以卓然自殊，即缘于其忠义气节的自然生发。此亦显然"因人品文"的逻辑，将人品之好坏等同于文品之高下。

但如果严谨地审视《总目》此一逻辑，便不难发现其中强词夺理的成分。这种"有其人必有其文"的逻辑，实则通过独断式的论述暴力强制读者接受其观点。这种强辩式的论文逻辑，在下面几个例子中更为突出。如其论宋人王质："盖质以耿直忤时，厄于权幸。……今观录中诸

---

① 胡俨曾记虞集因余阙文章而鉴识其品格的逸事：其时，危素（字太朴）"以文学征起，声名播于朝野"，门人问虞集："太朴事业当何如？"集曰："太朴入京之后，其辞多夸，事业非所敢知。"继而复曰："必求其人，其余阙乎。"其时余阙名未著，门人质问"何以知之"，集曰："集于阙文字见之。"胡氏叹曰："后阙竟以忠义显。乃知前辈观人，自有定鉴。"胡俨：《虞文靖公知人》，程敏政编：《明文衡》卷 55，《四部丛刊初编》第 2049 册，商务印书馆 1919—1922 年版，第 11b 页。尽管胡俨对虞集之鉴识充满敬仰，但这只是对个人鉴识能力的肯定，而非对"因文知人"鉴识方法的认同。这里至少还有一个问题：危素"以文学征起"也是"因文知人"的结果，但在虞集看来，他却似是"因文知人"鉴识方法的失败经验。因此，这套方法之功效如何，便取决于鉴识者自身鉴识天赋这种不可知的因素。

作，虽惟意所云，往往不甚入格。然人品既高，神思自别。诵其词者，赏之于酸咸之外可矣。"（绍陶录/B/传记1/v57，p11a－b）王质诗词"不甚入格"，是提要作者根据诗学知识及个人审美偏好进行理性分析后而作出的评价。但如此理性分析的结果，便与王质耿直的品行相悖，从而有违作者"文如其人"的逻辑观念。因此，提要作者强行引入王质的人品因素，认为其"人品既高"，其诗亦必定别有"神思"——有别于诗学常识公认的格调，从而要求读者于王氏诗作本不入格的"酸咸"之味外，别寻"神思自别"的高格。但"酸咸之外"的鉴赏依据在哪里呢？这似乎又与"言外之意"犹可于字里行间寻绎跳跃性阅读感受的学术方法不同，[①] 而是几乎完全超离文本，另借蹊径于"人品"鉴赏，进而获致对作品的超越性想象。

刘黻"危言劲气，屡触权奸，当宋室板荡之时，琐尾流离，抱节以死"，《蒙川遗稿提要》论其诗亦曰："其诗亦淳古淡泊，虽限于风会，格律未纯，而人品既高，神思自别，下视方回诸人，如凤凰之翔千仞矣。"（D/别集17/v164，p15a）对刘诗理性分析结果同样是"限于风会，格律未纯"，然而因其"忠义已足不朽"，从而认为其诗作亦当别有"神思"，甚至较之方回诸人亦有"千仞"之高。又如明人黄仲昭居官清介有气节，《总目》论其文亦曰："今观其集，虽尚沿当日平实之格，而人品既高，自无鄙语。颉颃于作者之间，正不以坦易为嫌矣。"（未轩文集/D/别集24/v171，p5a－b）在《总目》的价值体系中，平实与坦易并非文章之高格。然而，如此文品也与黄氏气节清介之人品不符。因此，提要同样强调人品在文章评论中的关键地位，认为"人品既高，自无鄙语"。如此一来，平实也变得自有高格。这种"因人品文"的论文方法，以强辩式、独断式的论述暴力为基础，不经理性分析，也不容分辨，而强制读者接受其逻辑与观点。正是这种不容分辨的暴力论述，彰显了"文如其人"观念在《总目》对"文/人"认识中的重要地位。[②]

[①] 参见第三章第一节之二关于学术方法虚实之辨的讨论。
[②] 这种强辩式的论文逻辑，非《总目》独有，此盖古典文论基于"文如其人"逻辑固有的批评方法。钟嵘《诗品》置陶渊明诗于中品，沈德潜为陶诗辩护，其关键论据实亦人品高洁。其言曰："陶公以名臣之后，际易代之时，欲言难言，时时寄托，不独《咏荆轲》一章也。六朝第一流人物，其诗自能旷世独立。钟记室谓其原出于应璩，目为中品，一言不智，难辞厥咎已。"沈德潜：《说诗晬语》卷上，《续修四库全书》第1701册，第7页。即认为以陶渊明"六朝第一流人物"之人品，其诗自然而然有"旷世独立"之高格，不当只居中品。甚至谴责钟嵘"一言不智，难辞厥咎"。

"因文知人"与"因人品文"分别以"人"和"文"为待确定的对象，而以"文如其人"的逻辑对待定对象进行探知或验证。这是《总目》在对象探知层面对"文如其人"观念的运用。当然，因为文本自身的复杂性，《总目》也存在一些有别于此基本态度的异调。如与"因人品文"的逻辑不同，《追昔游集提要》以李绅此集与《新唐书》本传对照，指出后者记载之误，因而批评其作者"是阅其集而未审"，并论新旧《唐书》曰："后儒以名之轻重为文之是非，必谓《新书》胜《旧书》，似非笃论也。"（D/别集3/v150，p42a）"以名之轻重为文之是非"即"因人品文"的逻辑，提要即批评后儒因《新唐书》作者欧阳修之名，而认为其书必胜于《旧唐书》。提要认为这样的观点"非笃论"，实即否定了"因人品文"的逻辑。但在对象探知维度，这类例子于《总目》似不多见。

（二）"文/人"关系探知的主调与异响

关系探知是"文如其人"观念的核心内容，相较之下，其他几个维度更多是它的延伸或应用。质言之，"文如其人"观念最主要的任务便是描述"文/人"关系的一致性，这种关系的描述是以"文""人"双方内容都已基本确定为前提。

1. 作为传统主流观念的"文如其人"

"文如其人"作为一种关系探知的观念，在古代中国有非常久远的传统，前述北宋诸人的论述，就是"文如其人"观念在此维度上的表现。在宋以前，关于"文/人"关系的类似观念，已经得到深入讨论。扬雄《法言·问神》即曰："言，心声也；书，心画也。声画形，君子小人见矣。"认为语言与文字是人内心世界的直接表达。一旦它们形诸于外，便可以据以分辨发言者或作文者的人品高下——君子抑或小人。换言之，外在表达之语言、文字，与表达者的内在人品对应一致。如此一来，"心"与"言"之间，便形成镜像关系——批评者可以由"言"（文品）中之像，探知或观察成像之"心"（人品）；同样也可以由"心"反向品鉴其"言"。这种"心/言"镜像逻辑，也被广泛地援引到《总目》的批评之中。

与扬雄的概述式论述不同，东晋葛洪以举例描述的方式作了类似论述："丰草不秀瘠土，巨鱼不生小水；格言不吐庸人之口，高文不堕顽夫之笔。"[①] 同样认为表达于外的语言文字，与表达者的才情、品格、社会地位之间具有高度的一致性。至刘勰则更直接从文学理论角度，对此作

---

① 杨明照：《抱朴子外篇校笺》卷15《审举》，中华书局1991年版，第407页。

出系统讨论。《文心雕龙·体性篇》曰："夫情动而言形,理发而文见,盖沿隐以至显,因内而符外者也。然才有庸俊,气有刚柔,学有浅深,习有雅郑,并情性所铄,陶染所凝,是以笔区云谲,文苑波诡者矣。故辞理庸俊,莫能翻其才;风趣刚柔,宁或改其气;事义浅深,未闻乖其学;体式雅郑,鲜有反其习:各师成心,其异如面。若总其归途,则数穷八体:一曰典雅,二曰远奥,三曰精约,四曰显附,五曰繁缛,六曰壮丽,七曰新奇,八曰轻靡。"于此,刘勰论述了"文/人"关系的基本原理:因内符外。其所谓"外"即"言"与"文",这与扬雄、葛洪的论述方式无异。但刘勰对"内"作了更细致的分析。他从才、气、学、习四方面,分析足以影响文章外显表现的内在因素,它们分别决定了文章之辞理、风趣、事义与体式。每个个体,因其才、气、学、习等因素有机建构成的内在世界彼此互异,故其所作文章亦呈现不同体貌。外在文章体貌,与内在文人品格,相互形成镜像关系,故曰"各师成心,其异如面"。因此,刘勰所列"八体",既是文章之体,也是文人之体。

这等于是说:有此襟抱即有此文章,有此"人"即有此"文"。因此刘勰进一步推论:"若夫八体屡迁,功以学成,才力居中,肇自血气;气以实志,志以定言,吐纳英华,莫非情性。是以贾生俊发,故文洁而体清;长卿傲诞,故理侈而辞溢;……触类以推,表里必符,岂非自然之恒资,才气之大略哉!"(《文心雕龙·体性》)据此看,刘勰似已超越王充、刘劭的元气决定论。在王、刘二氏看来,人之未生,元气既定,性命皆有定数,似无改变与调适的余地。因而,文才也似有一成不变的意味。刘勰虽也承认血气的肇始作用,但同时也肯定了"学"的促成作用。换言之,个体可以通过后天努力,改变其作为"人"之体貌,进而改变其文章之体貌。因此他说"吐纳英华,莫非情性",情性可养而成,英华也可以因此而有提升的空间。但内外的提升,亦仍协调一致:有何等情性,仍有何等文章体貌与之相应。刘勰列举贾谊以降一系列文人为例,说明情性(人)与文章体貌的对应关系。因此他结言曰:"表里必符。"这便是对"文如其人"最直截了当的断言。后来苏辙所谓"气可以养而致"实发轫于刘氏,而《总目》在既知"文不如人"的大量实例后,仍在创作论层面强调"文如其人",也基于这样的文论传统。

经前述北宋诸人转相祖述后,至明清,"文如其人"的观点仍被反复强调。明杨维桢即曰:"评诗之品无异人品也,人有面目骨体,有情性神气,诗之丑好高下亦然。"即认为"诗品如人品",诗之丑好高下,与诗人的面目、骨体、情性、神气一一相关。因此，在他看来，诗由《风》《雅》流变至季宋，"面目日鄙，骨骼日庳"，正是由于诗人的体格气象日鄙所致。① 方孝孺也说："昔称文章与政相通，举其概而言耳。要而求之，实与其人类。"方氏随后亦如刘勰那般，胪列了庄周、荀卿、韩非、李斯以降"文如其人"之例证。②

徐祯卿《谈艺录》亦论述人品与诗品的对应关系："诗之词气，虽由政教，然支分条布，略有迳庭。良由人士品殊，艺随迁易。故宗工巨匠，词淳气平；豪贤硕侠，辞雄气武；迁臣孽子，辞厉气促；逸民遗老，辞玄气沉；贤良文学，辞雅气俊；辅臣弼士，辞尊气严；陶童壶女，辞弱气柔；媚夫幸士，辞靡气荡；荒才娇丽，辞淫气伤。"③ 即指出诗艺与文人品格、身份之间的一致性，并从辞气角度，论述不同人品类型与辞气类型之间的一致关系。至清初，沈德潜亦有"有第一等襟抱，第一等学识，斯有第一等真诗"之论，④ 亦当是对刘勰观点的承袭。施闰章亦延续此一传统："诗如其人，不可不慎。浮华者浪子，叫嚣者粗人。窘瘠者浅，痴肥者俗。风云月露，铺张满眼，识者见之，直是一叶空纸耳。故曰君子以言有物。"⑤ 则明显倡言"诗如其人"，且也论述了不同人品与文品之间的对应关系。

与刘勰、方孝孺、徐祯卿由人品推论文品的进路不同，施闰章乃由文品逆推人品，如浮华之文必见浪子之品，叫嚣之文必见粗人之格等。两条进路互相印证，事实上也暗示了"文如其人"隐含着的循环论证问题。诸如此类论述，都说明"文如其人"观念是《总目》成书之前传统文论的主流观点。

2. 独断式辨伪法："文/人"关系探知中"文如其人"观念的主导性

因为有根深蒂固的观念传统，"文如其人"观念在《总目》"文/人"关系探知中，便占据了主要位置，各提要在在可见类似表述。此中值得注意的是，《总目》往往将"文如其人"观念转变为一种辨伪方法，运用到书籍辨伪之中。此一现象，《总目》对陶渊明《圣贤群辅录》的辨伪便堪称典型。

《圣贤群辅录提要》曰：

---

① 杨维桢：《东维子文集》卷7《赵氏诗录序》，《四部丛刊初编》第1495册，第1b页。
② 方孝孺：《逊志斋集》卷12《张彦辉文集序》，第401—402页。
③ 徐祯卿：《谈艺录》，何文焕辑：《历代诗话》，第768页。
④ 沈德潜：《说诗晬语》卷上，《续修四库全书》第1701册，第1页。
⑤ 施闰章：《蠖斋诗话》卷1，《四库全书存目丛书》集部第420册，第497页。

第四章　曲笔书写：《总目》对文人精神典范的重构

一名"四八目"，旧附载陶潜集中。唐宋以来相沿引用，承讹踵谬，莫悟其非。迩以编录遗书，始蒙睿鉴高深，断为伪托。臣等仰承圣训，详悉推求，乃知今本潜集为北齐仆射阳休之编。休之《序录》称："其集先有两本，一本六卷，排比颠乱，兼复阙少；萧统所撰八卷，又少《五孝传》及《四八目》。今录统所阙并序目等合为十卷。"是《五孝传》及《四八目》实休之所增，萧统旧本无是也。统序称："深爱其文，故加搜校。"则八卷以外不应更有佚篇，其为晚出伪书，已无疑义。且集中《与子俨等疏》称子夏为孔子四友，而此录四友乃为颜回、子贡、子路、子张。又《五孝传》引"孝乎惟孝，友于兄弟"之文，句读尚从包咸注，知未见《古文尚书》。而此录"四岳"一条，乃引孔安国传，其出两手，尤自显然。至书以"圣贤群辅"为名，而鲁三桓、郑七穆、晋六卿、魏四友以及仕莽之唐林、唐遵，叛晋之王敦，并列简编，名实相迕，理乖风教，亦决非潜之所为。……潜之受诬，已逾千载，今逢右文圣世，得以辨别而表章之，使白璧无瑕，流光奕叶，是亦潜之至幸矣。（C/类书 c1/v137，p1a-2a）

又《陶渊明集提要》曰：

案北齐阳休之序录，潜集行世凡三本：一本八卷，无序；一本六卷，有序目，而编比颠乱，兼复阙少；一本为萧统所撰，亦八卷，而少《五孝传》及《四八目》。《四八目》即《圣贤群辅录》也。休之参合三本，定为十卷，已非昭明之旧。又宋庠《私记》称隋《经籍志》潜集九卷，又云梁有五卷，录一卷。《唐志》作五卷。庠时所行，一为萧统八卷本，以文列诗前；一为阳休之十卷本。其他又数十本，终不知何者为是。晚乃得江左旧本，次第最为伦贯。今世所行，即庠称江左本也。然昭明太子去潜世近，已不见《五孝传》《四八目》，不以入集，阳休之何由续得？且《五孝传》及《四八目》所引《尚书》自相矛盾，决不出于一手，当必依托之文，休之误信而增之。……今《四八目》已经睿鉴指示，灼知其赝，别著录于子部"类书"而详辨之。其《五孝传》文义庸浅，决非潜作。既与《四八目》一时同出，其赝亦不待言，今并删除。（D/别集 1/v148，p32a-33b）

关于《圣贤群辅录》（即《四八目》）与《五孝传》之真伪，学界已有很多争辩。① 我们不想介入真伪争辩之中，而是希望通过分析《总目》的辨伪逻辑，观察"文如其人"观念在其辨伪过程中的作用。《总目》认为二篇是北齐阳休之妄增，萧统八卷本陶集无此二篇为得实。综合两篇提要，《总目》判定二者为伪的依据可归纳为五点：第一，时间上，萧统更接近陶渊明，因此萧统旧本比晚出的阳休之本更可靠；第二，二篇引《尚书》之文互异，而关于"孔子四友"之说又与陶集其他篇章不同，因而断为"决不出于一手"；第三，将鲁三桓等叛逆之人列为"圣贤群辅"，"名实相迕，理乖风教"，因而判定"决非潜之所为"；第四，《五孝传》文义庸浅，决非陶潜所作；第五，清高宗之"睿鉴高深，断为伪托"。

清高宗认为《圣贤群辅录》非陶渊明作，曾谕令馆臣驳正。② 因此，第五点"睿鉴高深，断为伪托"，才是《总目》千方百计对二篇展开辨伪的直接原因。可以说，这是一个政治任务，而非纯粹的学术行为。前面四点，只是馆臣为完成此政治任务，而罗织的所谓证据。先检讨第一点的时间问题。阳休之《陶集序录》曰："余览陶潜之文，辞采虽未优，而往往有奇绝异语，放逸之致，栖托仍高。其集先有两本行于世：一本八卷，无序；一本六卷，并序目，编比颠乱，兼复阙少。萧统所撰八卷，合序目传诔，而少《五孝传》及《四八目》，然编录有体，次第可寻。余颇赏潜文，以为三本不同，恐终致忘（亡）失。今录统所阙，并序目等合为一秩（帙）十卷，以遗好事君子。"③ 阳氏既曰"先有两本"（无序本与六卷本），再列萧统八卷本，可知在萧本之前，已有无序本与六卷本行于世。④ 因此，

---

① 大体而言，陶澍、梁启超、王瑶、逯钦立、郭绍虞等人均认同《总目》之说，以二者为伪；方宗诚、潘重规、杨勇、袁行霈等人则认为非伪。参见吴中明：《西晋"八达"之游所见名僧与名士之交往——兼论中古佛教〈放光经〉的译传及影响》，《社会科学研究》2010 年第 4 期，第 152 页。龚斌虽于《陶渊明集校笺》遵从《总目》及陶澍之说，判定《五孝传》与《四八目》为伪，但后来似别有新见，而另作文力驳《总目》之误，否定二者为伪。分见陶潜：《陶渊明集校笺》，龚斌校笺，上海古籍出版社 1999 年版，例言，第 1 页；龚斌：《陶集〈五孝传〉〈四八目〉真伪考辨》，《苏州教育学院学报》第 34 卷第 1 期（2017 年 2 月），第 47—52 页。
② 《汇辑四库全书联句》有"陶今心何群辅蓁"句，注曰："以上《圣贤群辅录》，必非陶潜所著，谕令驳正。"《清高宗御制诗集·四集》卷 17，《景印文渊阁四库全书》第 1307 册，第 541 页。
③ 陶潜：《笺注陶渊明集》，汤汉等笺注，《续修四库全书》第 1304 册，跋，第 236 页。
④ 《圣贤群辅录提要》引阳休之《序录》时，保留"先有两本"字样，但略去无序八卷本，使人误以为所谓"先有两本"即六卷本与萧本。《陶渊明集提要》引《序录》虽悉存三本，但却抹掉可以预示先后次序的"先有两本"，而合言"三本"。两篇提要各有偏阙，便共同营造萧本早出得实、阳本晚出无据的假象。

阳氏称萧本"少《五孝传》及《四八目》",实即与这两个更早版本相互比勘的结果。换言之,二篇当存于这两个版本之中。因此,阳氏之所以增入二篇,实以"去潜更近"的无序本与六卷本为版本依据。纵使以"去潜世近"为考辨逻辑,阳本亦不为无据。《总目》遽断言萧本"去潜世近",而阳本为"晚出伪书",便有疏于推断之嫌。

第二点认为二篇引文互异。从逻辑上讲,首先,引文互异不必然意味着"不出一手",也有可能是"一手两时之作";其次,《圣贤群辅录》所称孔子四友异于《与子俨等疏》,如果其中必有一伪,那么也有可能是后者,不必然是前者。① 可以说,以这两点作为辨伪证据实在难以令人信服。

或许自觉前述两点证据之牵强与欠足,《总目》又举出第三、四两点论据予以补充,即通过二篇的"理乖风教"与"文义庸浅",判定它决非陶渊明所作。这可能便是极重政治教化的清高宗断其为伪的根本原因,而其基本逻辑便是"文如其人"。《总目》便将这种观念运用到辨伪中,通过分析文章所蕴含的"作者影像",以与文章所标示之作者历来被公认的"作者形象"进行比较,以实现考辨文章真伪的目的。这种辨伪法实际上即假定了这样的前提:文章与作者之间的一致性是可靠的,读者可以通过阅读文章了解其作者。在陶集的案例中,《总目》便通过阅读《圣贤群辅录》与《五孝传》,认为其真实作者的"影像"与陶渊明的形象不一致,因此判定其为伪作。

当"文如其人"观念被当作辨伪法使用时,其所隐含的循环论证问题便被彰显出来。如前所论,作者形象是通过文章阅读获致的。这里所谓文章,即包括史传记载与作者所自作。在"文/人"对象探知中,作者自作文章对于探知作者形象至关重要。但在"文如其人"辨伪法中,这种"因文知人"的认知逻辑又被扭转过来,而以"以人证文"的进路来考辨文章真伪。如此一来,原本待定的作者形象(人),便成为验证"文"之真伪的凭证。即使"文如其人"确实成立,也只有确定的作者形象,才可以成为考辨文章真伪的凭证;其本身即须被验证的待定的作者形象,不具备成为凭证的条件。但事实上,这个被当作验证"文"真伪之凭证的"人",却又是由"文"来探知与验证。而且,在辨伪的思维下,文章本身的真实性既已成问题,那么由成疑之文章所获致的作者形象,也难免存

---

① 龚斌则从原文理解与异文,以及当时人引文情况等角度来反驳《总目》的推论。参见龚斌:《陶集〈五孝传〉〈四八目〉真伪考辨》,第50页。

在疑问而无法确定，从而也无法为"文如其人"辨伪法提供可作为凭证的确定的作者形象。进而文章真伪之判断本身，也无据可依。因此，"文如其人"作为辨伪方法，本身便是一个循环论证的伪逻辑。

这是一个无法解脱的循环链：一方面，认识作者形象（文人），须求助于其文章；另一方面，考辨文章真伪，又要依据文人品格。文章可以建构文人形象，文人形象又可以解构文章。从而，无论文章真伪还是文人形象，事实上都只是暂时的假定，因而只能待定。这事实上便是一个需要不断求证、不断否定、不断重新认识的开放的辩证过程。文章真伪与文人形象，任何一面被确定、被封闭，都会使开放辩证的进程中断，辩证因而将变成独断。《总目》"文如其人"辨伪法，便是独断性地将原本假定的作者形象确定化，即认为有一个普遍被认可的、固定不变的作者形象，并以它为凭证来验证"文"中的"作者影像"是否与之相符，从而对"文"之真伪作出判断。

辨伪讲求客观证据，独断则但凭心证，而藐视外在的证据。只有当"文如其人"成为一种理所当然的、不证自明的观念时，它才可能被当作辨伪法来使用。唯有如此，使用者方能用之而不觉其主观臆断。《总目》以独断式的"文如其人"来辨伪，于陶集而言虽有明显的政治因素，但事实上，这种辨伪法在《总目》中被大量运用，非止陶集一例。其论孔融《孔北海集》即曰："人既国器，文亦鸿宝。虽缺佚之余，弥可珍也。其六言诗之名，见于本传，今所传三章，词多凡近，又皆盛称曹操功德，断以融之生平，可信其义不出此。即使旧本有之，亦必黄初间购求遗文，赝托融作以重曹操，未可定为真本也。流传既久，姑仍旧本录之，而附纠其伪于此。"（D/别集1/v148，p27b）便将"人既国器"的孔融，理所当然地确定为纯忠纯义的形象，而忠义之士不可能讴歌叛逆之贼如曹操者，因此判定孔集中盛称曹操功德之六言诗为赝托，甚至连本传的记载也不予信从。

又如明代周是修于靖难之变有死节之迹，《总目》论其《纲常懿范》即曰："案是修授命成仁，争光日月。作此书以培植纲常，行不愧言，尤足以风动百世，自宜录之以传久远。然核其所述，大抵荒陋舛鄙，类村塾野老稍知字义者所为，殊不似是修之笔。殆原书久佚，而其后人赝补之。"（C/杂家c8/v131，p14a-b）这里便根据此书"荒陋舛鄙"之文，想象出"村塾野老"的"作者影像"，而此影像与周是修"授命成仁"的形象不符，因而认定此书为后人赝补。但"授命成仁"作为周是修之形象，乃被后世所认定；且此一认定，正是明遗民所批评的"以一节概生平"

第四章 曲笔书写：《总目》对文人精神典范的重构

式的认定方式，① 死节只是周是修漫漫人生路上诸多行迹之一，实不足以概括其一生。但《总目》便如此认定，甚至将它固定为周是修的全部形象，且认为其人能"授命成仁"，其文笔必定渊博精深，而不可能"荒陋弇鄙"。②

这种辨伪方法将"文如其人"所预示的"文／人"关系一致性，假定为理所当然的前提，从而由"人"的固定形象推知"文"之真伪。在这些提要中，因为无"谕令驳正"的政治任务，人品成为足以证明文章真伪的独立自足的充分证据，而无须如《圣贤群辅录提要》与《陶渊明集提要》那样辗转援引诸多无力证据。

事实上，以"文如其人"为辨伪法亦非《总目》所独创，而是在"文如其人"观念传统下，传统文人的习惯思维方式。历史是一个被不断诠释的客体，古代文人作为历史的构成，也同样接受着后世文人的不断诠释。不同的诠释意味着不同的文人形象。当文人形象因诠释之不同而发生改变时，他名下所能映射特定"作者影像"的著作，便要接受后世文人的重新审视。如此一来，辨伪便无尽无休。这样的事件，在文学史上时有发生。欧阳修即为此中一例，后世文人即致力于考辨其名下艳词为他人依托。如南宋曾慥辑《乐府雅词》即曰："欧公一代儒宗，风流自命，词章幼（窈）眇，世所矜式，当时小人或作艳曲，谬为公词，今悉删除。"③朱彝尊《词综》论欧阳修亦引罗泌云："公尝致意于《诗》，为之《本义》，温柔宽厚，所得深矣。今词之浅近者，前辈多谓是刘煇伪作。"④ 尽管传闻对于作伪者与所伪词都已基本确定，⑤ 但曾、罗二氏依然愿意从欧

---

① 黄宗羲曾曰："世人多以一节概人生平，人亦多以一节自恃。"黄宗羲：《孟子师说》卷4，《黄宗羲全集》第1册，第116页。
② 先入为主的"文如其人"观念，甚至可能干预了馆臣对此书实际作者的判断。提要称："是编前有自序，称因闲居，感其母彭氏教以忠孝大端，因采辑前言往行。"似以慈母教诲仅为采辑缘起，而采辑则全出是修所为。然周序原曰："《纲常懿范》者，庐陵周德当闲居之日，感先母幼日教以忠孝而述也。"又曰："遂于暇日承先亲之遗训，旁加搜葺。"则其所辑，似述其母于其幼时"夜必教以修身勤学之要，然后举所记忠孝故事一端，本末详明，丁宁笃诲"（《纲常懿范》，《四库全书存目丛书》子部第121册，叙，第362—363页）。如此，即使周是修确有渊博精深之才，当其述慈母幼教，亦未尝不可"荒陋弇鄙"。
③ 曾慥：《乐府雅词》卷首，《丛书集成新编》第80册，第441页。
④ 朱彝尊：《词综》卷4，《四部备要》第97册，第30页。
⑤ 清代沈雄《古今词话》引宋代蔡绦《西清诗话》："欧阳词之浅近者，谓是刘煇伪作。"又引《名臣录》曰："［欧阳修］后知贡举，为下第刘煇等所忌，以《醉蓬莱》《望江南》诬之。"沈雄：《古今词话·词评》卷上，唐圭璋编：《词话丛编》，中华书局1986年版，第976页。

阳修作为"儒宗"的品格来寻找辨伪的依据。①

欧词辨伪，是在"文如其人"的辨伪逻辑下，将原本载于欧公名下的作品考证为伪，使之脱离欧集；杜诗辑佚，将原本不在杜甫名下的作品辑入杜集，其所依据的依然是"文如其人"的考辨逻辑。苏舜钦感叹杜诗"坠逸过半"，便广为搜集，曾曰："景祐侨居长安，于王纬主簿处又获一集。三本相从，复择得八十余首，皆豪迈哀顿，非昔之攻诗者所能依倚，以知一出于斯人之胸中。"②王安石《老杜诗后集序》亦曰："予之令鄞，客有授予古之诗世所不传者二百余篇。观之，予知非人之所能为，而为之实甫者，其文与意之著也。"③苏、王二氏判断其所辑佚诗为杜甫所作，仍是依从后来沈德潜所谓"有第一等襟抱，斯有第一等真诗"的"文如其人"逻辑。④

但事实上，无论是杜甫还是欧阳修，他们的创作生命都历时长久，他们的作品样态也具多样化，而非单一的、标签化的。因此，清人陈廷焯即认为，欧阳修"香艳之作，大率皆年少时笔墨，亦非尽后人伪作"。⑤《总目》亦直言杜诗"林热鸟张口，水浑鱼掉头"之类拙句，"使非刊在本集，谁信为甫作哉"？从而感叹："古人操觚，亦时有利钝。"（昌谷集/D/别集3/v150，p35b）因此，无论一代儒宗诸于欧阳修，抑或豪迈哀顿诸于杜甫，都是对二人形象的简化与压缩。如果以这种被后世重新诠释的作者形象逆推其作品之真伪，其可靠性必然成疑。但无可否认，这便是古人的思维模式，也是"文如其人"观念对古人而言为理所当然与不证自明的表现。

3. "文不如人"：《总目》对"文/人"别为一论的正视

对于"文如其人"主流观念，历史上并非没有质疑的声音。元好问《论诗三十首》之六即曰："心画心声总失真，文章宁复见为人。高情千古《闲居赋》，争信安仁拜路尘。"⑥实即质疑了扬雄"声画形，君子

---

① 魏玮对此有深入讨论，参见魏玮：《北宋仁宗词坛研究》，知识产权出版社2016年版，第70—73页。
② 苏舜钦：《苏舜钦集》卷13《题杜子美别集后》，沈文倬校点，上海古籍出版社1981年版，第171—172页。
③ 王安石：《临川先生文集》卷84，《宋集珍本丛刊》第13册，第697页。
④ 龚鹏程认为，宋人对杜诗的辑佚与推重，事实上是对宋诗典范的形塑。参见龚鹏程：《中国文学史》下册，第29—35页。这种形塑更多由宋代文人的主观审美所决定，客观的、外在的证据并非其所倚重。
⑤ 陈廷焯：《词坛丛话》，唐圭璋编：《词话丛编》，第3721页。
⑥ 元好问：《元好问诗编年校注》卷1，狄宝心校注，中华书局2011年版，第51页。

"小人见"的观点,并举潘岳为例,以其既能作"高情千古"的《闲居赋》,却又有谄事权贵的行迹,① 从而断言:心画心声往往不免失真,文章也无法呈现作者之真实为人。事实上,早在钟嵘即已意识到"文/人"相悖的问题。其《诗品》曰:"苏[宝生]、陵[修之]、任[昙绪]、戴[法兴],并著篇章,亦为缙绅之所嗟咏。人非文是,愈有可嘉焉。"② 所谓"人非文是",即是"文/人"关系不一致的"文不如人"观点。

类似异调,也可见于《总目》。尽管作为主调的"文如其人"有着极为强势的表现,然而部分提要仍然正视了"文不如人"的现象。如《清献集提要》论赵抃即指出:"其劾陈执中、王拱辰疏,皆七八上,可以知其伉直,而宋庠、范镇亦皆见之弹章。古所称群而不党,抃庶几焉。其诗谐婉多姿,乃不类其为人。"(D/别集5/v152,p47b)提要注意到赵抃伉直的品格,与其诗作"谐婉多姿"的风格乃不相类似。这属于刚直人品与柔婉诗品之不相协调。又如王安石《临川集》,提要颇能正视"其波澜法度,实足自传不朽"。然而,王安石主持变法,"以财利兵革为先务,引用凶邪,排摈忠直",以致"流毒四海",故又屡见斥于包括馆臣在内的后世文人。文品与人品于是乎歧趋。朱熹论王氏《寄蔡氏女》即曰:"其言平淡简远,翛然有出尘之趣,视其平生行事心术,略无毫发肖似,此夫子所以有'于予改是'之叹也欤?"③ 宰予昼寝。孔子斥曰:"朽木不可雕也,粪土之墙不可朽也,于予与何诛?"又曰:"始吾于人也,听其言而信其行。今吾于人也,听其言而观其行。于予与改是。"(《论语·公冶长》)前此,孔子以为言语可以直接反映说话者的品行,故"听其言而信其行";但经过对宰予的观察,他对"言/行"之间的一致性产生怀疑,故"听其言而观其行"。朱子借以论王安石,即揭示其文章法度与行事心术"略无毫发肖似"的情况。提要引朱子所论,并以为"斯诚千古之定评矣"(D/别集6/v153,p43b-44a)。诸如此类,亦为不少。如论晏殊"殊赋性刚峻,而词语特婉丽"(珠玉词/D/词曲1/v198,p2a),论王珪"人品事业皆无可取,然其文章则博赡瑰丽,自成一家"(华阳集/D/别集5/v152,p43b),等等,均注意到

---

① 《晋书·潘岳传》载:"岳性轻躁,趋世利,与石崇等谄事贾谧,每候其出,与崇辄望尘而拜。"
② 钟嵘:《诗品集注》,第547页。
③ 朱熹:《楚辞集注·楚辞后语》卷6,《朱子全书》第19册,第304页。

"文/人"之间的不一致。① 如此看来，部分提要似乎意识到"文/人"关系的复杂性。

"文/人"关系的复杂性，首先由文人的复杂性决定。《徐正字诗赋提要》论徐寅即指出他曾献赋于篡夺唐祚的朱全忠，后因忤逆朱全忠，才遁迹山林，② 于是乃与忠节名士司空图、罗隐等遥相唱和，"有如臭味"，诗作亦"更似一饭不忘唐者"。对比此前献媚朱全忠之迹，提要便断言徐氏"非真有惓惓故主之思"，进而指出："盖文士之言，不足尽据，论世者所以贵考其实也。"（D/别集4/v151，p39b－40a）提要于此便注意到文人生平行迹历时性变化的复杂性，而不对徐氏形象作扁平式的标签化解读。

除文人生平有历时性变化外，《昌谷集提要》也注意到文人写作状态的复杂性。宋人吴正子论李贺《昌谷集》，以为其《外集》"多是后人模仿之为，词意往往儇浅，真长吉笔者无几"。③ 提要便不以为然，指出《正集》部分作品亦"句格鄙率，亦不类贺作"，并曰："古人操觚，亦时有利钝。如杜甫诗之'林热鸟张口，水浑鱼掉头'，使非刊在本集，谁信为甫作哉！疑以传疑可矣。"（D/别集3/v150，p35b）吴正子的判断，不见有确实的版本依据，实际上亦基于"文如其人"的辨伪方法，认为李贺诗歌造诣高深，不可能有儇浅之词，从而断定儇浅之词为后人仿作。提要却认为，文人作文，笔力时有利钝，不可一概而论，因而不可凭借读者对词意深浅的主观直觉而断定文章之真伪。如此一来，"以人证文"的辨伪进路便不再可取。

此外，《浮溪集提要》更明确区判人品与文品，认为不应将二者混为一谈。汪藻（号浮溪）文章，于两宋间"以大手笔狥（徇）天下"，④ 南宋孙觌以其"深醇雅健，追配前作"，"所谓常［衮］、杨［炎］、燕［张

---

① "文/人"关系不一致的状况，周积明称为人品与文品的分裂性，并就《总目》的表现归纳出两种类型，其一即"德性人品与文品相分裂"，其二即"作家的性格气质与作品风格迥然相异"。周积明：《文化视野下的〈四库全书总目〉》，第213—215页。
② 《东坡志林》载："徐寅，唐末号能赋。谒朱全忠，误犯其讳。全忠色变，寅狼狈走出。……寅欲遁去，恐不得脱，乃作《过太原赋》以献。"苏轼：《东坡志林》卷7，《笔记小说大观》第22编第2册，第911页。
③ 王琦：《李长吉歌诗王琦汇解·外集》，王琦等评注：《三家评注李长吉歌诗》，中华书局1960年版，第172页。
④ 孙觌：《南兰陵孙尚书大全文集》卷59《宋故显谟阁学士左太中大夫汪公墓志铭》，《宋集珍本丛刊》第35册，第698页。

说]、许［苏颂］诸人皆莫及也"。① 元吴澄对他亦推崇备至："多难之秋，德音所被，闻者悽愤，何其感人之深哉。盖其制作为〔得〕体，不但言语之工而已。"② 至其行事，则颇遗诟于世。汪藻因不见用于李纲，故方李纲罢相被谪，藻草拟罢相制词，乃比之驩兜、少正卯，从而为清议所讥。③ 黄震即已感知汪藻文品与人品之不一："浮溪之文，明彻高爽，欧苏之后邈焉寡俦，……至其行责词，则痛底李纲；草麻制，则力褒秦桧。"④ 但黄氏只是泛泛然以为"词章陋习"。至《总目》则明确指出："是又名节心术之事，与文章之工拙别为一论者矣。"（D/别集9/v156, p14a-b）认为名节心术之类人品的问题，与文章工拙并无直接关联，理应"别为一论"，而不宜相互牵涉。

由此可见，部分提要已对传统文化中近乎理所当然的"文如其人"观念，予以一定程度的反思。然而，我们仍无法否认：无论反思抑或质疑，事实上仍未完全摆脱"文如其人"的论述框架。假使论者确实以为文品与人品"别为一论"，那么径直分别讨论即可，就文论文，或就人论人。然而，这些提要却仍屡屡因人及文，或因文及人，并时刻着意于检验"文/人"关系的一致性。由此观之，即使在"文不如人"的诸多例证中，"文如其人"的笼罩性也并未因为信任危机的出现而完全消失。它只是由理所当然的观念，转变为有待验证的观念。这种待验证性意味着"文如其人"观念隐藏着更深层的意义，那便是下文将论及的创作论层面的论述性意义。

（三）"文/人"对象取舍的歧趋与无法绕道的"人论"

本节所谓"取舍"是相对宽泛的概念，包括但不止于行为层面，而更涉及批评性层面的认可与否定。"四库"之纂修，涉及对历代典籍（作品）的著录、存目甚至焚毁。这本身便是行为层面的取舍，但它们同时也具有批评性意味。对于典籍之作者（文人），《总目》虽无法采取实质性的取舍行为，却仍可施以批评性的取舍。因此，在"文/人"关系论域下，《总目》的取舍对象兼涉"文"与"人"。《总目》进行"文/人"取舍时，如"文/人"关系一致（文如其人），其取舍方式显而易见："文是

---

① 《南兰陵孙尚书大全文集》卷33《浮溪集序》，第524页。
② 吴澄：《吴文正集》卷59《题汪龙溪行词手稿后》，《景印文渊阁四库全书》第1197册，第585页。
③ 参见杨万里：《诚斋诗话》，丁福保辑：《历代诗话续编》，中华书局1983年版，第155页。
④ 黄震：《黄氏日抄》卷66，《全宋笔记》第10编第10册，第397页。

人是"则皆取,"文非人非"则皆舍。问题在于:当"文/人"关系不一致(文不如人)时,"文/人"当如何取舍?《浮溪集提要》声称"名节心术"(人品)与"文章工拙"(文品)"别为一论"。然而,对于"文不如人"的情况,《总目》确实能做到"别为一论"吗?这便涉及"文/人"对象取舍的一致性问题。由此,也可以看出《总目》"文如其人"观念的某些面向。

1. "言以人重"与"因人废言":对象取舍中的"文/人"一致

《浮溪集提要》所谓"文/人""别为一论",意味着"文/人"取舍的不一致。换言之,如"文非人是"则取人舍文,"人非文是"则取文舍人。然而,在"文如其人"观念的笼罩下,《总目》于"文/人"取舍之间,实难以"别为一论";对于彼此并不一致的"文/人"关系,在对象取舍中往往仍保持一致性,即"文/人"同取或同舍,"文非人是"便声称"言以人重","人非文是"便声称"因人废言"。

"文非人是"便是"文/人"关系不一致:文人人品可嘉,但文章不符合批评者的价值标准。对于"文非人是"者,《总目》往往以"言以人重"为说辞,因文人人品之可取而推重并著录其文章,从而保持"文/人"取舍一致。如当文天祥被执北上时,王炎午为文生祭之,"励以必死",为世所称;入元后,又终身不仕,并因其所居汶源里,名其集为"吾汶稿","以示不仕异代之义"。如此忠义之行,契合《总目》所标榜的忠节观念,故提要对其人品给予极高评价,以为"大节不亏"。然而,其文章却不甚著名;且其集晚出,或有后人窜入者,故"珠砾混杂"。就文章而论,这本在《总目》存目(舍)之列。然而,提要却转而曰:"然要当以人重,不当仅求之词藻间。"(吾汶稿/D/别集18/v165,p39b-40a)从而因其人品可取,而兼取其文章。

又如明末申佳胤"甲申殉流寇之难",《总目》以其为人"气节亦震耀千古",然而其文章却不尽协于人品。《申忠愍诗集提要》论其诗曰:"大抵直抒胸臆,如其为人。但体格尚未成就,且不免浸淫明末纤仄之习。然凛然刚正之气,足使后人起敬,不敢复以诗格绳之。言以人重,乌可没也?"(D/别集25/v172,p70a-71a)即虽坦承其诗格不济,但亦认为不应以诗格高卑来准绳忠义之士,从而不因申氏诗体纤仄而予以贬抑,反而"言以人重",因其人品而推重其诗。又如徐溥集中颇多应俗之文,且"结体亦嫌平衍"。然而其为官"协心辅治""多所匡正",在内阁时更"行政不必出于己,惟其是;用人不必出于己,惟其贤,时称休休有大臣之度"。因此《总目》认为:"是文章不如器量,当时已有公评。然有德

第四章 曲笔书写：《总目》对文人精神典范的重构　269

之言，终与涂饰字句者异，是又不能不以其器量重其文章矣。"（谦斋文录/D/别集23/v170，p45b-46b）也认为尽管徐氏文章不如其为人之器量，然而亦要因其人之可取而推重其文章。

"文非人是"是"文/人"关系的不一致。但"言以人重"又在对象取舍上，使"文/人"取舍回归一致步调，即因人品之可取而兼取其文章。这里隐含一个迂回的目的：因人品可取而兼取文章，故著录其文章以传世；但文章传世并非最终目的，其终极目的仍在于推重其人，从而表彰人品。也即是说：因人重文，重文即所以存人。此即《三余集提要》"存其文，并以存其人焉"（D/别集9/v156，p36b-37a）的逻辑，"重文"只是"存人"的假借手段。

既要"存人"，便要存纯正无瑕疵之人。因此，上引诸提要对其欲存者之人品，便不免千般辩护。申佳胤诗格如果确实"浸淫明末纤仄之习"，便不协于其"凛然刚正之气"，这已是"文不如人"。然而提要却以"直抒胸臆，如其为人"论之，已有曲为袒护之嫌。至于申集旧本首载王铎序，铎乃降清贰臣，据《总目》的总体观点，乃大节已亏。① 贰臣文字岂可弁冠忠义文章？《申忠愍诗集提要》便义愤填膺曰："铎何如人，乃操笔弁冕佳允（胤）诗！今特削之，俾无为佳允（胤）辱焉。"其袒护之意更为彰显。

《吾汶稿提要》对王炎午之袒护，恐怕更甚。炎午文辞不佳，文集"珠砾混杂"，提要以"或后人有所窜入"此类子虚乌有的理由为其辩护，已涉嫌袒护。王士禛以"里社饼肆中庆吊卷轴之语"贬斥王炎午的文辞，提要固然可以用"文以人重"为其申辩。至于渔洋"摭其干姚参政、贯学士书"，提要乃批驳曰："并其人而丑诋之，则未免责备太甚矣。"便显有袒护之意。姚、贯即指姚燧与贯云石，均为入元达官。王炎午《吾汶稿》上姚、贯书凡三篇，且以之压卷。其《上贯学士书》有言："仆窃观物理奇遇，未有若柯椽之笛、盐车之骥、爨下之桐之不偶然者。然柯椽不笛，不失为竹；盐车不骥，不失为马；独爨下之桐，顷刻之命耳。使中郎不审音律，审音律而不相邂逅，邂逅而不闻其烈烈告急，闻其烈烈告急而或不及救，救而不善斫，则焦尾之音世莫闻矣。"② 同样的文字，复见于《拟再上参政姚公》。爨下之桐、焦尾之音用《后汉书·蔡邕传》典故：

---

① 事见清国史馆编：《贰臣传》卷8，第517—522页。
② 王炎午：《吾汶稿》卷1，《四部丛刊三编》第441册，商务印书馆1935—1936年版，第2b—3a页。

"吴人有烧桐以爨者，邕闻火烈之声，知其良木，因请而裁为琴，果有美音，而其尾犹焦，故时人名曰'焦尾琴'焉。"王炎午上书姚、贯而自比焦尾琴，其干谒之迹不为不显著，王渔洋责其"自比于爨下之焦尾，若唯恐其不已知者"，① 亦为不诬。

以"不仕异代"自期的王炎午，却干谒新朝权贵，其忠节行迹亦不能无疑，而提要欲假借其人品以推重忠节品格的企图，亦岌岌然无所凭据。《总目》曾指斥杨公远"入元以后，干谒当路，颂扬德政之诗，不一而足，其未出仕，当由梯进无媒"（野趣有声画/D/别集 19/v166, p18b）。以彼观此，王炎午也难免"梯进无媒"之嫌。然而，《吾汶稿提要》不以为然，既不驳称王炎午诸书非干谒，也不考辨干谒诸书为伪，只是粗率地批驳渔洋"未免责备太甚"。如此一来，便相当于默认王炎午的干谒行迹，只是认为不当过度责备。对于杨公远，《总目》采取了"探其本志"的"诛心笔法"；而对于干谒行迹不亚于杨氏的王炎午，王渔洋亦只是揭其行迹，便不可谓"责备太甚"。这便透显提要极力袒护王炎午的忠节形象，进而达到表彰忠节品格的目的。

《总目》"言以人重"论述对"文非人是"者的人品百般维护，这对"人非文是"之作者有规诫意义。"人非文是"也是"文/人"关系的不一致：文人人品不足取，但文辞造诣符合批评者的价值标准。对于"人非文是"者之取舍，《总目》之中颇见歧异，其中相当部分观点仍保持"文/人"取舍的一致性，此即《总目》常常显现的"因人废言"逻辑，即因其人品之可弃而兼弃其文章。此中最为显例即姚广孝与严嵩。《总目》于《凡例》即宣明此义："至于姚广孝之《逃虚子集》，严嵩之《钤山堂诗》，虽词华之美足以方轨文坛，而广孝则助逆兴兵，嵩则怙权蠹国，绳以名义非止微瑕。凡兹之流，并著其见斥之由，附存其目，用见圣朝彰善瘅恶，悉准千秋之公论焉。"（卷首3，p11a）即已正视他们的"人非文是"：文章词华方轨文坛，而为人却助逆蠹国，遗毒于名教。对于如此美词不协于丑行，且非止微瑕者，其人品遭受摒弃便理所必然，至于其著作，《总目》也认为应一并摒弃。如此观点，在二氏文集的提要中被反复申述。

严嵩于明嘉靖朝为内阁首辅，"怙宠擅权"，然而文采斐然，《钤山堂集提要》亦坦承"其诗在流辈之中，乃独为迥出"。故时人王世贞以"孔

---

① 王士禛：《居易录》卷12，《笔记小说大观》第15编第8册，第5048页。

第四章　曲笔书写：《总目》对文人精神典范的重构　271

雀虽有毒，不能掩文章"论之。① 王氏的观点，实即在对象取舍上，对严氏之"文/人"作不一致的取舍：取其可取之文章，舍其不可取之人品。《浮溪集提要》所谓"别为一论"实即此意。朱彝尊认为是"平情之论"。②《钤山堂集提要》也不得不以其为"公论"，但在"文如其人"观念的笼罩下，最终还是回到"文/人"取舍一致的轨道上，故转而曰："然迹其所为，究非他文士有才无行可以节取者比，故吟咏虽工，仅存其目，以昭彰瘅之义焉。"（D/别集 c3/v176，p17a - b）按提要的逻辑，对于"人非文是"的状况，"文/人"取舍不一致的方式（取文舍人），只适用于遗毒不深的"有才无行"之文士。对于他们，可以"节取"其才（文章）而摒弃其行（人品）。但严嵩之遗毒非止微瑕，无可节取，因此将其不可取之人品与"不能掩"之文章，一同摒弃。

　　明姚广孝本出家为僧，后荐为燕王朱棣谋士。燕王谋逆，多资广孝鼓吹、谋划之力（《明史·姚广孝传》）。其为人显然大乖名教，但其文章却颇有可观。故《逃虚子集提要》论之即曰："其诗清新婉约，颇存古调，然与严嵩《钤山堂集》同为儒者所羞称。是非之公，终古不可掩也。"（D/别集 c2/v175，p16b）《总目》斥其集于存目，即显见对其文章的摒弃态度。这同样是"因人废言"的逻辑：因人品之不可取，而摒弃其文章。如此一来，"文/人"在取舍上保持一致性（皆舍），从而也打破了《总目》自称"文/人""别为一论"的嘉愿。

　　2. "不以人废言"：对象取舍中的"文/人"背离

　　当然，《总目》并非未曾作过"别为一论"的努力。对于"人非文是"者，除于"非止微瑕"者"因人废言"外，其他"有才无行"而遗毒不深者，《总目》确实基本上采取《钤山堂集提要》所宣扬的"节取"态度。对"人非文是"者予以"节取"，实即对象取舍上的不一致。《左传·僖公三十三年》："《诗》曰：'采葑采菲，无以下体。'君取节焉可也。"杜注："葑菲之菜，上善下恶，食之者不以其恶而弃其善，言可取其善节。"不以葑菲下恶而兼弃其上善，故舍其恶而"取其善节"。《总目》所谓"节取"，亦不因"人恶"而兼弃其"善文"，故"舍人取文"。"文/人"取舍不一，即对象取舍方向的相互背离。《总目》常常显现的"不以人废言"观念，便是这种态度的表现。

---

① 王世贞：《弇州山人续稿》卷 2《乐府变十章》，《明别集丛刊》第 3 辑第 36 册，第 148 页。
② 朱彝尊：《静志居诗话》卷 9，人民文学出版社 1990 年版，第 259 页。

《总目》论宋人洪刍,虽颇推许其诗才,但亦征引史料指出,洪氏为金人搜刮金银,自"王府、主第、及宗室、戚里之家,以至庶民",乃至以势挟内人唱歌侍酒,而终被流放沙门岛。① 提要论之即曰:"[洪刍]得罪名教,殆不容诛。当时仅斥海滨,殊为佚罚。其人如是,其诗本不足重轻。特其学有师承,深得豫章之格。但以文论,固不愧酷似其舅之称。录六朝人集者存沈约、范云,录唐人集者存沈佺期、宋之问,就诗言诗,片长节取,亦古来著录之通例也。"(老圃集/D/别集9/v156,p9b-10a)即认为洪刍为人不足取,"罪不容诛",如据"因人废言"的取舍逻辑,则其诗文亦"本不足轻重"(舍)。但其遗毒似又不及严嵩、姚广孝深,故提要最终仍以"就诗言诗"施诸洪氏,"节取片长"(文章之长)而著录其集。② 这便是在取舍上的"文/人"不一致,舍"人"而取"文"。提要认为这是"古来著录之通例",故史称沈约、范云协助梁武帝萧衍篡位(《梁书·沈约传》),而沈佺期、宋之问媚附太平公主、张易之等贵佞(《新唐书·宋之问传》),而历来著录者均不得不著录他们的文章。

又方回人品卑污,贪淫无耻,时人以贪、淫、骄、褊、专、吝、诈等"十一可斩"之处数落之。③《总目》既以其为人"殆无人理",而于其学术文章又别为一论:"然观其集中诸文,学问议论,一尊朱子,崇正辟邪,不遗余力,居然醇儒之言。就文言文,要不可谓其悖于理也。其诗专主江西,……虽不免以粗率生硬为老境,而当其合作,实出宋末诸家上,更不能以其人废矣。"(桐江续集/D/别集19/v166,p17a-b)认为方氏人品固然卑污,然而学术文章"居然醇儒之言","就文言文",不应以方氏人品之不可取而废弃其可取之文章。

上述两篇提要都提出"就文论文"的评论方法与态度。评论者既已意识到"文/人"关系的不一致,故而在作批评性取舍时,亦对"文/人"予以分别对待:就人论人,就文论文,互不干涉。此实即《浮溪集提要》所谓"别为一论"之意,即抛开人品善恶的干扰,专从文学规律本身去评论文章之优劣。其所谓"论文"(言诗/言文)显然已非对象探知层面

---

① 参见王明清:《玉照新志》卷5,《笔记小说大观》第4编第3册,第1470—1472页。
② 洪氏之舅为黄庭坚。提要以洪诗"深得豫章之格""不愧酷似其舅之称"为著录洪集的理由,似为托词。提要虽以洪氏流放海滨"殊为佚罚",但洪刍之罪在宋代即有人称其冤。如袁褧:《枫窗小牍》卷上,《全宋笔记》第4编第5册,第218页。
③ 方回曾赋诗谀贾似道,后贾氏势败,回恐祸及己,遂反锋上十可斩之疏以掩其迹。时人陈十一可斩以讥之。参见周密:《癸辛杂识·别集》卷上,吴企明点校,中华书局1997年版,第249—252页。

的问题，而更多涉及批评性取舍层面。因为评论者意识到"文/人"关系的不一致，是以他对"文"的形态有所感知为前提。

尽管这些提要强调"就文论文"，但《总目》实际上根本无法摆脱"论人"的干扰而独立地"论文"。即便如《老圃集提要》《桐江续集提要》声称"就文论文"，却仍实然地无法摒弃对人品的关注，只是在文章取舍层面，才回到文学的规律逻辑中，以文学自身的标准为取舍的判断依据。但此时的文章取舍，除了具有文学批评意义外，也不免被强行灌注了"论人"的批评意义。《鸿庆居士集提要》论孙觌，列举孙氏诸端劣行，认为其"怙恶不悛，当时已人人鄙之矣"，论其文亦正视其"所为诗文颇工"，与汪藻、洪迈、周必大声价相埒。故援引王世贞"孔雀虽有毒，不能掩文章"之说，欲就文论文，摒弃其人而取其文章。然而，提要说："今亦姑录存之，而具列其秽迹如右。一以节取其词华，一以见立身一败，诟辱千秋，清词丽句，转有求其磨灭而不得者，亦足为文士之炯戒焉。"（D/别集10/v157，p16a－b）录存其文，固然似摆脱了人品因素的桎梏，但同时又寄予了为文士炯戒的动机。前述"言以人重"中有"存文以存人"的逻辑，这里又吊诡地呈现"存文以废人"的逻辑。文章取舍虽然摆脱了人品干扰，但却转而被赋予强烈的文人批评意义。单纯的文章录存实不足以起到"废人"的效果。"四库"于所著录诸书，书前刊载往往涉及作者人品臧否的提要，"存文以废人"于是乎成为可能。

"不以人废言"是对"文如其人"主流观念的双重否定——既是对"文/人"关系一致性的否定，也是对"文/人"取舍一致性的否定。这似乎是对"文如其人"观念的最大挑战。但由上述讨论可见，这种离"文如其人"最远的态度，亦仍未能如其所愿地摆脱"论人"的影子。"人论"是《总目》的永恒主题，无法绕道，尤其在"文/人"关系的视域下，一切讨论都归结到文人身上。这就是《圣学宗要提要》所谓的"儒者立身之本末，惟其人，不惟其言"（C/儒家3/v93，p26a）。这种逻辑在"言以人重"与"因人废言"这两种以否定"文/人"关系一致性为前提的观念中，便有清晰表现。无论"言以人重"抑或"因人废言"，其批评的终极目的均在于"人"，"文"之存否——无论"重言"抑或"废言"，都只是用以臧否"人"的途径，而并非批评的终极目的所在。"不以人废言"已是《总目》正视文章独立价值的极限，《总目》中未见更进一步的"人以言重"或"因言废人"观念。换言之，文章好坏并不能反向干预人品的评价。

"文不如人"总而言之有两种表现，"文非人是"与"人非文是"。"文非人是"者，人品既高，已实现《总目》的价值期许。基于"文章乃文人余事"的逻辑,①《总目》对这种"文/人"关系大多抱持"言以人重"的取舍一致态度。至于"人非文是"者,就"人非"而言又有"非止微瑕"无可节取者,与"瑕瑜互见"有可节取者的区别。对于前者,《总目》的态度基本上是"因人废言",其行为目的即通过"废言"向此类文人昭示人品不可轻忽的观念,从而规诫其实现"人是文是"的理想状态。对于后者,《总目》虽"不以人废言",使"文/人"别为一论,但仍然通过提要臧否的方式,批评其人品之非是,以作为"文士之炯戒"。由此可见,在《总目》"文/人"论述中,无论"文/人"关系是离是合,"人"始终处于核心位置。即使《总目》确实意欲"就文论文",但也总有一个作为"作者影像"的、被同时论述着的"人",与之相应,如影随形。

(四) 作为创作论的"文如其人"观念

前述无论对象探知、关系探知,还是对象取舍,都是从读者或批评者的接受论视角讨论"文/人"关系。这是观察的视角,此中之"人"乃指他者。然而对文人而言,此中之"人"往往也可以指向自我。对于普遍具备写作能力的古代文人而言,读者与作者间的身份转换是极为普遍的事。因此,"文如其人"同时也是创作实践的命题。当"文如其人"由阅读批评的命题转变为创作实践的命题时,便隐含着这样的问题:文人作文时如何实现某种既定的文章范式?进一步说,文章范式应当如何设定?

从"文如其人"的逻辑讲写作,写作便由文字技巧问题,转变为修身问题。它意味着:文人可以通过对自身学问涵养与精神气质的修养,以实现不同的文章格调。《枫山集提要》论章懋即显现这种逻辑:"其生平清节,矫矫过人,可谓耿介拔俗之操。……盖其旨惟在身体力行,而于语言文字之间,非所留意。故生平所作,止于如此。然所存皆辞意醇正,有和平温厚之风。盖道德之腴,发为词章,固非蜡貌枒言者所可比尔。"(D/别集24/v171,p3b-4a) 即指出章氏辞意醇正、和平温厚的文章风格,源于自身矫矫拔俗的道德节操,是"道德之腴"的自然迸发,因此异于

---

① 《铁庐集提要》论潘天成即曰:"其诗文皆抒所欲言,不甚入格。然行谊者文章之本,纲常者风教之源。天成出自寒门,终身贫贱,而天性真挚,人品高洁,类古所谓独行者。其精神坚苦,足以自传其文。故身没嗣绝,而人至今重之。特录其集,俾天下晓然知圣朝立教,在于敦伦纪,砥名节,正人心,厚风俗,固不与操觚之士论文采之优劣,亦不与讲学之儒争议论之醇疵也。"(D/别集26/v173,p37b-38a) 即是人品既高便无须再论文采学问的逻辑。

第四章 曲笔书写：《总目》对文人精神典范的重构

"蜡貌杝言"之类的伪饰文字。

当然，在"文如其人"的创作实践论中，"人"所涉及的范畴极为宽泛而复杂，并非只是道德问题。王通论"士行"对文士写作的影响，即涉及甚广，《中说·事君篇》曰："子谓文士之行可见：'谢灵运，小人哉！其文傲，君子则谨。沈休文，小人哉！其文冶，君子则典。鲍照、江淹，古之狷者也，其文急以怨。吴筠、孔珪，古之狂者也，其文怪以怒。谢庄、王融，古之纤人也，其文碎。徐陵、庾信，古之夸人也，其文诞。'或问孝绰兄弟，子曰：'鄙人也，其文淫。'或问湘东王兄弟，子曰：'贪人也，其文繁。''谢朓，浅人也，其文捷。江摠，诡人也，其文虚。皆古之不利人也。'子谓颜延之、王俭、任昉'有君子之心焉，其文约以则'。"① 王通即分别从道德（君子、小人）、缓急（狂者、狷者），以及其他不易分类的纤人、夸人、鄙人、贪人、浅人、诡人等方面，论述文士品格对文章风格所产生的不同影响。每一种品格都有不同的文风与之相应。

前文引述刘勰的观点，他也从才、气、学、习四方面，论述在创作实践中文人情性对文章体貌的影响。刘勰说："吐纳英华，莫非情性。"如此观点亦延续至《总目》。熊禾序俞德邻《佩韦斋文集》，称方回曾序俞集。②《总目》所据底本却无方回序，提要乃猜测"殆后人以德邻高节，不减陶潜，不欲以回序污之，故黜而刊削欤"，进而又曰："德邻诗恬澹夷犹，自然深远，在宋末诸人之中，特为高雅。文亦简洁有清气，体格皆在方回《桐江集》上。盖文章一道，关乎学术性情，诗品文品之高下，往往多随其人品。此亦一征矣。"（D/别集18/v165，p27a – b） 所谓"文章一道，关乎学术性情"，即对刘勰"吐纳英华，莫非情性"观点的转述，仍说明学术与性情对文章写作的重要作用。在学术、性情之外，提要还将"人"的内容延伸至人品的范畴。人品与学术、性情并非截然对立的两面，但人品更多地涉及道德修养层面，即提要所论及的"高节"。提要在人品与文品两方面对比俞德邻与方回，认为俞氏文品高于方氏，正与其人品之高节有关。

在"文如其人"的创作论观点下，文人要想把文章写好，不能只着眼于"文"本身，游戏于文字技艺之间，而应更多地在"人"身上下功夫，如学问的积累、性情的陶冶、道德人品的修养等。这些都是文人修身

---

① 张沛：《中说校注》卷3，中华书局2013年版，第79—80页。
② 俞德邻：《佩韦斋文集》卷首，《宋集珍本丛刊》第90册，第240页。

的内容。文人只要修养功夫到家，文章造诣自然有高格；修养未足或人格有亏，文章也必然鄙陋。因此，清初周召即曰："文人不可无品。立心未端，不觉形之纸上，使旁观者掩口，能无颜甲？"① 反而言之，文章格调有瑕疵，文人的品格也会面临危机。如《总目》论谢枋得人品，本以"忠孝大节，炳著史册"推许之，其文章亦"博大昌明，具有法度，不愧有本之言"。然而其《叠山集》却有"道流青词"十余篇。青词是清高宗明令降旨刊削的文体，以其为"迹涉异端""非斯文正轨"，非正人君子所肯为。② 因此，提要以为此等青词"非枋得所宜有，亦决非枋得所肯作，其为赝本误收亦无疑义"，从而予以刊削，"不使其乱真"（D/别集 17/v164，p28a－b）。提要于此刻意以"文如其人"的辨伪法，论证此等青词为赝本误收，即有要维护谢氏"忠孝大节"之品格的意味。提要巧妙地用了"非枋得所宜有，亦决非枋得所肯作"这样的论述逻辑。

"非其所肯作"是实然性描述，即在提要看来，谢枋得人品高节，必然不肯作此等文章，从而也事实上并未作此等文章。"非其所宜有"是应然性论述，即谓文人若以高格自期，便不应当作此等鄙陋文字以自污。提要"文如其人"辨伪法的辨伪力度是薄弱的，谢枋得不作青词的实然性也值得怀疑。但提要的应然性论述却值得注意。所谓"宜有"与"不宜有"，实即为文人的写作行为树立典范。这个典范可以涉及文章体类，也可以涉及文章风格（体貌）。在"文如其人"逻辑下，无论是体类抑或体貌，都可以映射到文人的精神、气质乃至人格上。因此，"文如其人"的创作论也有一个循环结构：文人精神、气质与人品的提高，有助于文章体格的提高；反过来，文体、文风的端正，也有助于端正文士的精神、气质与品格。

事实上，正文体以正士习至少在明代便是极为常见的观点。明人杨元祥即曰："文者，心思之所构结而成也。其文也而雅正之尚，心亦浸而之雅正矣；其文也而僻异之尚，心亦浸而之僻异矣。故愚以为文体不可不正也，谓其关人心也。天下所为操文柄者，士耳。而士各以其心之所向，发

---

① 周召：《双桥随笔》卷8，《景印文渊阁四库全书》第724册，第474页。
② 清高宗谕旨曰："青词一体，乃道流祈祷之章，非斯文正轨。……盖青词迹涉异端，不特周、程、张、朱诸儒所必不肯为，即韩、杨（柳）、欧、苏诸大家，亦自集所未见。若韩愈之《送穷文》、柳宗元之《乞巧文》，此乃假托神灵，游戏翰墨，不过借以喻言，并非实有其事，偶一为之，固属无害。又如时文为举业所习，自前明以来，通人擅长者甚多，然亦只可听其另集专行，不宜并登文集，况青词之尤乖典故者乎？"参见乾隆四十年十一月十六日上谕，《纂修四库全书档案》上册，第474页。

为政，即斯世隆替基之矣。故愚以为文体不可不正也，谓其关世运也。"① 认为文体之雅正或僻异，直接关系到文士之"人心"与习气。由于文士通常执掌国政，如果士习不正，则必然影响世运。因此，其逻辑便是：通过端正文风以端正士习，进而维系世运。沈鲤亦云："臣等看得，言者心之声，而文者言之华也。其心坦夷者，其文必平正典实；其心光明者，其文必通达爽畅。其不然者反是。是文章之有验于性术也如此。唐初尚靡丽，而士趋浮薄。宋初尚钩棘，而人习险谲。是文章之有关于世教也又如此。"② 其说实即兼涉"文如其人"创作论的双向循环进路。心坦夷则文平正典实，心光明则文通达爽畅，这是人品决定文品的逻辑；唐初尚靡丽而士趋浮薄，宋初尚钩棘而人习险谲，则是文风影响士风的逻辑。因此他认为文章事关世教，实亦主张端正文风以进而端正士风。

《总目》以官方姿态品骘历代文章，其直接目的无可否认是端正文体与文风，而间接地也便有进一步端正士风与士习的意味。《总目》屡言"世道人心""世教""国运"云云，正与明代文人对文体与士风关系的思考相呼应。它对历代文章的批评，也可看作明代以来"正文体以正士风"观念的延续，甚至可以说是直接实践。

三　文人精神典范的探求：由文学批评到文人批评

从上面的讨论可见，由《总目》的文学批评以探求其中隐含的文人观念，是可行的研究路径。概言之，"文如其人"是《总目》的主要论调，它的主导性突出地体现在强辩式、独断式的论述姿态之中。这种强势姿态预示着"文如其人"被作为不容分说的、理所当然的逻辑来使用。

《总目》并非没有质疑"文如其人"的观点，这些观点认为文章有时并不如作者其人，因此文品与人品当别为一论，"就文论文"，不可与人品混为一谈。然而，在"文如其人"主调的笼罩下，"就文论文"实际上只是一种理想，或者只能在涉及"文/人"对象取舍时才偶尔部分地生效。即使《总目》承认"文不如人"的"文/人"关系，但它在对象取舍上仍有不同态度。其中，"言以人重"与"因人废文"仍保持"文/人"对象取舍的一致性，此时"人"仍是批评的终极目的。只有"不以人废言"才在取舍上否定"文/人"一致性，从而使"就文论文"部分生效。然而，所谓"就文论文"也只能使文学规律对取舍结果产

---

① 张萱辑：《西园闻见录》卷44，《明代传记丛刊》第120册，第321页。
② 《西园闻见录》卷44，第310页。

生影响，《总目》在"就文论文"的同时，仍不免大量地"论人"。"人论"是《总目》无法绕道的问题。"文如其人"既是读者与批评者的接受论视角，也可以是作者的创作论视角。两种视角都呈现双向循环结构。就接受论视角而言，读者与批评者可以通过文章认识其作者，也可以通过作者人品去品评其文章。就创作论视角而言，文人可以通过修身等方式提升人品，从而提高文章格调；同时通过端正文风，也可以端正士风与士习。正文风以正士风，是明代以来文人阶层的普遍观点。《总目》的文学批评便是以官方姿态来端正文风，从而也是对这种观点的延续与实践。因此，从《总目》正文风的文学批评，也可以探求其端正士风的观念。

《总目》的文学批评与文人批评，在"文如其人"的多重维度下形成镜像关系。这种镜像关系，与现实中的镜像关系不同。现实中，观察者只能立足于镜外，与被观察物体处于镜面同侧，观察镜中所成之像。这种观察是单向的，没有人可以立足于镜内观察镜外物体。但"文/人"镜像关系中的观察却是双向的：观察者既可以由"人"观察"文"，也可以由"文"观察"人"，"文"与"人"互为倒影。因此，通过《总目》的文学批评，依然可以寻绎其中蕴含的文人观念。

"端正"作为一种社会行为，具有规范的意味。就《总目》的文学批评来看，文风与文体的端正，其实便是从历代文人繁杂的文章体貌中，规范出具有理想性、典范性意义的体式。① 在"文如其人"的观念下，这些具有典范性意义的文章体式，也同时蕴含着涉及文人精神气质的典范性论述。

《文心雕龙·体性篇》曰："体式雅郑，鲜有反其习：各师成心，其异如面。"文体如人面，千姿百态，难以名状。尽管刘勰"总其归途"，约举"八体"，如典雅、远奥、精约、显附、繁缛、壮丽、新奇、轻靡。但在实际批评中，为力求适切地描述"其异如面"的文章体貌，批评家又不得不创制各种复合性体貌术语。在这些复合性体貌中，不同范畴的体貌术语相互济助，相互渗透，纵横交错，从而形成极为复杂的体貌网络。如以某一特定体貌为坐标，相关体貌便形成相互关联的群落。这种不同体貌相互渗透、交叠的现象，在"成于众手"的《总目》中，毋宁更为突

---

① 根据颜崑阳对古代文体学的研究，"体貌"是"用以指涉一篇作品或一家之作的整体'样态'"；而"体式"可以说是具有典范性的"体貌"，可以作为一般创作者学习之"法式"。参见颜崑阳：《论"文体"与"文类"的涵义及其关系》，第28—31页。

出。即使是具有典范性意义的体式，因为不同馆臣对文体概念的理解不同，也会有非常复杂的表述。

为了便于讨论，本章在遵从原意的基础上，将《总目》所提炼出来的相互关联的体貌视为一个"体貌群落"，进而归纳到传统文化几组基本概念范畴下进行分别讨论，以期使条理清晰。所归纳的基本概念包括：文质、刚柔、雅俗。因为《总目》措辞的复杂性，我们不得不对内涵大致相当的体貌概念进行化约归类，以免丛杂。因此，本章所归纳的"体貌群落"实际上呈现两个层次：基本文化概念所涵盖的群落与被化约归类的群落。本章的讨论目的是：分析《总目》对这些体貌的批评，观察其所规范出来的具有典范性意义的"体式群落"为何。这些具有典范性意义的"体式群落"，便可视为《总目》对文人精神典范的重构。

第二节　文质之辨：文质彬彬中的"主质"精神

文质之辨是传统中国文化范畴的核心议题。古人甚至把朝代轮替也归纳到文质辩证的逻辑中。① 在文章之学范畴内，古人亦常常以文质辩证为框架，论述文学流变。《文心雕龙·通变篇》曰："是以九代咏歌，志合文则。黄歌《断竹》，质之至也；唐歌《在昔》，则广于黄世；虞歌《卿云》，则文于唐时；夏歌《雕墙》，缛于虞代；商周篇什，丽于夏年。至于序志述时，其揆一也。暨楚之骚文，矩式周人；汉之赋颂，影写楚世；魏之策制，顾慕汉风；晋之辞章，瞻望魏采。榷而论之，则黄唐淳而质，虞夏质而辨，商周丽而雅，楚汉侈而艳，魏晋浅而绮，宋初讹而新。从质及讹，弥近弥澹。何则？竞今疏古，风味气衰也。"即将魏晋以前的文学流变，按文质递变的逻辑推衍，认为文章体式由黄唐时代的淳质（至质、广），发展至虞夏之质辨（文、缛），至商周之丽雅，至楚汉之侈艳，至魏晋之浅绮，以及刘宋之讹新。此中缛、丽、侈、艳、绮等概念，都显然

---

① 古人解释朝代轮替有所谓"三统论"，文质便是其中核心概念。董仲舒《春秋繁露》有《三代改制质文篇》，其中有言："《春秋》何三等？曰：王者以（之）制，一商一夏，一质一文。商质者主天，夏文者主地，《春秋》者主人，故三等也。"苏舆引《说苑》注"商"为"常"，注"夏"为"大"（苏舆：《春秋繁露义证》卷7，第204页）。其所谓三等即是王朝更替的逻辑，文质便是其中核心内容。《王道篇》也说："此《春秋》之救文以质也。救文以质，见天下诸侯所以失其国者亦有焉。"则从主动纠正时弊的角度讲文质辩证。

与"文"相关。可以说，刘勰对此前历代文学的发展，描绘了一条"至质—质—文—至文"的流变脉络图像。

在此后历代文论家的论述中，文质都是重要范畴。唐释皎然论诗亦曰："诗有七德：一识理；二高古；三典丽；四风流；五精神；六质干；七体裁。"① 此中典丽、质干即分别涉及文质范畴。那么，文质的具体指涉究竟为何？《总目》怎样处理它们的关系？它们在文人精神气质中的体现又应该怎样理解？

一 《总目》中的"文质"体貌群落

文质是相对的概念，它们的范畴往往因彼此范畴之转变而转变。《说文解字》："文，错画也，象交文。"② 无论其原始初义为何，当它被用来与"质"相对时，其含义便基本确定为与修饰、纹饰相关。《说文》错画、交文的解释，便象征地表示这种修饰的形式。

当"文"为修饰义时，"文质"有两种基本的对待形态。③ 其一，异质性对待：此时"文"为修饰，"质"为被修饰的物体，彼此间为异质性关系。这种文质关系体现于教化领域，则"文"指教化，"质"指与生俱来的本质、本性；在文学领域，则"文"指文辞形式，"质"指义理、事件、情感等内容。其二，异量性对待：此时文质分别象征物体"富于修饰"与"毫无修饰"两种状态，在"极文"与"极质"两极之间，任意两点都可以建立异量性文质对待关系。这种文质关系体现于教化领域，则"文"为富于教化者，"质"为寡于教化者；在文学领域，则文质均就文字形式而言，"文"为富于润饰的华美文字，"质"为寡于润饰的质朴文字。④

"文质"的这两层含义并存于《总目》中。但由于文质观念的复杂性发展，以及《总目》文本的复杂性，这种理论上的层次界线已不易分疏，

---

① 释皎然：《诗式校注》卷1，第28页。
② 段玉裁：《说文解字注》篇9上，第425页。
③ 西方名学分类讲求同一律，注重对立二分，如"甲"与"非甲"，故有所谓"二元对立"。这为中国近代学者所熟习。但中国传统思想并不依靠同一律，即使亦常作二元思考，但二元亦非"对立"关系，而毋宁是"对待"关系。如阴阳、虚实、文质、刚柔、雅俗等，均相依相成，彼此对待而存。关于中西方哲学与语言的"对立"与"对待"之别，参见沈家煊：《名词和动词》，商务印书馆2016年版，第413—419页。
④ 王金凌曾从历时性角度讨论文质关系由孔子到王充，到六朝文士之间的三变发展，文质之间的"同质异量"与"异质"的区别也由王氏提出。王金凌：《中国文学理论史：上古篇》，第87—101页。

第四章　曲笔书写：《总目》对文人精神典范的重构　281

所以很难再按这样的理想模式，对《总目》的文质观念作出结构井然的分析。因此，本节对《总目》的体貌术语按文质二元对待的模式进行归纳，便不得不忽略它们的这种层次区别，而直接分为"文""质"两类。但当我们分别追溯"文""质"的体貌群落时，这种层次性结构便可以提供思考指引。

（一）《总目》中的"文性"体貌群落

根据"文质"含义的双重结构，《总目》中涉及"文性"范畴的体貌概念，主要有以下几种类型。

1. 富于修饰的华美：绮丽、俪、偶、骈

"绮丽"是"文性"体貌群落中最常见、最基本的概念。《二十四诗品·绮丽》云："神存富贵，始轻黄金。浓尽必枯，淡者屡深。"① 司空图所描述的"绮丽"是一种由内而外、文质相须的体貌，② 不同于后世尤其是《总目》批评视野中的概念。《说文》："绮，文缯也。"③ 当它被借用以表达文章体貌时，其所蕴含的基本意义便是文饰义。"丽"的基本含义有"两""偶"之义。④ 此外，作为骈体文主要体制的"骈"，也可以归纳到这个范畴。⑤

《总目》涉及"绮丽"体貌群落的概念，有如《御定四朝诗提要》论元诗，认为其"末叶争趋绮丽，乃类小词"（D/总集5/v190, p8b），即以"绮丽"形容富于修饰的体貌。又《广成集提要》："［杜］光庭骈偶之文，词颇赡丽，而多涉其教中荒诞之说，不能悉轨于正。"（D/别集4/v151, p44b）此中"赡丽"亦形容富赡绮丽的体貌。又《唐文粹提要》："盖诗文俪偶，皆莫盛于唐。"（D/总集1/v186, p34b）《李元宾文编提要》："顾当雕章绘句之时，方竞以骈偶斗工巧。"（D/别集3/v150, p31b）"俪偶""骈偶"均形容以修饰为能事的体貌。

"绮丽"作为文章体貌，在语言形式上看，相较于"质"的少与寡形貌，它表现为文辞的丰富性。文辞的丰富，便使语言具有更多修饰成分。

---

① 司空图：《诗品集解》，郭绍虞集解，人民文学出版社2005年版，第18页。
② 杨廷芝《诗品浅解》释曰："文绮光面。此本然之绮丽，非同外至之绮丽。"《诗品集解》，第18页。
③ 段玉裁：《说文解字注》篇13上，第648页。
④ 《孔丛子·小尔雅》："丽，两也。"宋咸：《孔丛子注》卷3，阮元辑：《宛委别藏》，江苏古籍出版社1988年版，第142页。
⑤ 《说文》："骈，驾二马也。"《说文解字注》篇10上，第465页。《汉书·扬雄传》"丽钩芒与骖蓐收兮"，颜师古注曰："丽，并驾也。"则"丽""骈"义通。

语言丰富的修饰，通过读者的阅读想象与感通等机制，便转化为视觉上的华美。① 因此，刘勰描述"壮丽"体式时即曰："壮丽者，高论宏裁，卓烁异采者也。"（《文心雕龙·体性》）"卓烁异采"即就"丽"而言，即描述视觉上的华美与眩目。

2. 过于繁杂的修饰：繁缛、猥杂、靡靡

本节将"繁缛"体貌群落独立于"绮丽"之外，主要以文饰程度为原则予以区分。毕竟，"文"之程度不同，其与"质"的关系也有差别，进而于《总目》的批评视野中也会有不同评价。"繁缛"在修辞形式上，可以说是在"绮丽"之上更多了一层繁杂、过度的意味。《春草斋集提要》："［乌］斯道诗寄托深远，吐属清华，能铲涤元人繁缛之弊。"（D/别集22/v169，p51a－b）"繁缛"即有过度华丽之意。又《司空表圣文集提要》论司空图："其文尚有唐代旧格，无五季猥杂之习。"（D/别集4/v151，p29b）"猥杂"也表达修饰而过于繁杂的含义。

古典文论中常见的"靡"，意指华丽至于过度，也可纳入"繁缛"的体貌群落。《宋文纪提要》："宋之文，上承魏晋，清俊之体犹存；下启齐梁，纂组之风渐盛。于八代之内，居文质升降之关，虽涉雕华，未全绮靡。"（D/总集4/v189，p39b）"雕华"即指华丽、绮丽，在"文"的审美范畴中相对地说尚属适度修饰。"绮靡"则有修饰而至过度的含义——"绮"是纹饰之意，"靡"则表示程度之过多与过繁。又《负苞堂稿提要》论臧懋循："诗多绮罗脂粉语，未免近靡靡之响。"（D/别集c6/v179，p31a）"靡靡之响"亦描述过于绮丽的体貌。

需要注意的是，对比《总目》对绮丽与繁缛两组体貌群落的评价可见，随着"文"之程度的增加，《总目》的批评态度便越发明显。

3. 纹饰的触感色泽之美：纤秾、冶、艳、润、媚

"纤秾"的分类标准与前面两组不同，它更倾向于对绮靡辞藻所产生的感觉或视觉效果的描述。《说文》："纤，细也。"②《广韵》："秾，花木厚。"③ 许慎以"细"解"纤"。"细"有细小义，此时"纤"为纤弱之义；"细"也有细腻义，此时"纤"则是纤巧。杨廷芝《诗品浅解》解

---

① 王金凌分析《文心雕龙》文论术语时认为，"丽"作为辞采术语，主要表达为视觉印象。当然，此外亦还有事义美的表现。王金凌：《文心雕龙文论术语析论》，台北华正书局1981年版，第184—188页。
② 《说文解字注》篇13上，第646页。
③ 《广韵》卷1，《四部备要》第14册，第8页。

"纤秾"说:"纤以纹理细腻言,秾以色泽润厚言。"① 即从感觉与视觉的角度,对纹饰与润饰的触感与色泽进行描写。因为视觉、感觉效果的显题化,使"文"于异量性层面的含义相对隐藏,因此"纤秾"总体而言是在与本质、本性之"质"在异质性对待层面上被感知的。《梦观集提要》论释大圭曰:"惟其诗气骨磊落,无元代纤秾之习,亦无宋末江湖蔬笋之气。"(D/别集 20/v167,p66a)"纤秾"即是弱于气骨(质)的柔艳体貌。

除"纤秾"外,"艳冶"也强调过于纹饰的视觉印象。如《曝书亭集提要》:"惟原本有《风怀二百韵诗》及《静志居琴趣长短句》,皆流宕艳冶,不止陶潜之赋《闲情》。夫绮语难除,词人常态。"(D/别集 26/v173,p24b-25a)《玉芝堂集提要》:"为四六之文者,陈维崧一派,以博丽为宗,其弊也肤廓;吴绮一派,以秀润为宗,其弊也甜熟;章藻功一派,以工切细巧为宗,其弊也刻镂纤小。"(D/别集 c12/v185,p32b-33a)此中博丽、肤廓、秀润、甜熟、细巧、纤小,都属于"文性"体貌群落范畴,博丽可归为繁缛一类,肤廓乃就文之不切实质而言,其余秀润、甜熟、细巧、纤小,都侧重于表现"文"的触感与色泽。又《东庵集提要》:"七言古诗尤有开阖排宕之致,视元末秾艳纤媚之格全类诗余者,又不以彼易此矣。"(D/别集 19/v166,p54b)"秾艳纤媚"亦就"文"之触感色泽而言。

(二)《总目》中的"质性"体貌群落

《总目》中涉及"质性"范畴的体貌概念,主要有以下几种类型。

1. 内容充实的有物之言:质实、根柢、淳实、典则、体干

"质实"之为"质",主要在异质性对待层面与形式之"文"相对。《性善堂稿提要》论度正:"正游于朱子之门,文章质实,大都原本经济,不为流连光景之语。"(D/别集 15/v162,p1a-b)"质实"即指涉"原本经济"的实行,与刻意于文字的"流连光景"文风相对。

在此体貌群落中,"根柢"的表述相对来说更为全面。"根柢"通常指义理、学问。如《祠部集提要》论强至:"既得第,耻以赋见称,乃专力六经,发为文章。有举其赋者,辄颈涨面赤,恶其薄己。是其屏斥时蹊,力追古人,实有毅然以著作自命者,宜其以余事为诗,亦根柢深厚若此也。"(D/别集 5/v152,p36b-37a)提要以强至诗格根柢深厚,乃据其"专力六经,发为文章"而言,即是以六经义理为根柢来进行文章写作。又《忠惠集提要》论翟汝文:"今观其文,大都根柢深厚,措词雄健,所谓无一字无来处者,庶几足以当之,非南宋表启涂饰剽掇之比。"(D/别集

---

① 《诗品集解》,第 7 页。

9/v156，p20a-b）此"根柢"亦就学问素养而言，学问有根柢，发为文章便能做到"无一字无来处"；与其相对的"涂饰剽掇"便是忽略内容积累，只剽掇浮文雕饰辞藻的写作风格。当然，作为文人内在修为的性情与品格，则是更为根本的"根柢"。如《萧茂挺文集提要》论萧颖士："其才略志节皆过于人，不但如晁氏〔公武〕之所云。文章根柢，固不仅在学问之博奥也。"（D/别集 3/v150，p3b）即明确指出文章根柢不仅在于学问素养，而更涉及才略志节。所谓"才略志节"，即涉及智谋、品格、性情等范畴。

此类体貌，《总目》有时也会用"淳实"之类术语来表述。如论周行己《浮沚集》："观所自叙，其生平学问梗概可以略见，则发为文章，明白淳实，粹然为儒者之言，固有由也。"（D/别集 8/v155，p26a）"明白淳实"即周氏学问根柢"发为文章"而呈现的体貌形态。"典则"也有类似含义，如《西台集提要》论毕仲游："盖其学问既有根柢，所从游者如富弼、司马光、欧阳修、范纯仁、范纯粹、刘挚辈，又皆一时名德，渐渍熏陶，故发为文章，具有典则。"（D/别集 8/v155，p13a）此中"典则"亦与毕氏的学问根柢相对应。"体干"也属此类，如《毗陵集提要》论张守："史称守家贫好学，过目不忘。故所为文，具有体干。"（D/别集 9/v156，p12b）"体干"即指其文章内容充实的体貌，乃以好学积累的学问根柢为基础。这些体貌概念有时不必依靠特定的术语来表达，如《忠正德文集提要》论赵鼎："鼎南渡名臣，屹然重望，气节学术，彪炳史书。本不以词藻争短长，而出其绪余，无忝作者。盖有物之言，有不待雕章绘句而工者。"（D/别集 9/v156，p18a）"有物之言"实际上即表达了类似"根柢""质实"的概念，而与"雕章绘句"之"文"相对。

总而言之，"质实""根柢"等术语组成的体貌群落，都是在异质性层面与"文"的形式意义相对。它们所表述的体貌，都指那些内容充实、言之有物，从而异于刻意追求文章辞藻的绮丽体貌。在《总目》的评价体系中，"文性"体貌群落中表示纹饰触感之美的"纤秾"一组几乎都受到贬抑，相对地，表示内容充实义的"质实"体貌群落则几乎都是正面评价。

2. 寡于纹饰之貌：质朴、简、淡、洁

"质朴"是纹饰之寡，是在异量性层面与"文"相对。如《昌谷集提要》论曹彦约："惟俪词韵语，稍伤质朴。然不事修饰，而自能词达理明，要非学有原本者不能也。"（D/别集 14/v161，p7a-b）"质朴"即指"不事修饰"的文章体貌。又《省斋集提要》论廖行之："其文章大抵屏除藻绘，务以质朴为宗，或不免近于朴儜。故戴溪作序，不甚称之。然其词意笃实，切近事理，亦足以想见其为人。"（D/别集 14/v161，p8a）此中"质朴"与"朴儜"义近，只在程度上有所差别。"朴儜"有朴实而近乎粗鄙之义，即过于质朴。因此提要于此有明显的轻贬态度。相较之下，"质朴"则偏向正面意义。

"简"也与"质朴"有相似的体貌。如《倪文僖集提要》论倪谦："谦当有明盛时，去前辈典型未远，故其文步骤谨严，朴而不俚，简而不陋，体近'三杨'，而无其末流之失。"（D/别集 23/v170，p36b）这里"简"与"朴"含义相近，均为纹饰之寡的"质"义；且与《省斋集提要》类似，这篇提要也在审美上对"质"的可容许限度予以强调："简""朴"过度便落为负面的"俚"与"陋"。"淡"也属"质朴"的体貌范畴。《小畜集提要》论王禹偁："宋承五代之后，文体纤俪，禹偁始为古雅简淡之作，其奏疏尤极剀切。"（D/别集 5/v152，p8b）"简淡"便是与"纤俪"相对的质朴体貌。"洁"的体貌也与"质朴"相似。《勤斋集提要》论萧㪺即曰："今考其文，气格虽不甚高，而质实简洁，往往有关名教。"（D/别集 20/v167，p20b）"质实"相对地就内容充实而言，盖指其"有关名教"，"简洁"则就文字修辞之寡于纹饰而言。

由所引诸例可见，作为纹饰之寡的"质朴"体貌，其在《总目》的批评系统中是褒贬并存的。大抵而言，"质朴"有程度深浅的区别，程度较浅的质朴通常被视为正面体貌，程度较深以至过于质朴者则是被排斥的负面体貌。这与《总目》对绮丽和繁缛的不同批评态度，可以相互对照。而"质实"与"质朴"作为文论术语也不宜混同。从理论上讲，内容充实而显"质实"的文章，其语言形式不必然是不事修饰的"质朴"；相反，语言"质朴"的体貌，也不必然具有内容充实的"质实"感。

3. 内质的直接真实呈现：真朴、朴直、真挚

"真朴""朴直"等在"质性"体貌中形成特别的群落。它们的含义有时近似于"质朴"体貌，表示寡于修饰之义，与富于修饰之"文"在异量性层面相对。如《勉斋集提要》论黄榦："其文章大致质直，不事雕饰。虽笔力未为挺拔，而气体醇实，要不失为儒者之言焉。"（D/别集 14/v161，p11b）此中"质直"便指因"不事雕饰"而寡于纹饰的体貌。又《北溪大全集提要》论陈淳："淳于朱门弟子之中，最为笃实。故发为文章，亦多质朴真挚，无所修饰。"（D/别集 14/v161，p12a）"真挚"与"质朴"同义，指"无所修饰"的体貌。

它们有时也掺杂"质实"的含义，意指内容充实的有物之言，与语言形式之"文"在异质性层面相对。如《虚斋集提要》论蔡清："其识解通达，与诸儒之党同伐异者有殊。故其文章亦淳厚朴直，言皆有物，虽不以藻采见长，而布帛菽粟之言，殊非雕文刻镂者所可几也。"（D/别集 24/v171，p14a）"淳厚朴直"与以藻采见长的"雕文刻镂"之"文"相对，这可能兼涉异质与异量两方面的对比；它同时与"言皆有物"相应，则其含义又明显涉及内容充实的体貌。

此外，它们也有完全异于上述两种形态的体貌内涵。如《乐轩集提要》论陈藻："今观集中所载诸体，诗颇涉粗率，而真朴之处，实能自抒性情。"（D/别集 12/v159，p28b）《相山集提要》论王之道："韵语虽非所长，而抒写性情，具有真朴之致。盖有体有用之言，固不徒以文章工拙论矣。"（D/别集 9/v156，p35a）此中所谓"真朴"固然与"粗率"相关——粗率是过度寡于润饰的体貌。但以"真朴"描述体貌，其所侧重的含义恐怕更在于"自抒性情"或"抒写性情"，是指内在情感直接真实的呈现。

"质直""朴直""真挚"与"真朴"所组成的体貌群落，它们的核心义素是"直"与"真"。在文质之辨视域下，"直"与"真"的含义有相关性，它们共同描述这样的体貌：剔除过于繁缛的语言修饰（直），使内在本质更真实地呈现（真）。从词义分析，"真"偏指内在之质的真实表现，故与"文"形成异质性对待；"直"偏指表达手法之简朴，故与"文"形成异量性对待。因此，它们可以兼涉"质实"与"质朴"两种体貌内涵。当文质在异质层面对待时，"质实"通常涉及义理性、学问性内容，而"真朴"则更多地涉及感情性内容。

二 文质彬彬："文质"关系的终极范式

孔子曰："质胜文则野，文胜质则史。文质彬彬，然后君子。"（《论语·雍也》）以儒家思想为核心的传统中国，"文质彬彬"的中庸之道无疑是具有绝对统治力的审美典范。曹丕评论文人即曰："观古今文人，类不护细行，鲜能以名节自立。而伟长独怀文抱质，恬惔寡欲，有箕山之志，可谓彬彬君子者矣。"[①] 曹丕不齿于有才（文）无行（质）的"古今文人"。在他看来，能"怀文抱质""彬彬君子"的徐干（字伟长）才是文人的典范。对于以崇儒重道自期的《总目》而言，尤为如此。

---

① 曹丕：《与吴质书》，《昭明文选》卷42，第1897页。

《总目》对"文质彬彬"的文人典范之论述,正可从"文质"原本所具有的双重结构关系去观察。这在文学领域表现为文字润饰异量性的多寡之别,与文辞形式和内容异质性的二元对待。

(一)纹饰之多寡:适可而止的修辞

《礼记·中庸》:"《诗》曰:'衣锦尚絅。'恶其文之著也。故君子之道,暗然而日章;小人之道,的然而日亡。君子之道,淡而不厌,简而文,温而理,知远之近,知风之自,知微之显,可与入德矣。"儒家尚道,但尚道不必然意味着抑文。孔子曰:"言之无文,行而不远。"(《左传·襄公二十五年》)即认为"文言"可以行之至久远。曾子讲"君子所贵乎道者三",其三曰"出辞气,斯远鄙倍矣"(《论语·泰伯》),亦注意到修辞的重要性。所以,《中庸》于此也并非排斥纹饰,只是恶"文之著"。"著"字于此有过度之意。因此,无论是衣服之纹饰,抑或文字之修饰,都追求"淡而不厌""简而文""温而理"的状态。这便是基于同质异量的、多寡适度的"文质彬彬"状态。"淡""简""理"属于"质性","文""温"属于"文性",文质调和,恰到好处,这便是"文质彬彬"的中庸。

对于文质彬彬体式的推崇,在《总目》中极为常见。其论韦应物诗即曰:"五言古体源出于陶,而镕化于三谢。故真而不朴,华而不绮。"(韦苏州集/D/别集 2/v149,p39a)据提要的逻辑,"真""朴"均属"质"的范畴,"华""绮"均属"文"的范畴。无论是"文"还是"质",均有量度深浅之别。如能在文质之间维持于华、真之度,而不至于绮、朴,在提要看来便是适度的文质彬彬。又《少石集提要》引张时彻论陆钶亦体现如此逻辑:"前有张时彻序,称其华不近浮,质不近俚,而惜其志之未艾。盖具体而未成家者,故序有微词云。"(D/别集 c3/v176,p59a-b)于此,提要作者显然认同张氏"华不近浮,质不近俚"说中的文化价值逻辑。这与"真而不朴,华而不绮"具有同样的逻辑结构,均强调文质的适度对比。

此外,《陶诗析义提要》论陶诗曰:"陶诗之妙,所谓寄至味于淡泊,发纤秾于简古,其神理在笔墨之外,可以涵泳与化,而不可一字一句求之于町畦之内。"(D/别集 c1/v174,p2b-3a)"至味"与"淡泊","纤秾"与"简古",都在异量性层面形成文质中和,使文章不至于"过质"或"过文",从而营造适可而止的中和修辞。当然,除了异量性文质中和外,此一表述还隐含着异质性文质中和的内涵(下详)。

(二) 衔华佩实：内外兼修的异质性中和

从理论上讲，在异质性层面相对待的文与质，是一体不相离的关系。子贡曰："文犹质也，质犹文也。虎豹之鞟，犹犬羊之鞟。"（《论语·颜渊》）去毛之皮曰鞟。倘无毛色（纹）予以区别，虎豹与犬羊（质）便无法分辨。虎豹、犬羊之所以为虎豹、犬羊，因为它们兼备虎豹、犬羊之文与质。文质一体两面，一表一里，不可相去，也无法相去；文须依附于质始能成其润饰之事，质须依托于文始能表现其内在的精神与气象。

刘勰论文也说："圣贤书辞，总称文章，非采而何！夫水性虚而沦漪结，木体实而花萼振：文附质也。虎豹无文，则鞟同犬羊；犀兕有皮，而色资丹漆：质待文也。若乃综述性灵，敷写器象，镂心鸟迹之中，织辞鱼网之上，其为彪炳，缛采名矣。"（《文心雕龙·情采》）虽然刘勰的论述目的在于说明文采的重要性，但他也是通过强调"文附质"与"质待文"的相互依存关系，进而说明文采之不可或缺。因此，《文心雕龙·征圣篇》又反向论证文采须"征圣"而立的逻辑："颜阖以为仲尼饰羽而画，徒事华辞。虽欲訾圣，弗可得已。然则圣文之雅丽，固衔华而佩实者也。天道难闻，犹或钻仰；文章可见，胡宁勿思？若征圣立言，则文其庶矣。"针对颜阖对于孔子"徒事华辞"的"訾圣"行为，刘勰即指出，孔子文章之有华辞，乃在于欲透过可见之文章，彰显难闻之天道。因此，"圣文之雅丽"非徒有表面雅丽，而乃"衔华而佩实"，是一种内外兼修的异质性中和——在内修养道德、气质、涵养、学问，在外修饰文辞，以表现内在所得之"道"。这种"衔华佩实"的内外兼修形态，在传统文人的审美经验中，更具典范性。对于《总目》而言，尤为如此。

其论袁华诗曰："大都典雅有法，一扫元季纤秾之习，而开明初春容之派。"（可传集/D/别集22/v169，p53a）又曰："实则衔华佩实，具有典型，非后来伪体所能及。"（耕学斋诗集/D/别集22/v169，p52a）即表彰袁氏能破除元季过于纹饰的"纤秾"之体，而在华丽之中兼具内在之质实。又其论许衡与吴澄文章异同，以为"衡之学，主于笃实以化人；澄之学，主于著作以立教"，故许氏文集"仅寥寥数卷"，而吴氏除于诸经诸子均有注解撰论外，"文集尚衰然盈百卷"。因此，《吴文正集提要》论曰："衡之文明白质朴，达意而止；澄则词华典雅，往往斐然可观。据其文章论之，澄其尤彬彬乎。"（D/别集19/v166，p38a-b）提要基于载道的逻辑，以"明白质朴"论许衡文章，固已显示包容之意。相比许氏这种质而不文的文风，提要显然更青睐吴澄那种既能根柢经典也能"词华典雅"的文风。吴澄这种兼顾内容充实与辞采可观的文体，便是文质彬彬的中和之体。

第四章　曲笔书写：《总目》对文人精神典范的重构

《总目》论袁华，侧重于强调"质"的文体意义；其论吴澄与许衡，则凸显"文"的文体意义。而于《古文雅正提要》，便同时从文、质两端，进行更为均衡的论述。其论总集编选曰："潘勖《九锡》之文，阮籍《劝进》之笺，名教有乖，而简牍并列，君子恒讥焉，是雅而不正也。至真德秀《文章正宗》、金履祥《濂洛风雅》，其持论一准于理，而藏弆之家，但充插架，固无人起而攻之，亦无人嗜而习之，岂非正而未雅欤？夫乐本于至和，然五音六律之不具，不能呕呀吟唱以为和；礼本于至敬，然九章五采之不备，不能袒裼跪拜以为敬也。文质相辅，何以异兹？〔蔡〕世远是集，以理为根柢，而体杂语录者不登；以词为羽翼，而语伤浮艳者不录。刘勰所谓扶质立干、垂条结繁者，殆庶几焉。"（D/总集5/v190，p36a－b）①

这篇提要对文质辩证关系的讨论便富于层次。在异质性对待层面，提要同时责斥了潘、阮的"雅而不正"，与真、金的"正而不雅"。此中，"正"指义理之纯正，属"质性"范畴；"雅"指文辞之丽雅，属"文性"范畴。提要认为，"雅而不正"与"正而不雅"均未为至善，唯有"文质相辅"的"既雅且正"才是理想的体式——亦即"以理为根柢"（正），同时"以词为羽翼"（雅）。此外，提要也注意到文质在异量性对待的修饰程度上的适度问题。因此，虽然强调内在义理之"质"，但不能至于"体杂语录"的鄙陋；虽然强调外在文辞之"文"，但不能至于"语伤浮艳"的纤秾。异质与异量纵横两面的文质相辅，便构成理想的"文质彬彬"体式。就文人批评而言，便要求文人在思想质实端正的基础上，兼顾辞藻的工整得体——得体实即意味着修辞之适度，不偏不倚。

前述《陶诗析义提要》论陶诗，则涉及更为融混的文质异质性中和。其言"至味"寄托于"淡泊"，"纤秾"生发于"简古"，则"至味"与"纤秾"亦具有由内而发的内容义，如神韵、义理之类——即提要所谓"神理"，而非只有修辞上的繁缛义，从而与修辞上的"淡泊""简古"构成异质性对待。如此一来，"至味""纤秾"实兼具文质双重含义。表面上，它们显现"文性"，指辞采之韵味，与"淡泊""简古"之"质性"修辞形成异量性对待。而这种表面的辞采韵味，又源自内在的"神理"；"至味""纤秾"便是对"神理"的形容，从而又具有"质性"。至味、纤秾之"神理"寄托于文字，但又超越文字，因此不可求于字句之间，只可涵泳与化。提要这种论陶方式，可能受到苏轼的启发。东坡论陶

---

① "理扶质以立干，文垂条而结繁"实出自陆机《文赋》，参见《昭明文选》卷17，第764页。

诗即曰："渊明作诗不多，然其诗质而实绮，癯而实腴，自曹、刘、鲍、谢、李、杜诸人，皆莫及也。"① 即以"质而实绮，癯而实腴"描述陶诗文质辩证的张力：于文字表层之"质""癯"中，蕴含深层的"绮""腴"体貌。似质而实文，文由质发，从而营造一种文质适度的中和体格。提要"寄至味于淡泊，发纤秾于简古"的表述，亦当如此理解。

这种文由质发的异质性中和文论观念，在司空图论诗品时即已显现。其论"绮丽"即曰："神存富贵，始轻黄金。浓尽必枯，淡者屡深。"② 他所推崇的"绮丽"，乃源于内在"神髓"的自然生发，而非止于外在的纹饰表象。因此，杨廷芝《诗品浅解》曰："此本然之绮丽，非同外至之绮丽。"③ 司空图论"纤秾"也说："乘之愈往，识之愈真。如将不尽，与古为新。"④ 这种纤秾艳彩，也根源于内在的真朴世界。因此，《皋兰课业本原解》指出："此言纤秀秾华，仍有真骨，乃非俗艳。"⑤ 文由质发，质而实文，文质于异质性层面浑然一体。

"文质彬彬"的审美典范，在文道之辨的语境下，其实便是"文与道俱"的逻辑。唐代柳冕即曰："夫君子之儒，必有其道，有其道必有其文。道不及文则德胜，文不知道则气衰。文多道寡，斯为艺矣。《语》曰'文质彬彬，然后君子'，兼之者斯为美矣。"⑥ "道"实即"质"的一个方面。柳氏认为，"道"与"文"不可偏废，只有二者兼备才尽善尽美。至欧阳修则更直接地说："我所谓文，必与道俱。"⑦ 在"文质彬彬"的理想范式下，《总目》的文体观念总体上似乎更倾向于欧阳修"文与道俱"的平行结构，从而对理学家以"玩物丧志"鄙弃文辞的观点屡有质难。因此，《总集类叙》曰："文质相扶，理无偏废，各明一义，未害同归。"（D/总集1/v186, p1b）部类叙在探讨编纂组织文化观念的问题上，具有极重分量。它所主张的"文质相扶"态度，也基本上可视为《总目》文质论的总体观点。⑧

---

① 苏辙：《栾城集·后集》卷21《子瞻和陶渊明诗集引》，第1402页。
② 《诗品集解》，第18页。
③ 《诗品集解》，第18页。
④ 《诗品集解》，第7页。
⑤ 《诗品集解》，第7页。
⑥ 柳冕：《答荆南裴尚书论文书》，《唐文粹》卷84，第3a页。
⑦ 苏轼：《苏轼文集》卷63《颍州祭欧阳文忠公夫人文》，第1956页。
⑧ 周积明认为，《总目》主张"文质相扶，理无偏废"，是对清代诗坛、诗风的反省，具体而言即对清初诗坛倡江西派与效西昆体这两派的对垒之争作出批判性总结。周积明：《文化视野下的〈四库全书总目〉》，第190—194页。

然而，实际的文章批评，便要面对更多复杂的影响因素。对中庸的方法论而言，它本身便要求批评者根据自身所处具体情境，对中庸标准作出理解性折中——这尚且属于中庸思想固有的方法逻辑。① 对于具有官方性质的《总目》而言，它对文质关系的态度，并非纯粹地主张文质彬彬的理想范式，其中掺杂着政治权力与学术权力异常复杂的纠葛。

三 主质：由布帛菽粟之辨看《总目》的文质论

将"文质相扶"视为《总目》文质论的基本观点，盖无大误。这也是前贤论及《总目》文质观念时的一致结论。然而，众所周知，"四库"馆臣三百多人名列《职名表》，其学术各有渊源，学术观念亦纷纷不一；兼之清高宗的政治干预，赫然登诸卷首。如此一来，《总目》所呈现的学术观点，客观上便不胜纷杂；针对某些具体问题，诸提要的观点即往往颇有参差：或略有歧异，或相互辩证，甚或相互矛盾。这些其实便是"四库编纂组织"内部学术聚讼的痕迹。对于这些文本复杂性，传统四库学多予以忽略或回避，或从"如出一手"的逻辑出发假定《总目》有某种统一的观念。但从学术的严谨性与相对客观性的角度看，这种充满歧异的复杂性本身，毋宁说较之因忽略歧异而获致的统一观念更具研究价值。

对于《总目》文质观念的复杂性，前贤并非毫无察觉。周积明即揭示《总目》"文质兼备"论的"两面刃"现象：既反对"质胜于文"，也批评"文胜于质"。当然，周积明的着重点在于探讨《总目》以"文质兼备"的观点对治清初诗坛江西与西昆之争，因而无暇顾及《总目》文质论本身的复杂性。② 赵涛论《总目》的"风骨"观念，也认为《总目》既批评"重文轻质"又鄙弃"重质轻文"，从而确认《总目》以"文质相扶"为诗歌"风骨"的高格。③ "风骨"是否可以简化为文质二元对待的问题，姑且不论。仅就文质论而言，赵氏从研究方法上即将《总目》假设为单一批评主体，从而使《总目》针对"重文"与"重质"两造观点的批评，都被诠释为单一批评主体的"自我辩证"——经过正反辩证

---

① 中庸思想讲求的并非机械式的平均值或中间路线，而是统观整体情境后做出的理解性折中。行为者所处的时空环境，以及其所要面对的人、事，都决定整体情境的差异，也影响理解性折中所做出的选择。参见黄秋韵：《中庸哲学的方法性诠释》，台北文史哲出版社 2010 年版，第 52 页；蔡智力：《孔门"中行"之道论析——以〈论语〉为中心的研究》，新北《宗教哲学季刊》第 80 期（2017 年 6 月），第 103—107 页。
② 周积明：《文化视野下的〈四库全书总目〉》，第 187—194 页。
③ 赵涛：《〈四库全书总目〉学术思想与方法论研究》，第 316—319 页。

进而以"文质相扶"为高格。但单一批评主体的假设,实有违众所周知的历史实况。如此一来,研究者实又将《总目》客观存在的文本复杂性,人为地消解了。涂谢权论《总目》文学价值功用论亦然。涂氏注意到《总目》既强调文章干预世事又反对空洞无物的道德说教的复杂现象。但这种文本复杂性,也在单一批评主体的诠释视域下被遮蔽,最终还是被和谐地统摄于"文质相扶"的"公允"态度之下。①

传统研究之所以轻易地以"自我辩证"的逻辑解释《总目》的文本复杂性,或许在于其未能将论题有效聚焦于某一具体话题或批评对象,而是宽泛地以"文""质"的抽象概念挈领《总目》相关论述。事实上,《总目》文质观念的歧异论述,在围绕以布帛菽粟为譬喻的文体论话题中便有聚焦性争辩,而不同提要对蔡清文体价值的评议则更是针锋相对。这是细致而严谨地审视《总目》文质观念复杂性的理想切入点。

(一) 以"布帛菽粟"为譬喻的文体论

《总目》论张光祖《言行龟鉴》曰:"是编所记虽平近无奇,而笃实切理,足以资人之感发,亦所谓布帛菽粟之文,虽常而不可厌者欤。"(C/杂家 7/v123,p21b)又虞俦仰慕白居易为人,故所作韵语皆"明白显畅,不事藻饰",其"真朴之处"与"粗率流易之处"均近白居易。《尊白堂集提要》论其文章即曰:"辞命温雅,议论详明,于当时废弛积弊,言之尤切,其意亦颇有可取者。……录而存之,亦所谓布帛菽粟之文,虽常而不可厌者欤。"(D/别集 12/v159,p34a–b)这两篇提要都把平近笃实、真朴乃至粗率的文章,譬喻为"布帛菽粟之文",并予以褒扬,以为"虽常而不可厌"。

以"布帛菽粟"譬喻论文质之辨,始见于《管子·重令》:"菽粟不足,末生不禁,民必有饥饿之色,而工以雕文刻镂相稺也,谓之逆。布帛不足,衣服毋度,民必有冻寒之伤,而女以美衣锦绣綦组相稺也,谓之逆。"② 即以布帛菽粟譬喻民生于衣食上的基本需求,以对比奢侈华丽的"雕文刻镂"与"美衣锦绣綦组",一质一文,构成异量性对待。迄至宋代,在文道之争语境下,学者更热衷于以布帛菽粟譬喻天道或朴实之文辞。李纲论君子小人之文,即以"菽粟布帛之能济人之饥寒"譬喻"渊源根柢于道德仁义"的君子之文,而小人之文则"雕虫篆刻,缔章绘句

---

① 涂谢权:《论〈四库全书总目〉文学批评的经世价值取向》,《贵州师范大学学报》2002 年第 3 期。
② 黎翔凤:《管子校注》卷 5,梁运华整理,中华书局 2004 年版,第 285 页。

第四章 曲笔书写：《总目》对文人精神典范的重构

以祈悦人之耳目，其甚者朋奸饰伪，中害善良，如以丹青而被粪土，以锦绣而覆陷阱，羊质而虎文，凤鸣而鸷翰"。① 当然，此中影响最为深远的恐怕是朱熹，这也可能是《总目》反复以布帛菽粟喻论文章体貌的重要渊源之一。

朱子《六先生画象赞》赞程颐即曰："布帛之文，菽粟之味。知德者希，孰识其贵！"② 他常以布帛菽粟作为譬喻来论理，如曰："惟其平常，故不可易，如饮食之有五谷，衣服之有布帛。若是奇羞异味，锦绮组绣，不久便须厌了。"③ 又曰："决知尧、舜之可为，圣贤之可学，如菽粟之必饱，布帛之必暖，自然不为外物所胜。"④ 即以布帛菽粟譬喻"平常而不可易"之理，亦即与"人欲"相对的"天理"。他以常否、厌否论布帛菽粟，正与《言行龟鉴提要》《尊白堂集提要》以布帛菽粟之文为"常而不厌"的逻辑相应。考虑到朱熹对明清学术的影响，可以推测：朱熹即《总目》部分提要以布帛菽粟之喻论文的一个重要渊源。

另一个不可忽视的渊源是清室皇帝。康熙帝《论董贤书》即曰："辞尚质朴，意存伉直，所谓布帛菽粟之文，可济实用者也。"⑤ 敕令编纂"四库"的清高宗对于文学，也抱持着与其祖父一样的态度。他在御极之初即曾降旨："朕思学者修辞立诚，言期有物，必理为布帛菽粟之理，文为布帛菽粟之文，而后可行世垂久。若夫雕文逞辞以炫一时之耳目，譬犹抟土揭木涂饰丹铅以为器物，外虽可观，不移时而剥落，曷足贵耶？"⑥ 即认为布帛菽粟之文可"行世垂久"。所谓"行世垂久"即提要"不可厌"之意。与此相对的便是"雕文逞辞"的绮丽体貌。在清高宗看来，绮丽的文风虽然表面可观，然而也只是"炫一时之耳目"，"不移时而剥落"，亦即不能具备"不可厌"的持久性。

《总目》部分提要对布帛菽粟之文的态度与逻辑，与清高宗之论如出一辙。除前引两篇"常而不厌"之说，与清高宗"行世垂久"之说相应外，《紫山大全集提要》论胡祗遹亦曰："诗文自抒胸臆，无所依仿，亦

---

① 李纲：《梁溪先生文集》卷138《古灵陈述古文集序》，《宋集珍本丛刊》第37册，第489页。
② 《晦庵先生朱文公文集》卷85，《朱子全书》第24册，第4002页。
③ 《朱子语类》卷62，《朱子全书》第16册，第2007页。
④ 《朱子语类》卷16，《朱子全书》第14册，第503页。
⑤ 《清圣祖御制文集·第三集》卷30，《景印文渊阁四库全书》第1299册，第231页。
⑥ 《高宗纯皇帝圣训》卷33《文教一》，《大清十朝圣训》，台北文海出版社1965年版，第513页。

无所雕饰,惟以理明词达为主。元代词人,往往以风华相尚,得兹布帛菽粟之文,亦未始非中流一柱矣。"(D/别集 19/v166,p34b) 即以布帛菽粟之文与刻意雕饰、"以风华相尚"的绮丽体貌相对,扬前而抑后。又论陈继儒《安得长者言》曰:"盖亦语录之类。然圣贤以言立训,本出自然。有意雕镂,便非心得。张昞跋谓其于热闹中下一冷语,冷淡中下一热语。宗尚如此,宜其于布帛菽粟之旨,去之益远也。"(C/杂家 c2/v125,p37b) 这里"去之益远"一语似有歧义,因为"去"字有"相违"之意,若然则文意不通。《四库全书存目丛书》所收此书无跋,① 《丛书集成初编》所收此书有沈德先跋,无张昞跋。沈跋曰:"陈眉公每欲以语言文字,津梁后学。故热闹中下一冷语,冷淡中下一热语,人都受其炉锤而不觉。是编尤其传家要领,政(正)如水火菽粟,开门日用之物,具眉目者所并需也。"② 此盖提要作者所见之跋。此跋亦以水火菽粟论陈氏此书,且其以冷语、热语立论,亦在于说明"人受其炉锤而不觉"的阅读效果。这种润物无声、潜移默化的阅读效果,正与"常而不厌"相通。因此,提要于此乃认为陈氏于布帛菽粟之旨,得之益深;且与这种体貌对立而论的,仍乃"有意雕镂"的绮丽体貌。这仍是崇尚布帛菽粟之文的逻辑。扬质而抑文,这显然已逸出《总集类叙》所标榜的"文质相扶"论调,而呈现明显的"尚质"倾向。

(二)布帛菽粟之文:虽常而不可厌?理正而不能一扫天下?

如果围绕布帛菽粟譬喻的讨论,可以作为《总目》文质争辩的焦点,那么针对蔡清文章体貌的批评,便可以说是焦点中的关节。因为,所有相互歧异的意见,在针对蔡氏文章风格的评论中几乎都有体现。因此,下文将从《总目》对于蔡氏的批评,逐渐转向这一论争的反方意见。

延续上引诸提要的逻辑,《虚斋集提要》论蔡清即曰:"其文章亦淳厚朴直,言皆有物。虽不以藻采见长,而布帛菽粟之言,殊非雕文刻镂者所可几也。"(D/别集 24/v171,p14a) 较之前引几篇提要,这篇提要将布帛菽粟的质实之文,与"雕文刻镂"的绮丽文风进行更直接的对比,直谓前者殊非后者可企及。从文质之辨的角度看,这无疑是以布帛菽粟之文为文章体格的最高典范,并且贬抑与之相对的绮丽体貌。

---

① 此本据北京大学图书馆藏明崇祯刻《眉公十种藏书》本影印,参见《四库全书存目丛书》子部第 94 册,第 465—474 页。
② 参见陈继儒:《安得长者言》,《丛书集成初编》第 375 册,跋,第 1 页。此本为商务印书馆据《宝颜堂秘笈》本排印。

然而,《蔡文庄集提要》却对这种"尚质"的文质观念提出质疑:"集中有《与孙九峰书》,述宁王宸濠讥其不能诗文。廷魁《序》中因反复辩论,历诋古来文士,而以清之诗文为著作之极轨。夫文以载道,不易之论也。然自战国以下,即已岐(歧)为二途,或以义理传,或以词藻见,如珍错之于菽粟,锦绣之于布帛,势不能偏废其一。故谓清之著作主于讲学明道,不必以声偶为诗,以雕绘为文,此公论也。谓文章必以清为正轨,而汉以来作者皆不足以为诗文,则主持太过矣。"(D/别集 c2/v175,p64a-b)

"廷魁"即乾隆年间蔡清宗裔蔡廷魁。廷魁《蔡文庄公集序》中堪称"历诋古来文士"的文字,当是如下两段:"韩柳之徒,天才本自挺出,可以大有所立,终不免以文名家者,枝叶胜也";"融堂先生生苏、黄、秦、晁文事盛行百巧竞出之后,而其著述乃皆主于发其胸中之所自得者而止,初不拘拘于一字一句之工,而其道理所在,神志所适,亦自天然成趣,力量百倍,非专事文家者可望,信乎其自大本大根中流出,而可以唤醒学者崇本之念矣"。但这实际上是廷魁引述蔡清《与徐方伯书》原文,①而非廷魁自言。廷魁引蔡清此文及《论诗》后曰:"观此,则公于诗唯不肯为周沈八病诸格所绳束,于文唯不肯为骈四骊六、雕章琢句之巧耳,非真不能诗文也。"②

据蔡廷魁的逻辑,其所欲辩者,只为论证蔡清"非真不能诗文",非提要所谓"以清之诗文为著作之极轨"。廷魁所引蔡清之论,亦只以钱时(号融堂)文章与苏、黄诸人相比,其间可见蔡清本人的文学旨趣,似亦未可直谓以蔡清诗文为著作之极轨。《蔡文庄集提要》所述,似与事实不符。当然,蔡廷魁引此以论,实亦有以蔡清比配钱时之意,从而亦以蔡清之文章非苏黄等"专事文家者可望"。这则与《虚斋集提要》认为蔡清"布帛菽粟之文非雕文刻镂者可几"的逻辑完全一致。然而,《蔡文庄集提要》则直批蔡魁所论为"主持太过",这实亦无异于批判《虚斋集提要》的相关观点。它用以批判这种观点的譬喻即是:布帛菽粟之质朴与锦绣珍错之华美,二者之间"势不能偏废其一",不能因为偏好质朴而尽废华美之好。这篇提要的直接批评对象是蔡廷魁,但它对布帛菽粟之文的批评,毋宁也是对《虚斋集提要》乃至清高宗《圣训》的质疑或反驳。同以蔡清为批评对象,同以布帛菽粟为譬喻,批评观点却截然相反,如此

---

① 蔡清:《蔡文庄公集》卷2,《四库全书存目丛书》集部第42册,第644—645页。
② 《蔡文庄公集》卷首,第584—585页。

两造对立观点便不可能是单一评论主体的"自我辩证",而毋宁是不同评论主体之间的相互辩驳。如以"四库编纂组织"作为观察视域,亦可视为组织中的"内部聚讼";如就《总目》文本的客观表现而言,亦可视为文本的"内在矛盾"。

除此以外,《蔡文庄集提要》的批评逻辑也值得玩味。它事实上并不否定"文以载道"的文学观念,仍肯定其为"不易之论",认为文人若以载道为目的作文,可以不必拘泥于声偶、雕绘等作文章法。它所反对的只是以载道之文为"著作极轨",而横扫其他一切文风。这是一种消极的保守性反驳。因为它并不反对"尚质"本身,甚至承认其为"公论",它只是反对以"尚质"为极轨而完全抹杀"文"的体貌价值,从而也未能进一步正面提出"尚文"的主张,只是保守地认为"文"亦不可偏废。

这种消极的保守性反驳,是《总目》部分提要反对独尊布帛菽粟之文的基本论调。如其论刁包《斯文正统》即曰:"其凡例称专以品行为主,若言是人非,虽绝技无取。盖本真德秀《文章正宗》之例,持论可云严正。然三代以前,文皆载道。三代以后,流派渐分。犹之衣资布帛,不能废五采之华;食主菽粟,不能废八珍之味。必欲一扫而空之,于理甚正,而于事必不能行。即如《文章正宗》,行世已久,究不能尽废诸集,其势然也。"(D/总集 c4/v194,p3b–4a)提要于此似有双重逻辑:其一,认为不能因为衣食主资布帛菽粟等平常质朴物资,而废弃五采八珍等繁华衣食;其二,即使真欲据布帛菽粟而横扫一切繁华珍采,其道理固然严正而无懈可击,但在人情事实上却无法施行。如此之言,则从目的动机上承认独尊布帛菽粟之文的正当性,只是从实施效果上否定了其可行性。《崇古文诀提要》亦曰:"真德秀《文章正宗》以理为主,如饮食惟取御饥,菽粟之外,鼎俎烹和皆在其所弃;如衣服惟取御寒,布帛之外,黼黻章采皆在其所捐。持论不为不正,而其说终不能行于天下。"(D/总集 2/v187,p16a)这些论调都承认了尊尚布帛菽粟之文的正当性与理想性,但对于独尊此一质朴体貌而尽废华美之体,则不免从可行性、合理性上提出质疑。辞气之间,颇有为布帛菽粟之文不能独尊天下惋惜之意。

《总目》各提要围绕着布帛菽粟譬喻的讨论,可视为理论批评的范畴,不同提要的作者通过此一譬喻,分别宣扬各自的文学理论主张。然而,针对具体的文学文本,这种理论批评又是怎样转化成实际批评的呢?此中又体现《总目》怎样的文质观念?

（三）"尚质抑文"与"抑质未尚文"的不均衡对立结构

元代杨载《诗法家数》论"诗之十戒"有所谓"绮靡不典重",① 告诫文人作诗勿过于绮靡（文），而不够典重（质实）。《总目》主张布帛菽粟之文的观点，与杨氏之说一脉相承，均为"尚质"的文质观念，也可以说是对绮靡体貌的贬抑与排斥。传统中国常见二元对待的思维模式，董仲舒所谓"独阴不生，独阳不生"（《春秋繁露·顺命》），阴阳相生相克。文质亦二元对待，因此对"质"的论述往往同时意味着对"文"的某种论述，反之亦然，只是对应方式未必相同。在《总目》中，"尚质"往往同时意味着"抑文"，"质""文"之间，一扬一抑，态度完全对立。这种观点的文质对应方式，可以称为文质完全对立模式。前述清高宗《圣训》与《虚斋集》等几篇提要对于布帛菽粟之文的论述，均显现这种"尚质抑文"的完全对立模式。

在更广泛的文质之辨范畴下，类似论述于《总目》亦在在可见，如《强斋集提要》论明殷奎："如奎等者，在当时不以词翰名，而行矩言规，学有根柢，要不失为儒者之言，视后来雕章缋句，乃有径庭之别矣。……其文亦朴雅，可想见一时风气云。"（D/别集 22/v169，p54a）即推扬殷氏文章之朴雅与根柢，认为它远超"雕章缋句"的华美体貌之上，显然一种"尚质"并且同时"抑文"的态度。又论喻良能文章："核其格律，大都抒写如志，不屑屑为缔章绘句之词。"（香山集/D/别集 12/v159，p24a）"不屑屑为"的否定性指向，预示了"缔章绘句"的消极性价值。因此，其逻辑亦尊尚"抒写如志"的真朴，同时贬抑"缔章绘句"的绮丽体貌。

《总目》"尚质"与"抑文"之所以被称为完全对立模式，还因为它对二者抱持同样鲜明的态度。除推崇布帛菽粟之文而体现鲜明的"尚质"观念外，《总目》的"抑文"观念也非常鲜明。前引几篇提要尚属主论"尚质"而兼涉"抑文"，《曝书亭集提要》则直接批评文人"绮语难除"之习："惟原本有《风怀二百韵诗》及《静志居琴趣长短句》，皆流宕艳冶，不止陶潜之赋《闲情》。夫绮语难除，词人常态。然韩偓《香奁集》，别为篇帙，不入《内翰集》中，良以文章各有体裁，编录亦各有义例。混而一之，则自秽其书。今并刊除，庶不乖风雅之正焉。"（D/别集 26/v173，p24b-25a）"香奁体"本即清高宗明令贬抑的文体，原因即在于其"文"之太过而至"浮靡"。《总目》虽未完全贯彻清高宗谕旨，但多数提要仍予以认真落实。这篇提要即认为朱彝尊将艳冶之体收入文集中，是"自秽其

---

① 何文焕辑：《历代诗话》，第 726 页。

书",其对文饰太过的艳体之贬抑与厌恶之情,溢于言表。其"绮语难除,词人常态"之语,更彰显欲尽蕲绮语而不得之憾。

在"文质相扶"理想范式的统摄下,"尚质"观点无法任意伸张,《总目》同时又呈现"抑质"观点,彼此形成相互制衡之势。前述《蔡文庄集》等几篇提要反对独尊布帛菽粟之文,即有明显的"抑质"倾向。在实际批评中,"击壤体"与"语录体"这两种"质性"文体,便成为《总目》"抑质"批评的主要批评对象。如批评陈栎:"诗作击壤集派,多不入格。"(定宇集/D/别集20/v167,p10b)批评侯克中:"其诗颇近击壤一派,多涉理路。"(艮斋诗集/D/别集20/v167,p11b)批评许谦诗:"五言古体,尤谐雅音,非击壤集一派惟涉理路者比。"(白云集/D/别集19/v166,p55a)这些论调都认为"击壤体"以理作诗,过于质朴而不事修饰,从而有明显的贬抑之意。

所谓"击壤体"是对以邵雍为代表的诗体风格的指称,其体格"以论理为本,以修词为末"(击壤集/D/别集6/v153,p28b)。正因其以论理为本,故其体貌极类理学家之语录。这是宋明以后诗体的一大变化。朱国祯论当时诗风即说:"禅语演为'寒山诗',儒语演为'击壤集'。此圣人平易近民、觉世唤醒之妙用也。"① 因此,《总目》部分提要对"语录体"的批评,与此实源自同一逻辑。在这种批评观点看来,"语录体"之不可取,便缘于其"质"之太过而至于俚俗、粗鄙。如其论林之奇《拙斋文集》曰:"此集所载诸篇,皆明白畅达,不事钩棘,亦无语录粗鄙之气。"(D/别集11/v158,p32b)所谓"不事钩棘"是一种适度质朴的体貌,尚为提要所容许;而作为对比的"语录粗鄙之气",便已是涉及过度质朴的禁地,被当成负面典型予以贬抑。又如论姚勉曰:"勉受业于乐雷发,诗法颇有渊源,虽微涉粗豪,然落落有气。文亦多婷雅可观,无宋末语录之俚词。"(雪坡文集/D/别集17/v164,p24a)这里同样容许姚诗"微涉粗豪"的适度质朴,而以"语录"之"俚词"为负面典型予以批评。

对于"语录体"体貌过于质朴而至于粗鄙俚俗的批评,是诗、文批评的共同论题。而针对以语录作诗词的批评,则又有另一特殊原因:语录之质实与质朴,与诗词的本色迥然异趣。《总目》论汪莘《方壶存稿》即曰:"其中《水调歌头》二首,至以'持志存心'为题,则自有诗余从无此例。苟欲讲学,何不竟作语录乎?"(D/别集16/v163,p6a)在提要看来,

---

① 朱国祯辑:《涌幢小品》卷18"儒禅演语"条,《续修四库全书》第1173册,第191页。

第四章 曲笔书写：《总目》对文人精神典范的重构

语录的文体目的是讲学，诗词的文体目的是吟咏性情，二者不可以强行混同。① 正缘于如此逻辑，《总目》便常以"有韵语录"对以说理为目的的朴实诗风予以批评，如《精华录提要》曰："宋诗质直，流为有韵之语录。"（D/别集 26/v173，p18a-b）则为体貌质直的宋诗，贴上"有韵语录"的标签。又论艾性夫诗曰："性夫讲学之家，而其诗气韵清拔，以妍雅为宗，绝不似宋末有韵之语录。"（剩语/D/别集 19/v166，p21b）均将"有韵语录"作为诗体的负面典型予以批评。

在文质二元对待的逻辑中，"尚质"理论上同时隐含着"抑文"的观点，而"抑质"也应同时隐含着"尚文"的观点。在《总目》"尚质抑文"的完全对立模式中，"尚质"便确实同时意味着"抑文"，二者相互偕同，如一体之两面。然而，对于作为"尚质"制衡因素的"抑质"观点，在《总目》中却没有普遍性的"尚文"观点与之协同呈现。《总目》正面而直接地宣扬"尚文"观点的提要极为少见，有则如论赵鼎臣《竹隐畸士集》："即所存诸诗观之，工巧流丽，其才实未易及。……至其杂文，刻意研练，古雅可观，亦非俭陋者所能望其项背。"（D/别集 8/v155，p31a）对比"抑文"观点普遍且大张旗鼓的宣扬，"尚文"的声音已是相当微弱而隐约。因此，尽管"抑质"在理论上同时意味着"尚文"的潜在逻辑，然而从实际批评的层面看，《总目》毋宁是显现出一种"未尚文"的逻辑。② 这与布帛菽粟之辨中所呈现的理论批评逻辑正好呼应：《总目》针对布帛菽粟之文提出消极的保守性反驳观点，也没有正面提出"尚文"的理论主张，而只是认为不可因"尚质"而尽废"文"。

《总目》的文质之辨，可以视为宋代程颐、苏轼以降，广义文人（学者型文人）与狭义文人（刻意为文者）关于文体范式辩论的延续。③ 这场持续数百年的论争，本该是势均力敌的对垒。《总目》既然延续此一论争，何以却呈现出"尚质抑文"对垒"抑质未尚文"的不均衡对立结构？

---

① 以此逻辑批评语录体诗，不始于《总目》。南宋刘克庄即曾曰："近世贵理学而贱诗，间有篇咏，率是语录讲义之押韵者耳。"刘克庄：《刘克庄集笺校》卷 111《恕斋诗存稿跋》，第 4596 页。清王士禛亦曰："《诗三百》主言情，与《易》《太极》说理，判然各别。若说理，何不竟作语录，而必强之为五言七言，且牵缀之以声韵，非蛇足乎？"王士禛：《带经堂诗话》卷 27《丛谭门》，张宗柟纂集，人民文学出版社 1963 年版，第 757 页。

② 于此使用"未"字以表示程度，而非时间概念。"未尚文"意味着肯定"文"的价值，但未至于崇尚的程度，这就是《总目》保守性态度的表现。"未尚文"不等同于"不尚文"，因为"不"意味着否定。

③ 关于程、苏之争参见黄明理：《"晚明文人"型态之研究》，第 37—71 页。

这可能与清高宗的个人偏好,以及他对"四库"编纂的政治干预有关。对于作为官修书目的《总目》而言,代表最高政治权力的清高宗之介入,打破了其学术场域中"尚质"与"尚文"两造间的均衡对立格局。清高宗降旨清查《美人八咏》一类"务作绮丽之词""体近香奁"的文体,① 其实便释放了"抑文"的信号。如此一来,本意"尚文"的馆臣,恐怕也无法畅言"尚文"之意。

当然,持反对意见的馆臣,也并非完全遵从清高宗谕旨,切实地执行"抑文"旨令。这从他们在理论批评与实际批评中,针对"质"的态度之转变可以看出。在论布帛菽粟之文时,反对派对"尚质"提出质疑,但其质疑只停留在反对独尊质朴之文上,而事实上仍认同"尚质"为公论。然而,在实际批评中,反对意见却明显"抑质",甚至"斥质",从而与理论批评中以"尚质"为公论的态度相抵牾。这种理论批评与实际批评的不一致,有几方面的可能性原因:第一,布帛菽粟之辨事实上是"文以载道"论题的变体,否定布帛菽粟之文无疑是否定"文以载道"的古训,② 故反对派在理论批评上仍不得不承认"尚质"为公论;第二,清高宗针对"四库"编纂的圣谕,似未直接提出"尚质"的要求——前引《圣训》乃其登基之初所下,或因此故,反对派在实际批评中敢于"抑质";第三,反对派在实际批评中贬抑质朴体貌,多以之为负面典型来批评,或避免直接批评清高宗所尊崇的人物,而针对未曾被清高宗褒扬过的"小人物"来批评。③

由此可见,《总目》文质论在"文质相扶"的理想范式之外,仍有若

---

① 清高宗于"四库馆"所进呈书中,见有载《美人八咏》诗者,以为"词意媟狎,有乖雅正",因此下旨:"美人、香草,以喻君子,亦当原本风雅,归诸丽则,所谓托兴遥深,语在此而意在彼也。自《玉台新咏》以后,唐人韩偓辈,务作绮丽之词,号为香奁体。渐入浮靡,尤而效之者,诗格更为卑下。今《美人八咏》内,所列《丽华发》等诗,毫无寄托,辄取俗传鄙亵之语,曲为描写,无论诗固不工,即其编造题目,不知何所证据。朕辑《四库全书》,当采诗文之有关世道人心者,若此等诗句,岂可以体近香奁,概行采录?"因而令馆臣将所有《美人八咏》诗及类似诗作"一并撤去","以示朕厘正诗体、崇尚雅醇之至意"。《纂修四库全书档案》下册,第1433页。
② 在文道之争中,即使是"文以载道"论的反对者苏轼,也并未完全放弃对"道"的抱持,只是其态度异于程颐。他更赞同欧阳修训诫他的"文与道俱"之说。参见第二章第一节相关论述。
③ "击壤体"被部分提要作为负面典型来批评,但对于始作俑者邵雍之《击壤集》,《总目》却给予相当高的评价:"邵子之诗,不过不苦吟以求工,亦非以工为厉禁。……知其随手散佚,不复收拾。真为寄意于诗,而非刻意于诗者矣。"(D/别集6/v153,p29b-30a)

干偏倚性实际倾向。在这些倾向中,"尚质抑文"是占主导地位的主流观点。其主导地位既体现于普遍性上,也体现于积极性与主动性上。作为主流观点的修正性或辩证性意见,则有两个层次:在理论批评上反对以"尚质"为极轨而完全抹杀一切华丽的美文,但仍承认"尚质"为公论;在实际批评上虽然表现出明显的"抑质"态度,然而也并没有过多地正面强调"尚文"。这种主流之外的修正意见,并不具有积极性与主动性,而是一种消极的、被动的调剂性意见。它只是作为主流意见的辩证补充,若欲提醒主流意见:"勿过于强调'质'而忽视'文'的作用,以致于粗鄙,从而违反'文质彬彬'的理想范式。"统观《总目》这种"尚质抑文"与"抑质未尚文"的不均衡结构,两相辩证,其文质论的整体观点应被定性为"主质"。即是说:《总目》在其自诩的"文质相扶"理想范式之下,实际上仍然有"主质"的倾向。因此,"质性"体貌群落如质实、质朴、真朴等,只要不质之过度,对《总目》而言均是有典范意义的体式。当然,也缘于"文质相扶"的理想范式,使得《总目》于"主质"之外仍有"以文济质"的辩证性意见,以防"质之太过"。从另外的角度看,文质之争确曾于编纂组织中或显或隐地发生过,"文质相扶"则是主事者在"务取持平"总原则下的调解性意见。

四 《总目》文人精神风貌论述中的"主质"倾向

在"文如其人"的观念下,文章体貌之"主质"也意味着文人精神风貌的"主质"。《省斋集提要》论廖行之即曰:"其文章大抵屏除藻绘,务以质朴为宗,或不免近于朴僿。故戴溪作序,不甚称之。然其词意笃实,切近事理,亦足以想见其为人。"(D/别集14/v161,p8a)即有由其文而"想见其为人"的"文如其人"逻辑,而对其文"词意笃实"的褒扬,显然亦推及对其人品笃实的称许。

文质之辨在"文/人"间的镜像关系,非只发生于微观的个体身上。宏观地看,一个时代文风之文质,亦关系到整体士风之文质。明人沈鲤即曰:"唐初尚靡丽,而士趋浮薄。宋初尚钩棘,而人习险谲。是文章之有关于世教也又如此。"① "靡丽""钩棘"都是刻意于文辞修饰的绮丽体貌。在沈鲤看来,唐宋初年这种过于文饰的文风,便对士风产生影响,前者使唐初士风日趋"浮薄",后者使宋初士风沦为"险谲"。对《总目》而言,其所重点要纠正的便是明末以来的纤佻之风。在《总目》中,"纤

---

① 张萱辑:《西园闻见录》卷44,《明代传记丛刊》第120册,第310页。

佻"是涉及广泛且相当复杂的概念,与它相近的概念还有"纤秾""佻薄""纤诡""儇薄""佻巧""儇佻""纤仄"等。这些概念事实上便形成一个相互关联的体貌群落,其间关系错综复杂。总体而言,轻薄、淫艳、柔弱、华而不实、狂诞不经等士风,都与此体貌群落相关。因此,《总目》在文体论上呈现的"主质"倾向,便有要对治这种纤佻士风的意味。

宏观的士风,是由微观的、个别的士习积聚而成的社会行为风气。因此,端正士风,其实便由端正个体的士习开始。这便须由文章体式的规范性意义切入。《总目》在文体论上既然"主质",则与"质"相关的体貌群落,便成为具有规范性意义的"体式群落"。与质实的文章体式相应,便对文人的淳实风貌提出了要求。此时,在异质性层面与文辞修饰(文)相对的"质"(内容),已不止于学问、义理,而深入涉及文人自身的精神素养。文人的经济实行,从精神上便源于这种淳实的精神素养。

《总目》论李蕡《雪鸿堂文集》即曰:"皆汲汲以兴利除弊为事,盖有古良吏之风。其文亦皆朴直不支,意其人必悃愊无华,故文亦如之欤。然蕡之意,固不在以词藻传也。"(D/别集 c9/v182,p18b) 在这里,文质诸于文人,至少有三个层面的含义:第一,涵养于内的精神气质,即其人之"悃愊无华";第二,表达于外的文章辞藻,即文辞的"朴直不支";第三,表现于外的实际行为,即兴利除弊的"古良吏之风"。内在精神的淳实是根源性的:只要内在精神得到端正,外在文章、行为的端正便水到渠成。精神淳实者以济世为目的,其行为固然为经济之行;发为文章,也不斤斤于辞藻之间,从而有"朴直不支"的体貌。所谓"朴直不支",即据实论事,意达即止,不枝蔓于华丽辞藻。因此,从文人典范来讲,这种淳实的文人精神,便是矫正文人行为的根本所在。又其论夏原吉《夏忠靖集》亦曰:"前有杨溥序,称其诗文平实雅淡,不事华靡。考原吉以政事著,不以文章著。洪永之际,作者如林,以原吉位置其间,尚未能并骛中原、齐驱方驾。然致用之言,疏通畅达,犹有淳实之遗风。以肩随杨士奇、黄淮诸人,固亦无愧也。"(D/别集 23/v170,p24b)"淳实遗风"既是对夏氏"平实雅淡"诗文的描述,也是对其精神素养的描述。也就是说,其诗文之平实雅淡与政事之显著,均根源于精神素养上的淳实风貌。

"真朴"的文章体式,在《总目》文人精神典范论述中,也有一种真朴精神与之对应。《相山集提要》论王之道韵文,以为"抒写性情,具有真朴之致",并以为是"有体有用之言"(D/别集 9/v156,p35a)。"体"即内在精神,"用"即外在行事;体用相符,即为真朴。真朴是"文/人"

关联最为突出的体式。在文体论中，真朴强调内外一致——这当然是基于内在精神淳实的一致。当外在文辞之华丽超过内在精神之富足，便不可谓之"真"。因此，真朴事实上并不绝对地排斥辞藻华丽，其所排斥的只是外华内槁的浮华，即所谓华而不实。所以，它要求文人充实内在精神涵养，使外在辞藻之华美根源于内在精神之丰腴。这也是司空图所谓存乎神髓的"绮丽"："神存富贵，始轻黄金。浓尽必枯，淡者屡深。"① 从工夫论上讲，文人应将注意力收摄于内心，注意内在精神修养，使之富足，而非在身心以外修饰外在的形式华美。

在以"真朴"为体式的逻辑观念下，文人只要内在精神足够丰腴，外在文辞便自然华美。这便是孔子"有德者必有言"的逻辑，② 也是孟子"充实之谓美"的逻辑。③ 至唐代李翱则析言曰："义深则意远，意远则理辨，理辨则气直，气直则辞盛，辞盛则文工。"④ 逆而推之，文人作文如欲使"文工"，其工夫论的起点应落实到"义深"之根本上，而非"文工"之末梢。"义深"的具体做法，便要回到儒家经典的涵咏与领悟之上。在以儒家为精神内核的传统中国，这是修身的重要方式。只有对道义有深刻理解与体悟，才能酝酿出深远的意蕴，从而对事理有清晰的分辨。义、意、理内在积蓄到一定程度，在内在之气的推动下自然迸发，形诸言辞，便自然顺畅、工整。文人倘能如此，便可以实现"文质彬彬"的理想范式。这其实也是"主质"倾向的一种表现。理论上讲，"主质"并不必然意味着"斥文"。"主质"也讲求"文质彬彬"，只是其实现"文"的理想进路并不自外在的"文"本身，而应取径于内在的精神修养（质）。"主质"虽不"斥文"，但须"抑文"；其所欲抑之"文"，实即世俗文人求诸于外的"文"，即只苦心经营表面辞藻而割舍内在修养的浮华之"文"。

此外，"质朴"作为文章体式，也是《总目》所宣扬的文人精神典范。《总目》论俞德邻即曰："德邻高节，不减陶潜，……德邻诗恬澹夷犹，自然深远，在宋末诸人之中，特为高雅。文亦简洁有清气，体格皆在方回《桐江集》上。盖文章一道，关乎学术性情，诗品文品之高下，往

---

① 《诗品集解》，第18页。
② 《论语·宪问》载孔子曰："有德者必有言，有言者不必有德。仁者必有勇，勇者不必有仁。"
③ 《孟子·尽心下》载孟子曰："可欲之谓善，有诸己之谓信。充实之谓美，充实而有光辉之谓大。大而化之之谓圣，圣而不可知之之谓神。"
④ 李翱：《李文公集》卷6《答朱载言书》，上海古籍出版社1993年版，第29页。

往多随其人品。此亦一征矣。"(佩韦斋文集/D/别集 18/v165，p27a－b）提要认为，文品与人品（学术性情）紧密相应。故其所谓"恬澹夷犹""自然深远"与"简洁有清气"，既形容俞氏文品，亦形容其人品。恬澹自然，简洁有清气，无论作为文品抑或人品，都是一种质朴体貌，不事雕饰，自然而然，与刻意雕饰的绮丽、繁缛相对。绮丽与繁缛意味着欲望，从写作上讲是一种刻意为之的辞藻表现欲。相较之下，简洁质朴之体则不屑屑于言辞的刻意雕饰，修辞只为达意，即孔子所谓"辞达而已矣"（《论证·卫灵公》）。陈师道论陶渊明亦曰："陶渊明之诗，切于事情，但不文耳。"①为切事而不为雕饰文辞。人品之质朴，即表现于文人精神志趣之无欲。无欲则刚，不为物欲所动，从而表现出一种自然恬澹的品格。故提要认为俞氏人品，有"不减陶潜"的"高节"。这种恬澹无欲的人品与文品，便是陶渊明与陶体被历代文人塑造成文章典范与文人典范的原因之一。《总目》即直承此一审美传统。

《勤斋集提要》论萧𣂏也透显如此逻辑："今考其文，气格虽不甚高，而质实简洁，往往有关名教。其《辞儒学提举书》及《辞免祭酒司业》等状，尤可见其出处进退之大节。诗非所长，而陶冶性灵，绝去纤秾流派，亦足觇其志趣之高焉。"（D/别集 20/v167，p20b）在此，论其文章"质实简洁""绝去纤秾"，即涉及质朴的体貌。在提要看来，这种质朴的文章体貌，与萧氏"出处进退之大节"与"志趣之高"的品格密切相关。

尽管《总目》"主质"的文体观念不排除受清高宗影响，然而，以淳实、真朴、质朴等"质性"体貌作为文人精神典范，并非脱离传统文化根基而任由政治权力摆布。传统中国虽然也不乏"尚文"论述，如《荀子·非相篇》曰："听人以言，乐以钟鼓琴瑟。故君子之于言无厌。鄙夫反是，好其实，不恤其文，是以终身不免埤污庸俗。"即批评鄙夫好质不好文。这当然也是《总目》的总体观念所能接受的观点。然而，在传统中国，针对滥于文饰的批评或警惕，更是代有其人。晋葛洪《抱朴子》即曰："观艳逸而心荡，饰夸绮而思邪者，淫人也。"又曰："忘等威之异数，快饰玩之夸丽者，奢人也。"② 即对刻意夸饰的"奢人"与"淫人"提出批评，亦即警惕文人好事夸饰的风气。③ 明徐祯卿亦曰："媚夫幸士，

---

① 陈师道：《后山诗话》，何文焕辑：《历代诗话》，第 313 页。
② 杨明照：《抱朴子外篇校笺》卷 22《行品》，第 542、545 页。
③ 葛洪作《抱朴子》，其本意即在于纠正汉末以降的浮华风气，从而在文化上以质救文。参见龚鹏程：《中国文学史》上册，第 179 页。

辞靡气荡；荒才娇丽，辞淫气伤。"① 所谓"辞靡""辞淫"，都是刻意于雕镂文辞，而无质实的精神内涵作为繁缛文辞的内在支撑，因而显得"气荡"或"气伤"。在徐氏看来，这些都是"媚夫幸士"或"荒才娇丽"所为，即那些以文章献媚取宠、或恃才争名之人。在崇实斥虚的思想原则下，《总目》对质实的鄙夫之包容，无疑超过对华而不实的媚夫幸士。因此，从文人批评的角度讲，《总目》树立淳实、真朴、质朴等文人精神典范，并不完全缘于清高宗的旨意，而毋宁是对文化传统的重申。

第三节　刚柔之辨：刚柔相济中的"尚刚"气质

"刚柔"作为传统思想中的重要概念，与"文质"也有千丝万缕的关联。钟嵘《诗品》论王粲诗曰："发愀怆之词，文秀而质羸。"② "文秀"指文辞秀美，"质羸"指内质羸弱。这说明，文辞秀美（文）与内质羸弱（柔）之间存在着某种关系。梁元帝萧绎对这种关系也有所讨论："夫世代亟改，论文之理非一，时事推移，属词之体或异。但繁则伤弱，率则恨省；存华则失体，从实则无味。"③ "繁则伤弱"，指文辞过繁（繁缛）则易使文体羸弱（柔）；"存华而失体"，实即刘勰所谓"繁华损枝，膏腴害骨"（《文心雕龙·诠赋》），即因过度追求辞藻浮华，而致使文体缺乏骨力（刚）。

除在异质性层面表现为外在修饰与内在实质之别外，文质之辨更多地表现为异量性层面文辞修饰之多寡问题。相较而言，"刚柔"则是文辞形式与题材内容通过有机结合，综合呈现出来的整体感观。因此，"文质"其实便是使文章产生刚柔之别的重要因素。但在古人的综合性思维看来，文质与刚柔的这种层次性区别，却是浑然一体的，因此常将它们混合于同一层次来使用。如《总目》论寇准文章"骨韵特高，终非凡艳所可比"（寇忠愍公诗集/D/别集5/v152，p8a），"凡艳"涉及"文性"范畴，而"骨韵"则涉及"刚性"范畴，提要却将它们直接作比。又如论李孝光诗："元诗绮靡者多，孝光独风骨遒上。"（五峰集/D/别集20/v167，p64a）亦将

---

① 徐祯卿：《谈艺录》，何文焕辑：《历代诗话》，第768页。
② 钟嵘：《诗品集注》，第142页。
③ 萧绎：《内典碑铭集林序》，释道宣辑：《广弘明集》卷23，《四部备要》第55册，第194页。

"文性"体貌"绮靡"与刚柔范畴的"风骨"放在同一层次直接比较。

然而,"刚柔"与"文质"毕竟处于不同层次范畴,它们有相关之处,也有各自独立的领域。宋代许顗《彦周诗话》引高秀实云:"元氏艳诗,丽而有骨,韩偓《香奁集》丽而无骨。"① 艳丽即"文性"体貌,"骨"则为"刚性"范畴。丽可有骨可无骨,则在古人的观念中,文质与刚柔可即可离,各有特定的概念范畴。如此一来,以分析思维为基本要求的现代学术,便不能忽视这种层次与区别。因此,本章讨论文质与刚柔,将在意识其关联性的基础上予以分别讨论。

《总目》对于文质范畴的体貌之褒贬,存在较明显的歧趋,因此我们采取先梳理体貌群落再讨论褒贬的分析策略。而对于刚柔范畴的体貌,《总目》的褒贬倾向则相对一致:即在顾及中庸原则的基础上呈现"尚刚"的总体态度。如此一来,本节便可以省去厘析褒贬歧趋的麻烦,并且可以以刚性体貌群落为主轴,直接分析《总目》"尚刚抑柔"的价值倾向。当然,《总目》的刚柔之辨自有其复杂之处。《总目》涉及刚性范畴的体貌,彼此之间形成错综复杂的网络。所有涉及此范畴的字眼,几乎都可以相互自由配对,也可以与其他范畴(如文质)的术语配对。为解决这种复杂性所带来的分析困难,本节将在总体理解《总目》刚柔之辨逻辑层次的基础上,对它作预先的分析归纳。本节将《总目》的刚性体貌分析为相互关联的"体格性刚体"与"力量性刚体",以及兼涉二体的"通体性刚体"。为避免体貌关系带来的干扰,本节将以单字形式归纳它们各自的体貌群落。因为《总目》具有明显的"尚刚"倾向,因此这些刚性体貌群落,事实上便等同于刚柔范畴的"体式群落"。

一 被褒扬的"刚性"体貌群落

"刚"给人们的直观印象便是坚硬。坚硬体现事物的不屈性,这可能缘于质地的硬度,结构的稳固性,甚至体积的宏大。无论如何,这都是一种静态的"刚性"。本节将用来描述事物静态结构的"刚性"体貌称为"体格性刚体"。动静二元对待的关系也提示我们,"刚性"也可能有动态表现。因此,本节将用来描述事物动态潜能的"刚性"体貌称为"力量性刚体"。力量性刚体通常以体格性刚体为基础,它们都是对"刚体"不同侧面的描述,相互间是一体两面的关系。只有具备刚强不屈的体格,事物才可能具备爆发力;体格软弱者通常被认为不具备这种力量感。因此,

---

① 何文焕辑:《历代诗话》,第 389 页。

本节将兼涉上述二体的体貌称为"通体性刚体",以说明其贯通文体结构性体格以至于潜能性力量的文体样态。

(一)体格性刚体:骨、格、道、刚、坚、挺、峭、伟、壮

体格性刚体涉及一系列描述事物质地硬度与结构体积的体貌术语。此中,最典型的便是"骨""格",这是古人对"坚硬"最直观且切近的体认。

1. "骨"的体格性刚体含义:骨格、骨干

"骨"本来即是由人物品藻转借为文学批评的批评术语。《世说新语·赏誉》注引《晋安帝纪》论王羲之云:"羲之风骨清举也。"《晋书·王献之传》亦云:"献之骨力远不及父,而颇有媚趣。"分别以"风骨""骨力"论人。"骨"用以评论人物时,意味着什么呢?刘劭《人物志》曰:"骨直气清,则休名生焉。"① 又说:"强弱之植在于骨,躁静之决在于气。"② 则以"骨"论人,乃据其强、直的形体特征立论,喻指一种强硬、刚直的体格。刘昞注《人物志》曰:"骨者植之基,故骨刚则植强,骨柔则植弱。"③ 在人物品藻中,"骨"本身似仍有刚柔之别,而在文艺批评中,则似乎更多地取其刚强一面。

以"骨"的刚强特征论书法,在书论中即极为常见。唐张怀瓘《评书药石论》即曰:"夫马筋多肉少为上,肉多筋少为下。书亦如之。"④ 徐浩《论书》亦曰:"初学之际,宜先筋骨,筋骨不立,肉何所附?"⑤ 古人用骨、肉譬喻书法的字势架构,而筋骨便譬喻坚刚不屈的骨干,肉则象征依附于筋骨的、柔软的部分。肉是柔软的,必须依附筋骨才能挺立不倒。相较于肉的柔软,"骨"便象征着挺立不倒的坚刚之体。

《总目》文论所涉及的"骨格""骨干"等体貌,都属于这种刚性体貌范畴。如其论卫宗武曰:"其诗文根柢差薄,骨格亦未坚致。"(秋声集/D/别集18/v165,p16b) 又论项大德:"吐属颇韶秀,而得年仅二十有六,功候未深,故骨格未能成就焉。"(梯青集/D/别集c12/v185,p23b) 均惜其骨格未成,换言之即以骨格之成就或坚劲为期待。又如"骨干",在《总目》也有类似含义。其论李洪曰:"洪所作诗,虽骨干未坚,而神思清超,时

---

① 李崇智:《人物志校笺》卷中《八观》,第165页。
② 《人物志校笺》卷上《九征》,第34页。
③ 《人物志校笺》卷上《九征》,第34页。
④ 参见陈思:《书苑菁华校注》卷12,崔尔平校注,上海辞书出版社2013年版,第182页。
⑤ 参见张彦远:《法书要录》卷3,范祥雍点校,上海古籍出版社2013年版,第79页。

露警秀。"（芸庵类稿/D/别集13/v160，p19a）论邢侗亦曰："特骨干未坚，不能自成一队，文体则更近于涩矣。"（来禽馆集/D/别集c6/v179，p22a）对"骨干"也有表彰崇尚之意。它们都是批评者在阅读的过程中，将他们在文字的形式与内容中所获得的整体抽象感观，通过"骨"此一日常生活中极为亲切的形体，予以具象表达的结果。文字所传达的感觉是抽象的，批评者唯有通过这种具象譬喻，才能将所获得的抽象感观予以表达。"骨格"与"骨干"所象征的，便是一种坚刚不可屈曲的静态结构，就像支撑人体使其屹立不倒的骨架一样，支撑着文体。

当然，《总目》中以"骨"为核心聚拢而成的体貌群落非止"骨格"与"骨干"，此外亦有兼涉力量性刚体的"骨力"，以及涉及刚柔并济领域的"风骨""气骨""天骨"与"神骨"等体貌。

2. "格"的体格性刚体含义：骨格、体格

以"格"论文章，其含义与"骨"相当。韩愈诗《符读书城南》论读书作用有"三十骨骼成，乃一龙一猪"句，祝允注引《说文》曰："禽兽骨曰骼"，① 方世举注"骼，音格"。② "骨骼"于宋蜀刻本韩集径作"骨格"。③ 可见"骨""格"义同，故常合称"骨格"。以"骨格"论诗，始见于唐代元稹，其撰杜甫《墓系铭序》曰："律切则骨格不存，闲暇则纤秾莫备。"④ 宋代吴沆亦曰："诗有肌肤，有血脉，有骨格，有精神。无肌肤则不全，无血脉则不通，无骨格则不健，无精神则不美。四者备，然后成诗。"⑤《总目》对"骨格"的运用已见前述，在此不作冗论。

除"骨格"外，与"格"相关的体格性刚体术语还有"体格"，其含义与"骨格"相近。《总目》论晁公溯诗即曰："盖其体格稍卑，无复前人笔力，固由一时风会使然。"（嵩山居士集/D/别集11/v158，p21b—22a）又论赵必瓛："诗文篇帙无多，在宋末诸家中，未为颖脱，然体格清劲，不屑为靡靡之音。"（覆瓿集/D/别集18/v165，p11b）此中"体格"都以人体具象的刚性骨架，譬喻文体屹然挺立的抽象感觉。此外，《总目》论杭淮

---

① 韩愈：《韩昌黎诗系年集释》卷9，第1011、1013页。
② 方世举：《韩昌黎诗集编年笺注》卷9，郝润华、丁俊丽整理，中华书局2012年版，第508页。
③ 李汉编：《昌黎先生文集》卷6，《宋蜀刻本唐人集丛刊》，上海古籍出版社1994年版，第173页。
④ 元稹：《元稹集》卷56《唐故工部员外郎杜君墓系铭》，冀勤点校，中华书局1982年版，第601页。
⑤ 吴家驹辑：《吴沆诗话》，吴文治主编：《宋诗话全编》第4册，江苏古籍出版社1998年版，第4343页。

第四章　曲笔书写：《总目》对文人精神典范的重构　　309

诗："其诗格清体健，在宏（弘）治、正德之际，不高谈古调，亦不沿袭陈言，颇谐中道。"（双溪集/D/别集24/v171，p33b—34a）这里"格清体健"也是对其"体格"的描述。诸如此类，都从正面褒扬体格坚刚不屈的体貌。

3. 遒、坚、刚、挺、峭、伟、壮等概念所组成的"体貌群落"

在《总目》体格性刚体之中，骨、格与遒、坚、刚、挺、峭、伟、俊、壮等概念之间略有差异。大体而言，骨与格是被借喻来描述文体坚刚不屈之貌的喻体，因而倾向于名词性；遒、坚、刚、挺、峭、伟、俊、壮等，则是具体譬喻的形状，因而倾向于形容词性。

"遒"古同"逎"，《说文》："逎，迫也。"①《诗·豳·破斧》"周公东征，四国是遒"，《毛传》曰："遒，固也。"郑《笺》云："遒，敛也。"《正义》云："遒训为聚，亦坚固之义，故为固也。"由此可见，"遒"是用来摹状事物因结构上的紧迫与聚敛而呈现的坚固之状。在文体论中，"遒"有坚固强健之义，如《桂隐文集提要》的"格力颇遒"（D/别集19/v166，p26b），《韩内翰别集提要》的"风骨自遒"（D/别集4/v151，p31b）等，均为此义。"遒"也常与其他单字组成复合性体貌，其中常见者有如"遒上"。"遒上"含义与"遒"相当，且更多作为喻体的譬喻情状出现。其常见喻体有如"风骨"，如《云林集提要》论危素云："气格雄伟，风骨遒上，足以陵（凌）轹一时。"（D/别集22/v169，p11b）"风格"也是"遒上"常见的喻体，在古代文论中，其含义大概与"风骨"相当，因此"遒上"对它也有类似的摹状效果。如《遗山集提要》论元好问："至所自作，则兴象深邃，风格遒上，无宋南渡末江湖诸人之习，亦无江西流派生拗粗犷之失。"（D/别集19/v166，p7b）此外，"遒上"的喻体还有如《霞外诗集提要》谓是集"皆神骨秀骞，风力遒上"的"风力"（D/别集20/v167，p4b—5a）；《申斋集提要》论刘岳申"其气骨遒上，无南宋卑冗之习"的"气骨"（D/别集20/v167，p5b）；《广陵集提要》谓王令"气格遒上，几与古人相乱"的"气格"（D/别集6/v153，p45b）。除"遒上"外，"遒"也可以与其他范畴的体貌术语组成复合性体貌，如《惟实集提要》论刘鹗文章"体裁高秀，风骨清遒，实有卓然可传者"中的"清遒"（D/别集20/v167，p19a），即描述一种清新遒劲的体貌。

以上诸例，风骨、风格、风力、气骨、气格等概念都是被用来譬喻文体坚固不屈之貌的喻体，"遒"及其复合词的作用则是对喻体的描述，以

---

① 段玉裁：《说文解字注》篇2下，第74页。

摹状喻体坚固不屈之貌。在这里，文章体貌通过两种方式被讨论，"风骨"等喻体乃通过譬喻的方式象征文章体貌，"遒上"等概念则通过摹状的方式来描述文章体貌。但同样作为对文章体貌的描述，与下文将要讨论的坚、刚、挺、峭、伟、俊、壮及劲、健、雄、伉不同的是，这些术语通常可以直接对文章体貌进行描述，而"遒"及其复合词则更多地只能经由描述喻体转而描述文章体貌。因此，"遒"与风骨、风力等喻体虽然在概念上极为接近，且常一并出现，但它们之间的区别便不可不辨。

"坚"作为可以直接描述文章体貌的术语，形容"坚硬"之状。除前引《芸庵类稿提要》"骨干未坚"单独以"坚"论体貌外，《总目》中尚有"苍坚""坚致"等表述。如其论杨宏道诗曰："虽不及好问之雄浑苍坚，然就一时诗家而论，固不可谓非北方之巨擘也。"（小亨集/D/别集 19/v166, p44b）论朱廷燧亦曰："其诗结字铸句，多未坚致，古体尤风骨未就。"（循寄堂诗稿/D/别集 c8/v181, p53a）"苍坚"与"坚致"，都旨在描述文章或文人骨格之坚固与缜密。"刚"作为体格性刚体，义与"坚"近，亦形容"刚硬"之状。它常与"清"合为"清刚"，组成复合性体貌。如《总目》论李昱曰："昱诗才力雄赡，古体长篇，大抵清刚隽上，矫矫不群，近体亦卓荦无凡语。"（草阁集/D/别集 22/v169, p49a）又论汪广洋《凤池吟稿》："今观是集，大都清刚典重，一洗元人纤媚之习。"（D/别集 22/v169, p5b）均推重它们体貌之刚硬不屈之状，同时贬抑纤媚的士习。

此外，"挺"摹状骨格挺立不倒之状，其体貌术语有"挺拔"，如论郝经："其诗亦神思深秀，天骨挺拔，与其师元好问可以雁行。"（陵川集/D/别集 19/v166, p11b）则以"挺拔"描述郝氏诗格挺拔不倒之坚强。而"峭"则有屹立、峻峭之意，如《总目》论尹洙曰："至所为文章，古峭劲洁，继柳开、穆修之后，一挽五季浮靡之习，尤卓然可以自传。"（河南集/D/别集 5/v152, p30a–b）又论祖无择曰："无择为文峭厉劲折，当风气初变之时，足与尹洙相上下。"（龙学文集/D/别集 6/v153, p20a）即以"古峭""峭厉"描述文章骨格刚坚挺立之状，并摒弃与之相对的浮靡之气。

"伟"摹状体格宏大之状，其体貌术语有"伟丽"，如论朱翌："近体亦伟丽伉健，喜以成语属对，率妥帖自然。"（灊山集/D/别集 10/v157, p9b）当然，这已是综合文质概念的复合性体貌。此外亦有"俊伟"，如论李孝光："七言颇出入江西派中，而俊伟之气，自不可遏。"（五峰集/D/别集 20/v167, p64a）至于"壮"，也用以摹状体格之高大与坚实，如论朱彝尊曰："学问愈博，风骨愈壮。"（曝书亭集/D/别集 26/v173, p24a）此外亦常有"壮阔"之体，如论胡宿曰："其五七言律诗，波澜壮阔，声律铿訇，亦可仿佛盛唐遗响。"(文恭集/D/别集5/v152, p25b)亦描述文章体格宏大之状。

以上诸例，都偏向于对文章体貌的静态结构予以描述，其所表达的便是文章体貌的刚硬、挺拔、宏伟、壮大之貌。《总目》对它们呈现出一致的推重态度。因此，它们实际上也是《总目》在刚柔之辨范畴中所规范出来的体式，同时也是文人精神的典范性体式。换言之，《总目》理想中的文人精神也应具备这种刚硬不屈、峻峭挺拔、宏伟壮大的阳刚之气。

（二）力量性刚体：劲、健、伉、雄

"力量性刚体"侧重于对事物动态潜能的描述，表现强劲的力量感。唐释皎然曰："体裁劲健曰力。"① 司空图释"劲健"曰："饮真茹强，蓄素守中。喻彼行健，是谓存雄。"② 他们所描述的"劲健"，即指蕴聚于内的真气因充实饱满而迸发于外，从而具有强劲的力量感。

"劲健"及与之相关的概念，是《总目》力量性刚体中极为重要的体貌。如其论沈炼即曰："其文章劲健有气，诗亦郁勃磊落，肖其为人。"（青霞集/D/别集25/v172, p25b）即以"劲健"描述沈氏文章强劲有力的阅读感受。"劲""健"往往也各自与其他体貌术语组成复合性体貌，以描述文体中所蕴含的力量感。如《覆瓿集提要》论赵必𤩽诗文"体格清劲"之"清劲"（D/别集18/v165, p11b），则描述在清秀体貌之中，蕴含强劲的力量感。《河南集提要》论尹洙文章"古峭劲洁"之"劲洁"（D/别集5/v152, p30a），亦在简洁体貌之中掺杂强劲之感。由"健"组合而成的复合性体貌更为常见。如《灊山集提要》论朱翌"承其家学，而才力又颇富健"的"富健"，及谓其"近体亦伟丽伉健"的"伉健"（D/别集10/v157, p9b），前者指因学识富赡而呈现的劲健之貌，后者则似倾向于强化"健"的力量感。又如《陵川集提要》论郝经文章"雅健雄深"之"雅健"（D/别集19/v166, p11a–b），又在劲健之义中，糅合雅俗范畴的雅正之义。又如《崧庵集提要》论李处权"七言爽健伉浪"之"爽健"（D/别集10/v157, p18b），则在劲健义中，糅合爽朗之貌；或如《画墁集提要》论张舜民"笔意豪健"的"豪健"（D/别集7/v154, p30b），又在劲健之中，糅合豪放之貌。诸如此类，均将富赡、伉直、雅正、爽朗、豪放等体貌与劲健体貌混合于一，以评论文章风格，此中之"健"均表现一种力量性的动态潜能。

此外，"伉"也表示力量性刚体体貌，意指具有足以对抗、抗衡的力

---

① 释皎然：《诗式校注》卷1，第71页。
② 《诗品集解》，第16页。

量，从而其含义亦有强健的意味。前述《灊山集提要》所谓"伟丽伉健"，此中"伉健"即是一种强劲的力量感。而《崧庵集提要》所谓"爽健伉浪"，亦以"伉浪"表达强健而豪放的体貌。至于"雄"字，本义指"鸟父"，① 引申泛指所有与雌性相对的雄性生物。因为雄性通常意味着阳刚的力量感，故"雄"字又借以摹状雄性特有的强健有力之貌。《忠惠集提要》论翟汝文文章，以为"根柢深厚，措词雄健"（D/别集9/v156，p20a-b），此中"雄健"即意指阳刚健劲的体貌。当然，就所见的材料，"雄"纯粹被用作力量性刚体的例子相对较少，它更多地与体格性刚体合为一体，组成兼具体格与力量的"通体性刚体"。

（三）通体性刚体：由体格之坚刚发为力度之劲健

笔者自铸"通体性刚体"一词，以指涉兼具坚刚体格与强劲力量的体貌。为避免丛杂，下文将以力量性刚体为中心，考察它们与体格性刚体相互结合的方式。

"力"是力量性刚体的核心概念。但在《总目》的术语系统中，它似乎不能独立具有意义，而必须依托体格性刚体才能表述其力量感。此盖缘于力量不能凭空而生，必须依靠载体才能发力。"力"常与典型体格性刚体"骨""格"结合成"骨力""格力"等通体性刚体。这是文学批评中的重要术语。如"骨力"，《总目》论章甫即曰："其格律虽稍近江湖一派，而骨力苍秀，亦具有研锻之功。"（自鸣集/D/别集13/v160，p37a）又论黄裳："其诗文俱骨力坚劲，不为委靡之音。"（演山集/D/别集8/v155，p4b-5a）以"骨力"论文论人，便是描述文章体格坚刚且又富于力量感的阅读感受。

"格力"含义与"骨力"相近，在古典文论中更为常见。严羽论诗之五法有"格力"一法，陶明濬解释曰："格力如人之筋骨，必须劲健。"② 早在唐代元稹，即以格力论诗："宋齐之间，教失根本，士以简慢、歙习、舒徐相尚，文章以风容、色泽、放旷、精清为高，盖吟写性灵、流连光景之文也。意义格力，无取焉。"③ 即将"意义格力"与"吟写性灵、流连光景之文"相对立；后者主要是就文字修辞而言，因此前者便指因内容义理充实而骨格坚劲有力之感。这种体貌，于《总目》亦时有涉及，如其论刘诜《桂隐文集》："案集中近体，格力颇遒，实不仅以佳句见。"

---

① 段玉裁：《说文解字注》篇4上，第143页。
② 转引自严羽：《沧浪诗话校笺》，第86页。
③ 元稹：《元稹集》卷56《唐故工部员外郎杜君墓系铭》，第600页。

（D/别集 19/v166，p26b）将"格力"与文辞上的佳句对立，则"格力"意味着超越文字修辞美感之外的体貌。又论刘应时诗曰："应时诗虽格力稍薄，不能与[陆]游等并驾；而往来于诸人之间，耳濡目染，终有典型。"（颐庵居士集/D/别集 13/v160，p30b）亦用以指明刘氏诗作欠缺坚刚感与力度感。

此外，常见的通体性刚体，还有以"劲"为中心的"刚劲""峭劲"与"劲挺"等。如《总目》论彭龟年："生平虽不以文章名，而恳恻之忧，与刚劲之气，浩然直达，语不求工而自工。"（止堂集/D/别集 13/v160，p4b）在此，"刚"就其体格性能而言，"劲"就其力量性能而言，提要合为一体予以推扬。又论员兴宗文章："骨力峭劲，要无南渡以后冗长芜蔓之习，亦一作者也。"（九华集/D/别集 13/v160，p14a）以"峭劲"描述员氏文章之"骨力"，以"峭"述其体格之峻峭状，以"劲"述其峻峭体格所呈现的劲健之力。又论郭翼："要其笔力挺劲，绝无懦响，在元季诗人中可谓矫然特出者矣。"（林外野言/D/别集 21/v168，p12b–13a）"挺劲"与"峭劲"含义相近，都在于描述峻峭挺拔、屹立不倒，而又劲健有力的气势。提要推崇刚劲气势的同时，也贬抑了与之相对的懦弱之气。以上所描述的坚刚劲健的气势，在文章与文人之间都是相通的。

以"雄"为中心的通体性刚体有"雄刚""雄伟"与"雄直"等。对于"雄刚"，《总目》论王庭珪曰："后杨万里尝从之游，亦谓其诗出自少陵、昌黎，大要主于雄刚浑大。虽推挹之词，未免涉于溢量，要亦得其近似矣。"（卢溪集/D/别集 10/v157，p12a）提要在学术评价上虽不赞成杨万里以"雄刚浑大"推挹王氏，然而从文化价值逻辑看，以"雄刚"为积极性体貌，于提要与杨万里之间并无二致。在此，"刚"即就体格而言，"雄"则就力量而言。此外，如《云林集提要》论危素"气格雄伟，风骨遒上"之"雄伟"（D/别集 22/v169，p11b），《矩山存稿提要》谓徐经孙"虽谓之独得雄直气，发为古文章可也"的"雄直"（D/别集 16/v163，p24b），它们的含义均与"雄刚"相仿，其中"伟""直"都表示体格之宏伟或刚直，而与具力量感的"雄"合成通体性刚体，用来推重危、徐二氏文章雄壮有力之貌。

以"健"为中心的通体性刚体，于《总目》所见有"刚健"与"遒健"。如论谢薖诗："王士祯（禛）《居易录》又谓薖在江西派中，亦清逸可喜。然涪翁沉雄刚健之气，去之尚远。所评鹜俱为不诬。"（竹友集/D/别集 8/v155，p18a）涪翁即黄庭坚晚号。提要以体格性之"刚"与力量性之"健"，综合为刚强劲健之貌，以誉扬黄庭坚诗格。"健"与体格性刚体"遒"合成"遒健"的体貌，如《静修集提要》论刘因："其文遒健排奡，迥在许衡之上，而醇正乃不减于衡。"（D/别集19/v166，p47b）及其论《唐诗鼓吹》："去取谨严，轨辙归一，大抵遒健宏敞，无宋末江湖、四灵琐碎寒俭之习。"（D/总集3/v188，p4b）"遒"本有紧迫坚固之意，当它与"健"合体时，便完整地描述了"刚体"因结构严密与坚固而蕴聚着劲健力量感的体貌。

从古典文论看，文章体貌繁杂，譬如人面之千姿百态。理论上，几乎很难找到两篇体貌完全一致的文章，正如无法找到两个一模一样的人——如果我们将对比项细化到包括但不止于外貌、性格、心灵、精神、品格、观念、情操、情感等维度。刘勰论文章体式（典范性体貌）即曰："各师成心，其异如面。"在他看来，文章体貌虽然繁杂，但不外乎"八体"：典雅、远奥、精约、显附、繁缛、壮丽、新奇、轻靡（《文心雕龙·体性》）。随着写作实践的不断深入，体貌的呈现日益繁杂，文论家对体貌、体式的归纳也日益丰富。到唐司空图《诗品》，便列举了二十四种体式，其中如雄浑、沉著、高古、洗炼、自然、豪放、精神、实境、悲慨、飘逸、旷达、流动等，似乎都已溢出刘勰"八体"范畴。而且，无论刘勰"八体"，抑或司空图"二十四诗品"，都是对现实中复杂体貌的规范化论述。换言之，六朝至隋唐实存的文章体貌，恐怕远超二氏归纳的合计32种体式的范围。这里可能涉及理论批评与实际批评的差异。概言之，理论批评是规范化论述，因而须将实存体貌的多样性予以简化；实际批评则必须直面实存体貌的复杂性与多样性，并力求作出精准的描述与批评。

在实际批评中，批评家必须对文章体貌作出力求准确的描述。为此，他们必须根据阅读感受，先对文章体貌进行分辨，进而以自以为合适的术语进行概括与描述。从《总目》的文学批评方式看，提要对文章体貌的描述，通常是将不同范畴的体貌元素交互拼贴而成。这个拼贴过程，可以借颜色的混合原理作比喻：三原色（红、黄、绿）通过不同比例混合，可以调配出万紫千红的色调。文章体貌也可以通过体貌元素不同比例的混合予以准确描述。体貌元素的比例，通常体现于元素术语所表示的程度深浅上，如"文性"体貌中"丽""绮""缛"之间便有深浅强弱的程度差异。前述《总目》"刚性"体貌群落，其中通体性刚体尚处于"刚体"范畴内，但其他如"伟丽""古峭""劲洁""雅健"等，便难免已涉及其他体貌范畴。这是不得不予以说明的，但更细致的分析与讨论，则是笔者目前学力所不及的。

二 被贬抑的"柔性"体貌群落

上文讨论《总目》刚性体貌所涉及的例子,并没有根据褒贬标准作刻意的挑选或回避。然而,《总目》对刚性体貌基本上一致褒扬。因此,这些刚性体貌便相当于是《总目》所规范出来的、具有典范意义的体式。与此相对,柔性体貌在《总目》的价值系统中,便普遍处于被贬抑的位置。这些柔性体貌大概可以归纳为以下几个群落。

(一)圆熟与清腴:书艺与文章以无力无筋为病

"圆熟"是与"骨""气骨"等体格性刚体相对的概念。《总目》论姚夔诗曰:"其诗流易有余,颇伤圆熟,文亦肉多于骨。"(饮和堂集/D/别集 c9/v182,p7a)谓其诗"伤"于"圆熟",可见"圆熟"具有消极性价值而被贬抑。又谓其文(与诗相区别)"肉多于骨"而以"亦"字连接,则"圆熟"含义应与"肉多于骨"相类或相关。"肉多于骨"譬喻外在修辞过于丰腴,而内在精神涵养缺乏骨力的体貌。在此,"肉"与"骨"形成内外二元对待的关系,有似于前述文质二元的异质性对待关系。这是取径于人物品藻的譬喻:人骨寡而肉多,便无法支撑起整个人体的重量;文章骨寡肉多,同样有无法自我挺立的软弱无力之感。

这种"肉/骨"关系,在书法艺术中尤为形象。晋卫夫人《笔阵图》曰:"善笔力者多骨,不善笔力者多肉。多骨微肉者谓之筋书,多肉微骨者谓之墨猪。多力丰筋者圣,无力无筋者病。"①《饮和堂集提要》所谓的"肉多于骨",即卫夫人所谓"不善笔力"者所作"无力无筋"的"墨猪"。"肉多于骨"意味着软弱无力的体态。在书法中,笔画过于圆润、饱满,被认为是缺乏筋骨与力度的表现,这种书体在书法品评中备受贬抑。古代书艺传统所推崇的是笔势苍劲有力的书体。"墨猪"的譬喻,极为传神地描述了"圆熟"的书体特征:猪的体型特征即是肉感过于丰腴,而淹没其骨架的坚挺之状。书法之肉多,也使得书体因过于饱满而显得软弱,从而使其缺乏阳刚的坚挺貌与力度感。

在文章批评中,"肉多于骨"的术语较之书法艺术虽更为抽象,但也不外乎象征文章因文辞修饰过于繁缛,而没有足够刚劲的骨架支撑其文体。类似批评在《总目》相当常见,如其论胡会恩:"诗有清腴之致,而风骨未遒。"(清芬堂存稿/D/别集 c10/v183,p22b)同样也是贬抑那种圆熟无力的"清腴""多肉"之状,而以刚劲遒上的风骨相期许。

---

① 张彦远:《法书要录》卷 1,第 5 页。

(二) 不思进取之"柔": 柔曼、柔靡、柔媚、啴缓

总体而言, 柔性体貌在《总目》的价值系统中处于被压抑的状态。就笔者所见, 柔性体貌能被推崇的, 似乎唯有与《诗经》相关的"温柔敦厚"一体。如其谓《玉台新咏》:"虽皆取绮罗脂粉之词, 而去古未远, 犹有讲于温柔敦厚之遗, 未可概以淫艳斥之。"(D/总集 1/v186, p8b) 据语脉分析,"犹"字指向积极性价值, 则"温柔敦厚"仍受《总目》肯定。① 除此以外的柔性体貌, 多处于被贬抑的位置。

如"柔曼",《石田集提要》论马祖常文章曰:"其文精赡鸿丽, 一洗柔曼卑冗之习。"(D/别集 20/v167, p21b)"柔曼卑冗"与"温柔敦厚"均包含柔性元素, 但与由积极性价值指向词引出的"温柔敦厚"不同,"柔曼卑冗"却由消极性价值指向词"一洗"引出, 可见它在提要语脉逻辑中处于消极的、被否定的价值位置。《汉书·佞幸传赞》曰:"柔曼之倾意, 非独女德, 盖亦有男色焉。"颜师古注:"曼, 泽也, 言其质柔而色理光泽也。"则"柔曼"便有"内质柔弱而外色曼媚"之意, 即内质柔弱而故作曼媚之态。这与前述文质之辨涉及的"华而不实"士风相近, 都与传统文化"内刚外和"的理想人格背道而驰。② 在《石田集提要》中,"柔曼卑冗"与"精赡鸿丽"相对。"精赡鸿丽"固然也有"丽"的一面, 但其"丽"乃以内质涵养之富赡为基础, 而"柔曼卑冗"便无此内在基础。

《总目》对柔曼体貌的批评所见极多。如曰:"考梁代吴声歌曲, 句有短长, 音多柔曼, 已渐近小词。"(御定历代诗余/D/词曲 2/v199, p28a) 此中"柔曼"所直接描述的对象为声音, 但据"音由心生"的逻辑,③ 却实仍基于"内刚外和"的准则而作出的批评。然则,《总目》对词曲的贬抑, 也与词曲本色过于追求柔曼, 而悖于《总目》崇尚风骨刚劲的倾向有关。这样的逻辑在《后山诗话提要》也有体现, 其评此书曰:"裴说《寄边衣》一首, 诗格柔靡, 殆类小词, 乃亟称之, 尤为未允。"(D/诗文评 1/v195, p14a) 即认为《寄边衣》诗格"柔靡", 近似于卑下的小词, 从

---

① 《总目》以"温柔敦厚"论诗, 主要主张温厚和平之音, 反对激烈愤懑之语; 由诗及人, 又可延伸至对"温厚之中自然高秀"的士大夫气象之推扬。参见周积明:《文化视野下的〈四库全书总目〉》, 第180—183页。关于《总目》以"温柔敦厚"论诗, 亦见赵涛:《〈四库全书总目〉学术思想与方法论研究》, 第307—310页。
② 《宋史·范仲淹传》即称许范氏"内刚外和, 性至孝"。蔡邕誉刘表亦曰:"内刚如秋霜, 外柔如春阳。"参见蔡邕:《蔡中郎文集》卷3《刘镇南碑》, 吴志忠疏证,《续修四库全书》第1303册, 第95页。
③ 《礼记·乐记》曰:"凡音之起, 由人心生也。人心之动, 物使之然也。感于物而动, 故形于声。声相应, 故生变。"

而不满陈师道对它的称许。《铁崖古乐府提要》亦云："元之季年，多效温庭筠体，柔媚旖旎，全类小词。"（D/别集21/v168，p50b）"柔靡""柔媚"含义与"柔曼"相当，几篇提要均将它们视为词曲之本色。但如此本色，并不受《总目》青睐，故均显贬抑之意。

　　《总目》常见对"啴缓"体貌的批评，也可归纳到"柔曼"体貌群落之中。王褒《四子讲德论》："咏叹中雅，转运中律，啴缓舒绎，曲折不失节。"吕延济注曰："啴缓舒绎，柔和之声也。"① "啴缓"于此仍有褒扬之意，但至《总目》却已转为贬抑之意。如其论李绅《追昔游集》曰："今观此集，音节啴缓，似不能与同时诸人角争强弱。"（D/别集3/v150，p42a-b）"强弱"于此乃偏义复词，其含义偏指于"强"。李绅不能与诸人争强，即在于其文体"啴缓"。此显为负面批评术语。因为它也是对声音的描绘，故词义大抵与《御定历代诗余提要》之"音多柔曼"相当。此外，《类博稿提要》论岳正亦曰："正统、成化以后，台阁之体渐成啴缓之音，惟正文风格峭劲，如其为人。"（D/别集23/v170，p39b）"啴缓之音"也是与岳正文章"风格峭劲"之刚体相对立的柔性体貌，且显具贬抑之意。《潏山集提要》论朱翌曰："盖其笔力排傲，实足睥睨一时，与南渡后平易啴缓之音，牵率潦倒之习，迥乎不同。"（D/别集10/v157，p10a）将"啴缓"体貌与宋室南渡的历史背景相联系，且与"牵率潦倒"之士习相提并论。可见，"啴缓"及与之相当的"柔曼""柔靡"等柔性体貌，乃预示着不思进取、苟且偷安、懦弱无能的文人风貌。

　　当然，这种不思进取的柔曼固然可指涉收复河山之进取，但更普遍地看，亦未尝不可指涉更宽泛的经纶济世之进取。这便是此一体貌群落与"温柔敦厚"同属柔性体貌，却不能如后者那样受到《总目》推扬的重要原因。二者之间固然有"经与非经"的云泥之别。然而，它们的进取态度也有显著差异。"温柔敦厚"是在采诗讽谏的诗教传统下被标举的，因而它鼓励的是柔和的进取方式。② 在批评者看来，"柔曼"之体便完全摒

---

① 萧统编选：《六臣注文选》卷51，李善等注，浙江古籍出版社1999年版，第939页。
② 在《诗经》被宋人以文章之学的眼光予以审视之前，它一直被传统文人视为政教的重要手段。因此，作为它核心内涵的"温柔敦厚"，同样具有明确的政治进取意义。"温柔敦厚"提示作诗者、献诗者或赋诗者在以诗劝谏时，要注意"适度"的中庸原则。故《白虎通》论讽谏即有"谏而不露"之说，而诗谏便是讽谏的重要方式："纤微未见于外，如《诗》所刺也。若过恶已著，民蒙毒螫，天见灾变，事白异露，作诗以刺之，幸其觉悟也。"（《白虎通·谏诤》）《毛诗序》曰："上以风化下，下以风刺上，主文而谲谏，言之者无罪，闻之者足以戒。"其所说明的都是以诗讽谏，"谏而不露"的温柔敦厚之义。

弃坚强不屈的内在进取心，只是一味追求外在的柔美。进取心预示着有相应的困难与之伴随，同时也预示着克服困难的刚毅精神；唾手可得之物无须进取心。

（三）"时女步春"之弱：婉弱、卑弱、单弱、懦响

在柔性体貌中，较"柔曼"诸体更甚的是"弱"。如从线性维度观察相关批评术语的刚柔程度差异，那么"柔"便是处于"刚"与"弱"之间的体貌，"刚"则处于"柔"与"硬"之间。刚柔关系依"刚"的程度由浅至深，乃是弱—柔—刚—硬。"弱"是较之"柔"为更柔的体貌。

《总目》论秦观即曰："《苕溪渔隐丛话》载苏轼荐观于王安石，安石答书，述叶致远之言，以为清新婉丽，有似鲍谢。敖陶孙《诗评》则谓其诗如时女步春，终伤婉弱。元好问《论诗绝句》因有'女郎诗'之讥。今观其集，少年所作，神锋太俊或有之。概以为靡曼之音，则诋之太甚。"（淮海集/D/别集7/v154，p20b－21a）搁置提要与历代评论者对于秦观诗词体貌本身的歧见，专就他们的文化价值逻辑而言，他们对"婉弱"体貌的批判态度，基本一致。之所以如此保守判断，乃缘于他们以不尽相同的术语去描述秦观的作品：叶致远以为"婉丽"，敖陶孙以为"婉弱"，提要以为"靡曼"。就柔性体貌而言，"婉弱"程度最深，"婉丽"与"靡曼"相对较浅。提要尽管在学术评价逻辑层面不同意以"婉弱"论秦观诗，但却并不否定"时女步春，终伤婉弱"的文化逻辑：文章体貌一旦落于婉弱，便难免于"时女步春""女郎诗"之讥。

在男权社会的价值系统中，男性被讥为女郎，通常意味着无以复加的侮辱。因此，文人往往对此极为忌惮。①《淮海集提要》承认体貌婉弱意味着"女郎气质"，也便说明它对婉弱之体抱持强烈的贬抑态度。婉弱之体之所以被贬抑，即在于其体貌过于软弱，与阳刚至上的雄性崇拜背道而驰。

---

① 宋代范温《潜溪诗眼》载晏几道（字叔原）见蒲宗孟（字传正）云："先公平日小词虽多，未尝作妇人语也。"宗孟云："'绿杨芳草长亭路，年少抛人容易去'，岂非妇人语乎？"几道曰："公谓年少为何语？"宗孟云："岂不谓其所欢乎？"几道云："因公之言，遂晓乐天诗两句云'欲留年少待富贵，富贵不来年少去'。"参见郭绍虞：《宋诗话辑佚》卷上，中华书局1980年版，第330页。晏几道之所以巧于辞令，力辩其父所作非"妇人语"，即缘于此评语对士大夫名声的损害。但这个问题的判断极为主观，对于有比兴传统的古典诗学而言尤为如此。因此，晏氏对其父所作为"妇人语"的否定，便遭遇不少反对意见。赵与时即认为："叔原之言失之。"（《宾退录》卷1，《笔记小说大观》第6编第4册，第2069页）《总目》论晏殊亦认为："今观其集，绮艳之词不少。盖几道欲重其父名，故作是言，非确论也。"（珠玉词/D/词曲1/v198，p2a）人们更愿意以"妇人语"论晏殊诗词。

相关体貌还有如"卑弱",《晞发集提要》论谢翱曰:"南宋之末,文体卑弱,独翱诗文桀骜有奇气,而节概亦卓然可传。"(D/别集 18/v165, p19b)以宋末"卑弱"的时体为负面对比,突出谢氏诗文之"桀骜奇气"。亦有如"单弱",《稼村类稿提要》论王义山曰:"诗文皆沿宋季单弱之习,绝少警策。"(D/别集 19/v166,p15b)以"单弱"论宋季文风,与"卑弱"同为贬抑之体。亦有如"懦响",《林外野言提要》论郭翼:"要其笔力挺劲,绝无懦响,在元季诗人中可谓矫然特出者矣。"(D/别集 21/v168,p12b-13a)此中"懦响"即有懦弱之意,亦为"弱"体之类。

所谓"卑弱""单弱"与"懦响",虽然未必至于"女郎诗",但均在于形容诗文因过度柔曼以致懦弱无力,使体格无法挺立的体态。提要所直接批评的固然是文章病态,但在"文如其人"逻辑下,这同时也是士风、士习的病态。这种士风士习的病态,正是《总目》所面对的文人精神气质问题。对于这种风习,《总目》采取了"矫枉过正"的策略,① 即明确地崇尚刚健之体,同时普遍地贬抑柔弱之体。如从中庸的观念看,"弱—柔—刚—硬"此轴线的机械式平均值应在"柔""刚"之间。但由于《总目》以矫正明季以来羸弱士风为职志,因而理解性地将折中的平衡点置于"刚"上。此即董仲舒所谓"矫者不过其正,弗能直"。

三 雄浑与风骨:刚柔相济的复合性体式

为了对治明季以降的羸弱士风,《总目》呈现"尚刚抑柔"的偏向,这应当没有疑义。然而,在以"尚中"为核心思想的儒家传统观念中,②"尚刚"显然也不能毫无节制地进行。文章刚劲太过,不协于中庸审美典范。这种逻辑,在人物品藻中便已显见。《人物志》曰:"厉直刚毅,材在矫正,失在激讦。……雄悍杰健,任在胆烈,失在多忌。……强楷坚劲,用在桢干,失在专固。"③ "厉直刚毅""雄悍杰健""强楷坚劲"均

---

① 此处在中性层面使用"矫枉过正"一词。此语始见《春秋繁露》,本无贬义:"《春秋》为人不知恶而恬行不备也,是故重累责之,以矫枉世而直之。矫者不过其正,弗能直。知此而义毕矣。"(《春秋繁露·玉杯》)
② 庞朴研究龟卜、卦卜、枚卜等三种上古占卜术,认为它们形成三种不同思想体系,分别为东方殷文化的"尚五"思想(后发展为五行思想),西方周文化的"尚中"思想(后发展为儒家中庸思想),与南方楚文化的阴阳思想(后发展为道家思想)。参见庞朴:《阴阳五行探源》,《中国社会科学》1984 年第 3 期。儒家"尚中"思想以《周易》为典型,故有"易道尚中"之说。参见马悦、高长山:《〈周易〉尚中观探析》,《文艺争鸣》2019 年第 7 期。
③ 李崇智:《人物志校笺》卷上《体别》,第 44 页。

包含"刚体"属性。在刘劭看来,"刚"固然有矫正、胆烈、桢干诸"用",但也隐含着激讦、多忌、专固诸"失"。在刘劭的理论系统中,唯有"中庸之质"才是人物品鉴的最高典范,故曰"凡人之质量,中和最贵";① 此外均是"偏至之材"。②

由人物品藻发展到文学批评,"中和最贵"的逻辑依然存在。《沧浪诗话》即曰:"词气可颉颃,不可乖崖。""颉颃"即刚直不屈之意;"乖崖"即指乖戾,③ 从语义分析,即指过于颉颃的状态:意即词气可以刚直不屈,但刚直须有限度,超乎限度便为"乖崖"。徐祯卿《谈艺录》亦曰:"气本尚壮,亦忌锐逸。"④ 也主张文词应崇尚健壮之气,但不宜健壮过度以至于"锐逸"。明末清初贺贻孙《诗筏》:"吴景仙谓'盛唐之诗雄深雅健',而严沧浪诃之,谓'健'字但可评文,不可评诗。余谓诗文原无二道,但忌硬而不忌健,纵或优柔婉约,低徊缠绵,然其气力何尝不健,不健则弱矣。"⑤ 亦在程度上对刚健施以限定,以"健"为诗文均所当有之体式,只是不宜健之过度而至于"硬"。

可见,在刚柔之辨的视域下,"尚刚"并不意味"愈刚愈尊",相反须对"尚刚"提出适可而止的均衡机制。这在《总目》刚柔论中,更为如此。其具体做法,便是在其价值体系中,于"纯刚"体式之上,加筑具有更高典范性意义的刚柔相济体式。当然,这种刚柔相济,是在"尚刚"的前提上讲求相济。"雄浑"与"风骨",便是其中具有典型性的体式,代表两种不同的相济模式。

(一)雄浑:"以柔敛刚"的刚柔相济

在本节的分析架构中,"雄"偏向于力量性刚体的范畴,它意味着一种强劲的力量感。在"中和最贵"的价值体系下,片面强调力量感的

---

① 《人物志校笺》卷上《九征》,第17页。
② 刘氏关于"中庸之质"与"偏至之材"的讨论,参见《人物志校笺》卷上《九征》,第28—29页。在《八观篇》中,他又集中讨论了"偏材之人"之短,其中涉及"直之失也讦""刚之失也厉""介之失也拘"等,均与刚性气质相关。但在气化宇宙论下,偏材之失似也无法避免。因此他说:"夫直者不讦,无以成其直。既悦其直,不可非其讦。讦也者,直之征也。刚者不厉,无以济其刚。既悦其刚,不可非其厉。厉也者,刚之征也。……介者不拘,无以守其介。既悦其介,不可非其拘。拘也者,介之征也。"参见《人物志校笺》卷中《八观》,第190页。
③ 严羽:《沧浪诗话校笺》,第465—466页。
④ 徐祯卿:《谈艺录》,何文焕辑:《历代诗话》,第769页。
⑤ 贺贻孙:《诗筏》,郭绍虞编选:《清诗话续编》,上海古籍出版社1983年版,第141—142页。

"雄""健""劲"等体式,并非至高无上的终极典范。在中庸的逻辑下,过犹不及。因此,雄健之力亦须有所节制。

严羽《答吴景仙书》曰:"又谓:'盛唐之诗,雄深雅健。'仆谓此四字但可评文,于诗则用'健'字不得。不若《诗辩》'雄浑悲壮'之语为得诗之体也。毫厘之差,不可不辩。坡、谷诸公之诗,如米元章之字,虽笔力劲健,终有子路事夫子时气象。盛唐诸公之诗,如颜鲁公书,既笔力雄健,又气象浑厚,其不同如此。"① 此中,"健""劲健"和"雄健"都是力量性刚体。严羽认为,论文可以推崇"雄健"体式,论诗则不可,而应以"雄浑"为体式。"雄健"意味着"力量外露",严羽认为此非作诗所应追求的体式,因此他不赞赏苏轼、黄庭坚那种"笔力劲健"之诗。他所推崇的是盛唐的"雄浑"诗体。所谓"雄浑",即在笔力"雄健"的基础上,增加气象之"浑厚"。"雄浑"并非完全摆脱"雄健"而另立一体,而是在"雄健"体貌中,增添具有含蓄义的"浑厚"体貌,从而使"雄健"本有的力量感"含而不露"。② 易言之,"雄浑"并非无"刚",只是"含而不露"之"刚",即将"刚"收摄于内,不使其张扬显露于外。此盖即司空图解释"雄浑"时所谓的"真体内充""返虚入浑"。③

增添含蓄性体貌元素,以调和"雄""健"等纯刚之体,也是《总目》论述刚柔相济体式的重要策略。此中,"雄浑"便是《总目》极为推重的体貌。其论许有壬即曰:"于国家大事,侃侃不阿,多有可纪。文章亦雄浑闳肆,餍切事理,不为空言,称元代馆阁巨手。"(至正集/D/别集20/v167,p40a)提要推赏许氏为元代"馆阁巨手",便与其文章"雄浑"体貌有关。论杨宏道律诗亦曰:"虽不及好问之雄浑苍坚,然就一时诗家而论,固不可谓非北方之巨擘也。"(小亨集/D/别集19/v166,p44b)"雄浑"亦为提要品论文章的重要标准。杨宏道笔力不及元好问之雄浑,尚且可谓"北方巨擘";逆向推之,能造雄浑之境的元遗山,其文坛地位便不止于"北方巨擘"了。由此益可见,"雄浑"之体在《总目》的评价体系中,有极高的价值地位。

与"雄浑"辞义相近的还有"雄深"。"深"的体貌元素之介入,也对"雄"产生制约与含蓄的作用,使其刚劲的力量感深藏而至于"含而

---

① 严羽:《沧浪诗话校笺》,第770页。
② 张健从"力量外露"与"含而不露"的角度区分"雄健"与"雄浑"两种体貌。参见《沧浪诗话校笺》,第101—102页。
③ 其言曰:"大用外腓,真体内充。返虚入浑,积健为雄。"参见《诗品集解》,第3页。

不露"。《总目》论李纲即曰:"纲人品经济,炳然史册,固不待言。即以其诗文而言,亦雄深雅健,磊落光明,非寻常文士所及。"(梁溪集/D/别集9/v156,p4a)即以其诗文有"雄深雅健"之体貌,而赞誉他能超轶寻常文士之上。论郝经亦云:"其文雅健雄深,无宋末肤廓之习。"(陵川集/D/别集19/v166,p11a-b)亦表彰郝氏文章深邃而不显露的雄深体貌。

此外,《总目》评李之仪诗"魄力雄厚"之"雄厚"(姑溪居士前集/D/别集8/v155,p6a),论黄庭坚"沉雄刚健之气"的"沉雄"(竹友集/D/别集8/v155,p18a),论王恽"诗篇笔力坚浑"的"坚浑"(秋涧集/D/别集19/v166,p59a)等,这些描述体貌的术语,都具有与"雄浑"相近的含义结构。它们都在刚性体貌(雄、坚)基础上,融合了具有含蓄义的柔性体貌(浑、深、厚、沉),①作为对刚性体貌的制约元素。这些制约元素,使得刚健之气收敛于内,而非张扬于外。由文学批评推衍至文人批评,《总目》标榜这种"以柔敛刚"的复合性体式,除了具有对治柔弱士风的意义外,对文人的张扬躁竞痼习也有积极意义。

在刚柔之辨视域中,张扬躁竞之习意味着"力量外露"。前述文人之"狂诞不经",以及门户纷争等问题,均与这种外露的"乖崖"之气相关。《总目》将"雄浑"等"以柔敛刚"的体貌,论述为刚柔之辨范畴下具有最高典范意义的体式,便有使文人收敛乖崖之气的积极意义。于此,《总目》依然期许文人回归"内刚外和"的典范文人形态。只有把刚健之气收敛于内在世界,文人羸弱的气质才有可能变得刚强,文人相轻、相争的痼习也才有可能消解。通过这种经由"以柔敛刚"而实现的"内刚外和"境界,《总目》的"尚刚"倾向便回到了"温柔敦厚"的诗教传统,从而达至更高层次的刚柔相济。

(二)风骨:义理与性情的刚柔相济

在传统文论中,"风骨"占据极为重要的位置。在《总目》的文学批评中,它也常被用作准绳以评判历代文章。当人物品藻的批评逻辑被移植到文学批评时,一系列与人体之"骨"相关的术语,都被引入文学批评的术语系统中,譬如"骨体""骨法""骨气"等,此中首屈一指的当然是"风骨"。②在魏晋六朝,人们即常以"风骨"品评人物。如《世说新

---

① 浑、深、厚、沉等体貌之所以为柔性,是在与雄、坚等刚性体貌的对比中显现的。
② 王金凌认为,"骨体"乃就形骸赖骨而立来说的,"骨法"则就骨体与命运的理则关系而言,"骨气"则就体依骨而立、禀气而生而言,"风骨"则就气之流动如风而言。参见王金凌:《中国文学理论史:上古篇》,第263—264页。

语·赏誉》注引《晋安帝纪》论王羲之："羲之风骨清举也。"桓玄论刘裕亦曰："昨见刘裕，风骨不恒，盖人杰也。"(《宋书·武帝本纪》)

1. 文学批评中"风""骨"的基本含义

在文学批评中，最先对"风骨"作系统讨论的当数刘勰《文心雕龙》。其《诠赋篇》云："文虽新而有质，色虽糅而有本，此立赋之大体也。然逐末之俦，蔑弃其本，虽读千赋，愈惑体要；遂使繁华损枝，膏腴害骨，无贵风轨，莫益劝戒：此扬子所以追悔于雕虫，贻诮于雾縠者也。"《体性篇》亦云："才性异区，文辞繁诡。辞为肤根，志实骨髓。雅丽黼黻，淫巧朱紫。习亦凝真，功沿渐靡。"均将"风""骨"与文辞对立而论，以繁华文辞为"末"，则"风骨"便与文章之"本"相关。可见，"风骨"有与文章形式修辞相对待的含义，从文质二元对待的逻辑看，即与文章内容相关。但内容不可能完全脱离形式而独立存在，因此"风骨"又必然涉及文辞范畴。《风骨篇》即曰："夫翚翟备色，而翾翥百步，肌丰而力沉也；鹰隼乏采，而翰飞戾天，骨劲而气猛也：文章才力，有似于此。若风骨乏采，则鸷集翰林，采乏风骨，则雉窜文囿；唯藻耀而高翔，固文笔之鸣凤也。""风骨"在概念上虽与辞采有明确的畛域，但在写作实践上却无法割舍彼此。无论"风骨乏采"，抑或"采乏风骨"，均非文章典范。唯有文采（藻耀）与风骨（高翔）兼备，作所文章才可谓"文笔之鸣凤"。

然则，在文体论中，"风""骨"的具体含义为何？《风骨篇》曰："《诗》总六义，《风》冠其首，斯乃化感之本源，志气之符契也。是以怊怅述情，必始乎风，沉吟铺辞，莫先于骨。故辞之待骨，如体之树骸；情之含风，犹形之包气。结言端直，则文骨成焉；意气骏爽，则文风清焉。若丰藻克赡，风骨不飞，则振采失鲜，负声无力。……故练于骨者，析辞必精；深乎风者，述情必显。捶字坚而难移，结响凝而不滞，此风骨之力也。若瘠义肥辞，繁杂失统，则无骨之征也；思不环周，索莫乏气，则无风之验也。昔潘勖锡魏，思摹经典，群才韬笔，乃其骨髓峻也；相如赋仙，气号凌云，蔚为辞宗，乃其风力遒也。"

刘勰将"风"联结于《诗经·国风》，并以之为文章的"化感之源"。从创作论看，作者借助"风"的化感原理，可以通过鼓动"气"的力量，最终增强文辞的"述情"功效。反而观之，从读者或批评者的阅读视角看，文章情气是否能获致感染效果，是判断作者文辞风力足否之依据。与此同时，文人属文（铺辞、析辞、结言、捶字），必须依据抽象的"骨"作为"缀文成章"的组织架构，否则文辞便"繁杂失统"，"肥辞"

而不能"端直",亦无所谓"精"。这便是《诠赋篇》所谓的"体要"。"肥辞"与"瘠义"相关;"瘠义肥辞"为"无骨之征",便是对《诠赋篇》"膏腴害骨"的进一步阐释。换言之,在关乎文章内容的层面,"风"与"述情"相关,"骨"则兼与"述义""铺辞"相关——以述义为目的而切合"体要"地铺陈文辞。当然,我们似也无法将"风"与"骨"直接等同于内容上的"情"与"义"本身。①

无论人物批评抑或文学批评,"风""骨"都是批评者为描述批评对象某种抽象形貌而譬喻出来的喻体。批评者之所以会进行这样的连类譬喻,② 与"风""骨"在自然界原本的体态特性有关。在自然界,风是流动的,也相对柔和,骨则是刚硬的、挺拔的。当"风""骨"被连类譬喻于人物批评或文学批评领域时,其刚柔相待的关系也仍保持着。③ "骨"助"述义",义理阐述讲求用字精确,为使义理传达直截了当,甚至具有一定程度的独断性。这便是刚劲的体貌。因此,当刘勰单独说"骨"时,便往往采用"骨鲠""树骨""骨峻"等纯刚性术语。④ 相对地,"风"赞"述情",其所强调的乃是风化的"化感力"。化感强调的是润物无声、潜移默化的柔性力量,异于阐述义理的强制性。《风骨篇》说"风清骨峻",也便说明"风""骨"之间的刚柔对待关系。如此一来,当"风""骨"这两个本即刚柔相对的体貌术语融于一体时,便具有刚柔相济的意义。从文体论而言,它预示着义理与性情的融合。从文人批评角度讲,则意味着情与理融通的境界——既不以情害理,也不以理伤情。

---

① 徐复观分别从文章内容与辞采两个层面分析"风""骨"的区别,认为:"由内容以言风骨,则情是主观的、热的、流动的;所以抒情之文,多偏于风。事义是客观的、冷的、静的;所以叙事言理之文,多偏于骨。"在辞采方面,则"骨"多实字,"风"多虚字。文辞的虚实之辨,似也由内容的情义之辨推衍而来。参见徐复观:《中国文学中的气的问题——〈文心雕龙·风骨篇〉疏补》,《中国文学论集》,台湾学生书局1976年版,第317—326页。
② 《论语·阳货》"《诗》可以兴",孔安国曰:"兴,引譬连类。"郑毓瑜以此为起点,将"引譬连类"视为中国传统认识论的起源,认为它是总括自先秦逐步发展而来的一套生活知识与理解框架:"跨越表象差异所形成的类别界线,在不断越界中去钻探共存共感的底层。"郑毓瑜:《引譬连类:文学研究的关键词》,生活·读书·新知三联书店2017年版,前言,第7—9页。
③ 文学批评中"风""骨"的刚柔关系,徐复观从"气有刚柔"角度阐述,王金凌则从人物个性角度讨论。分见徐复观:《中国文学中的气的问题——〈文心雕龙·风骨篇〉疏补》,第311页;王金凌:《文心雕龙文论术语析论》,第243—244、253页。
④ 如《辨骚篇》"观其骨鲠所树,肌肤所附",《诔碑篇》"观杨赐之碑,骨鲠训典",《檄移篇》"陈琳之檄豫州,壮有骨鲠",《封禅篇》"树骨于训典之区",《风骨篇》"乃其骨髓峻也""风清骨峻""严此骨鲠"等,均是其例。

第四章 曲笔书写：《总目》对文人精神典范的重构　325

2.《总目》中的"风骨"批评

在《总目》的批评系统中，除"骨格""骨干"等纯刚性体式外，当然亦有刚柔相济的"风骨"体式，且其所占据的价值位置明显超过前者。

作为文体之喻体的"风骨"，与普通的体貌或体式术语不同。理论上，体貌或体式是对文体形貌的描述，因而具有直接描述功能。刘勰在《文心雕龙·体性篇》曾列举"八体"——典雅、远奥、精约、显附、繁缛、壮丽、新奇、轻靡，作为文章体式的基型，对文体形貌作不同描述。但无可否认，譬喻也是一种描述方式。因此，一旦作为喻体的"风骨"介入文体描述的事件时，文体的描述便显现不同层次。此时，文体描述便至少有三种方式：A. 普通体貌或体式对文体的直接描述；B. 直接以喻体对文体进行譬喻式描述，此时，作为喻体的"风骨"事实上便成为一种特殊的体式或体貌；① C. 普通体貌或体式假借对喻体的描述进而描述文体本身，此时"风骨"便成为文体的替代者，类似古代祭祀中的祭尸，接受普通体貌的描述。（见图4）

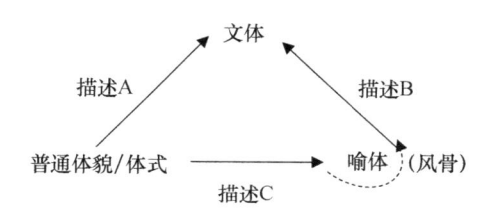

图4 文体描述的三种方式

描述 A 不是这里的讨论范围。这里只讨论与"风骨"这种譬喻性体貌/体式相关的 B 与 C。对于描述 C，在《总目》的术语系统中，常用以描述喻体"风骨"的体貌术语，除了前述之"遒上"外，在刚柔相济的视域下，值得注意的还有"高秀"。如其论戴良曰："良诗风骨高秀，迥出一时。"（九灵山房集/D/别集21/v168，p33b）又论夏竦曰："竦之为人无足取，其文章则词藻赡逸，风骨高秀，尚有燕、许轨范。"（文庄集/D/别集5/v152，p17b）以"高秀"描述"风骨"，则"高"便有"挺拔"之义，可归纳于前述体

---

① 徐复观认为，"风骨"虽不在刘勰所列"八体"之中，但它事实上又是"八体""皆不能缺少的共同因素"。徐复观：《中国文学中的气的问题——〈文心雕龙·风骨篇〉疏补》，第308页。之所以如此，当缘于"风骨"本身即具有文体描述功能。

格性刚体范畴。钟嵘所谓"文秀而质羸",[①]"秀"与"柔"(羸/弱)存在因果关系。在刚性体貌的对照下,"秀"便充当济刚之"柔",对高挺刚劲的"骨干"作出适可而止的制约作用,使其不至于"过刚"而沦为"硬"。因此,"秀"与"高"的刚柔相济,也与"风"与"骨"的刚柔相济两相呼应,并分别予以描述。在此基础上,"高秀"与"风骨"进而构结成一个复合性体貌,并进一步对戴、夏二氏文体风格予以描述。

至于描述 B,作为喻体的"风骨"也可以充当特殊体貌/体式,直接对文体进行譬喻式描述。此时无须普通体貌的介入,文体描述便可完成。如《总目》论韩雍:"英多磊落之气,时时发见于文章。故虽未变体裁,而时饶风骨。"(襄毅文集/D/别集 23/v170,p37a) 于此,作为喻体的"风骨"便是对韩氏文章体貌的直接描述。这种体貌即是前述《文心雕龙》论"风骨"含义所涉及的,乃义理与性情浑然一体的体貌;就其为人而言,则是情与理相融通的气质境界。这便与提要评其为人有"英多磊落"之气的观点相呼应:英多有才智则明于理,胸怀磊落则通于情。又论杜牧诗云:"牧诗冶荡,甚于元、白,其风骨则实出元、白上。"(樊川文集/D/别集 4/v151,p8a)评刘禹锡曰:"其诗则含蓄不足,而精锐有余。气骨亦在元、白上,均可与杜牧相颉颃,而诗尤矫出。"(刘宾客文集/D/别集 3/v150,p21b)"气骨"含义近于"风骨",故提要云刘氏"气骨"可与杜牧(风骨)相颉颃。两篇提要均以杜、刘二氏之"风骨/气骨"与元、白作比较,且都直接以"风骨/气骨"此刚柔相济的特殊体貌描述杜、刘二氏文章,认为它们能兼容于义理与性情之间。

在"雄浑"之体的对照下,譬喻性体貌/体式中还有一种值得注意的形态:"神骨"与"天骨"。《总目》论郝经云:"其诗亦神思深秀,天骨挺拔。"(陵川集/D/别集 19/v166,p11b) 又誉王廷陈为"天骨雄秀"(梦泽集/D/别集 25/v172,p8a)。而论马臻则曰:"所作皆神骨秀骞,风力遒上,琅琅有金石之音。"(霞外诗集/D/别集 20/v167,p4b-5a) 又谓揭傒斯之诗为"神骨秀削,寄托自深"(文安集/D/别集 20/v167,p28b)。如此诸例,仍为描述 C 的描述方式,即借径于喻体"天骨"或"神骨",间接地描述文体。作为具体描述内容的体貌——挺拔、雄秀、秀骞、秀削,除"挺拔"为纯刚性体貌外,其余均如"高秀",为刚柔相济的复合性体貌。但此中作为喻体的"天骨"与"神骨",其刚柔调和方式却并非如"风骨"那样是同一维度的情理调和,而更近似于"雄浑"之体"以柔敛刚"的内外

---

① 钟嵘:《诗品集注》,第 142 页。

第四章　曲笔书写：《总目》对文人精神典范的重构　327

调和方式。无论"天骨"抑或"神骨"，所谓"天""神"都强调此"骨"非后天能动性所致。这与"元气未分""自然而成"的"浑"之于"雄浑"的调和效果有异曲同工之妙。① 但这种源自天赋的骨力，较之"风骨"而言，却并非《总目》最为推崇的体式。

"天骨/神骨"与"风骨"之间的差异，非止于刚柔调和的方式，而更在于如何实现刚柔调和。在刘勰看来，骨力的养成固然有先天的才性因素，但后天人为的能动性也并非无所事事。《文心雕龙·体性篇》云："若夫八体屡迁，功以学成，才力居中，肇自血气；气以实志，志以定言，吐纳英华，莫非情性。""功以学成"即后天能动性所可致力之处。故《风骨篇》又曰："若夫熔铸经典之范，翔集子史之术，洞晓情变，曲昭文体，然后能孚甲新意，雕画奇辞。昭体故意新而不乱，晓变故辞奇而不黩。若骨采未圆，风辞未练，而跨略旧规，驰骛新作，虽获巧意，危败亦多。岂空结奇字，纰缪而成经矣。"于此，刘勰突出学的方式乃在于："熔铸经典之范"与"翔集子史之术"。如果学力未至，则"骨采未圆，风辞未练"。对于"骨"而言，学问修养尤为重要。因为"骨"与义相关。对传统儒家而言，义理借经史而传载。文人唯有深研经史，其所"结言"始能"端直"，进而方能"文骨成焉"。

刘勰强调"功以学成"的"风骨"实现方式，也是《总目》的主流观点。如其论李孚青："盖其颖悟有过人者。其气骨未遒，则年未四十而殁，功候犹浅之故也。"（野香亭集/D/别集 c10/v183，p35a）其论项大德亦然："吐属颇韶秀，而得年仅二十有六，功候未深，故骨格未能成就焉。"（梯青集/D/别集 c12/v185，p23b）"颖悟"乃禀赋于天之才性，但此天赋才性与气骨（骨格）之遒上并无必然的因果关联。气骨/骨格之成就，取决于"功候"之深浅。"功候"原义当与道教修炼术相关，功候之深浅是修炼积累的结果。文章气骨也须有日积月累的后天修炼方可获致。"学"便是修炼的主要途径，这除了文章技法的摹习外，当然更包括学识的积累。因此，《总目》论僧湛性即曰："然骨力未坚，兴象颇浅。十首以外，语意略同。盖聪明多而学问少。"（双树轩诗钞/D/别集 c12/v185，p22a–b）便将湛性"骨力未坚"的原因归诸于"聪明多而学问少"。聪明禀自天赋，学问唯有修炼方能积累。湛性唯恃天赋，而寡于学问积累，故文章骨力无法坚挺。其论朱彝尊更直谓其："学问愈博，风骨愈壮。"（曝书亭集/D/别集 26/

---

① 杨廷芝《诗品浅解》曰："大力无敌为雄，元气未分曰浑。"郭绍虞说："浑，全也，浑成自然也。"参见《诗品集解》，第3页。

v173，p24a）这些关于风骨实现方式的论述，与《文心雕龙》一脉相承。相较之下，"天骨/神骨"的表述，便失却了对后天修炼的强调。

总而言之，《总目》整体上更强调以后天修炼（如学习），作为实现"风骨遒上"的主要手段。这种观点不把骨力论述成神乎其神的天赋，反而认为人人皆可积力而致。这是对刘勰风骨论的继承。《总目》以"风骨"此刚柔相济的复合性体式作为重要标尺去评骘历代文章，在文论方面，便强调了义理应与性情相融合的审美态度，在"人论"方面，则意味着对文人情理融通气质的期许。当然，对于刚柔之辨在文学与文人之间的关联，《总目》实有更多更直接的论述。

四　由刚性体貌到刚劲气质的直接论述

在"文如其人"的观念逻辑下，文章体貌之刚柔也意味着文人气质之刚柔，[1] 且当批评者讨论诗体格力时，他们往往也同时指向诗人自身的人格力量。[2] 因此，根据上述《总目》的文体刚柔观，基本可以确定它在刚柔之辨视域下对文人精神气质典范的设计——概言之，即在"尚刚"的基础上强调刚柔相济。然而，对《总目》而言，文人的刚性与柔性气质，分别有怎样的具体表现？这须重新进入《总目》语境，作进一步探讨。

（一）文人柔性气质：诗格浅弱，不出闺阁之态

在"文如其人"观念的笼罩下，文体柔弱，从微观角度讲，便意味着文人个体气质的羸弱。因此徐祯卿曰："阉童壶女，辞弱气柔。"[3] 壶女即侍女；阉童即失去雄性特征的男童，在传统性别观念下，实亦与女性无异。他们都缺少阳刚之气，且社会地位卑贱。他们是气质阴柔文人的象征。这种象征对文人而言，意味着无以复加的鄙夷与讥讽。在徐氏看来，文人气质阴柔与其文章辞气柔弱之间，存在着直接且必然的联系。

从宏观视野看，文风柔弱也预示着整体士风的羸弱。倪元璐论明末士风即曰："其神索也。李陵曰：'军中有女子乎？'今女子之阴，结于士志。则岂得扬哉？自数十年间官师之条日上，诏令之戒日下，而不能革也。"[4]

---

[1] 汉魏以降的人物品藻认为人由阴阳二气化合而生，阴为柔性，阳为刚性，从而把人的个性也分为两类：飞扬、激烈、雄健等归入刚性气质，沉稳、和缓、安顺等归入柔性气质。王金凌：《文心雕龙文论术语析论》，第63页。
[2] 荒井健日译《沧浪诗话》即云："格力不是诗的品格，而是风格的高度。就人而言，是人格的力量。"转引自严羽：《沧浪诗话校笺》，第88页。
[3] 徐祯卿：《谈艺录》，何文焕辑：《历代诗话》，第768页。
[4] 倪元璐：《倪文贞公文集》卷5，《明别集丛刊》第5辑第65册，第397页。

第四章 曲笔书写:《总目》对文人精神典范的重构

在士阶层兴起之初,"士"必然为男性。① 即使后来士阶层逐渐消解,在古人观念中,所谓"士"(包括文士、武士、儒士、方士等),仍不可避免地以男性为主,且往往被认为是男性的专属群体——尽管此时士阶层的性别属性已不再纯粹。而在传统观念里,男性阳刚,女性阴柔,乃天经地义,否则,男柔女刚,便意味着伦理秩序的混乱,故古人对牝鸡司晨每有忧惧。因此,以男性为代表的"士志",也理所当然被认为应是阳刚的。然而,在倪元璐看来,其时之"士志"却积结"女子之阴"。这是对士阶层存在状态的极大焦虑。《总目》"尚刚抑柔"的总体态度,也是基于对士人气质阴性化之焦虑而提出的应对策略。

男性阳刚,女性阴柔,对此,《总目》与传统观念并无异议。因此,柔性体貌便被捆绑于女性气质之上。《总目》论张玉娘诗即曰:"诗格浅弱,不出闺阁之态。"(兰雪集/D/别集 c1/v174, p80a) 论朱淑真亦云:"其诗浅弱,不脱闺阁之习。"(断肠集/D/别集 c1/v174, p54b) 均将浅弱体貌与"闺阁之态"相关联。提要采用"不出/不脱"这样的关联词,便值得玩味。根据语脉分析,"不出/不脱"具有消极价值指向性意义,指向批评者认为应当摒弃的对象。在此,它们便指向阴柔的闺阁气质,即认为闺阁气质是不当见诸文字的消极价值,应当摒弃。但张、朱本即闺阁女子,其诗格具有闺阁气质本应是她们天生禀性使然。然而,提要却不因她们身份特殊而予以区别对待,反而一视同仁,以普通文人标准审视她们。提要的言外之意似是说:即使是女性作者,其所作文章也不应全为浅弱的"闺阁气质"。在这种观念下,男性文人作品如被判定为体貌浅弱,即使不作进一步直接批评,也便有郛外无讥的意味。

《总目》认为,文章体貌之刚柔,与文人精神气质之刚柔密切相关。其论葛征奇《芜园诗集》即曰:"集中多及其家姬是庵。是庵者,征奇妾李因之字,善画花卉禽鸟,亦颇能吟咏。征奇尝与酬和,其颇伤纤弱,或以此欤?"(D/别集 c7/v180, p28b) 认为葛氏诗作伤于纤弱,乃缘于他常与家姬酬和之故:人既近于闺阁气质,诗亦近于纤弱体貌。因此,前述《总目》对柔性体貌群落的贬抑,在文人批评的视野下,均可等同于对文人柔弱气质的贬抑。《总目》认为文人精神气质的理想范式应是刚强劲

---

① 或以"士"本义为农事耕作,或以"士"原指武士。饶宗颐不信二说,认为士最首要的条件是男性,其次因士为掌事之官,故又将"士"训为"事"。饶宗颐:《余英时"古代知识阶层的兴起与发展"审查报告》,余英时:《中国知识阶层史论》,第99—101页。

健，而非像闺阁女子那样阴柔软弱。

《总目》对文人阴柔气质的贬抑，实即根源于传统社会的男权价值观。尤其在以男性为主的文人社群中，阳刚气质被认为应是整个社群的统一姿态。男性文人一旦呈现阴柔的闺阁气质，便会被视为另类，遭受奚落。钟嵘论张华诗即云："其体华艳，兴托多奇。巧用文字，务为妍冶。虽名高曩代，而疏亮之士，犹恨其儿女情多，风云气少。"① "疏亮之士"即文人社群中的主流势力，他们所崇尚的是阳刚的"风云气"，与之相对的阴柔的"儿女情"则为其所贬抑。前述晏殊与秦观被讥为"妇人语""女郎诗"，亦是因"儿女情多，风云气少"而遭讥讽贬抑的典型例子。从这种讥讽声中，显见一种文人训诫的姿态：身为文人，切莫具有阴柔的闺阁气质。《总目》显然也跻身讥讽队列之中。

（二）刚劲体貌所预示的文士品行

以儒家思想为核心的传统中国，尽管其在很多场合都标榜"无过不及"的中庸，或主张"不太冷也不太热"且"有弹性有层次"的"温柔敦厚"。② 作为终极理想范式，中庸与温柔敦厚固然毋庸置疑。然而，在此理想范式之下，却实又呈现一定程度的"尚刚"倾向与之并行。比如《周易》，虽有"易道尚中"之说，但"尚中"之中又有"主刚"的倾向。③ "尚中"与"主刚"看似矛盾，实又并行不悖。对于士人精神气质之"尚刚"，经典文献即往往述及。《礼记·儒行》曰："儒有可亲而不可劫也，可近而不可迫也，可杀而不可辱也；其居处不淫，其饮食不溽，其过失可微辨而不可面数也；其刚毅有如此者。"即论述了儒者不可劫、不可迫、不可辱等刚毅气质。这似乎应被理解为应然性论述，即以此为儒者精神气质之典范，不能如此则不可谓之儒者。

整体上看，"温柔敦厚"与"尚刚"之间存在着微妙的关系：我们可将其理解为"以尚刚为基础的温柔敦厚"，但也未尝不是"以温柔敦厚为终极目的的尚刚"。分析来说，"温柔敦厚"无可否认是刚柔关系的终极目的，"尚刚"则是"女子之阴结于士志"现实语境下的理解性折中。但无论从哪个角度看，阴柔气质始终不能成为被崇尚的对象。前述《总目》

---

① 钟嵘：《诗品集注》，第 275 页。
② 徐复观解释"温柔敦厚"，认为"柔"和"敦厚"是与刚性的"强硬"作为参照的。因此他将其解释为"有弹性"且"有多层次"。徐复观：《释〈诗〉的温柔敦厚》，《中国文学论集》，第 445—448 页。
③ 郑吉雄：《论易道主刚》，郑吉雄主编：《周易经传文献新诠》，台大出版中心 2010 年版，第 190—219 页。

第四章　曲笔书写：《总目》对文人精神典范的重构　331

文学批评的刚柔之辨，其观念逻辑即呈现了这种"尚刚抑柔"的两面性。当文学批评投射到文人批评时，这种逻辑仍然存在。但为避免繁复，下面讨论《总目》在刚柔之辨范畴下对文人精神气质的直接论述，便不再凸显这种逻辑的两面性，而以刚性气质为主轴，呈现其中文学批评与文人批评的镜像关系。

1. 伉直有守之士：文章骨力坚劲，肖其为人

在"文如其人"逻辑下，文章体貌之刚劲，正投射出文人精神气质的刚劲影像。这种刚劲气质在文人身上的具体表现，首先即是伉直的品格。伉直意味着坚强不屈，这与刚劲的气质相应。《总目》对"文/人"关系的论述，便常常凸显这种镜像关系。

如对岳正，《类博稿提要》记述岳氏于英宗复辟明室丧乱之际"以书生支撑其间"的事迹，并赞誉他"忠荩之志"与"姜桂之性"，随即论其文曰："正统、成化以后，台阁之体渐成啴缓之音，惟正文风格峭劲，如其为人。东阳受学于正，又娶正女，其《怀麓堂集》亦称一代词宗，然雍容有余，气骨终不逮正也。所谓言者心之声欤。"（D/别集 23/v170，p38b–40a）"姜桂之性"即喻岳氏精神气质之刚强不屈。在此，提要分别以岳正与台阁末流、李东阳进行比较。前一比较认为岳正"风格峭劲"的文章体貌能别异于台阁末流的"啴缓之音"，乃缘于其刚强不屈的"姜桂之性"。后一比较认为，较之岳正峭劲的体貌，李东阳虽在雍容上过之，在"气骨"上却不及之。此"气骨"，既是文章体貌之"气骨"，也是文人气质之"气骨"。在此，提要运用了"心/言"镜像关系的逻辑，认为岳正文章"峭劲"的刚性体貌（言），乃其刚强不屈如姜桂般之"气骨"（心）的投影。于辞气之间可见，《总目》崇尚峭劲的刚性体貌，其最终目的还是着落于对文人气质之刚强不屈的推崇上。

《文溪存稿提要》论李昴英亦曰："昴英盖具干济之才，而又能介然自守者。其后劾史嵩之、赵与筹，直声动天下，有自来也。……其文质实简劲，如其为人。诗间有粗俗之语，不离宋格，而骨力遒健，亦非靡靡之音。盖言者心声，其刚直之气，有自然不掩者矣。"（D/别集 17/v164，p1b–2a）于此，提要同样运用"心/言"镜像关系来讨论李昴英的"文/人"关系，其中"介然自守""直声""刚直"都直接就其为人（心）而言，"质实简劲""骨力遒健"则直接就言（文）而言。言为心声，文如其人，彼此间形成镜像对应的关系。这里之所以强调"直接"，乃缘于镜像两端的界限是模糊的："质实简劲"与"骨力遒健"既可就文章体貌而言，也可以就文人气质而言。无论如何，由此均可见《总目》欲借刚性体式的树立，

进而以刚性气质来规诫文人，期许文人磨砺刚强品格的企图。

与刚性气质对应的品格，除刚直以外，还有"自守"。这也是刚性气质的重要表现。因为"守"即意味着对真理的坚持，坚持真理必须有刚强的意志与魄力。它常与"直"一同出现。如《演山集提要》论黄裳即曰："要亦伉直有守之士。故其诗文俱骨力坚劲，不为委靡之音。"（D/别集8/v155，p4b-5a）同样以"文如其人"的镜像逻辑，认为黄氏诗文体貌之"骨力坚劲"，与其"伉直有守"的品格之间存在因果关系。就文人论述而言，其逻辑次序是：文人有坚劲的气质，便能创写骨力坚劲的诗文，从而也能有伉直有守的品行。

2. 忠节之士：性情既挚，风骨自遒

忠节品行与伉直一样，均以刚劲不屈的气质为基础，也均可推源于刚性体貌上。它们的区别更多体现于刚劲气质发用的场合上。概言之，伉直通常体现于太平之时，忠节则更多发生于国难之时。在《总目》"文如其人"的观念逻辑下，这种气节同样与文章的刚性体貌形成镜像对应关系。《总目》论王翰即曰："翰始抗骄王，终殉国难，其立身具有本末。发为文章，率其（具）刚劲之气，故古体往往有质直语。然自抒性情，无元人秋纤之习。七言古体，声调亦颇高朗。"（梁园寓稿/D/别集22/v169，p61b-62a）提要便在其所推重的刚性体貌——刚劲、质直、高朗，与王氏伉直（始抗骄王）、忠节（终殉国难）的品格之间，寻绎对应关系，认为文章体貌之刚劲，乃文人品格自然发用的结果。

此外，《总目》论韩偓亦曰："偓为学士时，内预秘谋，外争国是，屡触逆臣之锋。死生患难，百折不渝。晚节亦管宁之流亚，实为唐末完人。其诗虽局于风气，浑厚不及前人；而忠愤之气，时时溢于语外。性情既挚，风骨自遒。慷慨激昂，迥异当时靡靡之响。其在晚唐，亦可谓文笔之鸣凤矣。变风变雅，圣人不废，又何必定以一格绳之乎？"（韩内翰别集/D/别集4/v151，p31b）提要依然欲为韩氏之"文/人"建立镜像关系：所谓"性情既挚，风骨自遒"。"性情"当指"忠愤之气"，韩氏生平事迹应堪当此誉。然而以韩氏诗文为"风骨自遒"，便似有可议之处。韩偓开创的"香奁体"，诗格卑下，成为"浮靡"体貌代表，已见斥于清高宗。[①]《彦周诗话》引高秀实云："韩偓《香奁集》丽而无骨。"[②] 在《总目》的评价体系中，"香奁体"也基本上是"浮靡佻薄"之体的代名词。尽管《曝

[①] 乾隆四十六年十一月初六日上谕，《纂修四库全书档案》下册，第1433页。
[②] 何文焕辑：《历代诗话》，第389页。

书亭集提要》曰"《香奁集》别为篇帙,不入《内翰集》中,良以文章各有体裁"(D/别集 26/v173, p25a),欲将"香奁体"别立于韩偓诗格之外。但韩偓整体诗风之绮丽,在历代文论家中似颇有共鸣。宋周紫芝曰:"读玉山樵人[韩偓自号]诗,脂泽之气熏然满怀,使人想见风采。至《香奁》,则又殆有甚焉者也。"① 认为韩偓诗本即有脂泽艳丽之气,只是《香奁集》更甚。叶梦得论韩偓诗,亦以为"富于才情,词致婉丽"。② 沈括虽以《香奁集》为和凝所作而嫁名韩偓,然而他仍然以"清丽"论偓诗。③ 这样的论调,都与提要所谓"风骨自遒""迥异靡靡之响""文笔之鸣凤"诸说,显然抵牾。

然而,提要似乎不甘于以"浮靡""丽而无骨"或"脂泽熏然"诸说来评论韩氏诗风。在《总目》的价值逻辑下,这样的"作者影像"与忠愤之气、性情之挚的"唐末完人"形象,显然格格不入。因此,提要一方面为韩氏"浮靡"的诗风辩解,认为乃"局于风气"之故,换言之,即诡称浮靡的诗风非韩氏自身气质所致;另一方面又以"变风变雅"为韩氏宽假,认为不可"以一格绳之",所谓"一格"显然是与"浮靡"相对的质实而刚劲的体格。但这样的辩解,事实上相当于默认了韩氏诗文的"浮靡"体貌。就俗诗而言,如韩偓诗实即"风骨自遒",那么其于《总目》的评价系统自然便堪称"正风正雅"矣;提要以"变风变雅"辩解,恰见此地无银三百两。于此,须分辨《总目》批评术语中的双重逻辑:就学术批评而言,以韩诗为"风骨自遒",这值得讨论;而从文化价值逻辑看,正是这种曲为之说而自相矛盾的辩解,暗示了《总目》的文化观念:与忠愤性情相对应的,应是遒劲的风骨之体,而非柔弱不振的靡靡之音。④

---

① 周紫芝:《太仓稊米集》卷67《书韩承旨别集后》,《景印文渊阁四库全书》第1141册,第480页。

② 王士禛编:《五代诗话》卷6,郑方坤删补,戴鸿森校点,人民文学出版社1998年版,第246页。

③ 沈括:《梦溪笔谈》,上海书店出版社2009年版,第138、143页。

④ 作为"四库"总纂官的纪昀论韩偓曾云:"致尧[偓号]诗格不能出五代诸人上,有所寄托,亦多浅露。然而当其合处,遂欲上蹑玉溪、樊川,而下与江东相倚轧。则以忠义之气,发乎情而见乎词,遂能风骨内生,声光外溢,足以振其纤靡耳。"(《纪文达公遗集》卷11《书韩致尧翰林集后》,《续修四库全书》第1435册,第406页)其于韩偓诗格"风骨"的理解,显然源自其人品上的"忠义之气";无此忠义气节,则恐怕"纤靡"难振。当然,诗歌品鉴本即是主观活动。即使对同一作者同一作品,都难以获致公认的评价。因此,我们在此只能关注批评者的评论逻辑,以及其中隐含的文化观念。

这种"对应"是一个循环论证的过程。《总目》于"文/人"镜像关系的双向性，在这个议题上有很好的呈现。《梁园寓稿提要》与《韩内翰别集提要》基本上是由"人"观察"文"的进路，其逻辑是"有忠节品行者必有刚劲之气与刚劲之文"。《乌尧集提要》却呈现与此相对的观察进路，即由"文"观察"人"，其论周是修此书曰："大抵风骨棱棱，溢于楮墨，望而知为忠臣义士之文。其矩度波澜，亦具合古法，不在当时作者下。世不甚称，殆转以气节掩欤。"（D/别集 23/v170，p7b）"风骨棱棱"即就其文章体貌而言，"忠臣义士"则就其人之品格而言。提要的逻辑便是：能作"风骨棱棱"之文者，必定是"忠臣义士"。这便与《韩内翰别集提要》"性情既挚，风骨自遒"的逻辑相对而行。

因此，从文人规诫角度讲，端正文体可以端正士风，端正士风也可以端正文体：文体与士风，相须为用。就端正忠节士风的目的来说，其方法便是要从鼓励刚毅不屈、劲健有力的文人气质与文章体貌开始。这样的逻辑，在《总目》中有突出的体现。

第四节　雅俗之辨：文人精神气质的"崇雅斥俗"

一　传统观念中的"雅俗"问题

无论就学术而言，还是就文人而言，《总目》都是在传统观念的基石上开始着手重构。"雅俗"是传统文化观念的关键词，它甚至被认为是传统中国所有关于人事评判的主轴，从而形成传统知识分子人格观的核心。① 因此，在讨论《总目》雅俗观之前，有必要以《总目》为参照，考察传统文化关于雅俗问题的若干观念。

（一）"雅俗"于"心/言"镜像关系中的紧密对应

如从"文/人"关系角度看，"雅俗"应是文学批评与文人批评之间关联程度最高且最明显的一组概念。黄庭坚《题王观复书后》曰："此书虽未极工，要是无秋毫俗气。盖其人胸中磊磊，不随俗低昂，故能若是。今世人字字得古法而俗气可掬者，又何足贵哉！"② 认为王氏书法之"无俗气"，乃与其人"胸中磊磊"密切相关。胸中无俗气，则笔尖自然亦无

---

① 村上哲见：《雅俗考》，顾歆艺译，《中国典籍与文化论丛》第 4 辑，中华书局 1997 年版，第 425 页。
② 黄庭坚：《宋黄文节公全集·外集》卷 23，《黄庭坚全集》第 3 册，第 1402 页。

俗气。

"心/言"镜像关系在"雅俗"问题上表现得如此紧密，以至于评论者甚至认为：文章本无雅俗之别，其之所以产生区别，乃源于作者人格气质的雅俗之别。程兆熊即云："实则韵无所谓俗与不俗，字亦无所谓俗与不俗，句亦无所谓俗与不俗，意亦无所谓俗与不俗，即体亦无所谓俗与不俗，只在用之如何。用之俗，即为俗；用之不俗，即为不俗。而用之者，固全在乎人。人若不俗，则体即不俗；体若不俗，意即不俗；意若不俗，句即不俗；句若不俗，字即不俗；而韵更无所谓俗。"① 程氏于此说诗之俗，有两个层次：其一，理论上，诗本无俗与不俗之别，因为诗的各种元素，如韵、字、句、意、体等，均无此分别；其二，现实中，诗确有俗与不俗之别，其之所以如此，乃在于诗人"用之如何"。"用诗"之雅俗，便体现作者自身修养之雅俗。因此，程氏曰："诗之所以俗，总由于人之俗。"村上哲见也认为，在文艺评论中，关于作者人格之俗与不俗的评价，往往被置于最根本的位置，此评价进一步引申，才进而涉及作为人之精神活动的文学艺术上。②

在雅俗之辨的视域下，"文如其人"的紧密对应也是《总目》的主流观点。因此，当我们要从《总目》文学批评中的雅俗之辨入手，探讨其中隐含的关于文人雅俗气质的看法时，便可以省去辨析"文/人"关联性的麻烦。

（二）"雅俗"的二元对待关系

"雅""俗"的二元对待关系，在传统文化中源远流长，且其过程极为复杂。《诗经》以《国风》与《雅》对立，孔子所谓"恶郑声之乱雅乐""子所雅言，《诗》《书》执礼"，已隐约可见雅俗对待的观念。因此，不少学者都将雅俗之辨溯源于孔子，甚至《诗经》。③ 然而，无论孔子还是《诗经》，均未正式举出"俗"的概念以与"雅"并论。"雅"的对立面如何被逐步定义为"俗"，此一过程扑朔迷离。

《说文解字》："雅，楚乌也。一名鷽，一名卑居。秦谓之'雅'。"④ 又："俗，习也。"⑤ 因此，学者多认为二字在语源上是性质全然不同的概

---

① 程兆熊：《中国诗学》，《中国文话文论与诗学》，台湾学生书局1980年版，第79页。
② 村上哲见：《雅俗考》，《中国典籍与文化论丛》第4辑，第424页。
③ 钱穆：《雅与俗》，《晚学盲言》，《钱宾四先生全集》第48册，第842页；南帆：《论雅俗之辨》，《中国社会科学》2022年第10期。
④ 段玉裁：《说文解字注》篇4上，第141页。
⑤ 《说文解字注》篇8上，第376页。

念,甚至认为"它们之间任何对应关系都没有"。① 这值得商榷。段玉裁解释《说文》之所以用"习"解"俗"的原因曰:"习者,数飞也,引申之凡相效谓之习。""习(習)"从"羽","鸟数飞"为"习"。"鸟习飞"实即效仿行为,故"习"引申泛指所有效仿行为。人类"习俗"本质上也是效仿,故"俗"与意指"鸟数飞"之"习"有相通性。而"雅"从"隹",训为"楚乌"或"鸒",无论从哪个角度讲均属鸟类。可见"雅""俗"在字源上有一定的关联。此外,"雅者,正也"(《毛诗序》),这便与"俗"所引申的"效仿"义相对,"效仿"即意味着"非正"。因此,"雅"与"俗"似不可谓"任何对应关系都没有"。

所见最早将"雅""俗"相提并论的,当是《荀子·儒效篇》:

> 故有俗人者,有俗儒者,有雅儒者,有大儒者。不学问,无正义,以富利为隆,是俗人者也。逢衣浅带,解果其冠,略法先王而足乱世术,缪学杂举,不知法后王而一制度,不知隆礼义而杀《诗》《书》,其衣冠行伪已同于世俗矣,然而不知恶者;其言议谈说已无以异于墨子矣,然而明不能别;呼先王以欺愚者而求衣食焉,得委积足以掩其口则扬扬如也;随其长子,事其便辟,举其上客,亿然若终身之虏而不敢有他志:是俗儒者也。法后王,一制度,隆礼义而杀《诗》《书》,其言行已有大法矣,然而明不能齐法教之所不及,闻见之所未至,则知不能类也,知之曰知之,不知曰不知,内不自以诬,外不自以欺,以是尊贤畏法而不敢怠傲:是雅儒者也。法先王,统礼义,一制度,以浅持博,以古持今,以一持万,苟仁义之类也,虽在鸟兽之中,若别白黑,倚物怪变,所未尝闻也,所未尝见也,卒然起一方,则举统类而应之,无所儗怍;张法而度之,则暗然若合符节:是大儒者也。

村上哲见和于迎春都认为,"雅""俗"在这里只是初步的对立,因而只有高低之分,而非处于"极性位置"上的、"排他性"的对立关系。②

然而,荀子这段文字至少应从两个层面来理解。第一,从群体的分类

---

① 村上哲见:《雅俗考》,《中国典籍与文化论丛》第4辑,第425—426、434页。
② 村上哲见:《雅俗考》,《中国典籍与文化论丛》第4辑,第434—435页;于迎春:《汉代文人与文学观念的演进》,第119页。

看，其所分"俗人""俗儒""雅儒""大儒"四类，"俗儒"与"雅儒"固然不处于肯定与否定的两极之上；第二，如果从概念的层面看，荀子将群体分类为四等，其所遵从的似乎依然是一种二元线性标准，即以在法后王、一制度、隆礼义、行大法等诸项内容上所践行或实现的深浅为标准，进行线性对比。当以深浅为分类标准时，得之深者为雅，得之浅者为俗；然则，"大儒"不过是"雅儒"的更高级，"俗人"不过是"俗儒"的更低级。类似思维模式，在传统中国似不少见，最典型的莫过于《论语·雍也》"野/质/文/史"的对待。所举虽然亦有四项，"文""质"同样并非极值，但我们无法否认其中显见"文/质"二元对待的观念。因此，荀子对群体的四等分类，实已体现雅俗二元对待的思想观念。至于《荀子·王制篇》"使夷俗邪音不敢乱雅"，更是毫无疑义地标举"俗"以对应"雅"，使"雅""俗"的二元对待关系正式确立。

秦汉以后，"雅""俗"的二元对待关系，逐渐在知识社群中固定下来。秦相李斯《谏逐客书》"随俗雅化，佳冶窈窕"（《史记·李斯列传》），东汉桓谭"略雷同之俗语，详通人之雅谋"（《后汉书·桓谭传》），王充"田婴俗父，而田文雅子""雅俗异材，举措殊操"（《论衡·四讳》）、"有俗材而无雅度"（《论衡·程材》）等论述，都巩固了"雅""俗"之间的二元对待关系，使这种思维模式深深刻入知识社群的文化基因中。至"四库"编纂之清朝乾嘉时期，雅俗的二元对待关系则更为明确。这种二元对待的关系，对梳理雅俗体貌群落及它们相互间的关系，应当有所帮助。

（三）"崇雅斥俗"的传统观念

无论雅俗的对待始于荀子，还是如村上哲见等人所认为的始于东汉，① 一旦对待关系被确立，"崇雅斥俗"的观念便相应而生。

从国家政教立场看，"俗"便是被教化的对象。这在荀子将雅俗并举前已为如此。《孟子·梁惠王》载孟子见齐宣王："他日见于王曰：'王尝语庄子以好乐，有诸？'王变乎色曰：'寡人非能好先王之乐也，直好世俗之乐耳！'。"以帝王师自居的孟子，显然代表教化立场。面对孟子的质询，"直好世俗之乐"的齐宣王乃"变乎色"。可见，齐宣王彼时已预感自己将受到孟子的教训，此中原因即在于他明知"世俗之乐"是不登大雅之堂的被教化的对象。此外，孟子批评"乡原"，指其"同乎流俗，合乎污世"（《孟子·尽心下》），此中之"俗"显然也是应接受教化而"返

---

① 分见村上哲见：《雅俗考》，《中国典籍与文化论丛》第4辑，第435页；于迎春：《汉代文人与文学观念的演进》，第124—125页。

经"者。

秦汉以后，典籍中"移风易俗"的说法便更常见。如《礼记·乐记》："故乐行而伦清，耳目聪明，血气和平，移风易俗，天下皆宁。"《孝经·广要道》："移风易俗，莫善于乐。安上治民，莫善于礼。"《风俗通义》："为政之要，辨风正俗，最其上也。"① 担负"移风易俗"之责的，正是象征"雅正"的京师。《史记》载公孙弘奏书曰："故教化之行也，建首善自京师始，由内及外。"（《史记·儒林列传》）"内"即指京师，教化的实质内容即"移风易俗"，即祛除其风俗旧习，使趋近"京师"的"雅正"。

风俗被认为应当"移易"，便说明了在主流社会观念中，风俗乃处于应被摒弃的消极地位。亦因此故，对于个体士人的修身应世而言，风俗也成为应被疏离、被戒除的对象。因此，《荀子·儒效篇》曰："故人知谨注错，慎习俗，大积靡，则为君子矣；纵性情而不足问学，则为小人矣。"认为君子当谨慎地处理个体与习俗的关系，辞气之间即有劝诫君子勿陷溺于习俗之意。《庄子·天下篇》亦云："不累于俗，不饰于物，不苟于人，不忮于众，……古之道术有在于是者。"即以俗为物累，应予以摒弃。至苏轼《于潜僧绿筠轩》更有著名的诗句："可使食无肉，不可使居无竹。无肉令人瘦，无竹令人俗。人瘦尚可肥，士俗不可医。"② 更从士人精神气质的层面，赓续了"崇雅斥俗"的观念。

当这种雅俗观念被移植到文学批评时，其"崇雅斥俗"态度便更为明确且坚定。对此，江西诗派应是讨论得最深入的文人群体之一。③ 黄庭坚即曰："文章无他，但要直下道而语不粗俗耳。"④ 又曰："士生于世，可以百为，唯不可俗，俗便不可医也。"⑤ 亦显传东坡之意。陈师道亦曰："宁拙毋巧，宁朴毋华，宁粗毋弱，宁僻毋俗，诗文皆然。"⑥ 均力主诗文应当"斥俗"。即使对江西诗派有诸多批评的严羽，在雅俗之辨上，似亦

---

① 应劭：《风俗通义序》，王利器校注：《风俗通义校注》，中华书局1981年版，第8页。
② 王文诰辑注：《苏轼诗集》卷9，第448页。"士俗"原文误倒为"俗士"。
③ 朱东润认为，江西诗派论诗首重去俗，而去俗之说乃起于黄庭坚。朱东润：《中国文学论集》卷1《沧浪诗话证证》，中华书局1983年版，第33页。
④ 黄庭坚：《宋黄文节公全集·别集》卷19《与元勋不伐书》之三，《黄庭坚全集》第3册，第1897页。
⑤ 《宋黄文节公全集·别集》卷6《书嵇叔夜诗与侄榎》，《黄庭坚全集》第3册，第1562页。
⑥ 陈师道：《后山诗话》，何文焕辑：《历代诗话》，第311页。

并无异议。《沧浪诗话》曰:"学诗先除五俗:一曰俗体,二曰俗意,三曰俗句,四曰俗字,五曰俗韵。"① 如果搁置不同批评主体对"雅""俗"具体表现的不同理解,只单纯从态度偏向看,则将古代文学观念乃至思想观念描述为"崇雅斥俗",应无大误。这种观念也贯穿《总目》始终。

(四)正与娴:"雅俗"对待的含义元素及其复杂性

然而,在古人关于雅俗之辨的讨论中,"雅"与"俗"是在什么意义上相互对待的?尽管《说文》以"楚乌"释"雅",与以"习"(鸟数飞)解"俗",在语源上存在一定关联——均与鸟类或其活动相关,然而,这两个含义显然未足以构成雅俗之辨的对待关系。它们的对待关系应该发生在假借义或引申义层面。

《荀子·富国篇》"必将雅文辩慧之君子",郝懿行曰:"'雅'者,正也。后人雅俗相俪,则谓娴雅。《史记》司马相如'雍容娴雅'是也。《荀》书'雅'字多对鄙野而言。"② 又《修身篇》"由礼则雅,不由礼则夷固僻违,庸众而野",郝懿行亦云:"'雅'对'野'言,则兼正也、娴也二义;野者反是。"③ 据郝氏,"雅"对"野"而言有"正""娴"两种含义元素,"雅"对"俗"而言,则只说有"娴"义,而未明确说是否有"正"义。

《荀子·荣辱篇》"越人安越,楚人安楚,君子安雅",杨倞注:"雅,正也。正而有美德者谓之雅。"④ 则以"正"与"美"两种含义元素来解释"雅",而不讲求此"雅"是否相对"俗"或"野"而言。虽然王引之认为以"正而有美德"释"雅",使"安雅"与"安越""安楚"无法对应,因此认为:"'雅'读为'夏','夏'谓中国也,故与'楚''越'对文。"⑤ 然而,他们的理解似无本质区别。因为"雅"与"夏"同音,因此可以假借"雅"字以表"夏"字的"中国"之义。"中国"相对夷狄而言。在尊王攘夷的华夷之辨逻辑下,所谓"吾闻用夏变夷者,未闻变于夷者"(《孟子·滕文公上》),"中国"(雅)便是"正",是真、善、美的化身,是教化的主导者;夷狄便是"非正",是伪、恶、丑的化

---

① 严羽:《沧浪诗话校笺·诗法》,第 401 页。
② 郝懿行:《荀子补注》卷上,安作璋主编:《郝懿行集》第 6 册,齐鲁书社 2010 年版,第 4589 页。
③ 《荀子补注》卷上,第 4557 页。
④ 王先谦:《荀子集解》卷 2,第 62 页。
⑤ 王念孙:《读荀子杂志》卷 1,《读书杂志》第 4 册,上海古籍出版社 2015 年版,第 1671 页。

身，须接受首善之区的教化。因此，"雅"可以训为"正"，故《毛诗序》曰"雅者，正也"。

这是一种以自我为中心的话语逻辑：由"中国"而言夷狄，则"中国"为中心（正）；由京师而言四方，则京师为中心（正）。在这个意义上，"雅"之于"野"，与"雅"之于"俗"，实无本质区别。无论"野"抑或"俗"，都应接受教化与洗礼，从而登进大雅之堂。在《楚辞》中，"世俗"与"时俗"等术语，便是在这个意义上被疏离、被摒弃的，此时"俗"可理解为"世间的""尘世的"等含义。① 屈原、宋玉等人在批判世俗与时俗时，虽不直接以"雅"自诩，但实际上已预示着他们便是"正义"的化身，因此其中实仍存在着"雅俗"（正邪）对立的关系。因此，当雅俗相对待时，"雅"也应有"正""娴"两种含义元素。

上文对"雅""俗"含义元素予以简单梳理，目的在于为下文讨论《总目》的雅俗观念，提供便于对比讨论的分析框架。这样的梳理，显然无法穷尽"雅""俗"的具体含义。在具体批评中，"雅""俗"之间有着非常复杂的关系。首先，在传统观念中，"雅""俗"更多是主观直觉的认识，批评者往往只能对批评对象作直觉判断，却无法明确阐述其所以为雅或俗的原因。即使力倡"去俗"之说的黄庭坚，也不得不承认"俗状"之难言："或问不俗之状，余曰：'难言也。视其平居无以异于俗人，临大节而不可夺，此不俗人也。'"② 他勉为其难的解释，实仍无法说明"俗之状"。

好在传统文论不如现代学术这样，需要对概念作出周严的定义，并且力求严谨地予以使用。因此，尽管古人并未抽象地对"雅俗"进行周严的定义，也未具体地描述"雅俗"之状，然而这并不影响"雅俗"二字成为古人批评诗文作品的核心概念。但这样一来，便难免于言人人殊的状况。不同批评主体虽然都以"雅""俗"这两个术语来进行文学批评，评价结果却可能截然相反：如某作品在甲批评者看来为雅，但在乙批评者看来却可能为俗。③ 此间便可能涉及批评者对"雅""俗"概念范畴理解的不同，也可能涉及批评者对文本意义解读的不同。

基于"雅俗"在传统文化中的上述特征，下面讨论《总目》关于文人精神气质的雅俗观念时，将采取有针对性的分析策略。因为"崇雅斥俗"

---

① 参见村上哲见：《雅俗考》，《中国典籍与文化论丛》第4辑，第428—434页。
② 《宋黄文节公全集·别集》卷6《书嵇叔夜诗与侄榎》，《黄庭坚全集》第3册，第1562页。
③ 郭绍虞对此即曾有揭示，参见严羽：《沧浪诗话校释》，郭绍虞校释，人民文学出版社1983年版，第109—110页。

几乎可谓传统文化的共识，因此便不必专门讨论《总目》于"雅俗"间的褒贬偏向，而将重心放在"雅""俗"各自群落范畴的归纳上。此外，因为"雅俗"的二元对待乃基于"正""娴"这两种含义元素，因此便可以它们为基准，来归纳《总目》的"雅""俗"体貌群落。而因为雅俗之辨在"文/人"间的镜像关系已获普遍共识，因此便可以直接透过"文论"观察"人论"，无须另外专论"雅俗"观念中的"文/人"关系。

二 《总目》推重的"雅体"体貌群落

《文心雕龙·体性篇》论述"八体"，首列"典雅"之体。王金凌指出："典雅在文学欣赏中比较不易引起激亢的心情，而每遭鄙为庸常。因此，刘勰常以壮、丽、泽、润、明绚等补其不足。"① 在《总目》中，"雅"同样受到其他范畴体貌术语的济助，从而形成一系列复合性体貌。这种围绕"雅"而展开的体貌渗透与体貌交叠现象，实即形成一个以"雅"为中心的体貌群落。综合地分析《总目》各提要，可归纳为几个子群落：典雅、奥雅、高雅、清雅与雅丽。缘于体貌的渗透与交叠作用，它们具体的文化含义各有偏重，因此宜予以分辨。

（一）典雅：典重、醇正而娴雅的"文/人"姿态

"典雅"是雅体中常见的体貌术语，但它其实是一个复合性体貌。司空图《二十四诗品》有"典雅"一体，杨廷芝《诗品浅解》曰："典则不枯，雅则不俗。"孙联奎《诗品臆说》亦曰："典，乃典重。雅，即'风雅''雅饬'之雅。"② 然则，"典雅"之体，实即以"典重"体貌调和"娴雅"体貌，从而表现为一种典重而娴雅的气质。然而，"典重"的介入，对雅体而言意味着什么呢？"典雅"在《总目》中又如何表现？

《总目》论张纲《华阳集》曰："诗文典雅丽则，讲筵所进故事，因事纳忠，亦皆剀切。"（D/别集9/v156, p28a）又论许应龙《东涧集》曰："今二制并在集中，典雅严重，实能得代言之体。"（D/别集15/v162, p25a）《文心雕龙·体性篇》云："典雅者，镕式经诰，方轨儒门者也。"可见，典雅的文品与人品之获致，均须借助于对儒家经典的学习，乃至于以其修身。对儒家经典的修习，便意味着以儒家经典为依据，为个人的精神气质树立法则与典范。所谓"格致诚正，修齐治平"，以经典修身实即意味着行为修正。因此，"典雅"一定程度上渗透了"正"的含义元素。于此，"正"代表着

---

① 王金凌：《中国文学理论史：六朝篇》，台北华正书局1988年版，第227—228页。
② 《诗品集解》，第12页。

文化社群价值系统中不可动摇的权威。《东涧集提要》以"得代言之体"延伸解释"典雅严重",所谓"得体"实即"得体之正",故其"典雅"实亦有"正"义。但"典雅"作为一种体貌,其"典重"之貌与"娴雅"之态,是相互渗透、难分彼此的;兼之,"典""雅"均涉及"正"的义素。①因此,很难断言"正"的元素,主要体现在"典"上,抑或"雅"上。如《尔雅·释诂》"则,法也",则"则"亦有"正"的义素;而《华阳集提要》以"典雅""丽则"并言,形成"雅—丽""典—则"的平衡呼应,则似又以"典"对应"正"义。无论如何,至少可以明确,因为"典重"的介入,"典雅"中"正"的含义元素被凸显或加强了。

因为"典雅"的体貌含有"正"的文化观念,则"醇雅"体貌也可以纳入此类,"醇"的介入也使"醇雅"兼含"正"义。《总目》论李存曰:"其诗文皆平正醇雅,不露圭角,粹然有儒者之意。"(侯庵集/D/别集20/v167,p54a)论金君卿亦云:"是君卿所与游者,皆一代端人正士。故诗文皆清醇雅饬,犹有古风。"(金氏文集/D/别集6/v153,p3b)这些评述,都在于推扬一种典重、醇正而娴雅的文章体貌与文人气质。

与"典雅"相对而被贬抑的"俗体",当举"俚俗"为代表。"俚俗"意味着世俗的、市井的、鄙野的,它处于文化价值系统的边缘,是需要接受教化或被移易的文化样态。《总目》论石孝友《金谷遗音》曰:"长调类多献谀之作,小令亦间近于俚俗。……直是市井俚谈。"(D/词曲c/v200,p4a-b)又论陶宗仪《辍耕录》:"惟多杂以俚俗戏谑之语,闾里鄙秽之事,颇乖著作之体。"(C/小说家2/v141,p44b)论张榘《芸窗词》:"大抵谀颂上官之作。尘容俗状,开卷可憎。"(D/词曲c/v200,p9a-b)诸如此类,均指斥文人迹近市井闾里的庸俗、鄙秽之态,是应当接受典雅教化的"不正之风"。

与市井、闾里相对的,是象征着价值秩序中心的"国中",即所谓"首善之区"。在士阶层尚未消解的商周时代,作为底层贵族的"士",依然居住国中,因而称为"国士"。与国士相对的,除居住在国中以外的鄙人与野人外,也包括国中的细民,如工商之类。"雅"文化是国士所应当修习的,其内容便是后来被儒家尊为经典的《六艺》。刘勰将"典雅"体式释为"镕式经诰",即有此根由。与"雅"文化相对的,便是在鄙人、野人与市井细民之间流行的俚俗之习,用现代话语来说便是"俗文化"

---

① 《周礼·天官冢宰》"大宰之职,掌建邦之六典",郑玄注:"典,常也,经也,法也。"所谓常、经、法,都有"正"的义素,则"典"亦有"正"义。

或"大众文化"。在这样的对待关系下,"雅"意味着"正当""正统","俗"便意味着须接受教化或自行修正的"不正"。至清朝乾嘉时期,随着城市的发展,市井文化远过前代,不少文人都浸淫其中。此时,曾作为传统贵族的士阶层虽已解体多时,但作为其流裔的文士(文人)群体,却仍不时(至少于正式场合)以"雅俗"之辨规诫自身社群的文化行为,对躬身为"士"却从事俚俗之事的行为予以批判。这便是《总目》进行雅俗之辨的行为动机。

(二)超越浅俗的"奥雅":淹雅、博雅、古雅与闲远

"奥雅""淹雅""博雅""古雅"等体貌,除其中作为核心要素的"雅"对"俗"具有区别性意义外,更侧重于奥、淹、博、古诸元素所显示的文化观念上。它们都显示出一种对"俗"的世间性之超越。

《文心雕龙·体性篇》:"远奥者,馥采典文,经理元(玄)宗者也。"在雅俗之辨视域下,"馥采典文"与"经理玄宗"为"拔俗"提供有效的实现策略,从而使"远奥"成为一种超拔世俗的"文/人"姿态。"馥采典文"是指通过师法经典文义——这里所谓经典不必然意味着意义醇正的儒家经典,① 而使文章境界超越浮浅的世俗。因此,"远奥"与"典雅"一样,都是通过对经典的修习,进而提升自身的精神气质境界。这种"文/人"境界在《总目》中常常被描述为"淹雅"。如称许沈括曰:"学有根柢,所作亦宏赡淹雅,具有典则。"(长兴集/D/别集7/v154,p35a) 称许徐铉云:"文章淹雅,亦冠一时。"(骑省集/D/别集5/v152,p1b) 有时也被描述为"博雅",如论王炎即曰:"其诗文博雅精深,亦具有根柢。"(双溪集/D/别集13/v160,p3b) 无论"淹雅"还是"博雅",都旨在强

---

① "馥采典文"句,诸家解说颇有歧异。周振甫注:"馥,当作复。复采典文:辞采丰富,文义深远。典,指常道。"(《文心雕龙注释》,第310页)既以"典"为"常道",却将"典文"释为"文义深远",未明何故。范文澜亦将"馥"训为"复",并以"理致渊深,辞采微妙,皆入此类"为解说。参见刘勰:《文心雕龙注》卷6,范文澜注,人民文学出版社1962年版,第508页。则似将"复采典文"意译为"辞采微妙"。王礼卿则曰:"远奥者、藻采馥郁,典法成文,经理玄远之宗派者也。"又曰:"远谓境远,奥谓意深,故理致深远,采芬而法备,以此精妙之文,始足经理玄宗之幽窈,非徒质朴所可致,为远奥之体。"王礼卿:《文心雕龙通解》卷6,台北黎明文化事业股份有限公司1986年版,第537页。则将"馥采"释为"藻采馥郁",将"典文"释为"典法成文",与周、范二氏不同。细析刘勰论"八体",均以对仗严谨的骈偶体写成。"精约"体之"核字省句"与"显附"体之"辞直义畅","繁缛"体之"博喻酿采"与"壮丽"体之"高论宏裁","新奇"体之"摈古竞今"与"轻靡"体之"浮文弱植",均两两组成并列结构。与"远奥"体相对的"典雅"体之"镕式经诰",为动宾结构,则"远奥"体之"馥采典文"亦当为动宾结构。因此,我们仍以动宾结构来理解。

调因学问渊博而显现超拔世俗的"文/人"精神境界。学问渊博是由经典文义而来,这是士阶层养成教育中的"雅"文化的重要内容。所以《荀子·儒效篇》述君子"慎习俗"的同时也说:"纵性情而不足问学,则为小人矣。"换言之,君子(贵族)之于小人(庶民),"雅"之于"俗",此间的重要区别都在于学问。

与"淹雅""博雅"相似的还有"奥雅"。如《总目》论刘攽:"岂非效学问博洽,词章奥雅,有不可遏抑者乎!"(彭城集/D/别集6/v153,p7b)此中"奥雅"含义与"淹雅""博雅"无异,皆指涉因学问渊博而呈现超拔世俗的精神境界。值得注意的是,其论宋祁云:"所著诗文博奥典雅,具有唐以前格律。"(宋景文集/D/别集5/v152,p23b)这显然是在唐宋诗之争语境下对宋氏诗文的评论。概言之,唐诗"主性情"而"以韵胜",宋诗"主议论"而"以意胜",① 此盖为学界共识。提要既称许宋祁诗文"博奥典雅",又以其"具有唐以前格律",则其所谓"博奥"似不必全为学问渊博所产生的精神境界。因为"唐诗格律"既主性情,故"贵酝藉空灵";只有"主议论"的宋诗才可能需要学问作为支撑。

据刘勰的观点,"远奥"作为一种审美感受,除可得诸"典文"外,亦可得诸"玄宗"。这实际上即说明"奥雅"体貌的双重性。在《总目》中,"奥雅"体貌于"典文"与"玄宗"两面的过渡与关联,可于"古雅"之体中见出。"古"原本只是一个与"今"相对的纯粹时间概念。但在"文论"或"人论"视域下,它往往会超越客观的时间属性,而进入论者主观的价值范畴;其所体现的便是论者本人所推崇的历史传统,从而"代表一种超出凡俗的古典精神"。② 如此一来,"古"与"雅"便有相融合的契机。因此,吕思勉认为:"雅与古不必一致,但相合之时颇多。"③

"古"之所以为"雅",首先便可能基于前述的"典文"。如《总目》论刘敞(字原父)曰:"敞之谈经,虽好与先儒立异,而淹通典籍,具由心得,究非南宋诸家游谈无根者比。故其文湛深经术,具有本原。……《语录》曰:'原父文才思极多,涌将出来。每作文,多法古,绝相似。

---

① 元末明初戴良曰:"唐诗主性情,故于风雅为犹近;宋诗主议论,则其去风雅远矣。"戴良:《九灵山房集》卷29《皇元风雅序》,《明别集丛刊》第1辑第10册,第620页。近人缪钺亦曰:"唐诗以韵胜,故浑雅,而贵酝藉空灵;宋诗以意胜,故精能,而贵深折透辟。"缪钺:《论宋诗》,《诗词散论》,上海古籍出版社1982年版,第36页。
② 严羽:《沧浪诗话校笺》,第100页。
③ 吕思勉:《〈古文观止〉评讲录》,王元化主编:《学术集林》第3卷,上海远东出版社1995年版,第65页。

有几件文字学《礼记》,《春秋说》学《公》《穀》。'又曰:'刘侍读气平文缓,乃自经书中来。比之苏公,有高古之趣'云云。则其文词古雅,可以概见矣。"(公是集/D/别集6/v153,p5a-b)即指出刘敞文词之"古雅",乃得自《礼记》《公羊》《穀梁》等儒家经典。此中"古雅"之意义,便与"淹雅""博雅"相似,只是侧重点不同:"古雅"侧重于"典文"在历史传统中之久远,"淹雅""博雅"则侧重于对其渊博、深厚之状的描述。

以"古"为"雅"的美学效果,也可以由志趣或意义上的"追古"来实现。《总目》论黄玠即曰:"其诗不为近体,视宋末江湖诸人惟从事五七言律者,志趣殊高。中多劝戒之词,其上者有元结遗意,次者亦近乎白居易。虽宏阔深厚不能及二人,要于俗音嘈囋之中,读之如听古钟磬矣。"(弁山小隐吟录/D/别集20/v167,p8a-b)认为诗歌体裁之不同显示出诗人志趣之高下。江湖派好作近体律诗,这在提要看来便是"俗音";黄玠不作近体,因而特立于尘俗之外,犹如古雅的"古钟磬"。这便是一种缘于志趣高远的"古雅"。又如论孟郊诗亦曰:"郊诗托兴深微,而结体古奥。唐人自韩愈以下,莫不推之。"(孟东野集/D/别集3/v150,p32b)这里"古奥"亦即"雅"的一种表现:"古"表示时间上的纵深,"奥"表示抽象空间上的纵深,从而表现出对世俗的超拔。且在此,"古奥"乃就"托兴深微"而言,因此也便是一种缘于意义深微的"古雅"。意义深微之"古"便具有"经理玄宗"的意味,而区别于"馥采典文"。

在意境上超凡脱俗,是获致"奥雅"之体的重要方式。如此一来,"炼意"便尤显重要。刘克庄论方俊甫诗曰:"君诗之病,在于炼字而不炼意。予窃以为未然。若意义高古,虽用俗字亦雅,陈字亦新,闲字亦警。"①便强调作诗炼意对诗作雅致的作用。炼意而致雅,大概有两条进路。其一,即前述意义深微,强调言尽意不尽的"言外之意",通过营造耐人寻味的意韵以超脱言尽意尽的俗语。如《嚄吰集提要》曰:"咏史诗肇于班固。厥后词人间作,往往一唱三叹,托意于语言之外。至周昙、胡曾,词旨浅近,古法遂微。"(D/别集c1/v174,p72a)"词旨浅近"实即"浅俗"的表现,而与之相对的雅体则托意于言外。其二,即刘克庄所谓"意义高古",通过炼意使意境高远,蕴含古韵,从而实现对世俗的超拔。《总目》论方干诗曰:"盖其气格清迥,意度闲远,于晚唐纤靡俚俗之中,独能自振。"(元英集/D/别集4/v151,p34b)"意度闲远"义同刘克庄所谓

---

① 刘克庄:《刘克庄集笺校》卷111《跋方俊甫小稿》,第4624页。

"意义高古",独立于纤靡的世俗习好之外,追求意义深微的"奥雅"意境。其论韩拙曰:"其持论多主规矩,所谓逸情远致,超然于笔墨之外者,殊未之及。"(山水纯全集/C/艺术1/v112,p32b)认为韩氏拘泥"规矩",从而不得超然于笔墨之外的"逸情远致"。这虽是就书画而论,但也缘于同样的雅俗观念,都在推扬一种超越此在世俗以外的远逸的"奥雅"境界。上述体貌虽不以"雅"名,但在与浅近俚俗的对立中,均已显示出"奥雅"的体貌。

无论是"馥采典文"抑或"经理玄宗",作为一种具有典范性意义的体式,"奥雅"都相对于浅俗的俗态而言。这种对比,在《嘐吒集提要》中即明确显现。"浅俗"的体貌可以用《嘐吒集提要》的"浅近"一言以蔽之,这恰好可以对应炼意致雅的两条进路。所谓"近"即"近俗",如《元英集提要》以晚唐之纤靡即近于俗态。所谓"浅"即意义显浅而不含蓄,言尽意尽。如《总目》论董养性:"其诗颇清遒,而浅于比兴。往往意言并尽,少含蓄深婉之致。"(高闲云集/D/别集c1/v174,p77a)论张泰《沧洲集》:"今观是集,大抵圆转流便,而短于含蓄,正如清水半湾,洮洮易尽。"(D/别集c2/v175,p51b)都贬抑了一种不够含蓄、清浅易尽的体态。

因此,作为浅俗对立面的"奥雅",主要相对于"浅"而言:就文章体貌而言意味着言尽意未尽的含蓄体貌,就文人气质修养而言便意味着含蓄娴雅的韵味。在《总目》的文化观念中,"奥雅"的实现方式,既可以通过学问渊博来获致,也可以求诸于思考与感悟的深度:思考重义,感悟重情。这便是刘克庄所谓"炼意"的功夫。

(三)高雅与清雅:"以高逸俗"和"以清涤浊"

不同于"奥雅"诸体在意义深浅上与俗对立,"高雅"与"清雅"所强调的则是对尘俗的超绝。《总目》论蓝智诗曰:"五言结体高雅,翛然尘外,虽雄快不足,而隽逸有余。"(蓝涧集/D/别集22/v169,p33b-34a)"高雅"相对"尘俗"而言,意味着以高逸的精神境界,超越后者的凡鄙与庸俗。

这样的对比逻辑在《总目》极常见,如其论陈岩曰:"入元遂隐居不仕。……其诗亦俱潇洒出尘,绝去畦径,有高人逸士风格,不仅足供山志采择而已。"(九华诗集/D/别集18/v165,p42b-43a)"出尘"是对超脱尘俗的形象描述,说明了"以高逸俗"的逻辑:文人只要在精神境界与志趣上多加提升(高),便可"出尘"(超脱尘俗)。又论朱松曰:"松早友李侗,晚折秦桧,其学识本殊于俗,故其发为文章,气格高逸,翛然自异。"(韦斋集/D/别集10/v157,p6b)"气格高逸"直接描述的对象为文章,其源动力乃在于学识之"殊俗",因此也是高逸与世俗相对立的逻辑。

无论是陈岩之"高人逸士"与"潇洒出尘"相对,还是朱松之"气格高逸"与"本殊于俗"相对,其共同点都在于通过"高"的意象,强调一种超绝于此在尘俗的"文/人"精神境界,从而与蓝智"结体高雅"而"翛然尘外"的逻辑一致,因而均可归纳为"高雅"的"文/人"体貌。① 具体落实到文人气格上,则显现为一种"矫矫不群"、孑然独往的精神气象。② 这便与《总目》门户论中,倡导文人自足自立而不依附门墙的独立行为有直接联系。《止斋文集提要》论陈傅良即曰:"傅良虽与讲学者游,而不涉植党之私,曲相附和,亦不涉争名之见,显立异同。在宋儒之中,可称笃实。故集中多切于实用之文,而密栗坚峭,自然高雅,亦无南渡末流冗沓腐滥之气。"(D/别集12/v159,p21a) 在此,即于陈氏"不涉植党之私"诸端行迹与其文章"自然高雅"之间,建立起逻辑关联。其文章之"高雅",便意味着矫矫不群的精神气象:文无世俗"冗沓腐滥"之气,行无时人"曲相附和"之习,从而于宋儒门户之习风行之时,显出孑然独行的姿态。

除"高雅"之体"以高逸俗"的进路外,"清雅"之体"以清涤浊"也是《总目》论述"绝俗"的重要途径。其论王绂曰:"其诗虽结体稍弱,而清雅有余。盖其神思本清,故虽长篇短什,随意濡染,不尽计其工拙,而摆落尘氛,自然合度。"(王舍人诗集/D/别集23/v170,p17a) 即以王氏"神思"既能"清雅",其文章便自然而然可以摆落"尘氛"(俗态)。又论王恭《白云樵唱集》:"迹其性情,本耽山野。此集又作于田居之日,故吐言清拔,不染俗尘。"(D/别集22/v169,p41b) 与《王舍人诗集提要》以"摆落尘氛"为"清雅"之结果的逻辑不同,这里将"吐言清拔"与"不染俗尘"并列,共同作为王恭"本耽山野"之性情的逻辑结果。它们均隐含着"清"与"俗/尘"的对立。这种"清—俗/尘"对立的结构在《总目》中极为常见,如其论刘仁本:"文采风流,可以想见。故所作皆清隽绝俗,不染尘氛。"(羽庭集/D/别集21/v168,p5b) "不染尘氛"实即对"绝俗"的延伸解释,而"清隽绝俗"便形成"清—俗"对立的关系。这种对立关系说明:"清"是"绝俗"或"不染尘氛"的实现途径。此

---

① 以"高"的姿态超越尘俗,这种逻辑在古代极为常见。《淮南子·修务训》曰:"名可务立,功可强成。故君子积志委正,以趣明师;励节亢高,以绝世俗。"《世说新语·赏誉》亦记王戎云:"太尉神姿高彻,如瑶林琼树,自然是风尘外物。"

② 司空图《二十四诗品》以"落落欲往,矫矫不群"释"飘逸"之体。《诗品集解》,第39页。

外,《彝斋文编提要》论赵孟坚"文/人"之"清远绝俗"(D/别集17/v164, p5a),《浮山集提要》论仲并诗作"清隽拔俗"(D/别集11/v158, p14a),等等,都呈现"清—俗"对立关系,从而也印证了"清"可以"绝俗"的逻辑。且从雅俗二元对待的观点看,无论"清拔""清隽"还是"清远",它们的对立面都是俗或尘,因而均属于"雅体"范畴,可归纳为"清雅"之体。

如果"高雅"可以理解为通过提升精神高度来超越"俗"之低下,那么"清雅"便是通过"清"所蕴含的净化意象来隔绝"俗"。净化意味着存在"污""浊"或其他"不干净"的对象,因而须予以清之。因此,牟宗三讨论"名士"一格的清逸之气时,即曾曰:"清则不浊,逸则不俗。"进而他又从是否局限于"物质之机括"的角度,分析"清""浊"之别,从是否顺承"成规成矩"的角度,分析"俗""逸"之别。① 牟氏以"逸"与"俗"相对,实即前述"高雅"之体中的"高"或"高逸";以"清"与"浊"相对,亦显然符合惯常逻辑。但《总目》直接以"清"与"俗"相对,其间便有逻辑的跳跃。因为在二元逻辑下,"雅/俗"与"清/浊"两两匹对,"俗"本身并不包含"浊"或类似义项。

这可能与"俗"字的意象扩充有关。当"俗"被理解为"世间的"时,其含义便可能扩充至包括"浊""污秽"等范畴。《鹖冠子·天则》"过生于上,罪死于下,浊世之所以为俗也",② 即将"浊世"与"俗"关联。当然,在"俗"字"污浊"意象的扩充进程中,屈原及其追随者无疑起了举足轻重的作用。在《楚辞》中,"浊世"几乎成为一个固定意象被反复使用,如屈原《离骚》"世溷浊而嫉贤兮",《卜居》"世溷浊而不清",③ 即以"浊世"为批判对象;而屈原《渔父》"安能以皓皓之白,而蒙世俗之尘埃乎",东方朔《七谏》"固时俗之溷浊兮",王逸《九思》"伤俗兮泥浊"等,④ 则更进一步明确"以俗为浊"的观念。随着《楚辞》在文人社群广泛传诵,"世俗"便于不知不觉间刻上"混浊"的烙印。至《总目》成书的乾嘉时期,"俗"已俨然包含"浊"的含义。因此,人们往往以"尘俗"并称,以指称"世俗混浊"之状。"混浊"俨然成为"世俗"题中应有之义。如此一来,具有净化意象的"清",便自

---

① 参见牟宗三:《才性与玄理》,《牟宗三先生全集》第2册,台北联经出版公司2003年版,第78页。
② 黄怀信:《鹖冠子汇校集注》卷上,中华书局2004年版,第69页。
③ 洪兴祖:《楚辞补注》,白化文等点校,中华书局1983年版,第34、178页。
④ 《楚辞补注》,第180、251、325页。

然而然地被揭举出来，用以浣涤混浊的俗气。

无论如何，"清雅"与"高雅"作为对尘俗的超越，《总目》对它们的强调，便意味着以一种不受尘俗负累的清高气节来规诫文人的文化观念：期许文人有"高雅"志趣的同时，也要求文人不受世俗尘氛所污染，从而自洁自爱。

（四）雅丽：祛除蔬笋气的文雅之体

在雅俗之辨的视域中，《总目》常见的"蔬笋气"值得注意。苏轼《赠诗僧道通》"语带烟霞从古少，气含蔬笋到公无"，自注曰："谓无酸馅气也。"① 于是乎，"酸馅气"或"蔬笋气"便成为后世重要的诗评术语，在《总目》中也时常可见。然则，它们在诗论中的含义是什么呢？

在东坡之前，欧阳修论诗也作过类似的譬喻。释惠洪《冷斋夜话》载："大觉琏禅师，学外工诗。舒王少与游，尝以其诗示欧公，欧公曰：'此道人作肝脏馒头也。'舒王不悟其戏，问其意，欧公曰：'是中无一点菜气。'"② 舒王即王安石死后追赠封号。在此，"菜气"含义即与"酸馅气""蔬笋气"相当。在唐宋，馒头是肉馅的，此处"肝脏馒头"即在于强调为肝脏肉馅，与之相对的"酸馅"则指僧人食用的带馅素食。③ 欧阳修此说，当是对大觉琏禅师诗才的赞誉。出家人本有斋戒，不能食肉，而大觉琏诗作却有肉馅馒头之味。"肝脏馒头"即喻指其诗作有韵味，而"菜气"则譬喻通常所见的、清苦寒酸的"僧诗"本色。后来更为常见的"酸馅气"与"蔬笋气"，也便具有相似的体貌含义。叶梦得《石林诗话》又对这种"酸馅气"作了一番描述："近世僧学诗者极多，皆无超然自得之气，往往反拾掇摹效士大夫所残弃。又自作一种僧体，格律尤凡俗，世谓之酸馅气。"④ 在叶氏看来，这种具有"蔬笋气"的诗体又有"格律凡俗"之弊。近代学者多认为，僧诗这种凡俗的"蔬笋气"，主要与其语言的不经提炼和陈腐说教有关。⑤

在《总目》的批评视野中，"蔬笋气"成为一个泛化的批评概念。一

---

① 王文诰辑注：《苏轼诗集》卷45，第2451页。
② 惠洪：《冷斋夜话》卷6，李保民校点，上海古籍出版社2012年版，第36页。
③ 相关考证参见高慎涛：《僧诗之"蔬笋气"与"酸馅气"》，《古典文学知识》2008年第1期，第51—57页。
④ 何文焕辑：《历代诗话》，第426页。
⑤ 孙昌武：《禅思与诗情》，中华书局1997年版，第363—364页。周裕锴也从意境之清寒、题材之狭窄、语言之拘谨和好作苦吟等方面讨论僧诗的"蔬笋气"，参见周裕锴：《中国禅宗与诗歌》，上海人民出版社1992年版，第45—53页。

方面，《总目》仍常以"蔬笋气"来批评僧诗，如批评释重显诗："皆风致清婉，琅然可诵，固非概作禅家酸馅语也。"（祖英集/D/别集 5/v152，p38b-39a）论释本昼："其诗不作禅语，绝无僧家蔬笋气。"（直木堂诗集/D/别集 c8/v181，p15b）依其批评逻辑，仍以"蔬笋气"为僧诗负面性的本色体貌。但在其他更多的提要中，这种体貌却又悄然附着于江湖诗派上，成为其负面性的本色体貌。如论周紫芝诗："无豫章生硬之弊，亦无江湖末派酸馅之习。"（太仓稊米集/D/别集 11/v158，p34b-35a）论陈杰诗："视宋末江湖一派气含蔬笋者，夐然有殊。"（自堂存稿/D/别集 18/v165，p45b）论杨奂："非南宋江湖诸人气含蔬笋者可及。"（还山遗稿/D/别集 19/v166，p45b）如此一来，"江湖蔬笋气"便与"禅家蔬笋气"形成对照，俨然成为两个诗人社群共享的体貌特色。更有甚者，如其论释大圭："杂文亦多青词、疏引，不出释氏之本色，皆无可取。惟其诗气骨磊落，无元代纤秾之习，亦无宋末江湖蔬笋之气。"（梦观集/D/别集 20/v167，p65b-66a）则论僧诗而以其为"无江湖蔬笋气"，换言之，即明确以"蔬笋气"为江湖诗派本色，而非僧诗本色。搁置不同提要对批评术语的理解偏差，而将《总目》作为一个整体来看，则"蔬笋气"在《总目》中已成为不限于僧诗本色的泛化性概念，其体貌内涵近似于"寒酸""寒瘦"或"寒俭"之类。

对于"蔬笋气"的体貌批评，《总目》更多地沿袭叶梦得"格律凡俗"的批评逻辑。如论释大欣："其五言古诗，实足揖让于士大夫间，余体亦不含蔬笋之气，在僧诗中犹属雅音。"（蒲室集/D/别集 20/v167，p7a）原其辞意，即以"蔬笋之气"为与"雅音"相对的俗调。又论释居简《北涧集》："居简此集，不掇拾宗门语录，而格意清拔，自无蔬笋气。"（D/别集 17/v164，p17a）所谓"格意清拔"即指"清雅"之体，而与之相对的"蔬笋气"亦为俗体。又论释重显："然胸怀脱洒，韵度自高，随意所如，皆天然拔俗。……皆风致清婉，琅然可诵，固非概作禅家酸馅语也。"（祖英集/D/别集 5/v152，p38b-39a）所谓"胸怀脱洒，韵度自高"之类，即是对"高雅"之体的描述，而与之相对的则是"禅家酸馅语"的俗体。

在这些以"蔬笋气"为俗体的批评中，作为对立面的雅体除具体体貌不明确的"雅音"外，则有"清雅"与"高雅"。这是在相当宽泛的层面进行的雅俗对立，与"蔬笋气"的体貌特色不完全符应。事实上，在欧阳修与苏轼的论述中，"蔬笋气"除涉及雅俗范畴外，更涉及文质范畴。欧阳修以"肝脏馒头"与"菜气"对举，即就味之多寡而作譬喻。苏轼以"语带烟霞"与"气含蔬笋"相对，此譬喻则跨越了色（烟霞）与味（蔬笋）两个范畴进行比较，以色之多对比味之寡。这样的譬喻，与《总目》以"布帛菽粟"论文质之辨,如出一辙,有共同的逻辑基础。因此,"蔬笋气"是一个复合性体貌:它既属于雅俗范畴,故常与雅体对举;同时也属于文质范畴,意味着过度质朴的粗鄙。如此一来,以"高雅"或"清雅"与"蔬笋气"对立,便不完全贴切。

《总目》对"蔬笋气"相关术语的使用,最为贴切的当然是《东皋录提要》论释妙声诗:"在缁流之内,虽未能语带烟霞,固犹非气含蔬笋者也。"(D/别集22/v169,p15b-16a)提要直接借用东坡原语,固然切合东坡原意。然而,如果要作体貌术语的关系梳理,便无法直接从这里获得答案。但这种对比模式,却有相似例子见于《谷响集提要》,其论释善住诗即曰:"大抵以清隽雕琢为事,颇近四灵、江湖之派,终不脱宋人窠臼,所言未免涉于过高。然造语新秀,绝无蔬笋之气,佳处亦未易及。"(D/别集19/v166,p32a-b)"造语新秀"的体貌实与"语带烟霞"相当,只是修辞策略稍异。它是"清隽雕琢"的结果,含有"秀丽""绮丽"的体貌元素,从而与"蔬笋之气"中"过质"的体貌元素对立。但"新秀"仍然未能与"蔬笋气"的体貌特征完整地对立,它顾及其中的文质范畴,却遗漏了雅俗范畴。

在《总目》关于"蔬笋气"的批评中,虽然未见能与它完整对立的体貌术语。但在整体"总目语境"中,能与"蔬笋气"完整对立的术语,实亦不少。《总目》中可与"蔬笋气"贴切相对的体貌术语有如"雅丽",如其论王安中"四六诸作,尤为雅丽"(初寮集/D/别集9/v156,p6a),论慕容彦逢"文章雅丽,制词典重温厚,尤为得体"(摛文堂集/D/别集8/v155,p23b),论杨冠卿"才华清隽,四六尤流丽浑雅"(客亭类稿/D/别集13/v160,p38b)等,都是渗透了"文""雅"两个范畴的体貌,而可与兼涉"质""俗"两个范畴的"蔬笋气"相对。类似体貌还有如"雅秀",如其论邢侗"所作大抵和平雅秀"(来禽馆集/D/别集c6/v179,p22a),论吴绮"追步于李商隐,风格雅秀"(陈检讨四六/D/别集26/v173,p30a),都是其中例子。此外,《剩语提要》论艾性夫诗"气韵清拔,以妍雅为宗"之"妍雅"(D/别集19/v166,p21b),亦当属此类。

诸如此类,如"雅丽""雅秀""妍雅"等复合性体貌,都分别从文质、雅俗两个范畴与兼具粗鄙、俚俗两种体貌的"蔬笋气",形成贴切的对立关系。粗鄙俚俗的"蔬笋气",正是《总目》意欲贬抑的文章体貌与文人气质。《总目》对"雅丽"诸体的推扬,亦可见它对"既娴雅且秀丽"文人气质之崇尚。

三 "骇俗批评"与自然主义的雅体观

在"崇雅斥俗"的文化语境下,《总目》对文人的精神气质也呈现明显的尚雅倾向:推崇"典雅"之体以修养典重而醇正的文人气质;推崇"奥雅"之体敦促文人精研学问、深思感悟,以陶冶含蓄娴雅的韵味;推崇"高雅""清雅"之体,规诫文人以清高气节摆脱尘俗负累,进而自洁自爱;推崇"雅丽"之体修养娴雅秀丽的精神气质。与"雅体"相对的庸俗、粗鄙、俚俗、浅近等等,均被挤压到价值边界之外。

然而,体貌批评是相当主观的批评行为。正如前面讨论到的,批评者对批评术语的理解,以及对被批评文本的解读,都是一个主观的过程,因此往往会出现见仁见智的歧异。体貌批评的主观性,使假借标榜的行为有机可乘,这无疑也同时使得体貌批评变得更为复杂。这里存在这样的现象:因为在传统文化观念中,"雅"对"俗"而言既然已有绝对的优越性,且由于雅俗的判断缺乏必然的客观标准,① 于是批评者便往往将自己或朋友所作的俚俗之体,标榜为高雅之体。雅体之实难得,但雅体之名易许,从而使雅俗批评更为复杂。

这样的行为模式,在传统中国极为常见,且不只涉及雅俗范畴。西晋裴𬱟《崇有论》批评时人即说:"立言藉于虚无,谓之玄妙;处官不亲所司,谓之雅远;奉身散其廉操,谓之旷达。故砥砺之风,弥以陵迟。"(《晋书·裴𬱟传》)从表面上看,"虚无"之于"玄妙","不亲所司"之于"雅远","散其廉操"之于"旷达",均在于疑似之间。在批评者看来,行为者未尝不知其所为是"虚无""不亲所司"和"散其廉操",只是故意标榜为"玄妙""雅远"和"旷达"而已。在雅俗之辨的视域下,这种假借标榜的行为,可以称之为"骇俗"。

《总目》虽"崇雅斥俗",贬抑俚俗之体,但同时也鄙弃"骇俗"的"伪雅体"。明代黄谏等"元以来好异之流"致力于"以篆改隶",以示古雅,《总目》即批评他们"骇俗取名"(亢仓子注/C/道家/v146,p48a;六书精蕴/A/小学 c1/v43,p14b)。南宋叶适论学"喜为新奇,不屑摭拾陈语",如称"太极生两仪"等语文浅义陋,称孟子、子产"不知为政",《总目》也批评他"不免于骇俗"(习学记言/C/杂家 1/v117,p30a–b)。从《总目》的批评语境看,明代山人是好为骇俗的代表社群。如《金石史提要》

---

① 南帆甚至认为:"拟订一个抽象而绝对的雅俗定义近乎不智。"南帆:《论雅俗之辩》,《中国社会科学》2022 年第 10 期。

第四章 曲笔书写：《总目》对文人精神典范的重构

批评明代郭宗昌即说："惟其好为大言，冀以骇俗，则明季山人谲诞取名之惯技，置之不问可矣。"（B/目录2/v86，p32b）明代文震亨《长物志》备载花木、水石、书画、器具等"闲适玩好之事"，《总目》便批判说："明季山人墨客，多以是相夸，所谓清供者是也。然矫言雅尚，反增俗态者有焉。"（C/杂家7/v123，p8b—9a）花木、水石等清供，是明代山人所向往的生活雅趣，但在《总目》的批评视野下却是俗态。

从批评者的逻辑看，所谓"骇俗"即因明知俗态之当予贬抑，故刻意予以回避，或故作清高，以示远离凡俗。即如裴頠所批评的，时人明知"亲所司"为俗，故刻意"不亲所司"，以示雅远。无论批评者抑或被批评者，均明知雅之当近、俗之当远。但由于雅俗的判断，缺乏放诸四海而皆准的、客观的公共尺度，因此对于何为雅、何为俗，在批评者与被批评者之间难免言人人殊。在掌握论述话语的批评者看来，这种刻意摆脱俗气的骇俗行为，仍无法真正摆落尘氛。故《总目》批评明季山人"矫言雅尚，反增俗态"。《抗言在昔集提要》也批评沈冰壶"有意示高，或流于诞"，"未免有意骇俗"（D/别集c12/v185，p20a—b）。明代杨抡"以古之雅乐不过如是"，撰《太古遗音》，"附会古人，词多鄙俚"，《琴谱合璧提要》也批评他"不知其仍不离乎俗"（C/艺术2/v113，p35a—b）。

在《总目》而言，对俗气的超绝与疏离，是文人实现娴雅气质的重要途径。因此，《总目》推重高雅与清雅之体，强调"拔俗""清拔"，以图"以高逸俗"和"以清涤浊"。只要能超绝尘俗，自然有娴雅气质。但《总目》所强调的是一种自然主义的雅体观，强调娴雅气质由内而外的自然生发，而不是对内在俗气的刻意掩饰或造作。《孙可之集提要》说："韩愈包孕群言，自然高古；而皇甫湜稍有意为奇，［孙］樵则视湜益有努力为奇之态。其弥有意于奇，是其所以不及欤？"（D/别集4/v151，p22a）《总目》摒弃刻意为之的"努力"，鼓吹高雅气质的内在涵养。只要文人内在胸次高雅，无须刻意雕琢，自然能摆荡尘氛，涤除俗气。《升庵集提要》论杨慎即说："盖多见古书，薰炙沉浸，吐属自无鄙语。譬诸世禄之家，天然无寒俭之气矣。"（D/别集25/v172，p1b）《青村遗稿提要》论"志趣颇高"的金涓也说："特以托意萧闲，不待矫语清高，自无俗韵。"（D/别集21/v168，p21b）内无涵养而"矫言雅尚"的明代山人，唯有"反增俗态"；内有涵养而胸臆高雅的文人，"不待矫语清高"自然而然能祛除俗韵与鄙语。既能祛除俗气，自然也能得高雅之韵。《安阳集提要》论韩琦即强调其"蕴蓄既深，故直抒胸臆，自然得风雅之遗"，"诗句多不事雕镂，自然高雅"（D/别集5/v152，p28a—b）。《祖英集提要》论释重显也说：

"胸怀脱洒，韵度自高，随意所如，皆天然拔俗。"（D/别集5/v152，p38b）

《总目》论"高雅""拔俗"诸雅体体貌，往往与"自然""天然"连言，所谓"天然拔俗""自然高雅"等等，都是这种自然主义雅体观的集中表现，均在于强调文人典雅气质的内在涵养源泉，而反对文人仅靠外在标榜与吹嘘，矫言雅尚的骇俗行为。《二家诗选提要》所谓"务外饰者所得浅，具内心者所造深"（D/总集5/v190，p26a），大概也表明了这样的美学理念。

小　结

中国古典文论与人物品藻间存在极大的关联。在早期的文学批评活动中，批评者往往通过批评文人的方式来批评文章。在后来的发展中，人物品藻理论在气化宇宙论的思想基础上，不断地影响着文学批评。人体常被作为譬喻，以论文体。文学批评与人物批评共享着一套术语系统，彼此之间俨然形成可供双向观照的镜像关系。

这种"文如其人"的逻辑，《总目》中尽管也有若干质疑意见，认为文章有时并不如其人，因而声称要"就文论文"；但在以"人论"为最终依归的《总目》，"就文论文"的宏愿在其评论体系中终究无法完全实现。即使离"文如其人"最远的"不以人废言"观点，也无法彻底摆脱"论人"的干扰而独立地"论文"。对于"人非文是"而瑕瑜互见者，《总目》虽节取其文章而予以著录，但仍不忘通过提要臧否其人品之是非。除此以外，在对象取舍层面更常见的是"言以人重"或"因人废言"的"文/人"取舍一致论，在"文/人"关系判断层面甚至往往将"文如其人"作为辨伪法来运用，在对象探知层面也普遍存在"因文知人"和"因人品文"的强辩式批评逻辑，在创作论层面"文如其人"更成为应然性论述：文人宜应通过修养人品以提升文品。在这种"文如其人"的主流观念下，《总目》"文论"与"人论"之间的镜像关系清晰可见。这是本章透过《总目》文学批评探究其中隐含的文人批评的逻辑起点。

事实上，正文体以正士习在古代是常谈。在文学批评层面，"正文体"便是从现实作品繁杂的"体貌"中规范出若干具有范式意义的"体式"。本章探讨文人精神典范问题，属于"正士习"范畴。既然"正士习"可以以"正文体"为基础，那么"士习何以为正"同样隐含于由"体貌"规范出"体式"的文体评论逻辑中。在这样的理论基础上，本章

第四章 曲笔书写：《总目》对文人精神典范的重构

以文质、刚柔、雅俗三组基本概念为论述框架，分析讨论《总目》对文体的规范性论述，进而探讨其中隐含的文人精神典范问题。

在文质之辨上，《总目》对"文/人"典范的终极理想均为"文质彬彬"。所谓文质彬彬，在文质异量性对待层面意味着纹饰的多寡适宜，而在文质异质性对待层面则意味着内外兼修的中和格局。但在实际批评中，各提要对文质之褒贬又存在极大歧异。总体而言，"尚质抑文"观点处于主动批评一方。然而，《总目》却没有形成"抑质尚文"的观点与它构成均衡对立格局，只有"抑质未尚文"的观点作为消极的、被动的调剂性意见，以防止"质"之太过。因此，《总目》对于文人精神风貌的论述，呈现出"主质"的整体倾向：鼓励质朴、淳实、真朴的文人风貌，同时纠正纤佻、华而不实的士习士风。"主质"并不意味着"斥文"，而是要求文人将注意力收摄于内心，注重内在的精神修养，使外在的华美根源于内在精神的富足，而非徒有其表的浮华。

在刚柔之辨上，在明代以来羸弱士风的时代情境下，《总目》的刚柔论呈现一定程度的"尚刚抑柔"倾向。其所崇尚之刚可分为体格性刚体（如骨、格、遒、刚、坚、挺、峭、伟、壮等）与力量性刚体（如劲、健、伉、雄等），以及兼备二体的通体性刚体。在《总目》看来，文人的伉直、忠节等品格，均与其刚劲的气质有关。而其所贬抑之柔则涉及无骨无力的圆熟、清腴，以及不思进取的"柔""弱"等体貌。《总目》虽"尚刚"，却并非毫无节制地崇尚，而是在"尚刚抑柔"的基础上，在更高的价值层次上推崇刚柔相济。在"雄浑"与"风骨"这两个《总目》所推崇的经典的复合性体式中，可见出刚柔相济的不同模式。"雄浑"是"含而不露"之"刚"，它意味着"以柔敛刚"，要求文人修养成"内刚外和"的精神气质。在传统文论中，"风""骨"分别意味着性情之柔与义理之刚。《总目》沿袭传统文论观点，通过崇尚具有风骨之文体，推崇具有风骨之文人，使文人达至情理融通的精神境界：不以情害理，亦不以理伤情。

在雅俗之辨上，因为传统文化有相当明确的"崇雅斥俗"倾向，且认为透过文章之雅俗可以直观文人之雅俗。因此，对于《总目》的雅俗论，本章便将讨论重心放在归纳"雅""俗"各自体貌群落上。"雅体"最常见的体貌是"典雅"，它意味着典重、醇正而娴雅的"文/人"姿态。与它相对而被贬抑的"俗体"，可以"俚俗"为代表，它意味着世俗、市井、鄙野等意象。此外，也有以"奥雅"为代表的体貌。"奥雅"之体与"浅"相对而言，意味着远奥深微、含蓄娴雅而有韵味的体貌。它可由学问之渊博获致，此时它又可以表述为"淹雅""博雅"等术语；也可以通过思考感悟使意义深微来实现，此时它又可以表述为"古雅""闲远""远致"等术语。此外，还有"高雅"与"清雅"之体，意味着不受尘俗负累的清高气节，但它们超绝尘俗的方式不尽相同："高雅"通过"高"的意象超越"低下"的尘俗，落实到文人气格上即为"矫矫不群"的精神气象；"清雅"则通过"清"的净化意象来超越尘俗。除此以外，《总目》亦有与"蔬笋气"相对的"雅丽"之体。"蔬笋气"是兼具粗鄙与俚俗两种元素的复合性体貌，"雅丽"及与它相近的"雅秀""妍雅"等，则兼备秀丽与娴雅两种体貌元素。当然，《总目》所倡导的是源自内在涵养的自然主义雅体观，而摒弃刻意造作"矫言雅尚"的骇俗行为。这些观点，既是《总目》对文章体式的论述，也是它对典范文人精神品格的论述。

结　　论

> 仙佛茫茫两未成，只知独夜不平鸣；
> 风蓬飘尽悲歌气，泥絮沾来薄幸名。
> 十有九人堪白眼，百无一用是书生；
> 莫因诗卷愁成谶，春鸟秋虫自作声。
>
> ——黄景仁《杂感》

生于乾嘉之世的黄景仁，为其身为文人却"百无一用"痛心疾首。相较之下，生于当今之世的文人，却似乎安于"百无一用"，甚至为"百无一用"沾沾自喜，以"无用"相高。

一　总结：主旨回顾

"五四"以降，中国社会文化发生翻天覆地的变化，"新文化运动"使一切都变成"新的"。此时，"文学"是无关政治伦理道德的、纯粹审美的"新文学"。文人也是不食人间烟火的"新文人"：他们以"打倒孔家店"为口号，批判传统；他们以卫道为耻，遑论以文载道；他们崇尚"为艺术而艺术"的宗旨，追求文字之华美而贬抑质实；他们"崇俗斥雅"，贬抑几乎所有与政教有关的雅文学，以之为"死文学"，[①] 而千方百计发掘古人所鄙夷的俗文学，如小说、戏曲，然而他们所强调的故事情节与舞台表演，却未必是这些文体在古代之所以为文学之处。当然，如果这种关于"文学"与"文人"的知识，只指向当下或未来，那也无可厚非，因为任何时代的知识社群都有自行规创其生存方式（包括文学与文人）的权利。但如果以这种重新规创的概念来考察或研究古人的社会人生，恐怕便难以与古人的观察视域相融合，从而也难以获致理想的诠释效果。

---

① 此观点当以胡适为代表，参见胡适：《建设的文学革命论》，欧阳哲生编：《胡适文集》第 2 册，北京大学出版社 1998 年版，第 45 页。

当本书要研究《总目》文人观时，便不得不对其"文人"概念予以清晰的厘定。因为概念本身即是观念的重要构成部分，同时也可为进一步的观念探析提供有效的论述定位。在古代社会，"文人"是与"文章之学"相关的人类社群。此中"文章"（文学）并非"五四"以后所谓独立于学术之外的"新文学"，而是在概念上与学术构成形式与内容的二元对待关系，在实存书写品中又形成一体两面关系。当然，并非所有与"文章之学"相关之人均为"文人"，此中还涉及"人/文"关系程度问题：当个人与文章具备怎样的关系，他才会被视为"文人"？对古代文献的语境指涉逻辑进行分析发现，古人在不同场合提及"文人"时，往往指涉两个不同范畴的"人/文"关系，它们对应着广义与狭义的"文人"概念。狭义文人指"有意于文"或"刻意为文"的文化社群，这是在"文以载道"争辩下被规创和凸显的群体，因而常被与圣贤名臣、学者、讲学家等群体对立而言。与狭义文人并存，又有广义文人。在狭义文人范畴中被排斥的儒者、经师、道学家、史家、诸子等群体，均被纳入广义文人范畴。广义文人便是本书所要探讨的文人范畴。

品骘文章是《总目》自我宣称的职责之一。但《总目》在品骘文章的同时，也是在品骘文人，因为文章的写作，终究由文人完成。当文人成为品骘行为直接或间接的目标对象时，他们便成为被审视的对象。审视意味着批判，批判意味着重构。换言之，《总目》通过将文人置于其直接或间接的审视焦点，予以批判，从而实现对文人典范的重构。重构以陨落为前提，陨落又以理想的初始状态为预设前提。"文人"的原始身份是"士"。"士"从孔孟时始，便被论述为以"道"为精神根源。如此观点不断被后世文人重述，即使是"文道"之争中的程颐与苏轼亦不例外。但文人这种理想性精神品格，却在汉魏以后经历了不断的陨落与颓靡。就总体的传统痼习而言，文人无用、文人无行、文人相轻，是历代文人自我反思、自我批判的恒常话题。此外，《总目》直接面对的明文人又存在具体的时代性症结：譬如士风羸弱、狂诞不经、尚虚崇伪、好名趋利、门户纷争，甚至质疑忠节的意义等。这些陨落与颓靡的精神与行为问题，都是《总目》致力于批判与重构的内容。

本书将《总目》针对文人的直接批评称为"直笔书写"，探讨其中的"虚实论""门户论""品行论"和"统绪论"等几个议题。在虚实论中，《总目》呈现明显的崇实斥虚倾向。就文人行为而言，这是贯穿学术内容与学术方法，乃至学以致用的观念：能经世致用的实行，才是《总目》虚实论对文人行为的最高要求。在门户论中，《总目》对文人门户存在若干歧见。主流观点对门户行为提出批判，认为文人门户是以私害公，违背"文章公器"的公共性原则。但又有若干提要对门户行为抱持相当的包容态度。对于门户创始者的价值地位，《总目》态度更是悬而未决：部分观点援引清高宗开门揖盗的逻辑，批评创始者为始作俑者；另外一些观点却赞赏创始者的独立人格，并常显露"不以末流放失并咎创始之人"的态度。

在品行论中，《总目》强调文人人品的重要性。其所谓"人品"，不外乎刚直耿介的气节及殉国死节的忠义，这是《总目》对于文人行为典范论述的重要内容。对于易代之后的人臣行为，《总目》进行极其精细的分类，如贰臣、进退无据者、反颜吠主者、惓惓故主者、守节者等。只有在偏执而挑剔的审视下，文人社群才会被处以如此精细的分类。如此"辨章品行"的行为本身，实即已经预示着臧否与批判，以及其中隐含的话语权力。在统绪论中，本书探讨了《总目》对于文人在文化脉络中的定位问题。对于文人与文化传统的关系，《总目》明确主张尊经据典，反对文人好奇好异。对于文人与古今文化的关系，《总目》抱持着辩证态度，鼓励文人"应时法古"，即在审时度势的基础上"法古"，同时在"法古"的基础上应变。面对外来文明，《总目》表现出文化保守性格：反对文人迹涉异学，而大力标举"醇儒"形象。

本书将《总目》针对文人的间接批评称为"曲笔书写"。这种间接的审视，是借径于文学批评转而进入文人批评领域。这种研究方法之成立，乃基于传统中国与《总目》共同遵信的"文如其人"观念。尽管《总目》在不少场合对"文如其人"的传统观念提出反思，但即便这些反思言论本身也仍无法如其所愿地"就文论文"，反而频繁地将审视聚焦于"论人"之上。且在更普遍的论述中，"文如其人"观念呈现出强辩式、独断式的姿态，从而使"文论"与"人论"之间形成可双向观照的镜像关系。在这一部分，本书以文质、刚柔、雅俗这三组传统文化中的重要概念为论述框架，讨论了《总目》对于文人精神范式的重构。

在文质之辨上，《总目》在文质彬彬的终极理想下，呈现出"尚质抑文"的"主质"态度，鼓励质朴、淳实、真朴的文人风貌，并试图纠正纤佻、华而不实的士习士风。但从整体上看，《总目》在"尚质抑文"主流观念下，又有"抑质"的观点作为其调剂性辩证意见。但《总目》"抑文"却不"斥文"，而要求文人将注意力收摄于内心，注重内在的精神修养，使外在的华美根植于内在精神的富足，而非徒有其表的浮华。

在刚柔之辨上，《总目》有明确的"尚刚"态度，这从它普遍地褒扬刚性体貌群落而贬抑柔性体貌群落的倾向可以见出。但"尚刚"并非毫无节制地进行，而是在更高层次上又推崇刚柔相济：通过对"雄浑"体式的推重，要求文人"以柔敛刚"，养成"内刚外和"的精神气质；通过对"风骨"体式的推重，要求文人以情理融通的境界为精神范式。在雅俗之辨上，《总目》通过对一系列"雅体"体貌群落的推重，显示其对文人精神气质"崇雅斥俗"的倾向。其所推扬的"雅体"体貌群落可以归纳为几类：其一，以典重、醇正为特征的"典雅"之体；其二，远奥深微、含蓄而有韵味的"奥雅"之体；其三，不受尘俗负累而有清高气节的"高雅"与"清雅"之体；其四，兼备秀丽、娴雅体貌的"雅丽"之体。

二 后设批判："士志于道"的有限重申

无论是直笔书写的文人行为批评，抑或是曲笔书写的文人精神批评，在《总目》的文人观中始终隐含着一个核心元素——"道"。这是对孔子首倡的"士志于道"精神规诫的重申。因为在《总目》的作者们看来，他们所面对的明文人，基本上都已失落了对"道"的体认与实践。如此一来，《总目》对文人典范的重构，便须重提"道"的精神价值。

因此，就行为批评而言，《总目》鼓励文人的实行与致用能力，实即隐含了"道"的现世实践意义。"道"在孔孟那里虽然可以被理解为精神层面的价值本体，但其终极指向却并非虚无缥缈的"天道"，而毋宁是极富现世关怀的"人道"。《总目》对门户行为的总体性批评，则更是从"道者公器"的公共性原则出发。在品行论中，《总目》强调的"直""尊""忠"等文人品行，也都可以归结为统摄于"人道"范畴的具体德目；当然，《总目》对它们的标榜，已经或多或少地偏离孔孟原所赋予的含义。而统绪论中强调的尊经、尚儒、明道，则更是对文人写作行为重新提出传道、载道的要求。

就精神批评而言，《总目》在文质之辨中强调"主质"的文人精神，其所主之"质"，实即主要由儒家经典与义理所充实。这种充实着儒家义理的精神，是文人以文载"道"，甚或直接实践"道"的基础。在刚柔之辨中，《总目》崇尚刚性气质，其实也可以从更深层次上对应古代士人"从道不从君"的骨气。只是在专制政治已达巅峰的乾嘉时期的政治现实中，《总目》不得不将这种刚劲的骨气，引向忠节范畴。在雅俗之辨中，《总目》延续了"崇雅斥俗"的传统。所谓"雅"即有"正"的含义。在以儒家思想为核心的传统中国，"雅正"与否的评判，显然以历代儒者共同建构的"道统"为标准。

《总目》对"道"的精神价值之重申,一定程度上对治了明文人的症结,尤其在崇实论、门户论、刚柔论这些议题下。然而,《总目》所重申的"道",却是经过拣选的有限度的、不完整的"道"。与孔孟荀所建构的与"势"对立的,甚至"道尊于势"的"道"不同,"道"在《总目》的文人观体系中,呈现出"势/道"一体的结构。换言之,在《总目》的价值体系中,"道"与"势"不再明确地对立,更无从有"道尊于势"的可能性。在孔孟荀的论述中,"道"很大程度上乃作为"势"的制约因素而被设计出来。但在《总目》中,"道"对"势"的制约力几乎消失殆尽。因此,当明遗民反思殉国死节的道德意义时,《总目》却将殉国死节的道德意义,提升到不容置疑的绝对高度。而《总目》所推扬的刚劲骨气,理论上应可针对任何对象施用,包括国君——在"士志于道"论域下,国君毋宁就是刚劲骨气的主要施用对象。顺此逻辑,本应亦可顺理成章地延伸出"从道不从君"的骨力。但《总目》却有意无意地限制了骨力指向国君的进路,反而将它引导向忠节的一面。如此一来,其所倡言的骨力,也是有限度的、选择性的骨力。这便不得不说,《总目》思想系统中存在更深层次的系统内矛盾。

毋庸置疑,这是在乾嘉时期已达巅峰的君主专制强压下,作为一介文人的馆臣们不得已之所为,从而也不必苛责。这是进行后设性批评时,不能忽视的历史情境。尽管我们考虑到如此情况,但也不得不以稍为苛刻的后设性视角予以审视:同样作为文人的馆臣们,当其纂修"四库"而品骘历代文人时,他们又怎样以文人自处?他们自身的文人行为,是否与其所重构的文人范式相符应?这是一个涉及言行关系的问题。在当时的政治情境下,这个问题的核心焦点,还是落在馆臣如何处理"道势关系"上。

就此而言,馆臣的文人行为,基本上与他们重构的文人范式相应。事实上,正因为他们在行为上无法做到"从道不从君",以致他们在文人范式重构时,也无法重申此义;也正因为他们在面对国君时无法表现刚劲的骨力,以致他们只能将刚劲骨力局限于忠节范畴。归根结底,还是因为"道"在与"势"的博弈中,处于绝对的劣势地位。当然,冰冻三尺,非一日之寒。这种劣势从专制政治建立的秦汉时始便逐渐形成,至有清一代之乾嘉时期,已发展至顶峰。① 这涉及"道势关系"的原始设计问题:以"从道不从君"为己任的文人,他们与政治势力之间的合理关系应当如何

---

① "道"与"势"关系的发展,参见余英时:《中国知识阶层史论》,第41页。

设计？"道"与"势"紧密的合作关系，在进入君主专制时期便已确立。这种设计是一种历史传承与文化再制，后继者要改变前人的设计程序，谈何容易？文人在主客两方面均无法挣脱这种文化关系的制约，从而也无法摆脱"势"的压制力。

当然，馆臣自身的文人行为，还让我们看到了"道势关系"的另一面：在专制时期的"道势互动"中，"道"的精神力量仍隐约着一丝曙光。从本书的分析可见，在不正面触犯君主权威的若干议题中，如文质、尊贤（尊宋儒）、门户等，馆臣中的部分文人，仍隐约地表达着有悖于清高宗圣谕的观点。这种"黑暗中的挣扎"，未尝不是我们可以接续传承，乃至重新发掘的精神价值。

三 余论：起来，挺起文人的脊梁！

随着音像传媒，尤其是影视行业的兴盛，"文学式微"似乎逐渐成为文人与文学研究者的共同焦虑。反思文人与文学的自我定位，以古鉴今，我们或许会有这样的认识：当代文学之所以式微，是否因为文人刻意将自身置于"人间烟火"之外而造成的必然后果？

当文学被论述为"为艺术而艺术"的纯粹审美性书写品时，它便要被当作纯粹艺术品来看待，并且被置于艺术市场上接受其他艺术品（如电影、电视、音乐、绘画）的挑战。根据市场的供需原理，商品要有足够的吸引力才能迎合消费者，从而在市场竞争中胜出。这是市场的游戏规则，艺术市场概莫能外。因此，商品需要表现出相当的"媚俗"姿态，艺术商品概莫能外。

纯文学研究自诩"文学是最高的艺术"。但这似乎只是一种自我满足、自我慰藉的"阿Q精神"。市场竞争的事实证明，以文字为传播媒介的"文学艺术"，显然无法适应当代快餐式的艺术消费。被视为纯粹艺术品的"文学艺术"，其所能带来的审美愉悦感与快感，相较于其他艺术形式（如电影、电视、音乐等视听艺术），似乎并无明显的优势，却有不小的劣势。因此，将文学论述为纯粹艺术品，是否应当承担"文学式微"的主要责任？文人与"文学艺术"既然置自身于"人间烟火"以外，而以纯粹艺术自居，却又无法在审美上超轶于其他艺术产品，这便意味着它们在"人间"可有可无，式微也便成为必然结果。按这样的逻辑推衍下去，文学既无法在"艺术市场"中保持竞争力，也不承担"载道"的责任，如对于伦理、社会、道德、生存空间、政治秩序的维系，那么它便可以退出历史舞台。因此可以说，是文人抛弃了"人间"，并非"人间"抛弃了文人，以及他们的"文学艺术"。

当然，从"为艺术而艺术"的观点与立场讲，我们本不应该讨论市场的问题，一旦涉及市场，对自诩不食人间烟火的艺术而言，似有玷污之嫌。但近代不少文人的创作行为，都无法摆脱"市场意识"的束缚，这似乎是不言而喻的事实。这里没有文人层次的区别，只有意识多寡或直接与否的区别。如此看来，近代文人对"人间烟火"的在意，似乎又远远超过古代文人。只是其所食"人间烟火"与古人不同。古代文人写作固然有"立言不朽"的动机，但往往同时隐约可见"文以载道"的担当。但"文以载道"的书写行为，在近代文学论述中却往往被污名化为政治说教。近代文学论述急于撇清文学与政教的关系，固然有社会改革的深层考量，但也未尝不是"文学艺术"生产为俘获艺术消费者（读者）的论述策略。在市场机制下的文学生产，便难以摆脱市场利润的生产目的。否则，文学生产者何以为生？这是近代文人的"人间烟火"，较之古代文人"立言不朽"或"文以载道"，未知孰高孰低？

在传统中国，文章之学未尝不是一门技艺，但古代文人却耻于以艺人自居，甚至耻于以文人（专意于文章技艺的狭义文人）自居，反而往往以"道"自期。尽管历史上常有"刻意于文"的一派，但作为对抗意见的"文以载道"观念，却始终未曾缺席，甚至长期占据主流地位。如于《总目》，尽管其中也有反对布帛菽粟之文的观点，但主张以布帛菽粟之文来载道的观点，毕竟仍是主流。只有到了近代，在西方浪漫主义文学观念的文化侵略下，文人自诩"为艺术而艺术"，自诩其能不食人间烟火时，"文以载道"才逐渐沦为被人讪笑的迂腐。

不管近代文人如何自诩其能不食人间烟火，如何能让"文学独立"，但从客观上讲，近代文人无论从历史渊源还是精神渊源上看，都可追溯至古代"士志于道"的士人。"道"是对整体社会的深厚关怀，是人间秩序合理维系的关键所在，是民族的精神脊梁。没有"道"的社会，是人类社会吗？没有"道"的民族，能挺得起她的腰杆吗？"道"是社会价值的维系。"道"一旦缺席，社会价值必将紊乱，无是无非——这正是当代社会所面临的深层问题。所以，"卫道"真的可耻吗？孔子说"士志于道"，即要求士人承担起维系人间秩序的责任。这个秩序当然也指向政治，即对政治秩序的建构与干预。这是"士"（文人）之所以为"士"的关键。从反面看，这样的"卫道"使命，也唯有作为知识传统之传承者的文人可以肩负，而非政治家或科学家。当然，这必然涉及"道势关系"问题。参考"四库"馆臣文人批评的批评逻辑，要肩负这样的责任，便要求文人有相当的骨力。"四库"馆臣面对如日中天的专制政治，他们的骨力是"欲强而不能"。自诩处于民主时代的当代文人，对此却选择自我放逐。这不得不说是令人遗憾的事。

在民主时代，文人不应置身于"人间烟火"以外。文人只有介入"人间"，并为"人间"创造价值，才不至于被"人间"抛弃。这是市场经济的基本原理，没有价值的东西不可能在市场上完成交易。重新审视"道"的现代价值，重新反思"道"在当代社会的具体含义，重新反思如何以文载"道"，或许是文人重新积极介入"人间"的可行路径。在传统中国，尤其是君主专制时代，"卫道"不易，"卫道"往往变相成为"卫君"。因此，"五四"新文化运动以后，"道"便被污名化，并被丢弃在历史的垃圾场，无人问津。知识分子耻于"论道"。民主时代却不再有"卫君"的议题。民主之所以为民主，在于"势"的绝对权威已经被消解，关于人间秩序的安排有更多的讨论空间。因此，"从道不从君"是顺理成章的事。而且，这个秩序不应完全交由政治学去构建，因为此中涉及（而且理应涉及）更多深层的精神与伦理秩序，这必须有扎根于传统的文人的参与。

于此，我们无意于崇古抑今，只是希望沿着研究结论，面对当前文化困境，对书写行为（笔者并不想把它定义为带有价值色彩的"文学创作"）的出路予以反思。当然，受个人学力与论题框架的限制，本书也无法对其出路作更深入的探讨与描述，只能就论题所及作适当的延伸思考，权当抛砖引玉。

参考文献

一 经典文献

"二十四史",中华书局1959—1977年版。
(清)阮元校勘:《十三经注疏》,艺文印书馆1981年版。
(清)郭庆藩:《庄子集释》,王孝鱼点校,中华书局1985年版。
(汉)刘向辑录:《战国策》,上海古籍出版社1985年版。
汪荣宝:《法言义疏》,陈仲夫点校,中华书局1987年版。
(清)王先谦:《荀子集解》,沈啸寰、王星贤点校,中华书局1988年版。
黄晖:《论衡校释》,中华书局1990年版。
苏舆:《春秋繁露义证》,钟哲点校,中华书局1992年版。
陈立:《白虎通疏证》,吴则虞点校,中华书局1994年版。
王利器:《颜氏家训集解》,中华书局1996年版。
何宁:《淮南子集释》,中华书局1998年版。
(南朝梁)刘勰:《增订文心雕龙校注》,黄叔琳注,李详补注,杨明照校注,中华书局2012年版。
徐震堮:《世说新语校笺》,中华书局2001年版。
(清)纪昀等:《钦定四库全书总目》,台湾商务印书馆2001年版。
(相关经典文献之原文,均引用以上版本,在正文中采用夹注标明出处。)

二 其他古籍

(清)永瑢等:《四库全书总目》,中华书局1965年版。
(唐)刘知幾:《史通通释》,(清)浦起龙释,上海古籍出版社1978年版。
(清)陈确:《陈确集》,中华书局1979年版。

（南朝梁）刘勰著，周振甫注：《文心雕龙注释》，人民文学出版社1981年版。

（汉）许慎：《说文解字注》，（清）段玉裁注，上海古籍出版社1981年版。

（宋）程颢、程颐：《二程集》，王孝鱼点校，中华书局1981年版。

（清）王文诰辑注：《苏轼诗集》，孔凡礼点校，中华书局1982年版。

（唐）元稹：《元稹集》，冀勤点校，中华书局1982年版。

（宋）李昉等编：《文苑英华》，中华书局1982年版。

（唐）韩愈：《韩昌黎诗系年集释》，钱仲联集释，上海古籍出版社1984年版。

（清）钱谦益：《牧斋初学集》，（清）钱曾笺注，钱仲联标校，上海古籍出版社1985年版。

清国史馆编：《贰臣传》，载《清代传记丛刊》，台北明文书局1985年版。

（清）章学诚：《文史通义校注》，叶瑛校注，中华书局1985年版。

（宋）郭知达：《九家集注杜诗》，上海古籍出版社1985年版。

（明末清初）黄宗羲著，沈善洪主编：《黄宗羲全集》，浙江古籍出版社1985—1994年版。

（宋）苏轼：《苏轼文集》，孔凡礼点校，中华书局1986年版。

（宋）姚铉编：《唐文粹》，（清）许增校，浙江人民出版社1986年版。

（南朝梁）萧统编：《昭明文选》，（唐）李善注，上海古籍出版社1986年版。

（唐）韩愈：《韩昌黎文集校注》，马其昶校注，马茂元整理，上海古籍出版社1986年版。

（宋）苏辙：《栾城集》，曾枣庄、马德富校点，上海古籍出版社1987年版。

（清）黄宗羲编：《明文海》，中华书局1987年版。

（清）吴伟业：《吴梅村全集》，李学颖集评校，上海古籍出版社1990年版。

（明）王祎：《王忠文集》，上海古籍出版社1991年版。

杨明照：《抱朴子外篇校笺》，中华书局1991年版。

（明）杨慎：《升庵集》，上海古籍出版社1993年版。

（明）方孝孺：《逊志斋集》，徐光大校点，宁波出版社2000年版。

李崇智：《人物志校笺》，巴蜀书社 2001 年版。

（宋）欧阳修：《欧阳修全集》，李逸安点校，中华书局 2001 年版。

（宋）黄庭坚：《黄庭坚全集》，刘琳等校点，四川大学出版社 2001 年版。

（宋）朱熹：《朱子全书》，朱杰人等编，严文儒等校点，上海古籍出版社、安徽教育出版社 2002 年版。

皎然：《诗式校注》，李壮鹰校注，人民文学出版社 2003 年版。

（唐）司空图：《诗品集解》，郭绍虞集解，人民文学出版社 1963 年版。

（清）顾炎武：《日知录校注》，陈垣校注，安徽大学出版社 2007 年版。

（清）何文焕辑：《历代诗话》，中华书局 2009 年版。

（宋）刘克庄：《刘克庄集笺校》，辛更儒笺校，中华书局 2011 年版。

（南朝梁）钟嵘：《诗品集注》，曹旭集注，上海古籍出版社 2011 年版。

（宋）严羽：《沧浪诗话校笺》，张健校笺，上海古籍出版社 2012 年版。

（元末明初）宋濂：《宋濂全集》，浙江古籍出版社 2012 年版。

（清）顾炎武：《顾炎武全集》，黄珅等编，上海古籍出版社 2011 年版。

（唐）张彦远辑录：《法书要录》，范祥雍点校，上海古籍出版社 2013 年版。

三　主要丛书

《笔记小说大观》，台北新兴书局 1978—1987 年版。

《丛书集成初编》，商务印书馆 1935—1937 年版。

《丛书集成新编》，台北新文丰出版公司 1985 年版。

《景印文渊阁四库全书》，台湾商务印书馆 1982—1986 年版。

《明别集丛刊》，黄山书社 2013—2015 年版。

《明代传记丛刊》，台北明文书局 1991 年版。

《清代诗文集汇编》，上海古籍出版社 2010 年版。

《全宋笔记》，大象出版社 2003—2018 年版。

《四部备要》，中华书局 1989 年版。

《四库禁毁书丛刊》，北京出版社 1997 年版。

《四库全书存目丛书》，齐鲁书社 1994—1997 年版。
《宋集珍本丛刊》，线装书局 2004 年版。
《续修四库全书》，上海古籍出版社 2002 年版。

四 近人论著

余嘉锡：《四库提要辨证》，中华书局 1980 年版。

余英时：《中国知识阶层史论》（古代篇），台北联经出版公司 1980 年版。

王金凌：《文心雕龙文论术语析论》，台北华正书局 1981 年版。

梁启超：《中国近三百年学术史》，中国书店 1985 年版。

王金凌：《中国文学理论史：上古篇》，台北华正书局 1987 年版。

吴哲夫：《四库全书纂修之研究》，台北"故宫博物院"1990 年版。

钱穆：《钱宾四先生全集》，台北联经出版公司 1998 年版。

于迎春：《汉代文人与文学观念的演进》，东方出版社 1997 年版。

中国第一历史档案馆编：《纂修四库全书档案》，上海古籍出版社 1997 年版。

郭英德：《中国古代文人集团与文学风貌》，北京师范大学出版社 2012 年版。

赵园：《明清之际士大夫研究》，北京大学出版社 1999 年版。

龚鹏程：《中国文人阶层史论》，兰州大学出版社 2004 年版。

黄明理：《"晚明文人"型态之研究》，台北花木兰文化出版社 2011 年版。

龚鹏程：《中国文学史》，东方出版社 2015 年版。

赵涛：《〈四库全书总目〉学术思想与方法论研究》，中国社会科学出版社 2016 年版。

吴哲夫：《四库全书荟要择录图书标准的探讨》，载严文郁等编：《蒋慰堂先生九秩荣庆论文集》，台北"中国图书馆"学会 1987 年版。

吴哲夫：《四库全书所表现的传统文化特色考探》，台北《"故宫"学术季刊》第 12 卷第 2 期，1994 年冬。

杨晋龙：《"四库学"研究的反思》，台北《中国文哲研究集刊》第 4 期，1994 年 3 月。

周积明：《"四库学"：历史与思考》，《清史研究》2000 年第 3 期。

周积明：《乾嘉时期的汉宋之"不争"与"相争"——以〈四库全书总目〉为观察中心》，《清史研究》2004 年第 4 期。

周积明：《文化视野下的〈四库全书总目〉》，中国青年出版社2001年版。

夏长朴：《〈四库全书总目〉与汉宋之学的关系》，台北《"故宫"学术季刊》第23卷第2期，2005年冬。

崔富章：《〈四库全书总目〉武英殿本刊竣年月考实——"浙本翻刻殿本"论批判》，《浙江大学学报》第36卷第1期，2006年1月。

颜崑阳：《论"文体"与"文类"的涵义及其关系》，新竹《清华中文学报》第1期，2007年9月。

蔡智力：《文献文化学及其方法学省思——以四库文化学为例》，新竹《清华中文学报》第19期，2018年6月。

（以上为主要参考文献，其他征引文献仅以脚注方式标注。）

后　　记

What is rational is actual and what is actual is rational.

—— G. W. F. Hegel

　　哲人曰，存在即合理。又曰，一切皆自有因果。

　　我一直想着一个在我看来是相当奇妙的问题：我为什么会站在这里？在过去的某天——随便举例，譬如 2001 年 8 月 31 日，在那个十字路口，如果我选择向左而不是向右，今天的我会站在哪里？这样无聊的问题不会有答案。不过，几乎可以肯定，在我过去所经历的这 1 万多天里，一路走来，我的每一个遭遇及与之相应的选择，都无可否认地铸造了今天唯一的我，也铸造了这本不成熟的小书。从这个角度看，我不得不相信有冥冥之中的命运。

　　这种冥冥之中的唯一性，从我出生那一刻便开始了。母亲在生下我二哥之后，便做了结扎手术。对于一个并不富裕且香火已续的家庭而言，这绝对是明智的选择。然而，我还是出生了。不知道是因为天生倔强，才得以冲破手术医生的重重围剿，还是因为天生好事，要来面对这个一出生就遭受惩罚的人生——据母亲说，因为我的出生，家里先后被罚了 2 万元——那是 20 世纪 80 年代。听母亲回忆，她得知我不期而至的时刻，是在往外婆家路上的田边，她在那里有呕吐感。于是，在我的生命中，一直有这样一幅画面：夕阳西下，余晖洒在绿油油的稻田上，一位年轻女子蹲在田边，惆怅着未来——惆怅，一直到现在。在过后的十个月里，她心心念念希望是一个女孩。然而，最终，我让她失望。那是我人生中第一次让人失望，又或者说，我伴随失望而来。为此，母亲甚至一度动念，欲将我跟比我小三个月的表娚女来交换。但终究，母亲还是舍不得这个来自命运的混世魔王。

　　然而，父母并不因为我的"多余"而有所轻怠，反而宠爱有加。对于两位兄长，先父都老老实实地按族谱，以"英"字辈取名。对于我，却特意取名"智力",他说希望我将来能靠智力谋生。他是如此得意于自己的创意,以至于在村干部为我登记户口时将名字误写作"志力"后,父亲仍想方设法把名字改正过来。然而,我小时候的表现,显然让他失望至极。所以,父亲后来便把为我取名的初衷淡忘了,只期望我起码能掌握一门手艺,譬如泥水匠或木匠之类。我当然仍然未能如他所愿。然而,当我后来成为村里第一个大学生、硕士、博士,他却不能看到这一切!

父母对我的偏爱,理所当然引起两位兄长的几许嫉妒。然而,他们自己也根本无法抑制兄弟之谊的滋长。父亲要求他们退学时,他们初中还未毕业。在我印象中,他们一前一后骑着单车离开校园,操场上玩耍的同学都纷纷围过来,夹道观看他们的离开。当然,我一直怀疑这么有仪式感的一幕,是否真实发生过,抑或只是我主观移情的倒影。但可以肯定的是,被留下来的我,并非因为成绩拔尖。反而是大哥,据闻数学成绩不错。但在后来的日子里,从高中到大学,从硕士到博士,两位兄长都一直不求回报地支持我。否则,我想必会如父亲所愿,成为一名泥水匠或木匠。

我真正对文学产生兴趣,是在高中,启蒙于陈丽茹老师。在她的语文课上,我养成了写日记的习惯。在一次日记检查后,她说:你们当中有一位同学很有天赋,坚持努力,将来会很有成就。在此后相当长的时间里,我都傻傻地以为自己就是那位同学。甚至还萌生一个理想:成为一名作家,也就是所谓的文人。所以,高二分班时,本来理科基础不错的我,便固执地选了历史科。不过,经过高中三年地狱式训练后,我变得理性起来,认为如果报考中文系一类没前途的专业,会辜负过去三年的辛苦。所以我第一志愿填报了经济学。结果,一向最倚重的综合科出现滑坡式坍塌,然后便被调剂到第二志愿的第 N 专业——暨南大学中文系。不管我如何挣扎,终于还是回到命运写好的剧本中。回首当年,我只能对命运说声"呵呵"——教我如何相信这不是命中注定?

大一,我一直筹划着转专业,甚至还选修了基础会计学、城市经济一类的课程,且拿到不错的分数。但我终于还是打消了这个念头。此中有很多不忍言说的因素。其能言者,我可以清楚意识到的,是中文系老师的引导与鼓励,渐渐地消解了我的焦虑。刘新中老师、莫嘉丽老师、李凤亮老师、龙吟老师、张世君老师、姚新勇老师、赵维江老师、邵宜老师、熊焰老师、闫月珍老师……恩情深重;文学概论、文学史、语言学、文献学,甚至诗词吟唱、戏剧创作与表演,我甚至一度怀疑自己在这个"峡谷世界"是无所不能的。这莫非就是陈老师所说的"天赋"?我安顿了下来,身体安顿了下来,灵魂也安顿了下来,似乎如鱼得水。我逐渐意识到自己开始热爱那种思辨的空气，以及文人的惆怅、率真与纯粹。

虽然很颓废地度过，但我也取得很好的成绩，获得了保研资格。然而我没有珍惜。据说有老师预言，我将来肯定会花钱来纠正自己的错误选择——他们说保送读研究生是免费的。这是多么睿智的预言。中文系的好成绩，也未能为我带来多少工作机会，在我看来唯一像样的，就是《佛山日报》的记者之职。但我也相信，那是上天给我的唯一机会。我仍然有一个作家梦，记者的工作可以为我积累生活。但几年下来，当我对所有一切不再好奇时，我开始厌倦，度日如年。在颓废的情愫之中，我开始尝试创作，关着门跟自己对话；同时，也因了这些只能自我欣赏的梦呓，情愫更加颓废。

一切都好像水到渠成——尽管这个词语在这里并不恰当，但对命运而言，它就是如此。我终于兑现了那位老师的预言，花钱去纠正曾经的错误选择。我读研的地点定位在香港。对于我的知识结构而言，这是重大的颠覆。在香港理工大学中国文化学系，渥蒙翟志成、梁瑞明、何冠环等老师的启发，那个曾经一听到"打倒孔家店"就热血沸腾的青年，变得对传统儒家文化有了更多的"了解之同情"。这也是我现在对于"四库"的基本态度。

放弃报社工作后，我已不再相信，除了作家或学者，还有什么工作能让我心动。所以，读研对我而言，其实已埋藏了读博的心愿。但我对自己的职业生涯显然缺少有效的规划，以至于直到毕业典礼时，对于这个心愿，我始终没有作出实质性推动。然而，在我即将被一家理念超前但前景堪忧的创业公司打造成骨干成员的时候，我的命运又一次发生戏剧性扭转。在回校领毕业证的那个下午，因为在系里与巧遇的同学多聊了几句，碰到翟志成老师。向素钦敬的翟老师主动跟我握手，并说"恭喜本届毕业生的榜眼"，这样的情景是我未曾遇见的，因而手足无措。翟老师问我有没有打算读博，并表示乐意为我推荐。我打消了对自己"天赋"的怀疑，当然也可以说是对"天赋"这个命题本身产生了怀疑。这两种看似矛盾的想法，其实有着相同的指向。然后，多种因素的合力，将我引导到那片熟悉而又陌生的土地——台湾省，因此我得以延续对于传统文化内涵与态度的思考。

我为自己设定的研究方向是四库学，与传统朴学路数不同，我更偏向于文化史学的路数。在准备申请材料时，我便开始在吴哲夫老师、周积明老师与杨晋龙先生等前辈的著作中认识这种观念，并逐渐认同，乃至内化。因得知吴老师在辅仁大学兼课，我几乎是毫不犹豫地将辅大填为第一志愿，并如愿被录取。入学后，我迫不及待地请吴老师担任我博士论文的指导老师。吴老师不但答应了我的请求，还提议与周积明老师一同指导，这更令我欣喜若狂。

四年来，跟随吴老师左右，吴老师不仅将他在四库学、版本目录学诸学门丰富的实践知识倾囊相授，更灌输了许多创新的学术理念，如吴老师常强调从商业、营销等社会行为的视角看待古籍版本问题，这些都是我尝试系统思考"文化文献学"的动因。与周积明老师虽然远隔海峡，但每次通过网络请益，周老师总能惠赐我很多睿见，如对"文人"概念的界定、"重构"的逻辑基础等问题，都促使我对相关问题不断深入思考。我对"文化文献学"的思考，更直接启发于周老师所提的"四库文化学"概念与《文化视野下的〈四库全书总目〉》一书。

而在我构思"文化文献学"的时候，辅仁大学请来颜崑阳老师任讲座教授。在颜老师开设的文化学理论，及与之紧密相关的、由他自创的"中国诗用学"等课程中，我体会到理论建构的系统性问题，并将所学所思尝试应用到"文化文献学"建构中。颜老师对"五四"以降文学观念的批判，也引导我对传统文学与文人概念进行重新思考的方向——当然颜老师未必会同意我的结论。在论文口试时，口试委员吴哲夫老师、刘兆祐老师、夏长朴老师、颜崑阳老师、杨晋龙老师和许朝阳老师，都惠赐我许多卓见，不但令我对论题的理解更加深入，并进一步认识自己的不足，拓展了自己的研究视野。此中，夏长朴老师竟于辛丑年魂归道山。夏老师曾嘱咐，论文出版时必寄奉雅鉴。如今拙著即将灾梨祸枣，却焉往寄奉，以求先生雅正？

在博论以外，王初庆老师启发了我对春秋学的兴趣，对于懵懂无知却又不知天高地厚、既好大放厥词又好钻牛角尖的我，仍循循善诱；"私塾式"的教学，一师一徒一课室，令我感动与难忘。在易学专题课堂上，我无惧汉易象数学的繁杂与无稽，仍尝试去学习并作课堂报告，许朝阳老师课后拍着我的肩膀说：继续坚持，你会有收获的。这样细微的拍肩也让我感动于心，并且充盈继续前行的信心。赵中伟老师对诠释学的强调，也使我加深了对经典诠释学的认识。金周生老师鼓励我正音、练字，虽然我也让老师失望了，但内心依然能感受到老师无私的关怀。此外，郭士纶学姐对我学习、生活各方面的帮助，以及对我为人处世、行为举止的严厉教导，良药苦口，都让我获益匪浅。所有这一切，都铸造了今天唯一的我，我都心存感恩。点点滴滴，我都铭记于心。

最后，除了感激还有愧疚，在我祖母晚年孤独的时候，她是多么希望那个自小被她溺爱至大的孙子回家让她看看，然而我却因论文之故，离家520天未归。而在修订书稿时，祖母已驾鹤仙游有年。在书稿校订一再延宕的几年时间里，内子丽师又为我带来可爱的小女文之。为让我尽可能多地潜心学术，她毫无怨言地牺牲自己的事业，照料家庭，陪伴小天使咿呀学语、蹒跚学步。然而，自己的学术长进，显然愧对她的付出。

漠阳　蔡智力

2018年6月于辅仁大学国玺楼初稿

2024年4月于湖北大学逸夫楼修订